·毛泽东谈文论史全编·

顾 问：龙新民 郑欣淼 陈 晋 阎晓宏

评点中国古代名诗赏析

**MAOZEDONG PINGDIAN ZHONGGUO
GUDAI MINGSHI SHANGXI**

6

毕桂发 主 编
陈锡祥 副主编

中国文史出版社

目　录

李商隐

李商隐（约813—约858），字义山，号玉溪生，怀州河内（今河南泌阳）人，晚唐诗人。早年受知于令狐楚，唐文宗开成二年（837）登进士第后娶王茂元女。令狐楚和王茂元是政敌，党于令狐的人认为他亲近王氏是背恩负德的行为。后来令狐楚的儿子令狐绹长期执政，排抑商隐，使他始终处在朋党倾轧之中。李商隐（先后依托在几个大官的幕下，曾随桂管观察使郑亚到过广西，又随剑南、东川节度使柳仲郢到过四川，最后客死荥阳。

李商隐诗学杜甫等人，又创无题诗，大多写爱情，擅长律绝，富于文采，具有独特风格。然有用典太多、意旨隐晦之病，对诗词创作都有一定的影响。有《玉溪生诗》《李义山诗集》和《樊南文集》。

李商隐是毛泽东喜爱的古代诗人之一。他的诗毛泽东很爱读，从中南海故居藏书来看，毛泽东圈阅他的诗有30余首。

【原文】

筹笔驿

猿鸟犹疑畏简书⁽¹⁾，风云长为护储胥⁽²⁾。
徒令上将挥神笔⁽³⁾，终见降王走传车⁽⁴⁾。
管乐有才真不忝⁽⁵⁾，关张无命欲何如⁽⁶⁾？
他年锦里经祠庙⁽⁷⁾，梁父吟成恨有余⁽⁸⁾。

【毛泽东圈评等情况】

毛泽东读清蘅塘退士原编《注释唐诗三百首》"七言绝句"中此诗，

在题目上方天头空白处连画三个小圈，又在正上方开头处画了一个大圈。

[参考] 中央档案馆整理：《毛泽东评点诗词曲精选（上册）》，

中国档案出版社 1998 年版，第 144—115 页。

毛泽东曾手书这首诗。

[参考] 中央档案馆编：《毛泽东手书选集·古诗词（下）》，

北京出版社 1996 年版，第 20—22 页。

1958 年 3 月成都会议期间，毛泽东圈阅的《诗词若干首》（唐宋明朝诗人写的有关四川的一些诗和词）中收有这首诗。

[参考] 刘开扬注释：《诗词若干首》（唐宋明朝诗人咏四川），

四川人民出版社，1979 年版，第 108 页。

【注释】

（1）猿，一作"鱼"。简书，古代用竹简写字，称简书，这里特指军令文书。《诗经·小雅·出车》："岂不怀归，畏此简书。"

（2）储胥，军队驻扎时用以防卫的藩篱壁垒。

（3）上将，犹言主帅，指诸葛亮。挥神笔，指诸葛亮善于筹划军事，草拟文书。

（4）降王，指蜀汉后主刘禅。传车（zhuàn jū），古代驿站所备、供长途旅行用的车。这里指送刘禅降魏后被押往洛阳的车子。

（5）管乐，指春秋时辅佐齐桓公成霸业的管仲，和战国时为燕昭王攻下齐国七十余城的乐毅。诸葛亮隐居隆中时曾自比管仲、乐毅。不忝（tiǎn），不愧。

（6）关张，关羽和张飞，都是蜀汉的名将。无命，指死于非命，不得寿终，这里是指关羽镇荆州兵败为孙权所杀及张飞在伐吴时为部将所杀之事。

（7）他年，往年。锦里，在成都城南，有诸葛武侯祠。

（8）梁父吟，相传诸葛亮曾作《梁父吟》，抒发自己的政治抱负。《三国志·诸葛亮传》："亮躬耕陇亩，好为《梁父吟》。"

【赏析】

筹笔驿在今四川广元北，今名朝天驿。相传三国时蜀汉丞相诸葛亮出师伐魏，曾在此地筹划军事，挥笔书写公文，因而得名。大中九年（855），李商隐罢梓州幕随柳仲郢回长安，途经此驿，触景生情，写下了这首即景的咏史诗。诗人满怀对诸葛亮的景仰之情，同时感叹自己的身世，感叹唐王朝的一蹶不振。诗人用雄健的笔力描摹景物，用概括凝练的语言叙述史事，议论和抒情融合无间、含蓄蕴藉，形成了本诗的根本特色。

"猿鸟犹疑畏简书，风云长为护储胥"，首联突出诸葛亮的威严。诗人以饱含感情之笔，描写到筹笔驿后的强烈感受。"简书"，指军用文书。"储胥"，军队驻扎时用以防卫的篱藩壁垒。这两句是说，自从诸葛亮在此筹划军事后，当年军令森严、队伍整肃的威严气氛，至今还使猿猴飞鸟畏惧；风云屯聚，还长久地护卫着过去的营垒。这一联借对猿鸟、风云的拟人化描写，刻画筹笔驿的景色，渲染了庄严肃穆的氛围，在主要人物没有出场之前有先声夺人之妙，从侧面表现了诸葛亮作为历史上一个政治家和军事家的显著特征。

"徒令上将挥神笔，终见降王走传车"，颔联用极简练的笔墨追叙史实。"上将"指诸葛亮。"挥神笔"指诸葛亮善于筹划军事，指挥战斗。诸葛亮空有筹划军事的神智，却挽回不了蜀汉覆亡的命运。后主刘禅终于走上了屈辱投降的道路。这一联中"降王"指向魏将邓艾投降的蜀汉后主刘禅。"传车"，古代驿站所备的供差官转乘时所用的车辆，这里指送刘禅全家到洛阳的车子。蜀汉归于败亡。此联用"徒令……终见……"的语言结构，使叙中夹议夹叹，夹着对于庸懦之主的责斥。作者的惋惜痛恨之情不言自明。

"管乐有才真不忝，关张无命欲何如？"颈联借人物评论进一步抒发对历史的悲怆之情。上句赞美诸葛亮的政治军事才能，下句慨叹蜀汉后期的国运衰落。"不忝"，无愧。诸葛亮隐居南阳时，经常以管仲、乐毅自比。他出山以后，辅佐刘备建立蜀汉，其所成就的事业，不在管、乐之下，故云"真不忝"。关羽和张飞都是蜀汉的大将。关羽守荆州时被孙权部将吕蒙打败，兵败被杀；张飞随刘备伐吴时，为部将张达、范强所谋杀。"关张无命"指此。虽然诸葛亮的才干无愧于管仲、乐毅，但关、张死于非命，他独撑危局，又有什么办法呢！这一联又有将诸葛亮和关羽、张飞对比之意，更显出了诸葛亮卓越的政治才能。出师理应告捷，然而时无良将，结果未捷先死。全篇以此为归宿，和杜甫《蜀相》"出师未捷身先死，长使英雄泪满襟"的用意是相表里的。

"他年锦里经祠庙，梁父吟成恨有余。"末联笔触回到自身，说昔日经过锦里（今四川成都城南）诸葛武侯庙时，吟哦诸葛亮的《梁父吟》，不禁为诸葛亮壮志未酬而抱恨不已。大中五年（851）到成都后，李商隐曾拜谒武侯庙，并作《武侯庙古柏》诗。由此看来，"他年"当指往年。相传诸葛亮曾作《梁父吟》抒发自己的政治抱负。诗句中的所谓恨，既是写诸葛亮的"遗恨"，又是诗人的"隐然自喻"。

这首诗的一个重要特色就是用事，且不同于一般的用事。它的用事不仅超越时空，且不问古今，虚实并用。第三联中出句以古人比拟诸葛亮，对句实写诸葛亮同时人关、张，即以古对今，以虚对实，而且对得十分自然。胡应《诗薮·内编》卷四评说："用事之僻，始见商隐诸篇。"

全诗一唱三叹，婉转有致。正如何焯云："议论固高，尤当观其抑扬顿挫处，使人一唱三叹，转有余韵。"毛泽东曾多次圈点并手书过这首诗，说明他对此诗的喜爱。（毕国民）

【原文】

马　嵬

海外徒闻更九州⁽¹⁾，他生未卜此生休⁽²⁾。

空闻虎旅鸣宵柝⁽³⁾，无复鸡人报晓筹⁽⁴⁾。

此日六军同驻马⁽⁵⁾，当时七夕笑牵牛⁽⁶⁾。

如何四纪为天子⁽⁷⁾，不及卢家有莫愁⁽⁸⁾。

【毛泽东圈评等情况】

1958 年 3 月，在成都会议期间，毛泽东圈阅的《诗词若干首》（唐宋明朝诗人写的有关四川的一些诗和词）中收有这首诗。

[参考] 刘开扬注释：《诗词若干首》（唐宋明朝诗人咏四川），

四川人民出版社 1979 年版，第 98 页。

毛泽东曾手书这首诗。

[参考] 中央档案馆编：《毛泽东手书选集·古诗词（下）》，

北京出版社 1996 年版，第 25—26 页。

关于旧体诗，我们谈到了李商隐；我当时忘乎所以，随便把李商隐的一首七言律诗，用湖南腔调哼了起来，曰："海外徒闻更九州，他生未卜此生休。空闻虎旅鸣宵柝，无复鸡人报晓筹。此日六军同驻马，当时七夕笑牵牛。"把五、六句哼了几遍，七、八句居然哼不出来。主席知我已忘记了，他便笑着，自己代我念出，曰："如何四纪为天子，不及卢家有莫愁。"主席念出时，我又跟着他的后面哼，一时心情舒畅，趣味异常。

[参考]1965 年 12 月毛泽东在上海西郊一个旧式别墅里同周谷城的谈话，

周谷城《回忆毛主席的教导》，《毛泽东同志八十五诞辰纪念文选》，

人民出版社 1979 年版，第 193 页。

【注释】

（1）战国时期阴阳五行家邹衍曾说中国九州总名赤县神州，中国之外像赤县神州这样的州共有九个，外有大瀛海环绕。这里的"海外九州"指想象中的仙境。杨贵妃死后，有方士说能在海外仙山找到她。但神仙传说毕竟渺茫，不能给唐玄宗什么安慰，所以说"徒闻"。更，再。

（2）此生休，唐玄宗和杨贵妃曾有"世世为夫妇"的誓约，但今生他们的夫妇关系已经完结了。

（3）虎旅，指护卫玄宗赴蜀的禁军。宵柝（tuò），指夜间巡逻用以报警的梆子。

（4）鸡人，皇宫里负责报时间的人。汉代制度，宫中不得畜鸡，司晨之人候于朱雀门外，传鸡唱。晓筹，鸡人敲击更筹（竹签）报晓，称"晓筹"。

（5）此日，指夜宿马嵬坡这一天。六军同驻马，指禁军驻马不前，要求诛杀杨氏兄妹事。

（6）当时七夕，指天宝十年（751）七月七日，唐玄宗、杨贵妃在长生殿夜半私语时，以为天上牵牛、织女一年只能聚会一次，不及他们能永世相守，故说"笑牵牛"。

（7）四纪，十二年为一纪，玄宗一共当了四十五年皇帝，故约言"四纪为天子"。

（8）莫愁，古时洛阳女子。南朝乐府歌辞《河东之水歌》道："莫愁十三能织绮，十四采桑南陌头，十五嫁为卢家妇，十六生儿字阿侯。"这里拿这个普通民间妇女和杨贵妃的遭遇作比较。

【赏析】

马嵬，故址在今陕西兴平西，是安史之乱中杨贵妃兄妹殒命的地方。唐人吟咏马嵬事件的诗很多，大多数诗将罪责归给杨贵妃，而为唐玄宗辩护。李商隐的这首诗采用奇幻传说、历史类比等手法，对玄宗的昏庸进行了无情的嘲弄和辛辣讽刺，是一首别开生面的七言律诗。

"海外徒闻更九州，他生未卜此生休。"首联两句巧妙地将传闻与现实糅合在一起，采用夹叙夹议的写法，先用"海外更九州"的故事概括了方士在海外仙山寻见杨贵妃的传说，而后用"徒闻"加以否定。这两句是说：不用说海外还有什么九州的存在，也不必企望来世会如何，反正此生已经彻底断送了。本诗题咏马嵬，开篇却破空而来，从神话传说落笔，真可谓妙想天成。这两句采用了倒叙手法，曲折委婉，情景相生。"徒闻""未卜"等带有丰富感情色彩的词语，一方面写出了玄宗的温旧之情，另一方面烘托出杨贵妃的终生饮恨。

"空闻虎旅鸣宵柝，无复鸡人报晓筹。"颔联两句，回叙安史叛军攻陷潼关之后，唐玄宗逃难途中的情景。这两句的意思是：行旅夜宿，帷帐的外面不时传来禁军巡逻的单调梆子声，再也不能像往昔那样安寝高卧，等待天明了。"虎旅"指护卫玄宗赴蜀的禁军。"宵柝"指军队夜间巡逻用以报警的梆子。"鸡人"指宫中代鸡司晨的人。这里，诗人抓住了最富有特征性的事物，用"虎旅鸣宵柝"烘托出玄宗逃奔途中的典型环境，与"鸡人报晓筹"互为呼应，使昔安今危的不同处境和心境显现了出来。句首再冠上"空闻""无复"，就生动地写出了诗中主人公昔安今危、景物全非的狼狈处境。"空闻"二字上承"此生休"，下启"六军同驻马"。

"此日六军同驻马，当时七夕笑牵牛。"颈联两句是传诵已久的名句。这两句的意思是：天宝十五年（756）六月十四日，扈随玄宗的将士在马嵬驿哗变，杨贵妃受诛，回想当年七夕的私语盟约，今已付诸东流了。"六军同驻马"与"七夕笑牵牛"两相映衬，概括地描写了玄宗迷恋女色、荒废朝政的行为以及由此产生的后果。想当年，玄宗与杨贵妃订立盟誓，互相遥指牵牛、织女二星，讥笑他们一年只能相会一次，远不如他们俩永世相守。"笑"字，隐含着玄宗为后人笑的可悲下场，寓意令人深思。

颔联、颈联四句都是写马嵬所发生的悲剧的经过，以想象之词追摹马嵬当时的景象，忖度玄宗当时的心境。这两联采用的都是倒叙手法，运用对比，时间和空间上都产生很大的跳跃。中间四句在严整的对仗中，诗人以"空闻""无复"等虚字承转穿插，使诗句毫无堆砌滞重之感。

"如何四纪为天子，不及卢家有莫愁。"尾联两句采用了设问的口气。这两句的意思是说：为何做了四十多年皇帝的唐玄宗，还不如一个庶民百姓能保护自己的妻子呢！尾联是前三联的总结，也是这首诗在内容上、艺术上的进一步深化。"如何"的诘问和"不及"的比较，使得诗句加深了讥讽语气，耐人寻味。

毛泽东对《马嵬》至少有三次圈画，并手书过，还能朗朗背诵。据史学家周谷城回忆，有一次毛泽东请他在上海西郊一个别墅住处谈古论今，兴之所至，周谷城随口背诵此诗，但将最后两句忘记了，正在他尴尬之际，毛泽东很自然地接上念道："如何四纪为天子，不及卢家有莫愁。"这都足以说明他对这首诗的熟悉和喜爱。（东民）

【原文】

贾　生

宣室求贤访逐臣⁽¹⁾，贾生才调更无伦⁽²⁾。
可怜夜半虚前席⁽³⁾，不问苍生问鬼神⁽⁴⁾。

【毛泽东圈评等情况】

毛泽东读清蘅塘退士原编《注释唐诗三百首》"七言绝句"中在此诗题目上方画了一个大圈，又在正文上方天头空白处连画三个小圈。

[参考]中央档案馆整理：《毛泽东评点诗词曲精选(上册)》，

中国档案出版社1998年版，第139页。

毛泽东曾两次手书这首诗。

[参考]中央档案馆编：《毛泽东手书选集·古诗词（下）》，

北京出版社1996年版，第29—30页。

毛泽东写的《七绝·贾谊》一诗中首句"贾生才调世无伦"系化用李商隐《贾生》中"贾生才调更无伦"。

[参考]中共中央文献研究室编：《毛泽东诗词集》，中央文献出版社

1996年版，第219页。

【注释】

（1）宣室，西汉未央宫殿前的正室。逐臣，被贬谪的臣下，这里指贾谊。

（2）才调，才气。无伦，无比。

（3）可怜，可惜。虚，空，白，徒然。前席，古人席地而坐，汉文帝听贾谊的谈论听得出神，在坐席上向前移，靠近对方。

（4）苍生，本为生草木之地，旧指百姓。

【赏析】

这首七言绝句所咏之事，取材于《史记·屈原贾生列传》的有关记载。诗人结合当时封建统治者迷信神仙而荒废朝政的情况，独具慧眼，选取了汉文帝召贾谊"问鬼神之本"一事，写成了这首精警透辟的诗篇。贾生，即贾谊，西汉时著名的文学家和政论家。他曾多次上书汉文帝，提出加强中央集权制、发展生产等主张。号称贤明的汉文帝召见他时，却只和他谈鬼神，不论国事。诗人运用这一典故，写下了这首诗，寄托了自己怀

才不遇的感慨。

首句"宣室求贤访逐臣"，着重写汉文帝求贤若渴，虚怀若谷。"宣室"，西汉未央宫前殿正室的别称，此是汉室的代称。"逐臣"指贾谊。这一句连用了"求""访"两个动词，托出汉文帝求贤的殷切和网罗贤才之广。

第二句"贾生才调更无伦"，用汉文帝的赞语写贾生的"才调无伦"，对贾谊的才能作了热烈的赞扬，这是对历史记载的高度概括，表现了诗人以赞代叙的技巧。这一句是说，贾谊的才情是无与伦比的，这可真是君臣际遇、两相契合。

一、二两句，诗人用"求贤""访逐臣""才调更无伦"等语词，将文帝求贤、重贤、赞贤之意充分写了出来。如果不读下文，几乎误认为这是一篇圣主重贤颂。其实这两句表面上是颂扬，实际采用的是先扬后抑的艺术手法。

第三句"可怜夜半虚前席"突然转折，由正面转到反面的讥讽，是全诗的枢纽。"夜半"前面加上了"可怜"二字，成为感叹，下面再加上一个"虚"字，诗意陡然起了变化，由歌颂而变为讽刺。"可怜"，可惜的意思。这里用"可怜"，而不用"可悲""可叹""可恨"等感情色彩强烈的词语，恰到好处，貌似轻描淡写，却似轻而实重。

末句"不问苍生问鬼神"是满弓而发，射出了直中要害的一支利箭。两个"问"字造成句中的排比，在意义上形成了鲜明的对照，十分含蓄地表明所谓"求贤"和"访逐臣"，不是为了征求安邦治国之策，而是意在"鬼神"。讽刺效果更加强烈。这一句辞锋犀利，讽刺辛辣，感慨深沉，却又极具抑扬吞吐之妙。

这首诗运用了抑扬对比的写法，而且抑扬自如。由于前两句对文帝的"求""访"写得很足，第三句又引而不发，末句突然贬抑，显得格外有力，给了讽刺对象以致命一击。这就是"抬得高，摔得重"在艺术上的运用。

贾谊是毛泽东十分看重的西汉政治家，他曾给他的秘书田家英写信，推荐他去阅读班固写的《贾谊》，并认为贾谊的《治安策》是"西汉一代最好的政论"。因此毛泽东谈到不同诗歌版本中所刊李商隐的《贾生》诗时都进行了圈点，至少圈阅过五六次。毛泽东基本认同李商隐对贾谊的评价，在自己写的两首七绝《贾谊》《咏贾谊》中高度赞扬贾谊的才华，惋惜他因梁王坠马哀伤而死，并直接化用《贾生》诗中"贾生才调更无伦"，仅将"更"字改为"世"字，更加突出了贾谊才华的世罕其匹，可谓锦上添花了。

【原文】

锦 瑟

锦瑟无端五十弦⁽¹⁾，一弦一柱思华年⁽²⁾。

庄生晓梦迷蝴蝶⁽³⁾，望帝春心托杜鹃⁽⁴⁾。

沧海月明珠有泪⁽⁵⁾，蓝田日暖玉生烟⁽⁶⁾。

此情可待成追忆⁽⁷⁾，只是当时已惘然⁽⁸⁾。

【毛泽东圈评等情况】

毛泽东读清蘅塘退士原编《注释唐诗三百首》"七言律诗"诗在此诗题目上方天头空白处连画三个小圈，又在正文开头处画了一个大圈。

[参考]中央档案馆整理：《毛泽东评点诗词曲精选（上册）》，中国档案出版社1998年版，第112页。

毛泽东曾手书这首诗。

[参考]中央档案馆编：《毛泽东手书古诗词选》，文物出版社、中国档案出版社1984年版，第136—137页。

【注释】

（1）锦瑟，装饰华美的瑟。五十弦，传说瑟本为五十弦，后改为二十五弦。

（2）柱，瑟上系弦的支柱，每弦一柱。思，思念、追忆的意思。华年，青春年华，指青年时代。《魏书·王叡传》："渐风训于华年，服道教于弱冠。"

（3）庄生，即战国时期的思想家、文学家庄周。迷蝴蝶，典出《庄子·内篇·齐物论》："不知周之梦为蝴蝶欤，蝴蝶之梦为周欤？"

（4）望帝，传说中死后化为杜鹃的杜宇。春心，《楚辞招魂》："目极千里兮伤春心。"

（5）"沧海"句，古人有海里的蚌珠与月亮相感应的传说，月满珠就圆，月亏珠就缺。古人也有"鲛人泣珠"的传说，鲛人是在海里像鱼一样生活的人，能织绡，哭泣时眼泪变成珠。沧海，大海。

（6）蓝田，即蓝田山，又叫玉山，是古代著名的产玉之地，在今陕西蓝田。

（7）可待，岂待。

（8）惘然，惆怅失意之态。

【赏析】

《锦瑟》这首七言律诗是李商隐的代表作。以首句前两字为题，但从诗的内容看，并非咏锦瑟之作。对此诗的理解，自宋元以来，众说纷纭，莫衷一是。有人认为是悼亡之诗，有人认为是爱情诗，有人认为是感叹身世之作。从诗中所表现的情绪来看，这首诗是诗人晚年所作，当是写诗人感怀身世、追忆畴昔之作。

"锦瑟无端五十弦，一弦一柱思华年。"首联两句以五十弦锦瑟起兴，引出了对华年往事的回忆。这两句是诗人以瑟自喻，为消逝的年华而哀怨愤懑。"无端"，没有什么头绪，言其一生枉过了，隐含着诗人遭遇的悲怆。有五十根弦的锦瑟，使诗人和自己年近半百产生联想，同时由"一弦一柱"追忆过去——"思华年"。这种借物发端而又浮想联翩的艺术技巧，显得十分自然。"思华年"既有对时光如流的惋惜，又有人到暮年的叹慨，这三字概括了全诗的主旨，领起全篇。

"庄生晓梦迷蝴蝶，望帝春心托杜鹃。"颔联连用两个典故抒写了空有抱负、壮志难酬之怨。这两句是说：自己空有抱负不能施展，理想不能实现，往事已成梦幻，只落得像望帝一样把愁思托之于杜宇的哀鸣。"庄生梦蝶"的典故出自《庄子·齐物论》，是诗人喻自己理想破灭，坎坷失意，往事有如梦境，令人迷惘。"望帝"出自唐卢求《成都记》，是诗人借以表达抱负成虚后的悲哀之情。这一联用典十分贴切灵活，形象性强，所寄寓的思想感情异常深沉。

"沧海月明珠有泪，蓝田日暖玉生烟。"颈联进一步写诗人为自己的才华被埋没、理想成泡影而伤感至极。"沧海明珠"的传说最早见于《汉书》，后人把人才不得用比作"沧海遗珠"。诗人运用这个典故，分明是以映月生辉的明珠遗落于茫茫碧海，比喻自己满腹的才华得不到重用。"珠有泪"是拟人化手法，说明了诗人的哀痛之深。"蓝田日暖"出自晚唐诗人司空图《与极浦书》中所引戴叔伦的话："诗家美景，如蓝田日暖，良玉生烟，可望而不可置于眉睫之前也。"它代表了一种异常美好的理想景色，但却是不能把握和无法接近的。用蓝田日暖和沧海月明相对比，对仗异常工整。这一联把两个优美的传说转化为生动的形象，蕴含了诗人无限的感慨：自己的才华有如耀眼的明珠，被抛弃于茫茫碧海之中；昔日的理想抱负有如日照玉山而散发的烟霭，随风飘散，终成幻影。

中间四句，诗人将神话传说中的四组典故排比在一起，构成了一幅色彩凄艳、具有高度象征意味的图画，婉曲地透露了诗人精神世界的各个不同的侧面。

"此情可待成追忆，只是当时已惘然。"尾联以直接抒情的方式作结，一方面和首联相照应，另一方面将理想破灭的悲哀更进一步深化。这两句是说：理想破灭的悲伤之情，岂是等到如今回忆起来才有，其实当时已经不胜惆怅了。"成追忆"回应篇首的"思华年"，道出了这种追忆给诗人带来的只能是哀怨与迷惘。

这首诗辞藻华美，浓丽精工，含蓄深沉，情致绵绵。兴中有比，比喻中含有象征意味，整首诗给人以朦胧之感。

毛泽东对此诗作过多次圈画并曾手书，说明他对这首诗十分欣赏。

（东民）

【原文】

登乐游原

向晚意不适⁽¹⁾，驱车登古原⁽²⁾。
夕阳无限好，只是近黄昏。

【毛泽东圈评等情况】

毛泽东读清蘅塘退士原编《注释唐诗三百首》"五言绝句"中此诗正文上方天头空白处画了一个大圈。

[参考]中央档案馆整理：《毛泽东评点诗词曲精选（上册）》，

中国档案出版社1998年版，第124页。

【注释】

（1）向晚，近晚，傍晚。意不适，心里不愉快、不惬意。

（2）古原，指乐游原。

【赏析】

乐游原，也名乐游苑，在唐长安城（今陕西西安）的东南，居高临下，可俯瞰长安全城，是汉唐时的登临胜地。

这首小诗历来为人们所传诵，写得浑融概括，虽然只有寥寥二十个字，却包含了极其丰富的内容。它的意义固然难以说清，但一种意象、一种韵味却鲜明、强烈、流畅。

"向晚意不适，驱车登古原。"一、二两句点明了登乐游原的时间和原因。"向晚意不适"点明时间及主人的心态，引领全篇。这两句是说：在一个傍晚，诗人为排遣心中郁郁不乐的情怀，独自驱车来到乐游原上，登高一望，长安尽收眼底。诗人"驱车登古原"是由于他"意不适"，同时寄寓了诗人对时局和身世的感慨。"驱车登古原"不但起到了点题作用，而且与上句构成了因果关系，使这两句诗在语意承接上十分紧凑。这两句平平叙起，从容承接。

"夕阳无限好，只是近黄昏。"三、四两句紧承上联，写登上乐游原后的所见所感，见到"夕阳无限好"，刹那间引了诗人的感情波澜。这两句是说：夕阳极为好看，只可惜时间已接近黄昏，好景不久就要消失了。当诗人驱车登上乐游原时，热闹了一天的古原已沉寂下来了。登高远眺，境界特别辽阔空旷，最引人注目的就是西边天际的一轮夕阳。"夕阳无限好"是充满了赞叹之情的诗句。诗句不可能详细描绘"夕阳"的具体形象，只用了"无限好"三个字来概括。从这个带有强烈感情色彩的句子中，我们可以看出诗人对夕阳晚景的由衷赞赏。"夕阳无限好"已有了无限的惆怅，"只是近黄昏"的惆怅之情就更加明显了，因为这"无限好"毕竟只是好景不长的"夕阳"。在这里，诗人主要目的并不是向读者展示他所见的夕阳是如何的美，而是表达对夕阳的赞美、流连、惋惜的情绪。或者说，主要目的不是写景，而是抒情。下联这两句的妙处在于情景相通，似景似情。"无限好"与"只是"，一正一反，把诗人此时那种既赞美晚景，又徘徊流连、深深惋惜其行将沉入暮霭的心情表现得非常充分，从而给读者留下了极深刻的印象、极丰富的艺术联想。

这首诗表面是表现诗人登乐游原的所见所感，其实另有深意。通过眼前所见、心中所想，传达出了诗人对人生的探索。纪昀说："百感苍茫，一时交集，谓之悲身世可，谓之忧时事亦可。"(《玉溪生诗说》)何焯说："迟暮之感，沉沦之痛，触绪纷来，悲凉无限。"(《义门读书记》)（东民）

【原文】

韩　碑

元和天子神武姿[1]，彼何人哉轩与羲[2]。誓将上雪列圣耻[3]，坐法宫中朝四夷[4]。淮西有贼五十载[5]，封狼生䝙䝙生罴[6]。不据山河据平地[7]，长戈利矛日可麾[8]。

帝得圣相相曰度[9]，贼斫不死神扶持。腰悬相印作都统[10]，阴风惨澹天王旗[11]。愬武古通作牙爪[12]，仪曹外郎载笔随[13]。行军司马智且勇[14]，十四万众犹虎貔。入蔡缚贼献太庙[15]，功无与让恩不訾[16]。

帝曰汝度功第一，汝从事愈宜为辞[17]。愈拜稽首蹈且舞，金石刻画臣能为[18]。古者世称大手笔，此事不系于职司[19]。当仁自古有不让，言讫屡颔天子颐[20]。

公退斋戒坐小阁[21]，濡染大笔何淋漓。点窜《尧典》《舜典》字[22]，涂改《清庙》《生民》诗[23]。文成破体书在纸[24]，清晨再拜铺丹墀。表曰臣愈昧死上，咏神圣功书之碑。碑高三丈字如斗，负以灵鳌蟠以螭[25]。

句奇语重喻者少，谗之天子言其私⁽²⁶⁾。长绳百尺拽碑倒，粗砂大石相磨治。公之斯文若元气⁽²⁷⁾，先时已入人肝脾。汤盘孔鼎有述作⁽²⁸⁾，今无其器存其辞。

呜呼圣王及圣相，相与烜赫流淳熙⁽²⁹⁾。公之斯文不示后，曷与三五相攀追⁽³⁰⁾？愿书万本诵万遍，口角流沫右手胝。传之七十有二代，以为封禅玉检明堂基⁽³¹⁾。

【毛泽东圈评等情况】

毛泽东读清蘅塘退士原编《注释唐诗三百首》"七言古诗"时在此诗题目上方画了一个大圈。

[参考] 中央档案馆整理：《毛泽东评点诗词曲精选（上册）》，中国档案出版社 1998 年版，第 54 页。

【注释】

（1）元和天子，指唐宪宗李纯。元和是唐宪宗的年号（806—820）。神武，神圣英武。

（2）这里的轩与羲代表传说中的圣君三皇五帝。轩，黄帝轩辕氏。羲，伏羲氏。

（3）列圣耻，指宪宗以前的玄宗、肃宗、代宗、德宗、顺宗等几个皇帝所蒙受的耻辱，如玄宗因安史之乱逃往成都，德宗因朱泚之乱逃往奉天，以及多次平叛的失败等。

（4）法宫，皇帝治理政事宫室的正殿。四夷，原指我国四境的东夷、西戎、南蛮、北狄等少数民族，这里泛指四方边远地区。韩愈《平淮西碑》铭文有："既定淮蔡，四夷毕来。遂开明堂，坐以治之。"

（5）淮西，亦称淮右，指淮水上游之地。唐设淮西节度使。贼，指不服从中央而拥兵自重的藩镇叛将。载，年。韩愈《平淮西碑》有："蔡帅之不廷授，于今五十年，付三姓四将。"

（6）封狼，大狼。貙（chū），似狸而大的一种野兽。罴（pí），即通常所称的"人熊"。这里的狼、貙、罴都是喻指割据一方的藩镇叛将，即上文中的"贼"。

（7）"不据"句，是说这些叛将公然对抗朝廷，敢于在平原地区割据而不必凭借山河之险，自恃强大，猖狂至极。

（8）日，天天。麾，同"挥"，用《淮南子·览冥训》中鲁阳公与韩争援戈挥日的典故。

（9）度，裴度。

（10）都统，唐代自天宝以后，用兵时常任大臣为都统，总领诸道兵马。元和十二年（817）七月，宰相裴度奏请亲往淮西前线督战。诏以裴度守平章事，仍充淮西宣慰招讨处置使。度以韩弘为都统，辞招讨之名，但实际上行使统帅职权，因此诗称其"腰悬相印作都统"。

（11）天王旗，即皇帝的旗帜。裴度赴淮西时，宪宗诏命以神策军（皇帝的禁卫军）三百骑卫从，并亲至通化门送行。

（12）愬（sù），指李愬，唐宪宗元和十一年为唐邓随节度使，讨伐吴元济。武，指韩弘之子韩公武。古，李道古，元和十一年为鄂岳观察使。通，指李文通，寿州团练使。以上四人都是裴度手下大将。牙爪，犹爪牙。《诗经·小雅·祈父》："祈父于王之爪牙。"

（13）仪曹外郎，即礼部员外郎。指跟随裴度出征的礼部员外郎李宗闵，在军中任书记，所以说"载笔随"。

（14）行军司马，指韩愈，裴度出征时以韩愈为行军司马。

（15）入蔡缚贼，元和十二年十月十五日，李愬雪夜进袭蔡州，生擒吴元济，解送长安，献于太庙，然后斩于东市。太庙，皇帝的宗庙。

（16）无与让，意即无人可及。訾（zī），量。

（17）从事，汉代于将军下置从事中郎二人，职参谋议。宜为辞，应该撰写纪功的文章。

（18）金石刻画，原指钟鼎、碑碣上刻写文字记述功德，这里指撰写歌颂功德的文章。

（19）职司，指以著作文章为职务的翰林学士。因为唐代规定，有关国家重要文字要由翰林学士撰写。

（20）颔颐，即点头表示赞许。

（21）斋戒，古代在祭祀前要独居一室，素食、沐浴，澄清思虑，叫"斋戒"。这里用以形容韩愈撰碑文时的严肃慎重。

（22）点窜，改换字句（减去叫"点"，添上叫"窜"），与下文的"涂改"义近。《尧典》《舜典》，均为《尚书》篇名。

（23）《清庙》《生民》，均为《诗经》篇名。

（24）破体，行书的变体。唐张怀瑾《书断》："王献之变右行书，号曰破体书。"这里借以形容韩愈碑文能变更旧体，有所创新。

（25）负以灵鳌，以灵鳌背负着它。灵鳌（áo），海里的大龟，灵是美称。蟠，盘绕。螭（chī），古代传说中的一种无角龙。

（26）之，指代韩愈。谗之天子，指有人对皇帝说韩愈的坏话。

（27）斯文，此文，指韩愈的《平淮西碑》。元气，古人认为天地间存在的一种生生不息的浑元之气。

（28）汤盘，传说商汤沐浴的盘。《大学》："汤之《盘铭》曰：'苟日新，日日新，又日新。'"这里指刻在盘上的铭文。孔鼎，指孔子祖先正考父鼎上的铭文。这里是以"汤盘""孔鼎"比韩愈的碑文。

（29）相与，相互。烜（xuǎn）赫，显耀。流，流传。淳熙，正大光明。

（30）曷（hé），怎么，何。三五，三皇五帝。

（31）封禅，古代帝王宣扬功业而祭祀天地的大典。封，指登泰山筑坛祭天，报天之功。禅，在梁父（泰山下小山）上辟基祭地，报地之功。玉检，封禅所用文书外面罩的封盖。明堂，古代帝王宣明政教的地方，凡朝会、祭祀、庆赏等大典均在此举行。《史记·封禅书》："管子曰：古者封泰山、梁父者七十二家。"

【赏析】

《韩碑》是李商隐诗中的一个变格。吟咏这首七言古诗，会获得与读《无题》诗全然不同的艺术感受。它是唐代优秀的七言古诗之一。

"韩碑"，指韩愈奉命所撰的一块纪功碑，名叫"平淮西碑"。《韩碑》这首诗叙述了"平淮西碑"从撰写、树立到被推倒、磨平的前后经过。这里蕴含着中唐历史上一段相当重要的史实。藩镇割据是唐王朝后期的一大祸患。唐宪宗元和九年（814），唐宪宗对淮西用兵，平定吴元济。战争进展缓慢。元和十二年（817）七月，力主削藩的裴度亲赴淮西督战。当年十月，大将李愬雪夜入蔡州，生擒吴元济，平定了淮西。宪宗命行军司马韩愈撰写《平淮西碑》，以刻石纪功。韩愈的《平淮西碑》热情歌颂平叛战争，突出宰相裴度的战略决策之功，着眼于宣扬朝廷平藩的战略方针，提高中央政府的威望。这对于进一步开展对藩镇割据势力的斗争，是有利的。但这引起了李愬的不满，他从中毁伤韩愈的《平淮西碑》碑文失实。于是，宪宗使人推倒韩碑，命翰林学士段文昌重新撰文刻碑。段文对李愬的功绩叙述较为充分。李商隐极力推崇韩碑，对推碑深表不满，《韩碑》诗中扬韩抑段的倾向非常明显，并一再强调裴度的决策、统帅首功，说明他对韩愈的用意有深刻理解，也体现出他将国家治乱归于中枢是否得人的一贯主张。李商隐绝少单纯咏史之作，多寓对现实的感慨。会昌年间，李德裕在武宗的信任与支持下，力排众议，坚决主张讨伐叛镇刘稹，并亲自部署指挥，取得了泽潞战役的胜利。这和宪宗专任裴度、取得淮西战役的胜利，情况非常相似。李商隐对李德裕为统一事业作出的贡献颇为推崇，在为郑亚代拟的《会昌一品集序》中，称赞李德裕平泽潞等功绩，誉之为"万古之良相"，称扬其"居第一功"，对宣宗继位后贬黜李德裕等有功将相深为不满。本篇盛赞"圣皇与圣相"，不满于推碑之举，可能言在彼而意在此吧。

全诗叙议相兼，以叙事为主，可分为四段。第一段从开头到"长戈利矛日可麾"，写宪宗削平藩镇的决心和淮西藩镇长期跋扈猖獗；第二段从"帝得圣相相曰度"到"功无与让恩不訾"，叙述裴度奉命任统帅讨平淮西叛镇吴元济的事实；第三段从"帝曰汝度功第一"到"负以灵鳌蟠以螭"，着力描写韩愈奉命撰碑的经过；第四段从"句奇语重喻者少"到结尾，叙写韩碑被拽倒磨平之事及诗人由此而生的无限感慨。

诗的一开篇就用雄健的笔法渲染宪宗的"神武"和平叛的决心，显示出一种堂堂正正的气势。"元和天子"指宪宗李纯，元和是宪宗的年号。"轩"指上古传说中的黄帝轩辕氏，"羲"指伏羲氏。这里的"轩与羲"是代表传说中的圣君三皇五帝。此段开头前两句是说，宪宗英武奋发，是一个立志追攀三皇五帝事业的圣明君主。"誓将上雪列圣耻"一句将眼前的平叛战争和安史之乱以来国家多难的历史联系了起来。"列圣",指宪宗以前的几个皇帝,玄宗、肃宗、代宗、德宗、顺宗。他们自安史之乱以来,因藩镇叛乱而蒙受重大耻辱。宪宗即位后,对藩镇势力采取了不姑息的态度,相继削平了剑南刘辟、江东李绮、淮西吴元济、淄青李师道的叛乱。所以说是"誓将上雪列圣耻"。"坐法宫中朝四夷"意谓宪宗皇帝安坐于正殿,接受四方的朝见。韩愈的《平淮西碑》铭文有赞:"既定淮蔡,四夷毕来。遂开明堂,坐以治之。"这四句极力刻画歌颂宪宗李纯。然后掉转笔锋写淮西藩镇长期对抗朝廷,突出其嚣张跋扈的气焰。"淮西"二句,"封狼""貅""罴"都喻指凶残横暴的藩镇。淮西藩镇相继叛乱,割据三州之地,自恃兵力强盛,对抗朝廷,已有50余年。写淮西藩镇的强悍是为了反衬下文裴度平定淮西之功的不同寻常。纪昀评曰:"笔笔挺拔,步步顿挫,不肯作一流易语。……入手八句,句句争先,非寻常铺叙之法。"

第二节遥接开篇四句,推出本诗的主角裴度,对他作了有力的刻画。"帝得圣相相曰度,贼斫不死神扶持"暗示"上雪列圣耻"的关键在于"得圣相"。裴度是唐代中期具有进步倾向的政治家。他在当时力主对淮西用兵。元和十年六月,泽潞节度使李师道派刺客暗杀了主战的宰相武元衡,御史中丞裴度的背部、头部受伤。宪宗说:"度得全,天也。"三天以后,即任裴度为宰相。然后直入本段所讲的主题,宰相裴度于元和十二年七月亲往淮西督战,行使统帅的职权,因此诗称其"腰悬相印作都统"。叙裴度出征,仅一句"阴风惨澹天王旗"稍作点染,就把当日出征时隆重而森严的气氛传达了出来,简洁明快,气势雄健之极。接下来的四句,从麾下武将文僚一直叙写到勇猛的士兵,突出最高统帅裴度的主帅形象和他麾下猛将精兵如云的盛大声势。"牙爪",即爪牙,用以比喻勇武的将士。这里喻指李愬等四人。"虎貔",虎与貔貅,皆为猛兽,这里的虎貔是说14万大军像虎貔一样勇猛。将"行军司马"韩愈单提,为其下文奉命撰碑一事埋下伏笔。将猛兵精,主帅运筹帷幄,必定势不可挡,下面写战争只用"入蔡破贼"一笔带过。此段末句重笔概述裴度之功,"功无与让恩不訾"。裴度率军平定淮西后,加金紫光禄大夫、弘文馆大学士,赐勋上柱国，封晋国公。因此说裴度受到了皇帝无比的恩遇。整个这一节，不论是写皇帝、部将、幕僚、士兵，还是写出征、作战、功赏，句句不离裴度，才使得该节末句显得有着落，且极有分量。

诗的第三节开头两句，束上启下，从平蔡过渡到撰碑，是全篇的主轴和枢纽。"帝曰汝度功第一，汝从事愈宜为辞。"只借用唐宪宗的两句话就把描写重点转移到韩愈身上。接着下面六句模拟韩愈的答话，通过对话推动情节。在宪宗的明确指示下，韩愈欢欣鼓舞，当仁不让，一方面谦说撰碑事至关重要，不可轻以属人，表示自己力不能任；另一方面又因皇帝已交给自己撰碑的任务，自己应当仁不让。宪宗听后颔首称赞。奉命撰碑这一过程一并写出，令人如见当日朝廷隆重热烈的气氛。这六句手法洗练而生动。再下面十句，刻画韩愈的写作情况和韩碑的文学成就，由此将本诗的另一个主角韩愈的形象突出。"公退斋戒坐小阁，濡染大笔何淋漓"写韩愈撰碑严肃慎重，笔酣墨饱，尽情尽致。韩碑究竟造诣如何，本不好着笔，可诗人通过借喻和对照手法，说韩碑是对《尚书》《诗经》中著名篇章的"点窜"和"涂改"，映衬出碑的高度成就。

第四节起首两句"句奇语重喻者少，谗之天子言其私"，是说韩碑用语庄重深刻，懂得的人很少，有人对皇帝说韩愈的坏话。这就引出了韩碑被推倒的原因。"平淮西碑"被推倒、刻字被磨平一事仅用两句带过，显示出诗人在叙事详略安排上的匠心独具。对这一桩公案，诗人感慨万千。"公之斯文若元气，先时已入人肝脾"，言明韩碑自有公正的评价，推碑磨字也不能磨灭它在人们心中留下的深刻影响。接着从国家中兴统一事业与韩碑的关系，对它的不朽价值进行崇高的评价与热烈的赞颂。在李商隐看来，唐宪宗、裴度的功业足以攀古圣先贤。只有韩碑这样的鸿文才配得上歌颂他们，使他们得以流芳百世。而韩碑则可以告功封禅，作为明堂基石，永远传示后世。这就是该诗的主题。

《韩碑》歌颂平藩战争的胜利，表现了诗人拥护国家统一、痛恨分裂割据的进步政治倾向。这首诗写两个著名历史人物，借以阐明一种信念：无论是裴度的勋绩，还是韩愈的雄文，只要是历史上真正的功业，即使遭一时打击，但其功绩终究不会被抹杀。

一向以艳丽精深著称的诗人，在这首《韩碑》中，却保持和发扬了不入律的七古笔力雄健、气象峥嵘的特点，又吸取了韩愈诗文"句奇语重"的风格，但避免了韩诗过分追求奇崛拗涩的弊病。诗中大量采用"封狼""貙""羆""阴风惨淡""汤盘""孔鼎"之类以凶猛、阔大、沉重、古远为特色的形象，来造成全诗劲健雄浑而又古朴深沉的气氛和格调（这表明李商隐写这首诗是有意在学韩愈诗文"句奇语重"的风格）。正如前人所指出的，是"直拟退之，殆复过之"。另外，全篇多用拗调、拗句，运用散文化手法和虚字，像"帝得"句、"入蔡"句等连用七个仄声字，都造成一种高古奇峭的格调。但《韩碑》一诗雄健豪放、苍劲古朴中透出清新爽利。《玉溪生诗意》中屈复评曰："生硬中饶有古意，甚似昌黎而清新过之。"李商隐的《韩碑》在艺术风格受韩愈《石鼓歌》的明显影响，被人们认为是继韩愈《石鼓歌》的又一篇"正正堂堂"的力作。毛泽东对这首《韩碑》是比较欣赏的，在不同的版本中曾圈点过三到五遍之多。

（毕国民）

【原文】

有感二首

自注：乙卯年有感，丙辰年诗成。

九服归元化⁽¹⁾，三灵叶睿图⁽²⁾。

如何本初辈⁽³⁾，自取屈氂诛⁽⁴⁾？

有甚当车泣⁽⁵⁾，因劳下殿趋⁽⁶⁾。

何成奏云物⁽⁷⁾，直是灭萑苻⁽⁸⁾。

证逮符书密⁽⁹⁾，辞连性命俱⁽¹⁰⁾。

竟缘尊汉相⁽¹¹⁾，不早辨胡雏⁽¹²⁾。

鬼箓分朝部⁽¹³⁾，军烽照上都⁽¹⁴⁾。

敢云堪恸哭⁽¹⁵⁾？未免怨洪炉⁽¹⁶⁾。

丹陛犹敷奏⁽¹⁷⁾，彤庭歘战争⁽¹⁸⁾。

临危对卢植⁽¹⁹⁾，始悔用庞萌⁽²⁰⁾。

御仗收前殿⁽²¹⁾，兵徒剧背城⁽²²⁾。

苍黄五色棒⁽²³⁾，掩遏一阳生⁽²⁴⁾。

古有清君侧⁽²⁵⁾，今非乏老成⁽²⁶⁾。

素心虽未易⁽²⁷⁾，此举太无名⁽²⁸⁾。

谁瞑衔冤目⁽²⁹⁾，宁吞欲绝声⁽³⁰⁾？

近闻开寿宴，不废用《咸》《英》⁽³¹⁾。

【毛泽东圈评等情况】

毛泽东读清沈德潜编选《唐诗别裁集》卷十八"五言律诗"时圈阅了这两首《有感》。

[参考] 张贻玖：《毛泽东评点、圈阅的中国古典诗词》，中国工人出版社1992年版，第235页。

【注释】

（1）九服，王畿以外的九等地区。《周礼·夏官·职方氏》："乃辨九服之邦国：方千里曰王畿，其外方五百里曰侯服，又其外方五百里曰甸服，又其外方五百里曰男服，又其外方五百里曰采服，又其外方五百里曰卫服，又其外方五百里曰蛮服，又其外方五百里曰夷服，又其外方五百里曰镇服，又其外方五百里曰藩服。"这里指全国土地。元化，造化，天地。唐陈子昂《感遇》诗之六："古之得仙道，信与元化并。"

（2）三灵，指日、月、星。《汉书·扬雄传上》："方将上猎三灵之流，下决醴泉之滋。"颜师古注引如淳曰："三灵，日、月、星垂象之应也。"叶（xié），合。睿（ruì）图，称颂帝王的英明大略。睿，明智。

（3）本初，袁绍的字。东汉末汝南汝阳（今河南商水西北）人。出身于四世三公的大官僚家庭。初为司隶校尉，后据有冀、青、幽、并四州，成为当时地广兵多的割据势力。此以"本初辈"比李训、郑注。

（4）屈氂（lí），刘屈氂，汉武帝庶兄中山靖王之子，汉武帝征和二年为左丞相。

（5）有甚，有过于。当车泣，用汉代赵谈泣而下车之典。见《汉书·袁盎传》："上朝东宫，宦者赵谈骖乘。盎伏车前曰：'天子所与共六尺舆者，皆天下豪英，奈何与刀锯之余共载？'于是上笑，下赵谈。谈泣下车。"

（6）下殿趋，《南史·梁武帝本纪》载，大通年间，有童谣说："荧惑（火星）入南斗，天子下殿走。"

（7）何成，哪能成为，哪里是。奏云物，奏报祥端。云物，云的色彩。《周礼·春官·保章氏》："以五云之物，辨吉凶、水旱降丰荒之祲象。"郑玄注："物，色也。视日旁云气之气……郑司农云：以二至二分观云色，青为虫，白为表，赤为兵荒，黑为水，黄为丰。"

（8）直是，简直是。萑苻（huán pú），《左传·昭公二十年》："郑国多盗，取人于萑苻之泽（芦苇丛生的湖泽）。子大叔兴兵以攻之。"后遂称盗贼为萑苻。

（9）证逮，捕捉与此事有牵连的人。《史记·五宗世家》："请逮勃（常山王刘勃）所与奸诸证佐。"证左，即证人，指与案情有关的人。

（10）辞连，供词牵连。俱，偕，同。

（11）尊汉相，汉成帝时丞相王商身材高大，容貌过人。匈奴单于来朝，见商颇畏惧。成帝称道："此真汉相矣。"（《汉书·王商传》）这里以王商比李训。

（12）辨胡雏，据《晋书·石勒载记》，石勒十四岁时行贩洛阳，倚啸上东门。王衍见而异之，对左右说："向者胡雏，吾观其声视有异志，恐将为天下之患。"派人前去收捕，石勒已离去，后来石勒成为"五胡乱华"时期前赵的君主。这里以石勒比郑注。

（13）鬼箓（lù），登记死人们的名册。朝部，朝班。

（14）上都，指京城长安（今陕西西安）。

（15）敢云，岂敢说。恸（tòng）哭，大哭。

（16）洪炉，大炉，指天地。《庄子·大宗师》："今以天地为大炉。"

（17）丹陛（bì），古时殿前涂红色的台阶。敷奏，臣向君陈述报告。

（18）彤（tóng）庭，汉代宫廷，因以朱漆涂饰，故名。欻（xū），忽然。《关尹子·五鉴》："惟一我心，则意者尘往来耳，事者欻起灭尔。"

（19）"临危"句，自注："是晚独召故相彭阳公入。"卢植（？—192），字子干，东汉涿郡涿县（今属河北）人。灵帝时，先任博士，又任九江、庐江太守。黄巾起义，他任北中郎将，率军前往镇压，被张简打败。后任尚书，因得罪董卓，罢职。这里以卢植比令狐楚。令狐楚于元和十四年七月守中书侍郎同平章事（宰相）。大和九年十月进封彭阳郡开国公。故作者自注中称之为"彭阳公"。

（20）庞萌，东汉初人，曾任侍中，很受光武帝刘秀信任，后反叛，刘秀深悔错用了他（《后汉书·刘永传》）。这里以庞萌比李训、郑注。

（21）御仗，皇帝的仪仗、警卫。

（22）兵徒，指宦官。背城，背对城墙对敌作一死战。指与敌人作最后决斗。《左传·成公二年》："请收拾余烬，背城借一。"杜预注："欲与城下，复借一战。"

（23）苍黄，仓皇，仓卒。五色棒，曹操任洛阳北部尉时，造五色棒悬门旁，用以惩罚违反禁令者，曾杀掉犯禁的宦官蹇硕的叔父。

（24）掩遏，阻抑，压制。一阳生。冬至后白天渐长，古人认为是阳气初动，故冬至又称"一阳生"。甘露之变发生在十一月，正当冬至时节。

（25）清君侧，清除君王身边的奸臣。语本《公羊传·定公十三年》："晋赵鞅取晋阳之甲，以逐荀寅与士吉射。荀寅与士吉射者曷为者也？君侧之恶人也。此逐君侧之恶人，曷为以叛言之。"

（26）老成，指老成人，即年高有德的人。《尚书·盘庚上》："汝无侮老成人，无弱孤有幼。"特指旧臣。语本《诗经·大雅·荡》："虽无老成人，尚有典刑。"朱熹集传："老成人，旧臣也。"

（27）素心，本心，素愿，犹动机。未易，不变。

（28）此举，指李训、郑注诛宦官的行动。无名，没有名义，没有正当理由。《史记·淮阴侯列传》："此壮士也。方辱我时，我宁不能杀之邪？杀之无名，故忍而就于此。"

（29）瞑衔冤目，含冤而死，不能合眼。衔冤，含冤，冤屈无从申诉。

（30）宁，岂。

（31）《咸》《英》，尧乐《咸池》与帝喾乐《云英》的并称。南朝梁刘勰《文心雕龙·乐府》："自《咸》《英》以降，亦无得而论矣。"后亦泛指古乐。唐文宗曾命王涯取开元时雅乐选乐童配合演奏，名《云韶乐》，《咸》《英》当指此。

【赏析】

　　《有感》共二首，系作者为"甘露之变"而写。作者在题下自注云："乙卯年有感，丙辰年诗成。"乙卯年，即唐文宗大和九年（835），为"甘露之变"发生的当年；丙辰年，即文宗开成元年（836），是"甘露之变"的次年。甘露，甘美的露水。语出《老子》第二十七章云："天地相合，以降甘露。人莫之令而自均。"《管子·小匡》："时雨甘露不降，飘风暴雨数臻，五谷不蕃，六畜不育。"明李时珍《本草纲目·水一·甘露》引《瑞应图》："甘露，美露也。神灵之精，仁瑞之泽，其凝如脂，其甘如饴，故有甘、膏、酒、浆之名。"古人迷信，以降甘露为太平之征兆。

　　唐文宗时期发生的"甘露之变"，便是因甘露引起的。原来文宗的祖父宪宗、哥哥敬宗均死于宦官之手，他的父亲穆宗和他本人都是由宦官拥立并受宦官挟制。因此，文宗即位后便决心依靠朝臣铲除宦官势力。大和九年十一月，宰相李训与凤翔使郑注等密谋内外策应，发动政变。他们奏称金吾左仗院石榴树夜有甘露，诱使宦官仇士良等前往观看，谋加诛杀，但因策划不周，伏兵暴露，为仇士良等察觉而失败。李训被捕杀，连未曾参与谋划的宰相王涯、舒无舆等也被灭族，郑注在凤翔亦为监军宦官所杀，受株连者达千余人，文宗亦为仇士良软禁至死。这一事件，史称"甘露之变"。《有感》二首便是李商隐集中反映甘露之变这一重大事件的作品。作者于事变当年"有感"，次年"诗成"，写成的《有感》二首和随后写的《重有感》记述大和末年震动朝野的"甘露之变"，对宦官幽禁文宗、屠杀士民的专制暴行痛加抨击，这在事变失败后仍是仇士良等宦官专权的形势下，是需要有不同寻常的政治胆识的。

　　《有感》二首是有分工的。正如清代诗评家沈德潜在此诗题下注云："为甘露之变而作：前一首恨李训、郑注之浅谋，后一首咎文宗之误任非人也。"所评大抵确当。我们先看第一首。开头二句说唐王朝德化流布，获得九服归附，皇帝的英明大略上合天文垂象，言下之意是诛灭宦官本有良好条件。"如何本初辈"二句用典。本初，袁绍的字。汉少帝刘辩光熹元年（189），大将何进与袁绍谋诛宦官，事泄，何进反被宦官所杀。袁绍引兵入宫，捕捉宦官，不论老幼，尽皆杀死。此以"本初辈"比李训、郑注，既切其密诛宦官，又隐夷其有投机之嫌和缺乏谋画。屈氂，即刘屈氂。汉武帝征和二年为左丞相。次年，宦官郭穰告发他指使与巫者诅咒武帝，勾结贰师将军李广利，欲立昌邑王为帝，被腰斩，妻、子枭首。二句意谓李训、郑注欲学袁绍之诛宦官，却落了个刘屈氂式的谋逆灭族之罪。

"有其"二句亦是用典。当车泣，典出《汉书·袁盎传》，汉文帝一次与宦者赵谈同乘一辆车，袁盎伏车前谏阻道："臣闻天子所与共六尺舆者，皆天下豪英，奈何与刀锯之余共载！"于是文帝令赵谈下，谈泣而下车。两句是说，李训、郑注的用心大有过于袁盎的使赵谈下车而泣（意指想一举诛灭宦官），但他们谋事不成，反而使皇帝下殿趋来，为宦官所劫持。

"何成"以下四句写甘露之变失败，奏称夜降甘露谋诛宦官，使大臣成了被杀戮的对象，受牵连者被指为谋逆而陪上性命。这是深责李训谋事之非。"竟缘"二句谓文宗用人不当。"鬼箓"二句谓这次事变的严重后果是大批朝臣被杀，名列鬼箓。"敢云"二句，抒发感慨，意谓我岂敢说这次事变可堪痛，但无论如何不能怨天怨地，言外之意是只能怨人谋事不周。沈德潜在篇末注云："清平之世，横戮大臣，由训、注浅谋自取也。至使天子下殿，无辜证逮，不亦可哀之甚哉！"

第二首亦写甘露之变，但重在批评文宗用人不当。"丹陛"二句说，甘露之变中，李训等还在殿前陈奏，顷刻间一场流血的惨剧便发生了。之所以造成这种局面，从李训、郑注来看是谋事不周，从文宗来看是用人不当。"临危"二句用典，何进谋诛宦官事泄后，宦官张让、段珪劫少帝逃往北宫。卢植执兵器于半道中指斥宦官罪恶，段珪等大为恐惧。后宦官又劫少帝逃向小平津（黄河渡口，在河南洛阳北），卢植连夜追赶，杀宦官数人，夺回少帝。这里以卢植比令狐楚。甘露之变发生后，令狐楚与郑覃因系左、右仆射，被文宗召入，留宿中书省，参与机务。庞萌则用以比李训、郑注。用此二典，意在说明文宗只是到了危急关头，才任用令狐楚这样可靠的人物，后悔错用了李、郑等不应信任之臣。接下来"御仗"四句写甘露之变失败经过。宦官将文宗从前殿（含元殿）劫回皇宫，并率禁军从宫中杀出，结果是事迹失败，把冬至初生的阳气也阻绝了。"古有"四句是说，清除君主身边的坏人，古来即有其事，今天也并不是缺乏能担当这项重任的富于谋略、经验的大臣，只是李、郑企图一举消灭宦官，仓卒举事，酿成巨变，效果极坏。"谁瞑"四句是作者议论，意谓含冤而死的人，谁能瞑目？未死而愤恨欲绝的人，岂能忍悲吞声？可是，近日听说皇帝又开宴庆寿，席间演奏的仍有王涯生前所定的《云韶乐》。王涯在事变中无辜被杀，弃骨渭水，文宗曾表示伤感。此处说"不废用《咸》《英》"，是暗示文宗受制于宦官，不得不忍气吞声。

　　《有感》二首是李商隐反映甘露之变这一重大政治事件的作品。诗人的"有感"，主要有三个方面：一是对宦官乱政的愤恨；二是对李训、郑注误国的不满；三是对文宗用人不当的惋惜。甘露之变后，宦官的气焰更加嚣张，"迫胁天子，下视宰相，陵暴朝士如草芥"（《资治通鉴·文宗大和九年》）。诗人在朝野间笼罩着一片恐怖氛围的情况下，在诗中直斥宦官为"凶徒"，揭露他们的大肆株连、滥杀无辜、挟制皇帝、篡权乱政的罪行和凶残横暴的丑恶面目，表现了强烈的政治义愤。同时的诗人中，还没有出现这样旗帜鲜明地反宦官乱政的作品。诗人在肯定诛灭宦官行动正义性的同时，又认为此次举事失败，在于李训、郑注的轻率浅谋、仓卒发动，以致贻误国事，并对文宗的败于任人有所批评。这些都体现了诗人对国家命运的深切关注。不过，作者对李训、郑注的贬斥未免太过，有失公允。（毕桂发）

【原文】

重有感

玉帐牙旗得上游⁽¹⁾，安危须共主君忧。

窦融表已来关右⁽²⁾，陶侃军宜次石头⁽³⁾。

岂有蛟龙愁失水⁽⁴⁾，更无鹰隼击高秋⁽⁵⁾。

昼号夜哭兼幽显⁽⁶⁾，早晚星关雪涕收⁽⁷⁾。

【毛泽东圈评等情况 】

毛泽东读清沈德潜编选《唐诗别裁集》卷十五时圈阅了这首诗。

[参考] 张贻玖：《毛泽东评点、圈阅的中国古典诗词》，
中国工人出版社 1992 年版，第 235 页。

【注释 】

（1）玉帐，主帅所居住的营帐。牙旗，古以爪牙喻武臣，故军前大旗叫牙旗，亦有说因旗上绘成牙形，或以象牙装饰，故称牙旗。得上游，本指水的上游，这里指掌握有利的形势。

（2）窦融，西汉末割据河西，后归顺光武帝。他知道光武帝刘秀将讨伐隗嚣，上表问出兵日期，准备效力。关右，函谷关以西地区。这句以窦融上疏比拟刘从谏上表声讨宦官，愿为朝廷效力。

（3）陶侃（kǎn），东晋将领，明帝时苏峻谋反，他和温峤、庾亮等会师石头城（今江苏南京）下，杀了苏峻。这句表示希望刘从谏和其他节度使像东晋陶侃那样和诸将合力讨逆。次，进驻。

（4）蛟龙失水，喻皇帝为宦官所制失去权力。愁，一作"长"。

（5）鹰隼（sǔn），这里用来比喻忠于君主的猛将。击，一本作"与"，通"举"，高飞。

（8）幽显，指所谓阴间的鬼神和阳间的人。

（7）星关，犹天门，指皇帝的住所。雪涕，指掉眼泪。

【赏析 】

这首七律《重有感》是李商隐政治思想逐渐成熟、诗歌创作走上新阶段的重要标志。它是诗人有感于昭义军节度使刘从谏上书指斥宦官仇士良和朝廷依然存在威胁的严重局势而作。因为前不久诗人就"甘露之变"写过《有感》二首，所以本篇题为"重有感"。这种标题，实际上类似于无题。

唐文宗大和九年（835），宰相李训、凤翔节度使郑注等人在唐文宗授意下密谋里应外合诛灭宦官，结果事情败露，李、郑先后被宦官所杀，连

未曾参与谋划的宰相王涯、贾𫗧、舒元舆等也遭族灭，死难者千余人，制造了"斩四方馆，血流成渠"的惨祸，史称"甘露之变"。事变后，宦官气焰更为嚣张，他们胁迫天子，无视宰相，独揽朝政，飞扬跋扈。唐文宗开成元年（836），昭义节度使刘从谏三次上疏问王涯等人被杀的原由，并指斥仇士良等宦官的罪恶，声称"谨修封疆，缮甲兵，为陛下腹心，如奸臣难制，誓以死清君侧"。一时宦官的气焰稍有收敛。诗人有感而作，但绝不是单单为刘从谏上疏之事而发，而是表达了人们痛恨宦官专权、希望朝廷振作的情绪，也流露出对坐视朝廷危机不加救援的方镇的强烈不满。

"玉帐牙旗得上游，安危须共主君忧。"首联是说刘从谏身居强藩重镇，应当和人主同其安危。首句着力渲染刘从谏等人的优越地位和强大实力。"玉帐"是主帅们出征时所居的营帐。"牙旗"是将军营前的旌旗。《文选·张平子东京赋》注："兵书曰，'牙旗者'将军之旌。古者天子出，建大牙旗，竿上以象牙饰之，故云牙旗。"当时刘从谏不但是拥有"玉帐牙旗"的主帅，且居于形胜之地。刘从谏的昭义节度使管潞、泽、邢、洺、磁五州，邻近京城长安，军事上据有极便利的形势，完全具备了平定宦官之乱的主客观条件，所以说"得上游"。由此引出下句"安危须共主君忧"。"安危"在这里是偏义复词，偏重于"危"，是危难的意思。句中"须"字极见用意，强调的是义不容辞的责任。此句点明正意：在国家危急存亡之秋，作为一方雄藩理应与君主共忧患。"须"字的高屋建瓴，才使得下面的"宜""岂有""更无"等字有了基础。

应怎样与皇帝共忧患，履行自己的职责呢？颔联用了两个典故示意占据一方的将帅。"窦融表已来关右，陶侃军宜次石头。"颔联从历史的角度来评价和期待刘从谏等人的进一步行动。据《后汉书·窦融传》记载："融……闻光武即位，心欲东向，遣长史奉书献马，帝授融凉州牧。"后来窦融得知光武帝打算讨伐西北军阀隗嚣，便整顿兵马，上疏请示出师伐嚣日期。这里用来指刘从谏上表声讨宦官仇士良等。下句用陶侃杀苏峻的典故。东晋陶侃任荆州刺史时，苏峻叛乱，京都建康危在旦夕。陶侃被推为讨苏诸军的盟主，领兵至石头城下，斩了苏峻。这里用来表达对刘从谏进军平定宦官之乱的期望。出句和对句中"已"和"宜"二字衔连呼应，切合了刘上表"暴指士良等罪"却并未付诸行动的情况。既有对刘从谏的赞扬，也有对他的不满。既然刘上表要"誓以死清君侧"，就应像陶侃那样兴兵致讨。"宜"字中有鼓励、敦促，也暗含批评之意。

"岂有蛟龙愁失水，更无鹰隼与高秋。"颈联自相呼应，说有哪个天子会终日忧虑丧失权力，而外藩大臣竟然没有谁来助他一臂之力的呢！既表明了对有实力平乱的节度使的希望，且表现了对擅权乱政的宦官们的无比愤慨。"蛟龙愁失水"，比喻文宗受制于宦官，失去权力和自由。"鹰隼击高秋"，比喻忠于朝廷的猛将奋起搏击宦官。"与"同"举"，即飞升的意思。鹰和隼都是雄猛的禽鸟，爪嘴锋利强健，善于搏击长空，捕食鸟兽，古人常以此来比喻武将。《左传·文公十八年》记："见无礼于其君者，诛之，如鹰隼之逐鸟雀也。""蛟龙愁失水"是根本不应出现的，现在却是既成的事实，因此用"岂有"一词表达强烈的难以容忍的义愤。"鹰隼"句是本应出现的，但理应出现却未出现的局面，使诗人感到忧愤和失望，所以用"更无"。从上面的"须共""宜次"联系起来，不难看出诗人对徒有空言而不付诸实际行动的方镇的不满与失望。

末联紧承第六句，描写了京城大乱后的悲惨恐怖的气氛。由于宦官的乱政和屠杀，使得眼下的长安城仍然昼夜人号鬼哭。"昼号夜哭兼幽显"中的"幽显"指阴间和阳世。下句"早晚星关雪涕收"是说，什么时候才能消除宦官专权的现象，收复被他们盘踞的宫阙，拭泪欢庆呢？"早晚"，即"多早晚"，什么时候，系不定之词。这两句表达了诗人对国家命运忧心如焚的感情，也是期望之词，隐含盼望刘从谏能早来扫清奸孽，使宫禁中的大权复归于皇帝。

以"有感"作为政治抒情诗题目的，是杜甫。李商隐是杜甫之后密切关注国家命运并以律诗反映时事、抒写政治感慨最突出的一个。《重有感》这首诗通篇情词激越，忧深盼切，一气喷薄而出。当时"甘露之变"后，朝廷上下慑于宦官的淫威，很少有人敢伸张正义，诗坛对此事也较寂寞，年仅24岁、尚未及第、功名未就的李商隐，竟写出敢于触犯文网、干预时政的《重有感》，足见其铮铮风骨。

这首诗毛泽东曾多次圈画，表明他很喜欢。（毕国民）

安定城楼

迢递高城百尺楼，绿杨枝外尽汀洲⁽¹⁾。

贾生年少虚垂涕⁽²⁾，玉粲春来更远游⁽³⁾。

永忆江湖归白发，欲回天地入扁舟⁽⁴⁾。

不知腐鼠成滋味，猜意鹓鶵竟未休⁽⁵⁾。

【毛泽东圈评等情况】

毛泽东曾手书这首诗。

[参考]中央档案馆编：《毛泽东手书选集·古诗词（下）》，

北京出版社 1998 年版，第 28 页。

【注释】

（1）汀（tīng），水边平地，这里指泾州东的美女湫。

（2）贾生，指贾谊，他上书汉文帝论当时政治，有"可为痛哭者一，可为流涕者二"等语。年少，贾谊只活了三十三岁，上书时还是青年。

（3）王粲，东汉末年人，他十七岁从长安流寓荆州，依靠荆州刺史刘表，写作《登楼赋》抒写自己的怀抱和不得志的苦闷。

（4）扁（piān）舟，小船。入扁舟，暗用春秋时越国大夫范蠡功成后乘扁舟泛五湖而归隐的典故。

（5）《庄子·秋水》中说，惠施在梁国当宰相，庄子前去见他。有人对惠施说，庄子想取代你的相位。惠施很恐慌，在都城搜索。庄子见到惠施，用寓言讽刺他道：南方有一种叫鹓（yuān）鶵（凤凰）的鸟，不是梧桐不歇，不是竹实不吃，不是甘泉不饮。鸱鸟弄到一只腐鼠，看到鹓鶵飞过，怀疑它要来抢食，就发出"吓"的怒叫声。现在你惠施也想用梁国这只腐鼠来"吓"我吗？作者借这个典故，讽刺猜忌、排斥自己的朋党势力。

【赏析】

安定城楼，即唐泾州城楼。《安定城楼》是李商隐青年时代客中登安定城楼遣愁言志之作。这首七言律诗叙述身世、抱负和表现被诬被压不能不起而反抗的心情，深深渗透着悲愤和忧郁。

"迢递高城百尺楼，绿杨枝外尽汀洲。"首联写诗人登楼望远所见，点明季节，描写景观，造成一种寥廓悠远的意境，自然界的宏阔比照得人生旅途越发地逼仄狭隘。这两句是说：高耸的城墙上耸立着百尺城楼，登楼眺望，越过近处的绿杨林，遥遥看到浮现水中的一片沙洲。迢递，高远的样子。这里首句用的是层递写法，突出了城楼的高峻；第二句随着视线的由近而远，展现出了一片宽阔平远的视野。

"贾生年少虚垂涕，王粲春来更远游。"颔联两句紧承首联，写诗人以贾谊、王粲自比。诗人借用了贾谊上疏与王粲流寓荆州这两个典故，表达了自己怀才不遇、受到排斥的激愤之情。第三句"贾生年少虚垂涕"说，贾谊为国事垂涕，喻自己关心现实与贾谊无异，但人微言轻，再关心也只能是"虚垂涕"。政治的昏暗、个人的困惑，统统包含在"虚垂涕"三个字之中。"王粲春来更远游"，以王粲流寓荆州作喻，将诗人那种去国怀乡、伤时忧世、郁郁不得志的感情暗透了出来。这两句利用了故事本身十分丰富的内容，去代替诗人所要表达的事物，以精练的语言生动形象地描述了复杂的事物和曲折的感情，情调低沉，忧伤凄凉之情不可抑制地流露了出来，起到了言简意深的作用。

"永忆江湖归白发，欲回天地入扁舟。"颈联作一转折，如中峰突起，音调陡变，表明了作者的志向和心迹。这两句是说：我愿为回天转地的大事业贡献毕生，直到我成为一个白发老人；那时我将乘一叶扁舟遨游江湖——这才是我最向往的事。"欲回天地"，亦即扭转乾坤，使唐朝中兴。"入扁舟"指范蠡助越王勾践灭吴，功成后乘扁舟泛五湖而归隐的典故。在这里，诗人将自己的志向抱负融凝成一个警句，表明自己虽有建功立业思想，却并无贪位恋栈之心。在"虚垂涕""更远游"之后，诗人突然用力一转，发誓功成方退身。这种纵收开合的转折，将诗人"欲回天地"之志表现得更为深沉有力。这两句在语法上微拗，声韵上和谐铿锵，使人玩

味无穷。沈德潜评此二句道："何减少陵！"（《唐诗别裁集》）

"不知腐鼠成滋味，猜意鹓雏竟未休。"尾联由颈联的抒写抱负转为抒发愤郁，蔑弃庸俗。这两句是说：把死老鼠当作美味，而秉性高洁的鹓雏竟然被无休止地猜疑。这里引用了《庄子·秋水》中惠施猜忌庄周的典故。诗人运用寓言故事，生动地讽刺了那些醉于名利、像嗜痂成癖的猫头鹰之类的庸俗之辈。诗人在这里借典设喻，借以自指，恰到好处。

这首诗以抒写远大的抱负为中心，将忧念国事、感伤身世、指责腐朽庸俗等融为一体，塑造了一个在百尺高楼上仰天长啸、俯视人寰、极想有所作为的青年形象。贯穿全诗的那种登高望远的情景与居高临下之境相结合的构思，体现了李商隐诗歌"有神无迹"的特点。（刘磊　东民）

【原文】

晚　晴

深居俯夹城⁽¹⁾，春去夏犹清。
天意怜幽草⁽²⁾，人间重晚晴。
并添高阁迥⁽³⁾，微注小窗明⁽⁴⁾。
越鸟巢干后⁽⁵⁾，归飞体更轻。

【毛泽东圈评等情况】

毛泽东圈画的清袁枚《随园诗话》卷一第十一则中引录了《晚晴》诗中的"天意怜幽草，人间重晚晴"二句。

[参考]陈晋主编：《毛泽东读书笔记解析》，广东人民出版社
1996 年版，第 1280 页。

【注释】

（1）深居，幽居，不跟外界接触。《淮南子·人间训》："圣人深居以避辱。"俯，俯视，低头向下看。夹城，即瓮城，城门外的小月城。

（2）天意，上天的意旨。怜，喜爱。幽草，幽深地方的草丛。《诗

（3）并，合。高阁，高大的楼阁。迥，僻远。

（4）注，照射，倾泻。

（5）越鸟，南方的鸟。《文选·〈古诗十九首·行行重行行〉》：“胡马依北风，越鸟巢南枝。”李善注引《韩诗外传》：“《诗》曰：‘代马依北风，飞鸟栖故巢。’皆不忘本之谓也。”后因用为思念故乡或故国之典。越，古代南方少数民族名，分布于长江中下游以南，部落众多，地域极广，有百越、百粤之称。亦代指广东、广西地区，或代指南方。

【赏析】

毛泽东圈画的唐李商隐《晚晴》一诗见于《随园诗话》卷一第十一则。原文是：

> 尹文端公总督江南，年才三十，人呼“小尹”。海宁诗人杨守知，字次也，康熙庚辰进士。以道员挂误，候补南河，年七十矣。尹知为老名士，所以奖慰之者甚厚。杨喜，自指其髻，叹曰：“蒙公感意，惜守知老矣！‘夕阳无限好，只是近黄昏。’”公应声曰：“不然，君独不闻‘天意怜幽草，人间重晚晴’乎？”杨骇然，出语人曰：“不谓小尹少年科甲，竟能吐属风流。”

尹文瑞公，即尹继善（1695—1771），满洲镶黄旗人，清雍正进士。因其为尹泰之子，故称小尹。这则诗话记载尹继善任江南总督时，奖慰仕途坎坷的海宁诗人杨守知，当杨欣喜之余，感叹自己是“夕阳无限好，只是近黄昏”时，尹继善遂以“天意怜幽草，人间重晚晴”相勉励，杨很佩服尹虽然年轻却吐属风流。两人引用的都是晚唐诗人李商隐的诗句，前两句见于《乐游原》一诗，后两句即出自这首《晚晴》。

《晚晴》是首五言律诗，写于唐宣宗李忱大中元年（847）初夏，时当诗人抵桂林郑亚幕府任职不久。诗中描绘雨后晚晴明净清新的境界和充满生机的景观，表达出欣然喜悦的感受和开朗乐观的襟怀，言外有身世之感。

"深居俯夹城，春去夏犹清。"首联说自己居处幽僻，俯临夹城，时令正是清和的初夏。前句说居处幽僻，地势高峻；次句说明时在初夏，气候寒热适宜，便从时、地两方面把"晚晴"具体化了：这是初夏凭高远眺所见的晚晴。

　　"天意怜幽草，人间重晚晴。"颔联叙写而兼抒情，是流传千古的警句。二句意谓雨后晚晴，仿佛是天意特为爱怜幽草，使它充满生机；人们也因云开日出，余晖照映，而特别珍视这晚晴天气。如果说上句"幽草"是作者自喻，那么下句就是更明显地借"重晚晴"来表示作者对人生的态度。读者常摘此二句和《乐游原》诗"夕阳无限好，只是近黄昏"比较，将"晚""夕"理解为人生的老年。"夕阳"二句虽然对美丽的暮景表示喜悦，却不免嗟叹它的短暂；"人间"句只是珍重这个"晚晴"，并不理会它的短暂，更多地表现出乐观的人生态度。这则诗话中也是如此看法。联系诗人入桂幕前后的一些事情，更可以看出"天意"二句寄托着诗人的身世之感和对前途的某种希望。李商隐自唐文宗开成三年（838）入赘泾原节度使王茂元（被视为李党）以后，便陷入了牛李党争的旋涡之中，一直遭到牛党的忌恨与排挤。宣宗继位，牛党把持朝政，形势对他更加不利。他只得离开京都长安，跟随郑亚到桂林当幕僚。郑亚对他比较信任，在幕府中多少能感受到一些人情的温暖；同时离开长安这个党争的是非之地，得以暂时免遭牛党的白眼，精神上也是一种解放。正因为如此，诗中才有幽草幸遇晚晴、越鸟飞归于巢之感。

　　"并添高阁迥，微注小窗明。"颈联是对晚晴景观的细致描绘。这两句中的"高阁""小窗"就是首句中的"深居"。傍晚时分云收雨散、空气澄鲜、夕阳返照等条件拓展了诗人的视野，使诗人在高阁眺望时看得更远。杜甫《垂白》诗说："江喧长少睡，楼迥独移时。"杜甫因在楼上听江声稍远，就说"楼迥"；李因晴后在阁上看景物更远，就说"阁迥"。"迥"字用法相同，不同处只是在一个从听觉来，一个从视觉来。下句写晚晴将夕阳的余晖送进小窗，虽然微弱却是值得欢迎的光明。

　　"越鸟巢干后，归飞体更轻。"末联两句再次刻画晚晴。巢干表现"晴"，鸟归表现"晚"。"体更轻"，暗示羽毛已干，归飞迅疾，既写出晴，又写出喜晴，同时借以表现作者自己的精神振奋。

毛泽东阅读袁枚《随园诗话》时圈阅了上面所引这则诗话，表示他对诗话中所引李商隐《乐游原》和《晚晴》二诗十分欣赏。（毕国民　孙瑾）

【原文】

曲　江

望断平时翠辇过⁽¹⁾，空闻子夜鬼悲歌⁽²⁾。

金舆不返倾城色，玉殿犹分下苑波。

死忆华亭闻唳鹤⁽³⁾，老忧王室泣铜驼⁽⁴⁾。

天荒地变心虽折⁽⁵⁾，若比伤春意未多⁽⁶⁾。

【毛泽东圈评等情况】

毛泽东读清沈德潜编选《唐诗别裁集》卷十五时圈阅了这首诗。

[参考] 张贻玖：《毛泽东评点、圈阅的中国古典诗词》，

中国工人出版社 1992 年版，第 235 页。

【注释】

（1）翠辇（niǎn），皇帝乘坐的车，车盖上以翠羽装饰。

（2）子夜鬼悲歌，是指事变后曲江的景象，夜间只听到王涯等十一家冤鬼的悲号声。

（3）华亭闻唳鹤，用陆机临刑思念"华亭唳鹤"典。华亭，陆机故宅旁谷名，在今上海松江西。唳（lì），鸟鸣（一般用指鹤鸣）。

（4）泣铜驼，西晋灭亡前，索靖预感天下将乱，指着洛阳宫门前的铜驼叹息道："会见汝在荆棘中耳！"此处用"泣铜驼"典表达了诗人对国事的担心和忧虑。

（5）天荒地变，指政治上的巨大变故。折，摧。

（6）伤春，指伤时感乱，为国家命运而忧心。

【赏析】

曲江，又称曲江池，是唐代长安最大的名胜风景区（今陕西西安东南），周七里，占地三十顷。开元、天宝年间，此处歌舞升平，极为繁华。安史之乱后荒废。唐文宗读杜甫《哀江头》知天宝前曲江四岸皆有行宫台殿，颇想恢复"升平故事"。唐文宗大和九年（835）二月，派神策军淘曲江，仍许公卿士大夫之家于江头立亭馆。十月，宴群臣于曲江亭。甘露之变后，下令罢修曲江亭馆。《曲江》这首七言律诗是事变后第二年（即开成元年）春间行经此地写的，借写曲江以寓时事。曲江的兴废，与唐王朝的盛衰密切关联。杜甫的《哀江头》诗曾借曲江今昔抒写国家残破的伤痛。李商隐此诗在构思上可能受到了《哀江头》的启发。

"望断平时翠辇过，空闻子夜鬼悲歌。"首联写曲江荒凉景象。"望断"，极望而不见。"翠辇"，皇帝乘坐的车，车盖上以翠羽装饰。"子夜"，指半夜子时。这两句是说，往日皇帝车驾临幸曲江的盛况如今再也看不到了，只能在夜半时听到冤鬼悲歌声。唐文宗李昂重修曲江本出于追慕开元、天宝之盛，因甘露之变，文宗要升平临幸曲江之望断绝。"子夜鬼悲歌"是写事变后曲江的景象，夜间只听到王涯等十一家冤鬼的悲号声。这情景的荒凉，暗示出那场过去不久的"流血千门，僵尸万计"的甘露之变。"望断""空闻"，从正反两个方面暗寓"天荒地变"。

"金舆不返倾城色，玉殿犹分下苑波。"颔联写唐玄宗李隆基事。"倾城色"，形容女子美色迷人，此处当指杨贵妃。"下苑"，即曲江。曲江与御沟相通，故说"分波"。李隆基遭安史之乱，逃往西蜀，杨贵妃这倾国倾城美色女子虽被赐死，不能复返，但如今曲江水依然分波玉殿。这也就暗示李隆基在安史之乱之后还京，王室的尊严依然如故。李隆基尚能历乱尊严如故，文宗却在甘露之变后受制于家奴，不能到曲江游赏。抚今追昔，眼前是一幅荒凉冷寂的曲江图。下两联的"荆棘铜驼"之悲和"伤春"之感由此衍生。

颈联第五句"死忆华亭闻唳鹤"用典回应"鬼悲歌"。西晋陆机因被宦官孟玖所谗而受诛，临死前悲叹道："华亭鹤唳，岂可复闻乎？"华亭，陆机故宅旁谷名，在今上海松江西。唳，鸟鸣，一般指鹤鸣。这里以此事来暗示甘露事变中大批朝臣遭杀戮事。第六句"老忧王室泣铜驼"抒写诗人对唐朝国运将倾的忧虑。西晋灭亡前，索靖预感天下将乱，指着洛阳宫门前的铜驼叹息道："会见汝在荆棘中耳！"这两句表达了诗人对国事的担心和忧虑。陆机一死长终，索靖不过预测未来，而我深忧积愤地目睹太监气焰嚣张，皇帝受制于家奴，这样比较而言，他们的情况要好多了。由此越发感到诗人忧伤国事的沉痛心情。这就加强了全诗的悲剧气氛。

"天荒地变心虽折，若比伤春意未多。"末联点明全篇的中心"伤春"。"天荒地变"，指政治上的巨大变故。"伤春"，指伤时感乱、为国家命运而忧心。尽管甘露事变令人心摧，但更令人伤痛的是国家所面临的衰落的命运。

这首诗通过夜鬼悲歌、华亭唳鹤等描述，曲折地反映了甘露事变造成的惨痛事实，但重点在抒发"伤春"之情。尽管诗中正面写"伤春"只有两句，但实际上前面描写都是围绕这个中心来写，透露出浓重的"伤春"气氛。诗人拿文宗和明皇（唐玄宗）作比较，抚今追昔，感慨万千，特别是"伤春"，这是很自然的。

此诗笔势非常夭矫，情趣也极其沉挚。（毕国民）

【原文】

杜工部蜀中离席

人生何处不离群？世路干戈惜暂分⁽¹⁾。

雪岭未归天外使⁽²⁾，松州犹驻殿前军⁽³⁾。

座中醉客延醒客⁽⁴⁾，江上晴云杂雨云⁽⁵⁾。

美酒成都堪送老⁽⁶⁾，当垆仍是卓文君⁽⁷⁾。

【毛泽东圈评等情况】

1958年3月，在成都会议期间，毛泽东圈阅的《诗词若干首》（唐宋明朝诗人写的有关四川的一些诗和词）中有此诗。

[参考]刘开扬注释：《诗词若干首》（唐宋明朝诗人咏四川），

四川人民出版社1979年版，第102页。

【注释】

（1）干戈，干和戈是古代常用兵器，因以干戈作兵器的通称，后用以指称战争。

（2）雪岭，一名雪栏山，在今四川松潘东三十里，俗呼宝鼎山，积雪终年不化。这一带是唐朝和吐蕃的分界。天外，言其地远，指吐蕃。代宗广德元年，派李之芳等为使臣前往，被吐蕃所留，三年才得归朝。

（3）松州，唐朝州名，今四川阿坝藏族羌族自治州松潘。殿前军，本指神策军（皇帝的禁卫军）。唐中叶以后，各地将领为了得到优厚的给养，往往奏请遥属神策军，称神策行营。此处指唐王朝驻守在这一带的军队。

（4）醉客延醒客，有众人皆醉而我独醒的寓意。

（5）晴云杂雨云，气候之乍晴乍雨，隐喻松州地区形势变幻不定。

（6）美酒成都堪送老，杜甫在成都作《江上独步寻花七绝句》："应须美酒送生涯。"《水槛遣心二首》之二："浅把涓涓酒，深凭送此生。"白居易《重题（香炉峰下草堂）》："司马仍为送老官。"说遣送日月以至终老。

（7）当垆仍是卓文君，西汉司马相如在临邛开一酒馆卖酒，卓文君当垆，相如着犊鼻裈（裤）洗涤食具。垆，酒垆。累土为垆，以放酒瓮，四边隆起，其一面高，形如锻垆。这句说卖酒的人也像卓文君那样貌美。

【赏析】

唐宣宗大中五年（851）冬，作为东川节度使柳仲郢幕府判官的李商隐，被派往西川推狱，次年春事毕回东川。在临行前的饯别宴席上，诗人写下了此诗。李商隐写这首诗时，正值西川蓬州、果州的贫民起义，朝廷派大队人马前往镇压，而且当时唐和吐蕃、党项关系紧张。这与杜甫当年离开成都时的情况颇为相似。杜甫当年离开成都时，安史之乱未平、吐蕃侵扰、徐知道作乱。这首七言律诗虽然是李商隐离开西川回节度使驻地梓州之前而作，但它的风格极似杜甫，就像替杜甫补当年之作一样。因此诗题作《杜工部蜀中离席》。

"人生何处不离群？世路干戈惜暂分。"诗的首联点明题目中"离席"。这两句"起用反喝，便曲折顿挫，杜诗笔势也"。人生哪里没有离别呢？

这一有力的反诘，是诗人对世情的感叹。除了感叹之外，似乎表露出诗人对世事的清醒认识：既然人生的离别在所难免，不如坦然处之。说坦然处之，但对于有着七情六欲的诗人来说，是很难做到的，于是笔锋一转，叹道："世路干戈惜暂分。"在这干戈并举、兵荒马乱的时候，虽然分离只是暂时的，但前途吉凶难以预卜，怎能不痛怀惜别之情呢！这两句诗从上句的泛指到下句的特指，场面变化极大，因此纪昀说它"大开大合"。这两句明咏离蜀，实际是借此抒写离家远客、身值危机之感。

"雪岭未归天外使，松州犹驻殿前军。"颔联紧承第二句中的"世路干戈"，写边疆不宁，常受侵扰，朝廷派往雪岭的使者至今不曾归来，松州这个地方还驻扎着皇帝的禁卫部队——神策军。据唐李吉甫撰《元和县郡志》记载："雪山在松州（今四川松潘）嘉城东八十里，春夏常有积雪，故名。"这里的"雪岭"指的是雪山，也就是今天的岷山。这一带是唐朝和吐蕃的分界。宝应二年三月，左散骑常侍兼御史大夫李之芳，左庶子兼御史中丞崔伦被派往吐蕃调和，到了吐蕃便被扣留了。远使久久未归，可见矛盾一直没有得到解决，局势非常不稳定。"殿前军"，指神策军，是皇帝的禁卫部队。大中五年，边关又受侵扰，果州刺史王赟弘出兵讨之。这里的"松州犹驻殿前军"当指此事。这两句简洁地写出了边界隐含的危机，饱含着诗人对国事的忧虑。

"座中醉客延醒客，江上晴云杂雨云。"颈联则由远及近，正面描写离席的情景。当时群盗寇掠的讯息时紧时弛，像阴晴那样不定，蜀中人士有漠不关心者，也有忧虑不宁者。句中"醉客""醒客"化用屈原《楚辞·渔父》"众人皆醉我独醒"的语意。"醒客"是作者自指；"醉客"则指饯行席上的醉者，喻指那些对国事漠不关心的人。"晴云杂雨云"是指天气的变化而言，晴云雨云错综相杂，同时也象征着形势的变幻莫测，与世路干戈、雪岭、松州事相呼应。其中透露出诗人对社会动荡不安的无限忧虑与感慨，也批评了那些不关心国事、只知道饮酒的庸碌之辈。

"美酒成都堪送老，当垆仍是卓文君。"尾联承上句的"醉客"，用汉代司马相如与其妻卓文君卖酒的故事，切中时弊，也宽慰自己。可以看出，这两句诗是李商隐离席相留之辞，初客蜀地，偏值边疆纷乱，再加上诗人丧偶之后心灰意乱，顿觉迟暮，所以自行安慰说美酒"堪送老"。但更深一层的含义是婉讽。成都的美酒就足以伴人度过一生了，何况是卓文君这样的美女卖酒呢？这是对于沉湎酒色的"醉客"的讽刺，显而易见诗人的心情应是十分沉痛的。

这首诗将叙事、抒情融合在一起，气势宏大，情韵深厚。诗风苍劲雄迈、顿挫有致。这与杜甫晚年感慨身世时局的《恨别》《登楼》等诗很相近。此诗和《河清与赵氏昆季宴集得拟杜工部》两诗，都可看出李商隐对杜的格调、意境不止貌合，简直神似。难怪宋人王安石每诵"雪岭未归天外使，松州犹驻殿前军"等句时，以为"虽老杜无以过也"。（毕国民）

【原文】

汉宫词

青雀西飞竟未回(1)，君王长在集灵台(2)。
侍臣最有相如渴(3)，不赐金茎露一杯(4)。

【毛泽东圈评等情况】

毛泽东读清沈德潜编选《唐诗别裁集》卷二十"七言绝句"时圈阅了这首诗。

[参考] 张贻玖：《毛泽东评点、圈阅的中国古典诗词》，
中国工人出版社 1992 年版，第 235 页。

【注释】

（1）青雀，即青鸟，传说中作为西王母信使的鸟，曾在西王母和汉武帝之间传递消息。这里借青雀未回、好音尚乖，指君主求仙未有所得。

（2）集灵台，指为求仙而兴修的建筑物。汉武帝时有集灵宫、望仙宫等。唐亦有集灵台，唐武宗会昌五年又于长安南郊筑望仙台。灵，仙。集灵，会仙、降仙之意。

（3）相如，即司马相如，字长卿，汉武帝时著名辞赋家，患有消渴病。

（4）金茎露，指汉武帝在建章宫神明台所立的金铜仙人承露盘接贮的"云表之露"。《三辅故事》："汉武帝为以铜作承露盘，高二十丈，大十围，上有仙人承露盘，和玉屑饮，以求仙也。"

【赏析】

这是一首咏史的七言绝句诗，作于唐武宗会昌五年（845）十月，此时李商隐母丧除服后入京，将重任秘书省正字。诗人充分展开想象，巧妙地把神话传说和历史故事交织起来，虚构出一种浪漫的艺术形象，借汉武帝求仙讽刺迷信神仙的唐武宗。

"青雀西飞竟未回，君王长在集灵台。"前二句借青雀不还，仙缘已绝，而君王不悟，仍登台祈祷不已，写尽君王求仙的执迷不悟。"青雀"，即青鸟，传说中它是西王母的信使。《汉武故事》记载："七月七日，上于承华殿，忽有青鸟从西来，飞集殿前，上问东方朔。朔曰：'此西王母欲来。'有顷，王母至。及去，许帝三年后复来，后竟不来。"青雀被借喻为替西王母与汉武帝之间传递音讯的使者。信使青鸟飞向西方极乐世界，一去不复返。它的荒诞无稽显然可见，而异想天开的汉武帝依然在集灵台中痴心候望。"集灵台"，指为求仙而兴建的建筑物。灵，即仙，集灵犹言会仙、降仙。汉武帝时有集灵宫、望仙宫等。这里的"集灵台"是汉武帝的祈仙处。首二句中的"竟""长"二字下得极尖刻，它入木三分地揭示了汉武帝迷恋神仙的痴心妄想。寓揶揄于轻描淡写之中，委婉有致，富于幽默感。《旧唐书·武宗本纪》云："（会昌）五年春正月己酉朔，敕造望仙台于南郊坛，时道士赵归真特承恩礼。"前两句说汉武，实际上是拿汉武帝来比武宗李炎，讥讽李炎沉迷于仙道。

"侍臣最有相如渴，不赐金茎露一杯。"诗的后两句借用典故喻自己在政治上希冀有所作为，进一步刻画汉武帝一心求仙而无意求贤的思想和行径。"相如"，汉武帝时著名辞赋家司马相如，字长卿。司马相如有消渴病，即今糖尿病。患者多口渴，水，对于糖尿病人是极重要的。然而，汉武帝只祈求自己能长生不老却全不顾惜人才的死活，连一杯止渴的露水也不肯赐于相如。"金茎露"，是汉武帝在建章宫神明台所立的金铜仙人承露盘接贮的"云表之露"。汉武帝以云表之露和玉屑服用,求长生不老,怎会将它赐给大臣呢?这两句中的"最"和"一"字对比,十分准确地暴露出汉武帝好神仙甚于爱人才的自私灵魂。这尖锐辛辣的讽刺,意味深长。

诗人有感于自己的身世和任职的卑微,借汉武帝不赐相如金茎露的典故,表明自己不被重用和对武宗不重视人才的不满。李商隐常以司马相如自况,足见诗人本意。清诗论家沈德潜在《唐诗别裁集》中说:"言求仙无益也。或谓刺好神仙而疏贤才。或遇天子求仙,宫闱必旷,故以'宫词'名篇。以相如比宫女,穿凿可笑。"沈氏不同意此说,也有一定道理。

《汉宫词》虽然咏汉代事,但实际上是和唐代生活的现实密切相关的。在讽喻唐武宗的问题上,显得含蓄委婉。论及自己的抱负时,通过用典把不便明言又不得不言的内容贴切自然地表达出来,这就给辛辣的讽嘲披上了一副神话、历史与现实巧织的面纱,显得情味隽永而又迷人。前人评"李商隐七绝,寄托深而措辞婉"。《汉宫词》的艺术特色也就在于此。(毕国民)

【原文】

夜雨寄北

君问归期未有期,巴山夜雨涨秋池[(1)]。
何当共剪西窗烛[(2)],却话巴山夜雨时[(3)]。

【毛泽东圈评等情况】

毛泽东读蘅塘退士原编《注释唐诗三百首》"七言绝句"中在此诗题目上方画了一个大圈,在正文上方天头空白处又连画三个小圈。

[参考]中央档案馆整理:《毛泽东评点诗词曲精选(上册)》,
中国档案出版社 1998 年版,第 136 页。

【注释】

(1)巴山,也称大巴山,又叫巴岭,在今四川、陕西交界一带,这里泛指东川一带。

（2）何当，何时。《玉台新咏·古绝句一》："何当大刀头，破镜飞上天。"

（3）却话，回叙。却，回转。话，谈说。

【赏析】

这首七言绝句在洪迈《万首唐人绝句》中题作《夜雨寄内》。写作此诗时诗人正滞留在巴蜀地区，在秋天雨夜中怀念远在北方的妻子，所以一向被人看作是诗人与妻子的"两地书"，因此题作《夜雨寄北》。全诗没有用一个典故，以平易朴素的语言，表达出夫妻之间真挚的感情，语浅情浓，亲切感人。

"君问归期未有期"，首句不写自己而从对方写起。这句是说：你问我回家的日期，还没有个准。"君问归期"是诗人在异乡接到妻子关于"归期"的问讯，说明妻子盼望他回去心切。"未有期"三字，既含有自己的怅恨，又预感到妻子即将失望，反过来更增添了自己的惆怅。这一句透露出了诗人的羁旅之愁、思归之苦和惆怅之情。七个字中一问一答，一停一转，跌宕有致，极富表现力。两个"期"字有意重复，前后对照，更显得情浓意挚。

"巴山夜雨涨秋池"，第二句不直接抒情，却转笔写眼前之景，点明了写诗的时间、地点和环境，构成了一种凄清愁闷的意境。诗人的羁旅之愁和思归之苦，便与夜雨交织在一起，淅淅沥沥涨满秋池，弥漫于巴山的夜空。而此愁此苦只有借淅淅的秋雨、满涨的秋池生动地显现出来。这一句写了巴山、夜雨、秋池等景象，用一个"涨"字贯串了起来，整个画面迷蒙晦暗，诗人的怀念之情借助客观景物而表现。

"何当共剪西窗烛，却话巴山夜雨时。"三、四两句由眼前景突然转到对未来欢聚的向往，另辟新境，出人意外。这两句是说：何时才能与妻子团聚，在窗下烛影中彻夜畅谈，重提此刻"巴山夜雨"的情景，追述对妻子的刻骨思念。"何当共剪西窗烛"是在渴望归期的基础之上，表现北归和妻子畅叙的强烈愿望。结句"却话巴山夜雨时"具体写出畅谈的内容。异日促膝倾吐的，正是此刻的巴山夜雨，满怀愁绪，吟诗寄远的情景。

"剪烛"具体形象地表现了秉烛夜谈的情景。"何当"一语关连着前后两个"巴山夜雨",将现实与想象中的未来两个不同情景置于尖锐的对立之中,诗的情韵更显得深沉婉曲,耐人回味,在音调和章法上,也给人以回环往复之美。这里,用未来剪烛夜话的温馨和欢乐,反衬今夜残烛独剪、雨夜不眠的孤寂、凄凉;而今夜的凄苦,恰又成为日后西窗剪烛长谈的话题,从而增添了重逢的欢乐。

全诗四句,"期"字两见,"巴山夜雨"重出,这些"正构成了音调与章法的回环往复之妙,恰切地表现了时间与空间回环往复的意境之美,达到了内容与形式的完美结合"。这首诗语言清新,语浅情深,曲折含蓄,情思缠绵婉转,意境含蓄隽永,韵味无穷。

毛泽东对这首诗圈画过六次,说明他对此诗十分喜爱。(东民)

【原文】

蝉

本以高难饱[1],徒劳恨费声。

五更疏欲断[2],一树碧无情。

薄宦梗犹泛[3],故园芜已平。

烦君最相警[4],我亦举家清。

【毛泽东圈评等情况】

毛泽东读清蘅塘退士原编《注释唐诗三百首》"五言律诗"时在此诗题目上方画了一个大圈。

[参考]中央档案馆整理:《毛泽东评点诗词曲精选(上册)》,中国档案出版社1998年版,第93—94页。

【注释】

(1)高,语义双关,既指蝉的高栖,又指其品性高洁。

(2)五更,旧时自黄昏至拂晓一夜间,分为甲、乙、丙、丁、戊五段，谓之"五更"。亦特指第五更的时候，即天将明时。

（3）薄宦，卑微的官职。梗犹泛，喻指行踪飘泊不定。《战国策·齐策》载，齐孟尝君准备到秦国去，苏秦劝阻道："今者臣来，过于淄上，有土偶人与桃梗相与语……土偶曰：'今子，东国之桃梗也，刻削子以为人，降雨下，淄水至，流子而去，则子漂漂然者将何如耳？'"这里作者化用这个故事，喻写自己漂泊不定的遭遇。

（4）君，指蝉。最相警，最能使人警觉。

【赏析】

李商隐有远大的政治抱负，但他却"一生襟抱未曾开"。因此怀才见弃、仕途坎坷的不幸命运，就成了他诗歌中经常咀嚼和吟咏的主题。这首七言律诗便是借写蝉抒写自己苦闷的心境，诗中的蝉，也就是作者自己的影子。

"本以高难饱，徒劳恨费声。"首联起笔矫健，如破空而来。"本"，本来。"以高难饱"，古人认为蝉栖高树，是餐风饮露的，因此把蝉当作高洁的象征。这里"高"字，意义双关，既指蝉栖高树，又暗喻自己的清高。"难饱"也暗合作者的身世感受。由于"难饱"才有"声"。但这样的鸣声却是枉费，无人帮它摆脱难饱的困境。很显然，这是作者说自己由于为人清高，所以生活贫苦，虽然呼吁有力者帮助自己，但这最终徒劳"恨费声"。

"恨费声"以至于"五更疏欲断"，竟觉得"一树碧无情"，颔联就把作者不得志的感情推进到抒情的顶峰。蝉长夜悲鸣到五更天快亮时，已力竭声嘶，稀疏得快要断绝了，而苍翠的树色依然如故，并不因为蝉的凄绝而改颜。这蝉声的"疏欲断"与树叶的碧绿并不关涉，可作者却责怪树的冷酷无情。看似无理，但无理之处正见作者的真实感情。前两联写蝉，情意深切，于怨愤中寄以作者无限的哀伤。

而后两联抛开咏蝉，转到写自己，凄惨伤恻，于婉转中寄以无限的愤激。"薄宦梗犹泛，故园芜已平。"颈联说作者在各地当幕僚，官职卑微，所以称"薄宦"。"梗犹泛"喻指行踪漂泊不定。据《战国策·齐策》记载：齐国的孟尝君要到秦国去，苏秦劝阻他说："今者臣来，过于淄上，有土偶人与桃梗相与语……土偶曰："今子，东国之桃梗也，刻削子以为人。降雨下，淄水至，流子而去，则子漂漂者将何如耳？'"这里作者化用这个故事，自伤沦落。"故园芜已平"更何况故乡田园里杂草丛生，快要把故园平没了。思归的心情就更加迫切了。这两句看似只就自己说，其实人的萍漂梗泛和蝉的随风飞集，故园的荒草丛生和高树的寒蝉悲吟，仍是呼吸相通。

"烦君最相警，我亦举家清。"末联将自己和蝉结合到一起双收，章法清整。蝉的"难饱"与"我"举家清贫相应；蝉的鸣叫声，提醒我这个与蝉境相似的小官，想到"故园芜已平"，不免勾起赋归之念。表示自己有蝉一般高洁的操守，宁可清贫度日，不再去浮沉宦海了。

全诗结构绵密，意境幽寂，音韵婉转，情致深厚，千回百转，感慨多于伤痛。清朱彝尊评价这首咏物（蝉）诗时说："三四一联，传神空际，超超玄著，咏物最上乘。"（《李义山诗集辑评》卷上）（毕国民）

【原文】

齐宫词

永寿兵来夜不扃⁽¹⁾，金莲无复印中庭⁽²⁾。
梁台歌管三更罢⁽³⁾，犹自风摇九子铃⁽⁴⁾。

【毛泽东圈评等情况】

毛泽东读清沈德潜编选《唐诗别裁集》卷二十"七言绝句"时圈阅了这首诗。

［参考］张贻玖：《毛泽东评点、圈阅的中国古典诗词》，中国工人出版社 1992 年版，第 236 页。

【注释】

（1）永寿，南齐宫殿名。齐废帝萧宝卷宠潘妃，专为她修建永寿、玉寿、神仙等豪华宫殿，四壁用黄金作饰，日夜淫乐。夜不扃（jiōng），用敌兵来临而宫门不闭，暗喻齐朝灭亡。

（2）金莲，萧宝卷用金为莲花贴地，教潘妃在上面行走，说是步步生莲花。这句是说从此殿中不见潘妃的舞姿。

（3）梁台，六朝时称朝廷禁省为台，梁台即梁的宫城。

（4）九子铃，一种用金、玉等材料制成的宫殿寺观风檐前的饰物。据史载，齐废帝曾令人剥取华严寺的玉九子铃来装饰潘妃的宫殿。

【赏析】

这首七言绝句可能是李商隐于大中十一年（857）任盐铁推官时所作。诗人宦游江东，在金陵涉足玄武湖畔，在鸡鸣埭边徘徊流连，把齐梁两代的兴亡概括在这首二十八个字的小诗中。这首诗虽题为"齐宫词"，实际上内容不限于齐，而是兼咏齐、梁二代。乍看似不称题，这当然不是诗人的疏忽，而是寓有深意的。

"永寿兵来夜不扃，金莲无复印中庭。"前两句咏南齐亡国事。齐后主（又称齐废帝）萧宝卷荒淫昏聩。他宠爱潘妃玉儿，专为她建造永寿、玉寿、神仙等豪华宫殿，四壁用黄金作饰，日夜淫乐。又凿金为莲花，贴放地上，让潘妃在金莲上行走，说是"步步生莲花"。南朝齐东昏侯永元三年（501），雍州刺史萧衍（即后来的梁武帝）率兵攻入京城建康（即今江苏南京），齐将王珍国、张稷作内应，夜开宫门，引兵入殿。当晚齐后主在含德殿笙歌作乐方罢，卧未熟，兵至被斩。在实际生活中，齐后主宠幸潘妃，奢淫亡国是一个较长的时间过程。诗人没有将其展开来写，而是单刀直入，截取横截面，从兵来国破之夜着笔，将"永寿""金莲"等情事不露声色地融化在诗句里。写的虽是一个晚上的事，却集中地反映了南齐亡国的原因、经过和历史教训，从中也可以窥见齐后主死到临头还茫然不觉、纵情享乐的荒淫昏聩面目。

前两句写尽齐代荒淫亡国，下面似乎该抒情发感慨或议论。但诗人却别开生面，续写梁台歌管新朝宫廷的情景。"梁台歌管三更罢，犹自风摇九子铃。"南齐结束了可悲的灭亡命运，可深夜入建业挥戈取齐天下的萧衍仍然寻欢作乐，连深夜歌管声罢、风吹铃响也一如前代。梁台，六朝时称朝廷禁省为台，梁台即梁的宫城。梁台也就是齐后主与潘妃荒淫享乐的齐宫，不过宫殿易主而已。"九子铃"，一种用金、玉等材料制成的宫殿寺观风檐前的饰物。据史载，齐后主曾剥取华严寺的玉九子铃来装饰潘妃宫殿。九子铃是齐后主的荒淫生活中一件细小而富有典型意义的物事，这个亡齐遗物出现在梁宫的歌管声中，意味深长地点明了梁宫新主与齐后主乃是一丘之貉。由于篇幅有限，诗人避开正面描写，虚点"梁台歌管"一笔，实写歌管罢后风摇九子铃的声音，这就巧妙地暗示出不久前的喧闹。因为在喧天的歌管中是听不到铃声的。这种以静托喧的写法，与他在《吴宫》中"吴王宴罢满宫醉，日暮水漂花出城"写法相同。一个小小的九子铃，串演了齐梁两代的悲剧，表现得不露痕迹，不能不令人叹服其构思之巧妙。纪昀赞说："妙从小物寄慨，倍觉唱叹有情。"

这首诗咏叹的是两朝兴亡的重大政治事件，却不发一句议论，而真情贬意从前后映衬中表现了出来。"风摇九子铃"是个小小的细节，可它却能"小中见大"，表明南齐曾因此亡国，梁会重蹈覆辙，"殷鉴不远"。这"九子铃声"岂独对梁齐，对后世也是一声声洪亮的警钟！唐朝后期的帝王多耽于荒淫享乐，诗人揭示齐梁覆辙相循的历史教训，是有鲜明的现实针对性的。（毕国民）

【原文】

为　有

为有云屏无限娇[1]，凤城寒尽怕春宵[2]。
无端嫁得金龟婿[3]，辜负香衾事早朝[4]。

【毛泽东圈评等情况】

毛泽东读李商隐诗集《玉溪生诗集》时圈阅了这首诗。

[参考] 张贻玖：《毛泽东评点、圈阅的中国古典诗词》，
中国工人出版社1992年版，第236页。

【注释】

（1）云屏，即云母石制成的屏风，这是古代豪贵之家室内的陈设。无限娇，指娇羞的少妇。

（2）凤城，即丹凤城，指京城长安。怕春宵，怕春夜太短。

（3）无端，无奈。金龟，唐代武则天时，三品以上官员佩带的表示品级的饰物。本来唐代官员佩金鱼袋。

（4）香衾，用香薰过的被子。事，侍奉。早朝，清晨上朝拜见皇帝。

【赏析】

这首七言绝句写的是一个长安贵族少妇的闺怨。古典诗歌中有些诗内容较复杂，难以用几个字作标题，就采用首二字作标题，或直接写作"无题"。这首诗遵循取首二字作标题的惯例，以"为有"为题，与内容无关。

"为有云屏无限娇，凤城寒尽怕春宵"，一、二句是说"无限娇"的少妇怕春宵。"云屏"即云母石制成的屏风，这里用来表明闺房华贵富丽的陈设。"无限娇"指无限娇美的少妇。首句的直接描写既引人物出场，又点明了她的贵族身份。第二句紧接着刻画其心理状态。新春来临，寒冬过去，引起的是人们的欢悦，可这个贵族少妇却怕"由寒变暖"的季节。据《九家集法杜诗·宋·赵彦才注》："秦穆公女吹箫，凤降其城，因号丹凤城。其后言京都之盛曰凤城。"由此见，这里的"凤城"指京城长安。"春宵"指春夜短。春宵苦短，怎么会产生"怕"的心情呢？首句的"因"和次句的"果"有抵牾之处，这个悬念就激发了读者的思考。

"无端嫁得金龟婿，辜负香衾事早朝"，三、四句则点明了"怕春宵"的原因。春暖寒尽的大好时光，衾香枕暖，本应是夫妻情意醇厚之时，日上三竿方起，可丈夫是一个佩带金龟的高官，每天天不亮就匆匆去早朝，留下少妇独守空房，顿生幽怨。像是少妇责怪丈夫的话，又像是少妇埋怨自己的话，悔不该嫁给"金龟婿"，到如今却要忍受春宵独卧的痛苦。这同王昌龄的"悔教夫婿觅封侯"有异曲同工之妙。"无端"一词将少妇多情娇媚的情怀和自怨的心情表露出来。"金龟"，唐代朝官佩带的表示品级的饰物。本来唐代官员佩带金鱼袋，武则天天授元年（690）改三品以上官员佩金饰的龟袋。"金龟婿"说明她丈夫官位高，更说明丈夫及早上朝的原因。这三、四句中的"金龟婿"和"早朝"当属因果关系。

如果仅仅是丈夫不能陪少妇留恋香衾，早早上朝，就使少妇产生"怕"的怨气，这就未免有些不合情理。很显然，诗有弦外之音、言外之意。

诗中用"金龟"而不用"金鱼"颇有深意。据史料记载，大和年间，仇士良专权恣意，当时结纳如仇士良一类人来猎取高官厚禄的大有人在，所以用侥进于武曌时期的朝贵作比加以讽刺。前二句极言家室富贵，后二句则极言少妇的娇柔，来映衬"金龟婿"及早上朝的毫无骨气。通篇看似写闺怨，实际是深刺无耻侥进而得做高官的人，这即是所谓的"言在此意在彼"，作者用笔极婉曲。

这首诗含蓄深沉，富于变幻。前两句交代起因，后二句解释"怕"的原因。这样一承一接，一因一果，就前后连贯、浑然一体了。（毕国民）

【原文】

春 雨

怅卧新春白袷衣⁽¹⁾，白门寥落意多违⁽²⁾。
红楼隔雨相望冷，珠箔飘灯独自归。
远路应悲春晼晚⁽³⁾，残宵犹得梦依稀。
玉珰缄札何由达⁽⁴⁾，万里云罗一雁飞⁽⁵⁾。

【毛泽东圈评等情况】

毛泽东读清蘅塘退士原编《注释唐诗三百首》"七言绝句"时在此诗题目上方头空白处连画三个小圈。

[参考]中央档案馆整理：《毛泽东评点诗词曲精选（上册）》，
中国档案出版社1998年版，第115页。

【注释】

（1）白袷（qiā），即白夹衣，唐人闲居时的便服。西晋潘岳《秋兴赋》："藉莞蒻御袷衣。"李善注："袷，衣无絮也。"

（2）白门，地名，旧说即金陵（今江苏南京）。

（3）晼（wǎn）晚，太阳偏西，日将暮。《楚辞·九辩》："白日晼晚其将入兮，明月销铄而减毁。"朱熹集注："晼晚，景映也。"

（4）玉珰，玉制的耳珠。缄札，密封的书信。缄，封。

（5）云罗，阴云弥漫如张网罗。雁，借指传递书信的人。

【赏析】

这是一首思乡之作，是李商隐初到徐州做卢弘正的幕僚时所作，为七言律诗。李商隐一生政治上很不得意。他陷入了朋党之争的旋涡，毕生坎坷，沉沦幕府，身世非常凄凉。他常年离家在外，落寞寡欢，不禁想起了家乡的亲人来。

"怅卧新春白袷衣，白门寥落意多违"，首联是诗人言说自己客中独卧、寂寞冷落的心情。"怅卧"，指失意愁闷地睡卧。"袷"是指夹衣，诗是新春所作，当指白领衣而言。白衣夹衫，和衣怅卧，何以至此呢？诗在点明怅卧之后，用一句话作了概括的交代："白门寥落意多违。"据《魏志·吕布传》："布自称徐州刺史……与其麾下登白楼。"白门即指白门城楼。因为这首诗是在徐州所作，所以这里的"白门"就是代指徐州。李商隐年轻时做过令狐楚的幕僚。在令狐楚病死后，他入幕泾原节度使王茂元府，并娶王的女儿为妻。令狐楚的儿子令狐绹认为李商隐忘恩负义，从此对他深恶痛绝，一味地排挤他，使得李商隐生活飘忽不定，一直做着卑微的官职，始终不得志而苦闷颓丧。因而诗人说"寥落意多违"，心情异常寂寞，不舒畅。

首联概括说在白门的生活不如意，颔联则具体写白门寥落生活："红楼隔雨相望冷，珠箔飘灯独自归。""红楼隔雨"和"珠箔飘灯"都是指望中所见人家而言。而"相望冷"和"独自归"是就自己而言，且照应首联中的"意多违"。远处红楼灯火闪烁，人家一定享受着欢聚之乐。雨从亮着灯光的窗前飘过，恍如一道道珠帘。这时我才沿着幽长而寂寥的雨巷独自回到寓所。拿人家和自己的景况比较，就更激发作者思乡想念亲人的情怀。

"远路应悲春晼晚"，颈联上句展开丰富的想象，从远方的家人写起。"晼"，本指日暮。"春晼晚"指暮春、春深。作者揣想家人在春之将暮时，一定会因想念远离家门的我而黯然神伤，不胜愁闷。下句深化相思之情："残宵犹得梦依稀。"自己往往"依稀"恍惚地梦见和家人聚在一起。"残宵"承"飘灯"，"梦"承"怅卧"。"独归"时已到深夜，寻梦的时间只剩下"残宵"。不过这种残宵短梦，对于生活飘忽不定、白门寥落的"我"已是难得的安慰了。

末联"玉珰缄札何由达，万里云罗一雁飞"进一步表现作者思念亲人的愁肠。"玉珰缄札"，指玉制的耳珠和密切的书信。和亲人相隔万里，山川多阻，珍贵的家书哪容易传递到客边。表面上说"锦书难托"，实际上还暗寓着宦途多阻，孤身远客之意。"一雁"用来比自己，"万里云罗"指阴云密布，如一张广布的网罗。虽然远离朝廷，在徐州做卢弘正的幕僚，但是作者担心对自己有怀恨之心的令狐绹会向皇帝进谗言，忧谗畏讥的意绪溢于言表。此时诗人更加思念家乡的亲人。"万里云罗"和题目"春雨"遥相呼应，紧密联系，因"春雨"才会出现"万里云罗"。

这首诗借助于飘洒迷蒙的春雨、密布的云罗，把处境的寥落突出，更有力地烘托出宦途抑郁怅惘的情绪和思念家乡亲人的迫切。它借助于自然景象，极写思念的深挚，构成浑然一体的艺术境界。诗因春雨感怀而作，但并不是咏雨诗，因此应属于"无题"之类。

【原文】

隋　宫

乘兴南游不戒严(1)，九重谁省谏书函(2)？
春风举国裁宫锦(3)，半作障泥半作帆(4)。

【毛泽东圈评等情况】

毛泽东读清蘅塘退士原编《注释唐诗三百首》"七言绝句"时在此诗题目上方画了一个大圈，又在正文上方天头空白处连画三个小圈。

[参考] 中央档案馆整理：《毛泽东评点诗词曲精选（上册）》，中国档案出版社 1998 年版，第 139 页。

【注释】

（1）南游，隋炀帝为满足其荒淫享乐的欲望，自大业元年（605）起，曾多次巡游江都（今江苏扬州）。不戒严，封建礼制规定，皇帝出行时要实行戒严。这里说"不戒严"，是说炀帝自以为天下太平而不加戒备，冒险轻身。

（2）九重，皇帝所居的深宫，这里代指居于深宫的隋炀帝。《楚辞·九辩》："居之门九重。"省（xǐng），省察。

（3）举国，全国。宫锦，按宫廷规定的格式织成的锦缎。

（4）障泥，垫马鞍的马鞯两旁下垂的用来挡蔽尘泥的部分。

【赏析】

《隋宫》是李商隐以隋炀帝南游江都为题材而作的咏史诗，共两首，这一首为七绝，另一首是七律。隋炀帝是历史上有名的荒淫骄奢、刚愎暴戾的皇帝。他穷奢极欲，挥霍无度，终于导致了隋王朝的迅速覆亡。这一首七绝，诗人选取具有典型意义的事件，和概括叙写相结合，深刻揭露了隋炀帝纵欲拒谏、大肆挥霍、残害人民的丑恶面目，揭示出了隋王朝必然灭亡的历史命运。隋宫，指隋炀帝在江都（今江苏扬州）所建的行宫。

"乘兴南游不戒严"，首句撇开了南游江都的琐屑情事，从大处着笔，刻画隋炀帝耽于游乐、放纵恣肆、无所顾忌的本性。"乘兴南游"四字，振起一篇之纲，极为概括而又深刻地把隋炀帝只知淫逸纵乐、不顾国家安危和人民死活的性格特点揭示了出来。"不戒严"三字，既表现了他的骄横，又写出了他的昏聩自信，冒险轻身。

"九重谁省谏书函"，第二句紧接首句，进一步写隋炀帝的拒谏，从另一方面描写隋炀帝刚愎自用、不纳忠言、拒谏嗜杀。隋炀帝三游江都时，大臣崔民象、王爱仁先后上书劝谏，都被杀。"谁省"二字，既刻画出炀帝的昏聩愚顽，又表现出其刚愎暴戾，已隐隐写出对他的贬刺。一、二两句前呼后应，虽只是概括地叙写，但已将隋炀帝这一既奢淫又昏暴的亡国之君的形象勾画得十分鲜明。

"春风举国裁宫锦，半作障泥半作帆"，三、四句从正面描写南游。一气贯注，十分流畅，又层层深入，极富波澜。这两句，诗人从隋炀帝南游的纷繁事件中，选择"裁宫锦"这一极有特征的典型事件来写，举一以概其余，有力地揭示了隋炀帝"乘兴南游"所耗费的大量人力物力，以及给人民带来的无穷灾难。"举国"说明了"裁宫锦"的范围。"春风"与"乘兴"遥相呼应。第三句极写裁宫锦之繁忙，末句写出了裁宫锦的目的，一半用作骑马用的障泥，一半用作船帆。这两句从旁转讽，用"半作障泥半作帆"分写陆和水，将一层意思分作两层来写，讽刺辛辣深刻。这两句在艺术表现上是前句实写，结句虚写，是想象。清何焯说："借锦帆事点化，得水陆绎骚，民不堪命之状，如在目前。"（《李义山诗集辑评》引）姚培谦说："用意在'举国'二字。'半作障泥半作帆'，寸丝不挂者可胜道耶？"

毛泽东在不同李诗版本对此诗圈画过三至五遍，说明他对这首诗十分感兴趣。（东民）

【原文】

北齐二首

一笑相倾国便亡⁽¹⁾，何劳荆棘始堪伤⁽²⁾。
小怜玉体横陈夜⁽³⁾，已报周师入晋阳⁽⁴⁾。

巧笑知堪敌万几⁽⁵⁾，倾城最在著戎衣⁽⁶⁾。
晋阳已陷休回顾，更请君王猎一围⁽⁷⁾。

【毛泽东圈评等情况】

毛泽东读清沈德潜编选《唐诗别裁集》卷二十时圈阅了这首诗。

[参考] 张贻玖：《毛泽东评点、圈阅的中国古典诗词》，
中国工人出版社 1992 年版，第 236 页。

【注释】

（1）《汉书·外戚传》记载："李延年侍上起舞，歌曰：'北方有佳人，绝世而独立，一顾倾人城，再顾倾人国。'"这里用《汉书·外戚传》

典指北齐后主高纬宠幸冯淑妃而荒淫亡国。

（2）荆棘，用《晋书·索靖传》典，事见"赏析"。

（3）小怜，北齐后主高纬的宠妃冯淑妃。冯淑妃名小怜。

（4）周师，北周武帝的军队。晋阳，今山西太原，是北齐的固守根本。

（5）巧笑，美好的笑。《诗经·卫风·硕人》："巧笑倩兮，美目盼兮。"万几，《书·皋陶谟》："无数逸欲有邦，兢兢业业，一日二日万几。"孔传："几，微也，言当戒惧万事之微。"后以"万几"指帝王日常处理的纷繁政务。一作"万机"。

（6）戎衣，军服，战衣。《书·武成》："一戎衣，天下大定。"孔传："衣，服也。一著戎服而灭纣。"

（7）"更请"句，意谓在冯淑妃看来打一围猎比国家安危重要。

【赏析】

这首诗咏北齐后主高纬荒淫亡国的事，意在借古鉴今。

第一首前两句以议论发端。"一笑相倾国便亡，何劳荆棘始堪伤"两句虽然都用典，但用得自然，如同己出。《汉书·外戚传》载："李延年侍上起舞，歌曰：'北方有佳人，绝世而独立，一顾倾人城，再顾倾人国。'"后世人因袭其意用"倾城"形容女子的容貌极其美丽。这里指北齐后主高纬宠幸冯淑妃小怜而荒淫亡国。"荆棘"句也引典照应亡国之意。《晋书·索靖传》载："靖有先识远量，知天下将乱，指洛阳宫门铜驼叹曰：'会见汝在荆棘中耳。'"从诗的语气来看，此句是说，君主荒淫无道、迷恋女色就会亡国，这种事情，古已有之，那又何必等到宫殿上长满了荆棘，成为废墟时才会觉得悲伤呢！前两句一气蝉联，指出荒淫即亡国的先兆。虽然每一句都用典，却不见用事的痕迹，可谓用典巧。开篇即以反语起，语调冷峻，诗虽议论，但带以情韵，仍然意味悠长。

"小怜玉体横陈夜，已报周师入晋阳"，后两句撇开议论，展示形象生动的画面。小怜原是大穆后的从婢，善弹琵琶，工歌舞，在穆后失宠后被进献给后主高纬，深得高纬的宠爱，"坐则同席，出则并马，愿得生死一处"。冯淑妃在进御之夕"花容自献，五体横陈"（司马相如《好色

赋》），是一幅纵情女色秽艳的春宫图，与"一笑相倾"句映带。"故用极
亵昵语，末句接下方有力"（朱彝尊语）。这句的"亵昵语"若不与下句
联接，不形成强烈的对比反差，只见高纬的荒淫生活，那此句的意义就大
大降低了。第四句写北齐亡国的情景。公元 577 年，北周武帝率军攻破晋
阳（今山西太原），向齐都邺进军，齐虽都邺，但自高欢以后，向以晋阳
为根本，晋阳一失，北齐的大势已去。高纬出逃被俘，北齐遂灭。此句与
"荆棘"句相映带。淑妃的进御与北齐亡国相隔有时日，用"已报"一词
将两件事联结在一起，着眼强调荒淫失政与亡国的联系，运用了"超前夸
张"的修辞格。

这首诗的前两句与后两句的意思，都可用"荒淫亡国"四字来概括，
我们可见诗人用意的"深至"。诗人的手法灵活，先用陈述句点明事件，
下半则用夸张对比，展开一幅触目惊心的画面。咏史必发议论，议论也不
乏神韵，是此诗的成功之处。

如果说第一首以议论附丽于形象胜，那么第二首则完全是一幅飞动的
形象画了。它将议论完全融于形象或者说议论见于形象了。前两句"巧笑
知堪敌万几，倾城最在著戎衣"用反语来讽刺高纬的昏庸。"巧笑"，女人
妩媚的笑，"巧笑倩兮，美目盼兮"（《诗经·卫风·硕人》）是美的，惹
人爱的。"万几"指皇帝日理万机，政务繁忙。"巧笑"与"万几"相比，
轻重关系一目了然，贬意不言自明。女子的"倾城"，应在"巧笑"，在
于衣饰容貌。可是在昏庸的高纬眼里，换着出猎武装的冯淑妃风姿更为迷
人，所以说"倾城最在著戎衣"。"戎衣"为出征将士的穿着，现在却穿在
一个以"巧笑"媚人的妇人身上，其矫揉作态不难想象。

古往今来有许多巾帼豪杰、英姿飒爽，但高纬迷恋的不是英武之姿，
而是淑妃的忸怩之态。正是由于高纬迷恋于淑妃的"著戎衣"，而不顾社
稷，才加速了北齐小朝廷的灭亡。后两句"晋阳已陷休回顾，更请君王猎
一围"举事实，不着议论，讽刺之意自见。据《北史·冯淑妃传》载："周
师之取平阳，帝猎于三堆，晋州亟告急，帝将还，淑妃请更杀一围，帝从
其言……及帝至晋州，城已欲没矣。"清冯浩《玉溪生诗集笺注》指出：
"淑妃请更杀一围乃平阳事，非晋阳，似小误。"这里的两句是说，尽管

敌人攻城掠池，国家危在旦夕，可在冯淑妃看来，还是"猎一围"（打一围猎）重要！帝、妃死不觉悟的昏淫品性被刻画得入木三分，通过寓议论于形象和巧于运用反语，强烈的讽刺意味昭然可见。这种手法，是李商隐咏史诗的显著特点。

这首诗毛泽东曾圈点三至五遍之多，说明他十分爱读。（毕国民）

【原文】

嫦　娥

云母屏风烛影深[1]，长河渐落晓星沉[2]。
嫦娥应悔偷灵药[3]，碧海青天夜夜心[4]。

【毛泽东圈评等情况】

毛泽东读清蘅塘退士原编《注释唐诗三百首》"七言绝句"时在此诗题目上方画了一个大圈，又在正文上方天头空白处连画三个小圈。

[参考] 中央档案馆整理：《毛泽东评点诗词曲精选（上册）》，
中国档案出版社 1998 年版，第 139 页。

【注释】

（1）云母屏风，以云母石饰制的屏风。

（2）长河，银河。晓星，晨星。沉，落。

（3）悔，悔恨。偷灵药，指偷长生不死之药。

【赏析】

嫦娥，相传本是后羿的妻子，因为偷吃了丈夫从西王母那里求来的不死药，飞入月宫成为仙子。诗题是《嫦娥》，但这首七言绝句的内容并不是咏月中仙子嫦娥，而是描写一个和嫦娥的处境、心情相仿佛的妇女的感受。

"云母屏风烛影深，长河渐落晓星沉。"一、二两句描绘了主人公的环境和永夜不寐的情景。"云母屏风烛影深"描绘了深夜室内的情景：精美的云母屏风放在床前，夜色已深，烛光暗淡，屏风上的烛影也越来越暗。"深"字，既表现烛影，又展示了夜色之深，同时暗示了女主人公的独处无眠。"长河渐落晓星沉"写室外景物。女主人公长夜不眠，庭中仰望，那澄澈如练的银河正渐渐降落，连拂晓前的晨星也渐渐隐没。"沉"字逼真地描绘出晨星低垂、欲落未落的动态。"烛影深""长河落""晓星沉"，表明时间已到将晓未晓之际。一个"渐"字，暗示了时间的推移，孤独寂寞的女主人公，又度过了一个彻夜不眠的长夜。这两句诗渲染了环境气氛，烘托出女主人公寂寞凄冷的情怀和相思苦痛。

　　"嫦娥应悔偷灵药，碧海青天夜夜心。"三、四两句写女主人公展开想象，她由银河、晨星而想到月，由月想到月中仙子，再想到嫦娥奔月后的孤寂无侣，结合自己独处孤室的情况，很自然地会有后悔偷药奔月的想法。这虽然是女主人公的揣度之词，但是合情合理。女主人公看到明月，想到了嫦娥。但在长夜不寐、孤寂的主人公眼里，孤居广寒宫、寂寞无伴的嫦娥，她的处境与心情不是和自己相似吗？女主人公不禁想到：嫦娥想必也懊悔当初偷吃了不死之药，以致夜夜幽居月宫，面对碧海青天，寂寥之情难以排遣。"应悔"是揣度之词。这两句通过对嫦娥心情的想象，委婉含蓄地透露出了主人公的寂寞心情。

　　这位独处幽居、永夜不寐的主人公究竟是谁，诗中并无明确交待。诗人在《送宫人入道》诗中，曾把女冠比作"月娥孀独"，说这首诗是代困守宫观的女冠抒写寂寞之情，也许不是无稽之谈。有人认为此诗"嫦娥指所思之人"（清屈复《玉溪生诗意》），有人认为"此亦刺女道士"（清程梦星《李义山诗集笺注》），有人认为"自比有才反致流落不遇"等，众说纷纭，诗人本意究竟如何，已无可考证。但诗中所抒写的孤寂感及由此引起的"悔偷灵药"式的情绪，却融入了诗人独特的现实人生感受，因而含有更丰富深刻的意蕴。

　　毛泽东曾多次圈点此诗，说明他十分爱读。（刘磊　东民）

【原文】

无　题

相见时难别亦难[(1)]，东风无力百花残[(2)]。

春蚕到死丝方尽[(3)]，蜡炬成灰泪始干[(4)]。

晓镜但愁云鬓改[(5)]，夜吟应觉月光寒。

蓬山此去无多路[(6)]，青鸟殷勤为探看[(7)]。

【毛泽东圈评等情况】

毛泽东读清蘅塘退士原编《注释唐诗三百首》"七言律诗"时在此诗题目上方天头空白处连画三个小圈，又在正文开头处上方画了一个大圈。

[参考] 中央档案馆整理：《毛泽东评点诗词典精选》（上册），

中国档案出版社 1998 年版，第 115 页。

毛泽东手书过这首诗。

[参考] 中央档案馆编：《毛泽东手书选集·古诗词（下）》，

北京出版社 1996 年版，第 23—24 页。

【注释】

（1）难，前一难字意为困难，后一难字意为难堪，含义有别。

（2）东风，春风。

（3）丝，双关语，既指蚕丝，又谐相思之思。

（4）蜡炬（jù），蜡烛。泪，双关语，既指烛泪，又指相思之泪。

（5）但，只。云鬓，青年女性浓密的头发。

（6）蓬山，蓬莱山，指仙境。

（7）青鸟，传说中为王母传递消息的仙鸟。探看，探望，慰问。

【赏析】

这是一首典型的爱情诗，抒写了一对恋人别后的相思之情，诗婉约绮丽、情致缠绵、感情真挚、炽热动人，具有一种特殊的意境和旨趣。

在百花凋零的晚春时节，一对缠绵悱恻、凄咽欲绝的钟情男女饱尝了爱情折磨的痛苦，好不容易得到一次见面的机会，可是又要匆匆别去，随之而来的又是漫长的盼望相见而不能见的痛苦。首联首句诗人怨叹道："相见时难别亦难。"极其深刻地表现了一对情人依依难舍的惜别痛苦。古有成语，"别易会难"，意即会少离多。诗的首句虽说见难别亦难，但其侧重之点是在说"别亦难"。"别"字是这首诗的主题，全诗的诗意都是围绕"别"拓展开的。两个"难"字写出了相见的难期，分别的难舍，表达出极度伤心而又无可奈何的心情。本指望和煦的东风会催开爱情的花朵，结出甜美的果实，可是暮春时节"东风无力"，无法挽回"百花残"的时序。好一个"东风无力百花残"，只此一句，已使人置身于"闲愁万钟""如花美眷，似水流年"的美丽与痛苦的境界中了。百花只是在东风有力时才得盛开，及至东风无力，则百花衰谢。花还如此，人又何尝不是这样呢。此句所咏者，不是伤别逢春晚，而是为身世、命运的多舛和爱情受摧折的深深叹惋。

爱情的圆满结果似乎已经无望，但对于坚贞爱情的热烈执着仍是绵绵不断，不可改变。春蚕自缚，丝尽而死；蜡烛燃尽成灰，泪珠始干。这是生活中人们常见的现象。诗人把它们写在诗里，使感情形象化。颔联首句"春蚕到死丝方尽"的"丝"与"思"为谐音字，暗喻相思。以蚕丝比情思，那缠绵的爱情、不尽的相思正如春蚕吐丝，不到死是不会完的。上句情在缠绵，下句语归沉痛，刚见面又要分手，虽然对爱情执着，但这种执着换来的只是无休止的悲痛。正如蜡烛流泪到燃成灰时才能淌干。这两句是情人表心明志、信誓旦旦之语。用春蚕丝尽、蜡烛泪干，比喻生死心不变、深情不改，象征坚贞不渝的情思。不过这两句诗的深刻含义，已经远远超出作者创作时的主观意图，现在常用来表达人们对理想和事业的执着追求。

"晓镜但愁云鬓改，夜吟应觉月光寒"，颈联是诗人的想象对比。想象丰富，意境优美动人。"但愁"是肯定的，"应觉"是揣想的。想象着对方早晨起床后对镜梳妆，可能会怕自己变得苍老憔悴而忧愁。夜不能寐，吟诵诗句以排遣愁思，感到寒气袭人。设想对方如此，其实这完全是他自己孤寂冷清的悲凉心态的自我流露。委婉入微的想象，表现出无法抑制的对情人的思念。

尾联利用神话传说，表达主人公相思的极端痛苦及其急不可待的心情。"蓬山"，即蓬莱山，是神话传说中的海外仙山，这里借指主人公的情人所在。"青鸟"，传说中为西王母传递的信使。这两句的意思是说，对方离此不远，但是咫尺天涯，无法相会，欲派信使去探望，以致殷勤之意。所爱在"蓬山"，当然是非常遥远的，山海相隔，天人相隔，但由于心路历程无远近，所以诗中写道"无多路"。诗人希望有一只"青鸟"来沟通相隔遥远的情人心思。由于"青鸟"是神话传说中的幻想物，所以"青鸟"的寄托具有很大的空幻性，况且又是在"东风无力百花残"的时节，这只能使一对被分隔的情侣，将热望存于心底，化为幻想，飘落在虚无缥缈的海中仙山上，结果仍是难免的痛苦。诗人巧妙地使用神话传说，来表现自己的相思之情，给作品增添了浓厚的浪漫主义色彩，更富有诗情画意。

全诗构思新颖，想象丰富，结构绵密，辞采清丽，音韵优美。诗人把特定情境中的种种幽微深曲的感情，作了真挚动人的描写，酝酿成了一首韵味浓郁的离曲恋歌，情深语挚，缠绵悱恻，令人一唱三叹。

毛泽东在这首诗的标题上连画三个圈，在不同版本中有五次圈画，说明他对此诗十分欣赏。（毕国民）

【原文】

无　题

昨夜星辰昨夜风，画楼西畔桂堂东⁽¹⁾。

身无彩凤双飞翼，心有灵犀一点通⁽²⁾。

隔座送钩春酒暖⁽³⁾，分曹射覆蜡灯红⁽⁴⁾。

嗟余听鼓应官去⁽⁵⁾，走马兰台类转蓬⁽⁶⁾。

【毛泽东圈评等情况】

李义山无题诗现在难下断语，暂时存疑可也。

[参考]《致刘大杰》（1976年2月12日），《毛泽东文艺论集》，

中央文献出版社2002年版，第338页。

《无题》诗要一分为二，不要一概而论。

[参考]毛泽东1961年在上海同刘大杰的谈话，转引自孙琴安：《毛泽东与中国文学》，重庆出版社2000年版，第80页。

毛泽东读清蘅塘退士原编《注释唐诗三百首》"七言律诗"中在此诗题目上方天头空白处连画了三个小圈。

[参考]中央档案馆整理：《毛泽东评点诗词曲精选（上册）》，中国档案出版社1998年版，第112页。

【注释】

（1）画楼，彩绘的楼阁。一作"画堂"。桂堂，用香木建筑的厅堂。

（2）灵犀（xī），古人把犀牛角视为灵异之物。旧说犀牛角中有一白线直通大脑中，所以称之为"灵犀"。

（3）送钩，古代腊日的一种游戏，又叫藏钩。周处《风土记》："义阳腊日饮祭之后，叟姬儿童为藏钩之戏，分为二曹（队）以较胜负。……一钩藏在数手中，曹人当射（猜）知所在。"

（4）分曹，分组。射覆，古代游戏，在巾帕或器皿下面放置东西令人猜。

（5）鼓，指更鼓。应官，指去官署应卯上班。

（6）兰台，指秘书省。汉代藏图书秘藏的宫观叫兰台，唐高宗时曾改秘书省为兰台。李商隐曾任秘书省正字。

【赏析】

这是一首有作者自己直接出场的无题诗。作于唐武宗会昌二年（842），其时诗人正担任秘书省正字。秘书省正字不过是"方阶九品，微俸五斗"的小官，沉于下僚，对于有凌云之志的诗人来说，无法一展抱负。这种感情无法直接表白，就将其寄寓在爱情的描写之中了。

从诗意来看，这首无题是一首爱情诗，它抒写对昨夜一度春风、旋成间隔的意中人深切的怀想。

"昨夜星辰昨夜风，画楼西畔桂堂东。"诗的首联以清丽的笔触，描绘群星闪烁、和风习习的春夜良宵，由今宵情景引发起对昨夜的追忆，因为这一切都似乎和昨夜仿佛。但昨夜在"画楼西畔桂堂东"和意中人短暂的相遇都已成为难以追寻的记忆。"星辰"就是星星,因为"辰"也是日、月、星的总称。"画楼"是绘有彩画的楼阁。"桂堂"是指用香木建筑的厅堂。说"画楼""桂堂"是形容厅堂的华贵芳美的。星辰、和风的点染,画楼、桂堂的映衬,烘托出一种温馨可人的环境。"昨夜"的复叠,句中的自对,使之有一种圆转流美的格调,使得追忆的气氛更浓。

"身无彩凤双飞翼,心有灵犀一点通。"颔联由追忆回到现实之境,以极为形象的比喻抒发对意中人的一往情深。"灵犀",古人认为犀牛是灵异之兽,特别是犀牛角中有一白线,直通大脑中(实为角质),所以称为"灵犀"。这里是比喻双方心心相印,彼此心领神会。这两句是说:尽管自己身上没有彩凤那样的双翅得以飞越阻隔,与对方相会,但彼此的心却像灵异的犀角那样,自有一线相通,此联中出句用"身无彩凤双飞翼"来暗示爱情受阻隔,对句"心有灵犀一点通"是诗人的独创和巧妙构思,比喻相爱双方心灵的契合与感应。诗人从犀牛角中央有一道白线这一点展开想象,赋予它以相爱的心灵感应的性质,从而创造出一个略貌取神、新奇贴切的比喻。这种想象,带有较多的象征色彩。"身无"与"心有"乃是一个蕴含丰富的矛盾统一体。将痛苦和欣喜渗透在一起,极富典型性,可见诗人抒写心灵感受的才力非凡。

"隔座送钩春酒暖,分曹射覆蜡灯红。"颈联选择两种当时上层社会宴会中所流行的游戏,突出了诗人对意中人今夕热闹处境的想象。"送钩",古代的一种游戏,又叫藏钩。据周处《风土记》:"义阳腊日饮祭之后,曳姌儿童为藏钩之戏。分为二曹(队)以较胜负。……一钩藏在数手中,曹人当射(猜)知所在。""射覆",也是古代的一种游戏,在巾帕或器皿下放置东西令人猜。在诗人的想象之中,意中人此时一定在画楼桂堂中参加热闹的宴会。宴会上,红烛高照,春酒频酌,隔座送钩,分曹覆射,气氛该是何等热烈。越是阻隔,渴望会合的感情便越加强烈,对于相隔的意中人处境的想象便越加鲜明。这一联热闹场面的描写,与结联的惆怅失意形成鲜明对照。

"嗟余听鼓应官去,走马兰台类转蓬。"尾联是说在对意中人不知不觉的思念中，晨鼓已经敲响，上班应差的时间要到了。可叹的是自己正像飘转不定的蓬草，又不得不策马奔驰到兰台应卯，开始寂寞无聊的校书生涯。这个结尾，将爱情间隔的怅惘与身世飘蓬的慨叹融合起来，不但扩大了诗的内涵，而且深化了诗的意蕴，使得这首采用"赋"法的无题诗，也像他的一些有比兴寓托的无题诗一样，含有某种自伤身世的意味。这当中诗人把不能与钟情者遇合的沮丧和沉于下僚的失意之情交织在一起，表现得深沉凄婉。

无题诗是李商隐的独特创作，这些诗写得很隐晦，内容或写爱情，或表面写爱情而别有寄托；或写台游狎邪，或托喻朋友交往，或寄寓身世感慨；还有的兴寄难明，托意在有无之间，难以确指。尽管内容各别，大都属于诗中之意不便明言，或意绪复杂难以用题目概括的情况，统名之为"无题"。本篇写离别相思之苦，一说可能有政治上的隐喻，就是一例。所以毛泽东在给复旦大学刘大杰教授的信中说："李义山无题诗现在难下断语，暂时存疑可也。"这种对学术问题实事求是的科学态度，无疑是正确的。（毕国民）

【原文】

无　题

凤尾香罗薄几重[(1)]，碧文圆顶夜深缝[(2)]。
扇裁月魄羞难掩[(3)]，车走雷声语未通。
曾是寂寥金烬暗[(4)]，断无消息石榴红[(5)]。
斑骓只系垂杨岸[(6)]，何处西南任好风[(7)]。

【毛泽东圈评等情况】

毛泽东读清蘅塘退士原编《注释唐诗三百首》"七言绝句"时在此首《无题（二首）》题目上方天头空白处连画三个小圈。

[参考]中央档案馆整理：《毛泽东评点诗词曲精选（上册）》，
中国档案出版社 1998 年版，第 116 页。

【注释】

（1）凤尾香罗，凤尾罗。罗，绫的一种。

（2）碧文圆顶，有青碧花纹的圆顶罗帐。

（3）月魄，本指月亮有体无光的部分，这里指圆月形。扇裁月魄，是说扇形如圆月。传为班婕妤所作的《怨歌行》："裁为合欢扇，团团如明月。"

（4）曾是，已是，金烬暗，蜡烛已烧成残灰，暗淡无光。

（5）断无，绝无。石榴红，石榴花开。

（6）斑骓，青白色相间的马。系，拴住。《乐府·神弦歌·明下童曲》："陆郎乘斑骓……望门不欲归。"

（7）曹植《七哀》诗："愿为西南风，长逝入君怀。"任，一作"待"。

【赏析】

这首七律《无题》是一首爱情诗。它采用主人公深夜追思往事的方式，抒写青年女子爱情失意的幽怨和相思无望的苦闷。从女主人公的内心独白可以领略到，她对爱情追求是怎样执着、热烈。

"凤尾香罗薄几重，碧文圆顶夜深缝。"首联写女主人公深夜缝制罗帐。虽然未明确点出主人公的身份，但从深夜缝制罗帐的典型场景，推测得出主人公一定是一位幽闺女子。"凤尾香罗"即凤尾罗，一种轻薄华贵织有凤纹的丝织品。"几重"，几层。古代的罗帐有单帐、复帐之分，这里指复帐，所以说"几重"。"碧文圆顶"，指有青碧花纹的圆顶罗帐。从表面上看，诗人只描写了她的举动，而实际上却处处暗示出她爱恋生活的丰富蕴涵。漫漫长夜中，她一面缝制罗帐，一面沉浸与情人相会的情景之中，也在为意中人不在眼前、自己独守空闺而叹息。

"扇裁月魄羞难掩，车走雷声语未通。"颔联是女主人公追忆当年和意中人邂逅的情景。"扇裁月魄"指女子手中所拿的团扇，裁制得和月亮一样圆。月魄，本指月亮无光的部分，这里指月。据传，东汉班婕妤曾作《怨歌行》中有"裁为合欢扇，团团如明月"的句子。"扇裁月魄"由此化来，"车走雷声"，指车走时隆隆之声有如雷鸣。反用司马相如《长门赋》"雷殷殷而响起兮，声象君之车音"的意思。这两句是说，那日对方驱车匆匆走过，自己因为羞涩，用团扇遮面，虽相见而未及通一语。从上下文来看，这次相遇是"断无消息"之前的最后一次照面。所以这一联不只是描绘了女主人公爱情生活的一个片断，且曲折地表达了她在追思往事时那种惋惜、怅惘而又深情加以回味的复杂心理。

"曾是寂寥金烬暗，断无消息石榴红。"颈联具体写令人惆怅的相思。"曾是"，表示语意转折，同时又概括了女主人公别后的思念之切。"金烬暗"指烛将燃尽，光线暗淡。"石榴红"指石榴开花的季节。这两句是说：自从那次匆匆别后，已经有多少次独自伴着逐渐黯淡下去的残灯度过寂寥的不眠之夜，现在又是石榴花开的季节，而对方仍没有一点音讯。"金烬暗"与"石榴红"，一写夜间苦熬，一写白天对花伤神，见出相见无望、青春虚度的惆怅和感伤。看似不经意地点染景物，却寓含了丰富的感情内涵。

"斑骓只系垂杨岸，何处西南待好风。"尾联直接首联，仍回到深情的期待上来，径自表示希望对方来相会的心愿。"斑骓"句暗用《神弦歌·明下童曲》中"陆郎乘斑骓……望门不欲归"句意。大概是在暗示她日思夜念的意中人其实和她相距并不遥远，也许此刻正系马垂杨岸边呢，只是咫尺天涯，无从相会罢了。最后一句化用曹植《七哀诗》中"愿为西南风，长逝入君怀"诗意，希望能有西南风相助，把自己吹送到对方身边。

李义山的爱情诗多是写相思之苦与会合之难。但尽管如此无望，诗中总贯穿着对爱情的执着追求，充盈着"春蚕到死丝方尽，蜡炬成灰泪始干"式的真挚而深厚的感情。这首诗也是如此。（毕桂发）

【原文】

无 题

重帏深下莫愁堂⁽¹⁾，卧后清宵细细长⁽²⁾。
神女生涯原是梦⁽³⁾，小姑居处本无郎⁽⁴⁾。
风波不信菱枝弱，月霜谁教桂叶香。
直道相思了无益⁽⁵⁾，未妨惆怅是清狂⁽⁶⁾。

【毛泽东圈评等情况】

毛泽东读清蘅塘退士原编《注释唐诗三百首》"七言绝句"《无题（二首）》中有这首诗，并在题目上方天头空白处连画了三个小圈。

[参考]中央档案馆整理：《毛泽东评点诗词曲精选（上册）》，
中国档案出版社1998年版，第116页。

【注释】

（1）重帏，室内的重重帏幕。莫愁，这里指深闺中未嫁的女子。

（2）卧后，醒后。清宵，清静的深夜。细细长，指夜晚悠长。长，指长夜。

（3）神女，即宋玉《神女赋》中的巫山神女。传说她曾与楚王在梦中欢合。

（4）小姑、无郎，用南朝乐府《清溪小姑曲》"小姑所居，独处无郎"典，意谓自己终身无托。

（5）直道，即使，就说。了，完全。

（6）清狂，狂放而能坚持操守，这里指痴情。

【赏析】

这首《无题诗》不少人都认为不是爱情诗，而是"自伤不遇"，感叹身世的。其实这首诗仍是描写爱情生活的。

"重帏深下莫愁堂，卧后清宵细细长。"首联写女主人公所处的环境氛围。闺房之中，重帏深垂，闺中独卧，不能成眠，感到这静夜分外漫长。此联中的"莫愁"是古乐府中常常提到的一个女子，一为洛阳人，后嫁卢家为妇；一为石城人，善歌谣。这里指深闺中未嫁的女主人公。虽然这一联只写环境，没有一笔是正面描写女主人公的心理状态，但透过这静寂孤清的环境气氛，我们几乎可以触摸到女主人公的内心世界，感觉到那帷幕深垂的闺房里弥漫着一股无名的幽怨。

"神女生涯原是梦，小姑居处本无郎。"颔联在首联写女主人公彻夜不眠的基础上，深入一步地表现她对爱情失望怅惘的心情。女主人公对自己爱情生活进行的回顾，通过两个有关爱情的典故表现了出来。出句用巫山神女梦遇楚王欢会的故事。"神女"即宋玉《神女赋》中所说的巫山神女，她与楚王曾在梦中欢会，表明爱情的遇合有如幻梦，一切都成泡影。对句用南朝乐府《清溪小姑曲》："小姑所居，独处无郎。"融化爱情无望之意，来表现女主人公闺中独处、异常愁苦的情怀。这两句借典故说明：追思往事，爱情生活中尽管也有过像巫山神女那样的幻想与追求，但到头来不过是一场幻梦而已，直到现在，自己还正像清溪小姑那样，独处无郎，终身无托。这一联虽然用了两个典故，却如同己出。两个典故虽概括，却并不抽象，因为这两个典故本身所包含的神话传说就能引起读者的丰富想象和联想。

"风波不信菱枝弱，月露谁教桂叶香。"从上联不幸的爱情经历转到了不幸的身世遭遇上。这一联连用了两个比喻：叹息她自己弱如菱枝，但横遭风波的摧折；她的美质如桂叶一样芬芳，但无月露滋润使其飘香。这一联含意比较隐晦，暗示女主人公天生丽质，又说明女主人公的爱情受阻，得不到应有的同情与帮助。此联对比、抒情都结合得很好，情致深婉，表达的意蕴极沉痛。

"直道相思了无益，未妨惆怅是清狂。"末联道出了女主人公不放弃爱情的执着追求。这两句是说，即便是相思全无好处，但这种坚持操守的情怀，也是一种痴情。在相思无望、爱情破灭的情况下，仍然坚持坚贞不渝的情怀，可想而知这"相思"是铭心刻骨的了。

这首无题诗写得蕴藉含蓄、情感细腻，是经得起反复咀嚼与玩味的。

（毕国民）

【原文】

无　题

来是空言去绝踪，月斜楼上五更钟。

梦为远别啼难唤[1]，书被催成墨未浓[2]。

蜡照半笼金翡翠[3]，麝熏微度绣芙蓉[4]。

刘郎已恨蓬山远[5]，更隔蓬山一万重！

【毛泽东圈评等情况】

毛泽东读清蘅塘退士原编《注释唐诗三百首》"七言绝句"时在《无题（二首）》题目上方天头空白处连画三个小圈。

[参考]中央档案馆整理：《毛泽东评点诗词曲精选（上册）》，

中国档案出版社1998年版，第114页。

【注释】

（1）"梦中"句，意谓因远别而积思成梦，故梦中也为伤离而悲啼不已。

（2）书，书信。催，为梦境中的离别之情所催。

（3）半笼，指烛光照射之处仅及一半，没有完全照到。金翡翠，指用金线绣有翡翠鸟图案的被子。笼，笼罩。

（4）麝熏，古代豪贵人家用名贵香料放在香炉中熏被帐，此指麝香的芬芳气味。度，透过。绣芙蓉，绣有芙蓉图案的帐子。

（5）刘郎，传说东汉时刘晨与阮肇入天台山采药，遇仙女，留居半年后回家。复求仙女，已不可寻。蓬山，蓬莱山，我国古代东海上的仙山之一。指仙境，此指对方所居之处。

【赏析】

李商隐多用"无题"来抒写他心中难以直说的情思；无题，即无所命题，待要申诉而又难以明言，故以"无题"寄意。李商隐无题诗多为爱情诗。

这首无题写的是一位男子对远隔天涯的情侣的思念。"梦为远别"四字是全诗的主眼。全诗围绕着"梦"来抒写"远别"之情。它采用了倒叙的手法，先写梦醒的情景，然后将梦中和梦后、实境与幻觉糅合在一起抒写，最后才点明蓬山重隔、归结到远别之恨。这样就更好地突出了爱情阻隔的主题。

"来是空言去绝踪"，诗的首联首句描写了一种虚幻缥缈的梦境，是男主人公在梦醒以后怅憾梦去的叹息之言。"来"是她的一种爱的许诺。由于是梦中的一声许诺，醒时，梦中人了无踪影，说"来"自然也是一句"空言"。除了失望之感还有梦醒人"去绝踪"的切实感受。梦中人去比现实中的送别人去，更是无踪可辨，所以这"去"是从虚处出发，现实中却无迹可求，与"来"相对，"来"与"去"都是空的。这一梦境"空"而"绝"，使人有无限惆怅和沉重之感。

"月斜楼上五更钟"首联次句紧承首句写梦醒后的孤寂悲凉。一觉醒来，听到报告五更已到的钟声，看到朦胧的残月空照楼阁。梦醒后的空寂更证实了梦境的虚幻，也更加强了"来是空言去绝踪"的感受。"月斜"一句有机地将残月、晓钟、高楼三种景物组合在一起，塑造了一种凄凉的境界，有力地烘托出梦者的深沉愁思。

"梦为远别啼难唤"，颔联前句承第一句追溯梦中的情景，具体描绘梦中与情人远别的悲伤。梦中经历了一个远别分离的场面，各自悲泣不已。因为悲泪在眼，喉哽呜咽，想倾诉衷肠却说不出来。看你远去，想喊也喊不出来，所以说"啼难唤"。人做梦时，脑神经处在半兴奋半抑制状态，许多感应官能失灵，常常是欲动身不能，欲说口不能发声。梦中的"啼难唤"，是实感的真实写照。这句诗描写得形象鲜明，使人如见这一对情人掩面悲泣之状。

"书被催成墨未浓"，颔联后句承第二句继续写梦醒后的活动。由于对情人的强烈思念，醒后便奋笔疾书，倾诉衷情，这种不由自主的状态，正是所谓的"书被催成"。心情急切，墨未浓就写起信来。"墨未浓"这一细节是在"书被催成"之际才发生。这样的细节描写，完全符合主人公当时的心境，很富有生活实感。诗人一往情深、离愁满怀的情状，被表现得十分生动传神。

"蜡照半笼金翡翠，麝熏微度绣芙蓉"，颈联写男主人公梦醒后孤身独处、寂寞幽居的情状。残烛的黯淡余光照着用金线绣成翡翠图案的帷帐，芙蓉褥上似乎还依稀浮动着麝香熏的幽香。"蜡照""麝熏"渲染凄凉而孤独的处境。"蜡照半笼"写灯光的暗淡，环境的凄凉，长夜的难耐；"麝香微度"则写芙蓉褥上还残留着梦中人的淡淡衣香。人已远去，衣香仍存，更增思念，也反衬出诗人孤独寂寥的境况。

"刘郎已恨蓬山远，更隔蓬山一万重"，末联是诗人写自己梦醒后失望的怨恨，也反映出他不因阻隔而执意追求的顽强精神。句中的"刘郎"

用的是一个典故：《神仙记》中记载，相传东汉时刘晨和阮肇入山采药，遇见二位仙女，相邀到家，留居半年乃还。后又入山寻二仙女，渺然无所遇。诗人用此典表明，自己好像传说中的刘晨，与仙子的情缘已断，再无希望了。蓬山虽远，尚可达到，而人为的阻隔破坏，比蓬山更远"一万重"。结句表明情人远隔天涯，聚会无期，这无尽的相思，怎不令人哀伤欲绝呢？但作者相信，只要情坚意切，终究可以冲破阻力，实现自己的愿望。这是收尾中含蓄委婉地表达出来的。

全诗采用现实与幻想相结合、相映衬的方法，写得缠绵、执着、一往情深。由梦境到醒后，一层深入一层地抒写与情人蓬山远隔之苦，曲折尽致，回环往复。一唱三叹，感人至深。（毕国民）

【原文】

无 题

飒飒东风细雨来⁽¹⁾，芙蓉塘外有轻雷⁽²⁾。
金蟾啮锁烧香入⁽³⁾，玉虎牵丝汲井回⁽⁴⁾。
贾氏窥帘韩掾少⁽⁵⁾，宓妃留枕魏王才⁽⁶⁾。
春心莫共花争发⁽⁷⁾，一寸相思一寸灰。

【毛泽东圈评等情况】

毛泽东读清蘅塘退士原编《注释唐诗三百首》"七言绝句"时在《无题（二首）》题目上方天头空白处连画三个小圈。

[参考]中央档案馆整理：《毛泽东评点诗词曲精选（上册）》，中国档案出版社1998年版，第114页。

【注释】

（1）飒飒，拟声词，状风声。

（2）芙蓉，荷花的别名。轻雷，轻车。

（3）金蟾，指状如蛤蟆的香炉。锁，指香炉的鼻钮，可以开闭，放入香料。啮（niè），咬。

（4）玉虎，用玉石装饰的虎状辘轳。丝，汲水时用的绳索。汲，引。

（5）贾氏窥帘，晋韩寿貌美，贾充辟他为掾（yuàn）属。一次充女在门帘后窥见韩寿，很喜爱他，二人于是私通。女以皇帝赐充之西域异香赠寿，后被贾充发觉，遂以女妻寿。事载《世说新语·惑溺篇》。掾，僚属。少，年轻。

（6）宓（fú）妃留枕，传说伏羲之女宓妃溺死于洛水，遂为洛神，此处指曹丕之后甄氏。魏王，指曹植。曹植曾求娶甄氏，但曹操将其许配曹丕。后甄为曹丕皇后，被郭后谗死。甄氏死后，曹丕将她的遗物玉镂金带枕给了曹植，植离京归国途中在洛水边止宿，梦见甄氏对他说：我本已属心君王，其心不遂。此枕是在家时从嫁，前与五宫中郎将，今与君王。植感其事作《洛神赋》。留枕，这里指幽会。魏王，曹植封东阿王，后改陈王。

（7）春心，指男女之间相思爱慕的情怀。南朝梁元帝《春别应令》之一："花朝月夜动春心，谁恐相思不相见？"

【赏析】

这首无题诗描写了一个幽居深闺的女子相思无望、追求的爱情不能实现的痛苦，是一篇"刻意伤春"之作。"飒飒东风细雨来，芙蓉塘外有轻雷。"首联诗人就着力渲染一个幽凄缥缈的环境：飒飒春风吹拂，绵绵细雨飘洒；芙蓉塘外，传来阵阵轻雷。这样一种风雨凄迷、轻雷作响的春景，不但不会使人赏心悦目，反而会勾起人们的无限愁思。诗人之所以塑造这样的环境，目的就在于烘托出女主人公正在萌发跃动的春心和难以名状的迷惘苦闷。东风细雨，会使人想起屈原的《楚辞·九歌·山鬼》中"东风飘兮神灵雨，留灵修兮憺忘归"来；芙蓉塘即荷花塘，在南朝乐府和唐人诗作中，常用作男女相悦传情之所的代称。"细雨"之中微闻"轻雷"，乃依稀隐约中，似闻车声之意。"轻雷"则暗用了司马相如《长门赋》"雷殷殷而响起兮，声象君之车音"的意思。诗人以写景渲染气氛入手，有引人入胜的艺术感染力。

"金蟾啮锁烧香入，玉虎牵丝汲井回。"颔联进一步描写女主人公孤凄、寂寥的境况，以及相思破灭、爱情无望的思想情怀。"金蟾"，指状如蛤蟆的香炉；"锁"，指香炉上的鼻钮，可以打开取下炉盖放入香料；"玉虎"，用玉石雕成的虎形的辘轳；"丝"，指汲水时用的绳索。这两句是说，香炉虽锁，仍可以开启放入香料燃烧；井水虽深，借辘轳牵引，仍可汲上井水。可是这位深闺独处的女子，她的相思之情无法排遣，追求的爱情不能得到，深沉的幽怨见于言外。对比、反衬手法的运用，使诗篇要表达的主题更加含蓄委婉。此联中的"香炉"和"辘轳"在诗词中也常和男欢女爱联系在一起，从这两句"香""丝"谐"相""思"音可以明显看出，它们同时又是牵动女主人公相思之情的事物。

"贾氏窥帘韩掾少，宓妃留枕魏王才。"颈联连用两个典故继续抒发相思无尽的悲苦。出句用贾充女与韩寿的爱情故事。据《世说新语·惑溺篇》记载：晋韩寿貌美，司空贾充召为属僚。一次贾充的女儿在帘后窥见韩寿，很喜欢他，于是二人私通。贾女还以皇帝赐贾充的西域异香赠韩寿。贾充发觉后，就把女儿嫁给韩寿。对句用甄后即宓妃与曹植的爱情故事。相传伏羲之女宓妃溺死于洛水，遂为洛水之神，此处指曹丕皇后甄后。据《文选·洛神赋》注：曹植曾求娶甄氏，曹操将甄氏配曹丕，曹植苦思不已。甄氏死后，曹丕将她的遗物玉镂金带枕赠给曹植。一次，曹植离京返回自己的封地，途经洛水，夜梦甄后来对他说："我本托心君王，其心不遂。此枕是我嫁时物，前与五宫中郎将，今与君王。"曹植感其事而作《洛神赋》。这两句是说，贾氏窥帘，是爱韩寿的容貌俊美；甄氏留枕，是爱慕曹植的才华。尽管这两个爱情故事的结局有幸与不幸，她们执着地追求爱情，愿望是无法抑制的。言外之意是：愿春心自共花争发。

"春心莫共花争发，一寸相思一寸灰。"末联紧承前两联以悲叹作结。春花开放，相思之情也不断增长，但结果是"一寸相思一寸灰"，一切都归于破灭。所以，饱含深情的"春心"，不要和春花同时萌发相思之情，以免失望痛苦。可见，相思越深心便越冷。诗人匠心独运，把相思无望的怨叹寄寓在鲜明的形象描写中。这一联中写的女主人公痛苦的呼喊具有典型性，这两句诗在艺术上的创造性具有震撼人心的艺术力量。它不仅赋"春心"以美好的形象，而且将"相思"这一抽象概念化为形象。由香销成灰生出联想，创造出"一寸相思一寸灰"的奇句。这使得这首诗具有一种动人心弦的悲剧美。

全诗构思细密，层层深入抒写相思之情，对相思之苦反复咏叹。语言浓丽精工，但雕镂过细，诗意隐晦难解。

对于这首《无题》，毛泽东画着大圈、小圈，对其中的"春心莫共花争发，一寸相思一寸灰"圈画尤多，说明他对此诗十分欣赏。（毕国民）

【原文】

武侯庙古柏

蜀相阶前柏，龙蛇捧閟宫[(1)]。
阴成外江畔[(2)]，老向惠陵东[(3)]。
大树思冯异[(4)]，甘棠忆召公[(5)]。
叶凋湘燕雨[(6)]，枝拆海鹏风[(7)]。
玉垒经纶远[(8)]，金刀历数终[(9)]。
谁将出师表[(10)]，一为问昭融[(11)]。

【毛泽东圈评等情况】

1958 年成都会议期间，毛泽东圈阅的《诗词若干首》（唐宋明朝诗人写的有关四川的一些诗和词）中选录了这首诗。

[参考] 刘开扬注解：《诗词若干首》（唐宋明朝诗人咏四川），

四川人民出版社 1979 年版，第 105 页。

【注释】

（1）捧，拱卫。閟（bì）宫，神庙。《诗经·鲁颂·閟宫》："閟宫有侐，实实枚枚。"郑玄注："閟，神也。姜嫄神所依，故庙曰神宫。"此指蜀先主刘备和诸葛亮的庙。《成都记》："先主庙西院即武侯庙。"杜甫《古柏行》："忆昨路绕锦亭东，先主武侯同閟宫。"两句是说，武侯庙前的古柏像盘绕屈曲的龙蛇一样拱卫着深闭的祠庙。

（2）外江，指锦江。武侯庙在锦江南岸不远，故称外江畔。阴成，柏树成阴，象征诸葛亮的德业。

（3）惠陵，刘备的陵墓。武侯祠在惠陵东侧。这句表现诸葛亮忠于刘备。

（4）"大树"句，《后汉书·冯异传》："每所止舍，诸将并坐论功，异常独屏树下，军中号曰'大树将军'。"此以冯异比诸葛亮，赞扬其功高不居的品德。

（5）"甘棠"句，周朝召（shào）公巡行南国，治政劝农，止舍于甘棠树下，民思其德，故爱其树，而作《甘棠》诗。见《诗经·召南》。甘棠，即白棠、棠梨，似梨而小，霜后可食。这是借召公比喻诸葛亮，追怀其治绩。

（6）湘燕雨，《湘中记》："零陵有石燕，遇风雨则飞舞如燕，止则为石。"

（7）拆（chè），同"坼"，裂开，一作"折"。海鹏风，《庄子·逍遥游》："鹏之徙于南冥也，水击三千里，抟扶摇而上者九万里。"抟扶摇是一种旋风，此指狂风。

（8）玉垒，山名。在今四川理县东南新保关。经纶，用理丝的事来比喻规划政治。这句写诸葛亮在蜀深谋远虑。

（9）金刀，繁体"劉"字为卯、金、刀三字合成。历数，古代称帝王继位的次第。这句说汉朝（刘姓）的国运完结了。慨叹诸葛亮生不逢时。

（10）《出师表》，诸葛亮于后主建兴五年（227）出师伐魏，临行上表，情词恳切。

（10）昭融，上天。

【赏析】

武侯庙，即武侯祠，在今四川成都南门外。诸葛亮被封为武乡侯。庙前有大柏树。杜甫《蜀相》诗说："丞相祠堂何处寻？锦官城外柏森森。"诗咏武侯庙古柏树，并有慨于诸葛亮的功业未成。唐宣宗大中六年（852）冬，诗人在东川节度使幕时，曾赴西川（治所在成都）推狱，诗当作于此时。

这是一首五言长律，全诗共十二句，每四句为一节，可分三节。"蜀相阶前柏，龙蛇捧閟宫。阴成外江畔，老向惠陵东。"前四句为第一节，写武侯庙古柏长势和环境。成都武侯祠（庙）在先主庙西。祠前有两棵大柏树，相传是诸葛亮亲手种植。这两棵古树枝干如"龙蛇"之状。龙蛇比喻这两棵松树屈曲的枝干。现代学者刘学锴等集解："段文昌《古柏文》：武侯祠前，柏寿千龄，盘根拥门，势如龙形。"前两句是说，武侯祠阶前的古树，像盘绕屈曲的龙蛇一样拱卫着先主庙和武侯祠。武侯祠在锦江南岸不远，所以称外江畔。阴成，树木成荫，即杜甫说的"柏森森"。惠陵，蜀汉先生刘备的墓。武侯祠在惠陵东。后两句是说，古柏阴翳繁荣，生长于锦江之畔，劲拔苍老，正向着东边惠陵。这不仅写出了古柏生长的地理环境，而且象征诸葛亮的德行荫庇蜀人，终身忠于刘备。

"大树思冯异，甘棠忆召公。叶凋湘燕雨，枝拆海鹏风。"中四句为第二节，写古柏的抗击风雨。前二句用典。汉光武帝部将冯异，为人谦逊不矜功，见诸将常引车避道，诸将并坐论功，冯异常独坐树下，军中号为"大树将军"。冯异死后，光武帝思念其功，更封其子彰为东缗侯，彰弟䜣为柝乡侯。周朝召公巡行南国，治政劝农，止舍于甘棠树下。民思其德，故爱其树，而作《甘棠》诗。这两句意谓，看到古柏想起古人冯异和召公，此二人的优点，诸葛亮兼而有之，写诸葛亮既富于文治武功，而又德高望重。后两句描写，柏本常绿不凋，今说叶凋，以写古柏。《湘中记》说，零陵山上有石燕，遇风雨则飞舞如燕，雨止仍化为石。拆，裂开。海鹏风，指狂风。二句是说，古柏的树叶因遭风雨摧残而凋落，古柏的枝条因狂风所摇撼而开裂。以上八句写古柏。

"玉垒经纶远，金刀历数终。谁将出师表，一为问昭融。"末四句为第三节，抒发对诸葛亮功业未成的感慨。玉垒，山名。经纶，用理丝的事比喻规划政治。繁体"刘"字系卯金刀三字合成。历数，古代帝王继位的次第。历数终，指一个王朝的"气运"已终。此二句写诸葛亮在蜀深谋远虑，但生不逢时，汉朝（刘姓）的国运已经完结了。诸葛亮于后主刘禅建兴五年（227）出师伐魏，临行上表，情词恳切。昭融，指上天。末二句是说，谁能拿着《出师表》去为诸葛亮一问苍天呢？以上四句是对诸葛亮功业未成的感慨。

诸葛亮是我国历史上著名的政治家和军事家。作者在这首诗中，因柏及人，深情追忆并赞美其治蜀的功绩和统一中国的远略，颂扬其忠于刘备、功高不矜的政治品质，并为其生逢末世、志业不成深感痛惜。

晚唐政治腐败，危机深重，统治集团中少数有才略的人物由于客观环境的限制往往很难有作为。诗的后半深慨诸葛亮生不逢时，可能融入了作者对现实政治的这种感受。近代张采田在《玉溪生年谱会笺》中说："（《武侯庙古柏》）因武侯而借慨赞皇（李德裕）也。张氏主张，可备一说。（毕桂发）

【原文】

少　年

外戚平羌第一功(1)，生年二十有重封(2)。
直登宣室螭头上(3)，横过甘泉豹尾中(4)。
别馆觉来云雨梦(5)，后门归去兰蕙丛(6)。
灞陵夜猎随田窦(7)，不识寒郊自转蓬(8)。

【毛泽东圈评等情况】

毛泽东读清沈德潜编选《唐诗别裁集》卷十九"七言律诗"时圈阅了这首诗。

[参考]张贻玖：《毛泽东评点、圈阅的中国古典诗词》，
中国工人出版社1992年版，第236页。

【注释】

（1）外戚，指帝王的母族、妻族。《史记·外戚世家》："自古受命帝王及继体守文之君，非独内德茂也，盖亦有外戚之助焉。"唐刘知几《史通·题目》："如司马迁撰皇后传而以外戚命章，按外戚凭皇后以得名，犹宗室因天下而显称也。"羌（qiāng），我国古代民族名。主要分布地相当于今甘肃、青海、四川一带。秦汉时，部落众多，部称西羌，以游牧为主。

（2）生平，生来。重（chóng）封，加封两爵号。《史记·樊郦滕灌列传》：“（樊哙）西至郿，以却敌，斩首二十四级，捕虏四十人，赐重封。”司马贞索引：“小颜以为重封者，兼二号，盖为得也。”按：《汉书·樊哙传》“赐重封”。颜师古注：“重封者，加二号耳。”

（3）宣室，《汉书·贾谊传》注：“宣室，未央前殿正室也。”《汉书·东方朔传》：“夫宣室者，先帝之正处也，非法度之政不得入焉。”螭（chī）头，古代彝器、碑额、庭柱、殿阶及印章等上面的螭龙头像，亦借指殿前雕有螭头形的石阶。《新唐书·百官志》：“起居舍人分侍左右，秉笔随宰相入殿；若仗在紫宸内阁，则夹香案分立殿下，直（值）第二螭首，和墨濡笔，皆即坳处，时号螭头。”《雍录》：“螭头，盖玉阶扶栏上压顶横石，刻为螭头之状也。”

（4）甘泉，古宫名，故址在今陕西淳化西北甘泉山。本秦宫，汉武帝增筑扩建，在此朝诸侯王，飨外国客；夏日亦作避暑之处。《三辅黄图·甘泉宫》：“一曰云阳宫。史记秦始皇二十七年作甘泉宫及前殿，筑甬道自咸阳属之。……汉武帝建元中增广之，周一十九里，去长安三百里，望见长安城。”豹尾，豹的尾巴，天子属车上的饰物，悬于最后一车。后亦用于天子卤簿仪仗。汉蔡邕《独断》下：“秦灭九国，兼其车服，故大驾属车八十一乘也，尚书、御史乘之。最后一车悬豹尾。”

（5）别馆，行宫，别墅。《史记·李斯列传》：（始皇）“治离宫别馆，周遍天下。”云雨梦，典出《文选·宋玉〈高唐赋〉序》：“昔者楚襄王与宋玉游于云梦之台，望高唐之观，其上独有云气……王问玉曰：‘此何气也？’玉对曰：‘所谓朝云者也。’王曰：‘何谓朝云？’玉曰：‘昔者先王尝游高唐，怠而昼寝，梦见一夫人曰：妾巫山之女也，为高唐之客，闻君游高唐，愿荐枕席。王因幸之。去而辞曰：妾在巫山之阳，高丘之阻，旦为朝云，暮为行雨。朝朝暮暮，阳台之下。’”后因用“云雨”指男女欢会。

（6）后门，房屋或院后面的便门，亦指过了门禁时限而不及进城。《荀子·大略》：“柳下惠与后门者同衣而不见疑，非一日之闻也。”兰蕙，兰和蕙，皆香草，此用以指美人。

（7）灞陵，亦作“霸陵”，古县名，本芷阳县，汉文帝九年（前171）

于此筑霸陵，并改县名。文帝卒后葬此，故址在今陕西西安东北。灞陵夜猎，典出《史记·李将军列传》："野居蓝田山中射猎，尝夜从一骑出，从人田间饮，还至霸陵亭，霸陵尉醉，呵止广。"田窦，田蚡和窦婴，二人皆由外戚任西汉大臣。田蚡，长陵（今陕西咸阳东北）人，汉景帝王皇后同母弟。武帝初年，封武安侯，为太尉，后任丞相。窦婴（？—前131），字王孙，观津（今河北衡水东）人，窦太后侄。吴楚七国之乱后，封魏其侯。武帝初，任丞相。

（8）转蓬，随风飘转的蓬草。《后汉书·舆服志》："上古圣人，见蓬转始知为轮。"《文选·曹植〈杂诗〉》："转蓬离本根，飘飖随长风。"李善注引《说苑》："鲁哀公曰：秋蓬恶其本根，美其枝叶，秋风一起，根本拔矣。"

【赏析】

诗题《少年》，是古时对青年男子的称呼，与老年相对，与今称童年与青年之间的年纪的人不同。《韩非子·内储说上》："郑少年相率为盗，处于萑泽。"三国魏曹植《送应氏》诗之一："不见旧耆老，但睹新少年。"古代以男子二十岁为成人，初加冠，因体犹未壮，故称弱冠。《礼记·曲礼上》："二十曰弱冠。"孔颖达疏："二十成人，体犹未壮，故曰弱冠。"后遂称男子20岁或者二十几岁的年龄为弱冠。诗中所写这位外戚出身的少年刚20岁，便立了平定西羌的头功，赢得了两个封号。

"外戚平羌第一功，生年二十有重封。"首联说他凭藉外戚身世，年少便极荣耀。

"直登宣室螭头上，横过甘泉豹尾中。"颔联二句用典，说少年恣肆到了极点。朝见时，他直上到阶陛最高处；皇帝巡狩时，他可以横穿过法驾卤簿中行走。"直""横"二字下得非常犀利。

"别馆觉来云雨梦，后门归去兰蕙丛。"颈联叙事，写他往来外室、家宅之间，一味纵情淫乐。这位少年生活很不检点，家中姬妾成群，还经常在外眠花宿柳，回来时禁限已过，往往从后门进入，又投身到姬妾丛中。

"灞陵夜猎随田窦，不识寒郊自转蓬。"尾联对比少年与寒士之别。

上句说他游乐交接的人也都是像田蚡、窦婴那样的贵戚、世家。以上七句极写纨绔子弟的骄侈淫逸。末句乃掉转笔锋写漂泊无依的寒士，揭示出诗的题旨。这是这首诗和一般唐人咏贵公子、咏少年的篇什迥然不同的地方，含义比一般诗作更深入一层。"不识"二字两相绾合，极冷隽可味。（毕桂发）

【原文】

旧将军

云台高议正纷纷⁽¹⁾，谁定当时荡寇勋。
日暮灞陵原上猎⁽²⁾，李将军是故将军。

【毛泽东圈评等情况】

毛泽东读清沈德潜编选《唐诗别裁集》卷二十"七言绝句"时圈阅了这首诗。

[参考] 张贻玖：《毛泽东评点、圈阅的中国古典诗词》，
中国工人出版社 1992 年版，第 236 页。

【注释】

（1）云台，汉宫中高台名。汉明帝时因追念前世功臣，图画邓禹等二十八将于南云台宫，后用以泛指纪念功臣名将之所。唐杜牧《少年行》："捷报云台贺，公卿拜寿卮。"高议，指大发议论。《六韬·上贤》："博闻辩词，虚论高议，以为容美，穷居静处，而诽时俗，此奸人也。"

（2）灞陵，又作"灞陵"，此指霸陵桥。因灞水西高原上有汉文帝霸陵，故称。

（3）李将军，即李广（？—前119），陇西成纪（今甘肃秦安）人，西汉名将。善骑射。汉文帝时，参加反击匈奴主贵族侵扰的战争，为中郎、武骑常侍。景帝、武帝时，任陇西、北地太守。汉武帝元光元年（前134），为卫尉，后任右北平太守。匈奴数年不敢入侵，称之为"飞将军"。

元狩四年（前119）随大将军卫青攻匈奴，以失道被责，自杀。前后与匈奴作战大小70余次，以勇敢善战著称。"故"，一作"旧"。

【赏析】

这首七绝写于唐宣宗大中二年（848），作者时年36岁。诗题《故将军》，是指李德裕。李德裕，字文饶，赵郡（今河北赵县）人，唐大臣，宰相李吉甫之子。出身世家，主张大臣应用公卿子弟。历任浙西观察使、西川节度使等职。武宗时居相位，力主削弱藩镇，李德裕曾佐武宗讨平擅自袭任泽潞节度使的刘稹。李德裕反对李宗闵、牛僧孺集团，是牛李党争中的李派首领，后遭牛派打击，贬崖州（今广东琼山东南）司户而死。这首诗便是慨叹李德裕罢相贬斥之作。

"去台高议正纷纷，谁定当时荡寇勋。"前二句用典，《后汉书·朱景王杜马刘傅坚马列传》："永平（明帝刘庄年号）中，显宗追感前世功臣，乃图画二十八将于南宫云台，其外又有王常、李通、窦融、卓茂合三十二人。"江淹《上建平王书》："高议云台之上。"原意指议论经义，这里借来作议定功勋讲。又据《旧唐书·李德裕传》："自开成五年冬回纥至天德，至会昌四年八月平泽潞，首尾五年，其筹度机宜，选用将帅，军中书诏，奏请云合，起草指纵，皆独决于德裕，诸相无与焉。"第二句的"荡寇勋"正指此。李德裕的荡寇功勋卓著，本无可争议，如今却在朝廷中争议不定，暗示他已失势，自然开启下文。

"日暮瀍陵原上猎，李将军是故将军。"后二句亦是用典，以李广比李德裕。《史记·李将军列传》："野居蓝田南山中射猎，尝夜从一骑出，从人田间饮，还至霸陵亭，霸陵尉醉，呵止广。广骑曰：'故李将军。'尉曰：'今将军尚不得夜行，何乃故也。'止广宿亭下。"李将军是故将军"，语义双关，明指李广，喻指李德裕，既为李德裕鸣冤叫屈，又无把柄授人，巧妙之至。（毕桂发）

嘲　桃

无赖夭桃面⁽¹⁾，平明露井东⁽²⁾。
春风为开了，却拟笑春风。

【毛泽东圈评等情况】

毛泽东读清沈德潜编选《唐诗别裁集》卷十九"五言绝句"时圈阅了这首诗。

[参考] 张贻玖：《毛泽东评点、圈阅的中国古典诗词》，

中国工人出版社 1992 年版，第 236 页。

【注释】

（1）无赖，指多事而使人讨厌的。南朝陈徐陵《乌栖曲》之二："惟憎无赖汝南鸡，天河未落犹争啼。"夭桃，语出《诗经·周南·桃夭》："桃之夭夭，灼灼其华。"后以"夭桃"称艳丽的桃花。

（2）平明，黎明，即天刚亮的时候。《荀子·哀公》："君昧爽而栉冠，平明而听朝。"露井，没有覆盖的井。《宋书·乐志三》："《乐府诗集·鸡鸣》："……桃生露井上，李树生桃旁。"

（3）为，使，致使。《易·井》："井渫不食，为我心恻。"王弼注："为，犹使也。"

（4）却，反而，倒。拟，打算，准备。笑春风，本指迎着春风盛开，此是嘲笑春风之意。语出唐崔护《题都城南庄》："人面不知何处去，桃花依旧笑春风。"

【赏析】

这首五绝是首咏物诗，题目《嘲桃》已标明它是一首讽刺诗。沈德潜在诗末批注道："似为负恩人写照。"（《唐诗别裁集》）准确地揭示出它嘲讽的对象是那种忘恩负义的小人。而这种嘲笑讽刺是通过对露井桃的形象

描绘完成的。

"无赖夭桃面",首句说"无赖"其面,讥嘲之意便已显然。"平明露井东",次句说它本来生长在露井东边,是一株普通的桃树。"春风为开了",三句说它那艳丽的花朵是被春风吹开的。"却拟笑春风",末句用典,崔护《题都城南庄》云:"去年今日此门中,人面桃花相映红。人面不知何处去,桃花依照笑春风。"崔护诗中"笑春风"是说桃花在春风中盛开,诗人反用其意,说如今桃花反过来打算嘲笑春风。诗人讥刺得意后负心的小人的题旨得到了充分的表现。

全诗四句一气贯下,语极尖刻,是一首讽刺佳作。(毕桂发)

【原文】

戏赠张书记

别馆君孤枕⁽¹⁾,空庭我闭关⁽²⁾。

池光不受月,野气欲沉山⁽³⁾。

星汉秋方会⁽⁴⁾,关河梦几还⁽⁵⁾。

危弦伤远道⁽⁶⁾,明镜惜红颜⁽⁷⁾。

古木含风久,平芜尽日闲⁽⁸⁾。

心知两愁绝,不断若连环⁽⁹⁾。

【毛泽东圈评等情况】

毛泽东读清沈德潜编选《唐诗别裁集》卷十八"五言律诗"时圈阅了这首诗。

[参考]张贻玖:《毛泽东评点、圈阅的中国古典诗词》,

中国工人出版社1992年版,第236页。

【注释】

(1)别馆,客馆。北周庾信《哀江南赋序》:"三日哭于都亭,三年囚于别馆。"

（2）闲关，闭户，闭门。

（3）野气，野外的雾霭。

（4）星汉，天河，银河。三国魏曹操《步出夏门行》："日月之行，若出其中；星汉灿烂，若出其里。"秋方会，指七夕，即农历七月初七之夕，民间传说，牛郎织女每年此夜在天河相会。

（5）关河，指函谷等关塞与黄河。《史记·苏秦列传》："秦四塞之国，被山带渭，东有关河，西有汉中。"亦泛指关山或山川。《后汉书·荀彧传》："此实天下之要地，而将军之关河也。"

（6）危弦，又作"危"，急弦。《文选·张协〈七命〉》："抚促弦则酸鼻，挥危弦若流涕。"李善注："郑玄《论语注》曰：'危，高也。'侯瑾《筝赋》曰：'急弦促柱，变调改曲。'陆机《前缓歌行》曰：'大客挥高弦。'意与此同也。"

（7）红颜，本指年轻人的红润脸色，特指女子美丽的容颜。汉傅毅《舞赋》："貌嫽妙以妖蛊兮，红颜晔其扬华。"

（8）平芜，草木丛生的平旷原野。南朝梁江淹《去故乡赋》："穷阴匝海，平芜带天。"

（9）连环，边结成串的玉环。《庄子·天下》："今日适越而昔来，连环可解也。"比喻连续不断。一作"寻环"，当作"循环"。《史记·高祖本纪》："三王之道若循环，终而复始。""寻"，各本均同。程梦星云："'寻环'妆作'循环'……或寻、循、巡三字俱可通。"

【赏析】

此诗作于唐文宗开成三年（838），作者时年26岁。这一年他到泾州（今甘肃泾川）入泾原节度使王茂元幕，后又娶了他的女儿。张书记，名审礼，是王茂元的长女婿。书记，从事公文、书信工作的人员。《文选·齐竟陵文宣王行状》："谋出股肱，任切书记。"吕向注："书记谓文学之士也。"那就是说，作者和张书记都是王茂元的女婿，两人关系密切，极其熟稔，故题作"戏赠"。作者文集有《祭张书记文》曰："故朔方书记，张五审礼。"张审礼为朔方节度使书记。又祭张文说他"始自渚宫，来游帝里"。按：渚宫，在今湖北江陵，据此可知，张是湖北人。这首诗抒发了诗人在外为官、思亲念乡的情感。

这首五言长律共十二句，每节四句，可分为三节。"别馆君孤枕，空庭我闭关。池光不受月，野气欲沉山。"前四句为第一节，写诗人与张书记孤枕难眠。清冯浩《玉溪生诗详注》把此诗列于开成三年，说"颇似张自岐下至泾原相晤所作"。证之以祭女文中的"汝实从夫，适来岐下，道途虽迮，面集犹妨"（《为外姑陇西郡君祭张氏女文》）来看，的确不错。张书记自岐下至泾原探亲，作者那时正在泾原幕，虽然新婚未久，但夫人可能仍在河南家中，所以一个是"别馆""孤枕"，一个是"空庭""闭关"。三、四两句描写，在诗人眼中，池光月色不相映合，周围一片寂寞的氛围，更增添了孤客无偶的思亲怀乡情绪。

"星汉秋方会，关河梦几还。危弦伤远道，明镜惜红颜。"中四句为第二节，写张的夫人对张的思念。诗人作诗时正当秋月初上，所以五、六两句说，天上牛郎织女正在相会，而人间夫妇却不能欢乐。七、八两句是说，张的夫人抚琴抒发对张的思念之情，揽镜自照，惋惜自己红颜渐老。

"古木含风久，平芜尽日闲。心知两愁绝，不断若连环。"后四句为第三节，写张书记与夫人互相思念不已。九、十两句描写，意谓张书记为客日久，而他的夫人则尽日长闲。所以结束二句说，我知道你们两方都愁思不断，如玉环相连。语虽谐谑，却饶有风趣，归结到"戏赠"题上。纪昀说："妙不伤雅。"另外，"古木含风久"一句，诗人又用到"摇落"一诗中，想是诗人的得意佳句。（毕桂发）

【原文】

行次西郊作一百韵

蛇年建丑月，我自梁还秦[1]。南下大散岭，北济渭之滨[2]。草木半舒坼[3]，不类冰雪晨。又若夏苦热，燋卷无芳津[4]。高田长槲枥，下田长荆榛[5]。农具弃道旁，饥牛死空墩[6]。依依过村落[7]，十室无一存。存者皆面啼[8]，无衣可迎宾。始若畏人问，及门还具陈[9]：

右辅田畴薄，斯民常苦贫⁽¹⁰⁾。伊昔称乐土⁽¹¹⁾，所赖牧伯仁。官清若冰玉，吏善如六亲⁽¹²⁾。生儿不远征，生女事四邻⁽¹³⁾。浊酒盈瓦缶，烂谷堆荆囷⁽¹⁴⁾。健儿庇旁妇，衰翁舐童孙⁽¹⁵⁾。况自贞观后，命官多儒臣⁽¹⁶⁾。例以贤牧伯，征入司陶钧⁽¹⁷⁾。

降及开元中，奸邪挠经纶⁽¹⁸⁾。晋公忌此事，多录边将勋。因令猛毅辈，杂牧升平民⁽¹⁹⁾。中原遂多故，除授非至尊⁽²⁰⁾。或出幸臣辈，或由帝戚恩⁽²¹⁾。中原困屠解，奴隶厌肥豚⁽²²⁾。皇子弃不乳⁽²³⁾，椒房抱羌浑⁽²⁴⁾。重赐竭中国⁽²⁵⁾，强兵临北边。控弦二十万，长臂皆如猿⁽²⁶⁾。皇都三千里，来往同雕鸢⁽²⁷⁾。五里一换马，十里一开筵⁽²⁸⁾。指顾动白日，暖热回苍旻⁽²⁹⁾。公卿辱嘲叱，唾弃如粪丸⁽³⁰⁾。大朝会万方，天子正临轩⁽³¹⁾。彩旗转初旭，玉座当祥烟⁽³²⁾。金障既特设，珠帘亦高褰。捋须蹇不顾，坐在御榻前⁽³³⁾。忤者死艰屦，附之升顶颠⁽³⁴⁾。华侈矜递衒⁽³⁵⁾，豪俊相并吞⁽³⁶⁾。因失生惠养，渐见征求频⁽³⁷⁾。

奚寇东北来⁽³⁸⁾，挥霍如天翻⁽³⁹⁾。是时正忘战⁽⁴⁰⁾，重兵多在边⁽⁴¹⁾。列城绕长河，平明插旗幡。但闻虏骑入，不见汉兵屯⁽⁴²⁾。大妇抱儿哭，小妇攀车轓⁽⁴³⁾。生小太平年⁽⁴⁴⁾，不识夜闭门。少壮尽点行⁽⁴⁵⁾，疲老守空村。生分作死誓⁽⁴⁶⁾，挥泪连秋云。廷臣例獐怯，诸将如羸奔⁽⁴⁷⁾。为贼扫上阳，捉人送潼关⁽⁴⁸⁾。玉辇望南斗⁽⁴⁹⁾，未知何日旋。诚知开辟久，遘此云雷屯⁽⁵⁰⁾。逆者问鼎大⁽⁵¹⁾，存者要高官⁽⁵²⁾。抢攘互间谍⁽⁵³⁾，孰辨枭与鸾⁽⁵⁴⁾！千马无返辔，万车无还辕⁽⁵⁵⁾。城空雀鼠死，人去豺狼喧⁽⁵⁶⁾。

南资竭吴越⁽⁵⁷⁾，西费失河源。因令右藏库，摧毁惟空垣⁽⁵⁸⁾。如人当一身，有左无右边。筋体半痿痹⁽⁵⁹⁾，肘腋生臊膻。列圣蒙此耻⁽⁶⁰⁾，含怀不能宣。谋臣拱手立，相戒无敢先⁽⁶¹⁾。万国困杼轴⁽⁶²⁾，内库无金钱。健儿立霜雪，腹歉衣裳单。馈饷多过时，高估铜与铅⁽⁶³⁾。山东望河北，中爨烟犹联⁽⁶⁴⁾。朝廷不暇给，辛苦无半年⁽⁶⁵⁾。行人擢行资⁽⁶⁶⁾，居者税屋椽⁽⁶⁷⁾。中间遂作梗，狼藉用戈铤⁽⁶⁸⁾。临门送节制，以锡通天班⁽⁶⁹⁾。破者以族灭⁽⁷⁰⁾，存者尚迁延。礼数异君父，羁縻如羌零⁽⁷¹⁾。直求输赤诚，所望大体全⁽⁷²⁾。巍巍政事堂，宰相厌八珍⁽⁷³⁾。敢问下执事⁽⁷⁴⁾，今谁掌其权？疮痍几十载，不敢抉其根⁽⁷⁵⁾。国蹙赋更重⁽⁷⁶⁾，人稀役弥繁。

近年牛医儿，城社更攀缘⁽⁷⁷⁾。盲目把大斾，处此京西藩⁽⁷⁸⁾。乐祸忘怨敌，树党多狂狷⁽⁷⁹⁾。生为人所惮，死非人所怜⁽⁸⁰⁾。快刀断其头，列若猪牛悬⁽⁸¹⁾。凤翔三百里，兵马如黄巾⁽⁸²⁾。夜半军牒来⁽⁸³⁾，屯兵万五千。乡里骇供亿，老少相扳牵⁽⁸⁴⁾。儿孙生未孩⁽⁸⁵⁾，弃之无惨颜。不复议所适，但欲死山间⁽⁸⁶⁾。

尔来又三岁，甘泽不及春⁽⁸⁷⁾。盗贼亭午起，问谁多穷民⁽⁸⁸⁾。节使杀亭吏，捕之恐无因⁽⁸⁹⁾。咫尺不相见，旱久多黄尘。官健腰佩弓，自言为官巡⁽⁹⁰⁾。常恐值荒迥，此辈还射人⁽⁹¹⁾。愧客问本末，愿客无因循⁽⁹²⁾。郿坞抵陈仓⁽⁹³⁾，此地忌黄昏。

我听此言罢，冤愤如相焚⁽⁹⁴⁾。昔闻举一会，群盗为之奔⁽⁹⁵⁾。又闻理与乱，系人不系天⁽⁹⁶⁾。我愿为此事⁽⁹⁷⁾，君前剖心肝。叩头出鲜血，滂沱污紫宸⁽⁹⁸⁾。九重黯已隔，涕泗空沾唇⁽⁹⁹⁾。使典作尚书⁽¹⁰⁰⁾，厮养为将军⁽¹⁰¹⁾。慎勿道此言，此言未忍闻⁽¹⁰²⁾。

【毛泽东圈评等情况】

1965 年 6 月 20 日，毛泽东在上海西郊旧式别墅里会见刘大杰，两人谈论古典文学。毛泽东认为"《无题》诗要一分为二，不要一概而论"。还与刘大杰谈到李商隐的《行次西郊作一百韵》等诗，认为《贾生》一诗"写得好"。

[参考] 孙琴安：《毛泽东与刘大杰谈古典文学》，《文艺报》
1991 年 12 月 28 日。

【注释】

（1）蛇年，唐文宗李昂开成二年（837）丁巳，十二肖中巳属蛇，故称"蛇年"。建丑月，十二月。夏历建寅（以寅月为首月），推至腊月为丑月。梁州，州治在兴元（今陕西汉市东）。秦，今陕西、甘肃一带，春秋战国时属秦国，此指长安。

（2）两句意谓自南向北而来，先下大散岭（今宝鸡西南），后北渡渭水。

（3）舒坼（chè），萌发。

（4）燋（jiāo）卷，焦枯卷缩。

（5）槲（hú，旧读入声）、枥、荆、榛（zhēn），都是野生树木。枥，栎树，即柞树。槲与枥相类。槲，一作檞，误。

（6）空墩，荒废的土堆。

（7）依依，依恋不舍，形容看到农村残破景象时不忍即时离去的惆怅伤感之情。

（8）面啼，即背啼。《汉书·项籍传》："马童面之。"师古注："面谓背之不面向也。面缚，亦谓反背而缚之。"皆，冯注引《唐音戊签》作"背"，亦可通。杜甫《北征》："见爷背面啼。"

（9）具陈，详细地陈述。从此句引起下文。

（10）辅，京城附近地区。右辅，指长安以西一带。斯民，这里的人民。

（11）伊，发语词。乐（lè）土，安乐的地方。《诗经·魏风·硕鼠》："逝将去汝，适彼乐土。"

（12）冰玉，冰清玉洁。官、吏，指地方上的一般官吏。六亲，六种关系较近的亲属。

（13）事四邻，嫁给四邻。封建伦理规定女子出嫁后要侍奉公婆和丈夫，故称嫁为"事"。

（14）瓦缶（fǒu），瓦制的酒器。荆囷（jūn），荆条编的圆形盛粮器具。

（15）庇，这里犹说养活。旁妇，外妇，旧时代认为成年男子在正妻之外还能养活外妇是生活丰裕的表现。舐（shì），舔，这里以老牛舐犊形容爱抚。

（16）贞观，唐太宗李世民的年号（627—649）。儒臣，与下"猛毅辈"相对而言，泛指文臣。

（17）司，管理。陶钧，陶器模子下的转轮。古代以陶人转动钧而制成瓦器喻治理国家。司陶钧，即担任宰相。

（18）开元，唐玄宗李隆基的年号（713—741）。挠，扰乱。经纶，《周易正义》解《易·屯·象传》"君子以经纶"说："经，谓经纬；纶，谓纲纶。"这里喻政治纲纪。两句指斥开元末年李林甫乱政。

（19）晋公，指李林甫，唐玄宗开元二十五年（737）封晋国公，垄断朝政十余年，是腐朽的豪族大地主的政治代表。此事，指以文臣执政和征调贤明地方官任宰相的措施。猛毅辈，指骄横凶暴的边将。牧，统治。升平民，太平时代的人民。据《旧唐书·李林甫传》记载，李林甫为了长久把持朝政，防止文臣由节度使内调任宰相，劝说玄宗多用番将任节度使（因为他们缺乏入相的资望），因此，野心家安禄山得以一身兼任平卢、范阳、河东三镇节度使。

（20）多故，多事，多变乱。除授，任命官职（拜官叫除）。非至尊，不由皇帝（决定）。

（21）幸臣，皇帝所宠幸的近臣（如宦官）。当时，宦官高力士得宠，权势很大。帝戚，指杨贵妃的亲属杨国忠等。

（22）屠解，屠杀肢解。奴隶，指上述权臣贵戚藩镇的仆役走卒。厌，同"餍"，饱足。豚，乳猪。

（23）皇子句，可能指玄宗杀太子李瑛和鄂王李瑶、光王李琚事。史载玄宗宠幸武惠妃，想废太子和鄂、光二王，因张九龄反对而未实行。玄宗问李林甫，李迎合玄宗意旨，说："这是皇上家事，不是臣下所应参预的。"玄宗于是决意处死李瑛等。乳，抚养。"弃不乳"是赐死的委婉说法。

（24）椒房，后妃住的宫殿用椒和泥涂壁，这里指杨贵妃。抱羌浑，讽杨贵妃洗儿事。据《安禄山事迹》说，杨贵妃收安禄山为养子，安禄山生日后三天，玄宗召入宫中，杨贵妃用锦绣绷缚安禄山，让宫人用彩轿抬着，说是给禄儿"洗三"。安禄山是营州杂胡（父胡人，母突厥人），所以说"抱羌浑"。

（25）中国，即"国中"。

（26）控弦，拉弓的人，指士卒。长臂皆如猿，形容善于射箭。《史记·李将军列传》谓李广"猿臂""善射"。

（27）三千里，指从安禄山驻地范阳（今北京大兴）到长安的大致路程。雕鸢（yuān），鸷鸟和鸱鹰，都是善飞的猛禽。两句指安禄山令其将刘骆谷留长安作谍报事。《通鉴·天宝六载》："禄山常令其将刘骆谷留京师诃（刺探）朝廷指趣，动静皆报之。或应有表者，骆谷即为代作通之。岁献俘虏、杂畜、奇禽、异兽、珍玩之物，不绝于路，郡县疲于递运。"

（28）"五里"二句，据《安禄山事迹》，安禄山身体肥胖，从范阳赴长安，驿站中间，要筑台换马，谓之"大夫换马台"；他停歇的地方，都赐以"御膳"。

（29）指顾，手指目顾。暖热，态度的温和或严厉。苍旻（mín），天。两句写安禄山的权势气焰，说他的举动态度足以指挥天日，影响皇帝。

（30）粪丸，蜣螂用土包粪，转而成丸，叫粪丸。两句说朝廷大臣都遭到安禄山的嘲弄叱辱，被视如粪丸。这一节叙述开元末年以来政局的腐败，中央集权的削弱，藩镇割据势力的跋扈和人民负担的加重。

（31）大朝，隆重的朝会。万方，全国各地（的长官）。临轩，皇帝不坐正殿的座位而坐殿前平台接见臣下。

（32）初旭，初升的太阳。祥烟，皇帝坐朝时在座前铜炉燃烧香料所升起的香烟。

（33）障，屏风。褰（qiān），挂起。捋须，抚摸胡须。蹇（jiǎn），骄横的样子。据《旧唐书·安禄山传》，玄宗一次在勤政楼，特意在御座东设一大金鸡障，前置坐榻，让安禄山坐在榻上，并卷起榻前的珠帘。上四句当指此事，以见玄宗对安禄山的尊宠和安禄山的骄横。

（34）脚，脚跟。各本均误作"艰"。顶颠，头顶。

（35）华侈，奢华淫侈。矜，夸耀。递，接连。衒（xuàn），炫耀。这句说，权贵们竞相夸耀奢侈的生活，花样翻新，没有止境。

（36）豪俊，指权贵。这句揭露统治集团内部的相互倾轧，如安禄山与杨国忠的权力之争。

（37）"因失"二句，意谓统治者无爱民养民之意，对人民的压榨一天天加重。

（38）奚寇，指安禄山叛军，其中有不少奚族人。东，各本均误作"西"。

（39）挥霍，行动疾速。

（40）"是时"句，据《旧唐书·安禄山传》记载，当时"天下承平日久，人不知战，闻其兵起，朝廷震惊"。

（41）"重兵"句，唐代自开元、天宝以来，因经常与吐蕃作战，精兵多集中在西北。

（42）"列城"四句，意谓叛军晚上攻打沿着黄河的城邑，天明就攻破，插上他们的旗帜，即叛军长驱直入，唐军望风而逃。骑（jì），骑兵。屯，驻守。天宝十四载（755）十一月，安禄山从范阳起兵叛变。十二月，渡黄河，连陷陈留、荥阳、东都洛阳。沿途所至郡县，往往没有唐军抵御。

（43）轓（fān），附着车两旁横木的向外翻出部分，用以遮蔽尘泥。两句写老百姓逃难情景。

（44）"生小"句，意谓从小生长在太平的年代。

（45）点行，按照丁册征发兵役。

（46）"生分"句，意谓虽是活着分离，因为情况艰险，却看成死别。

（47）例獐怯，都像獐子一样胆怯。羸（léi），瘦羊。这一节叙述安史叛军长驱直入，人民流离失所，皇帝官吏望风而逃，藩镇乘机叛乱要挟，国家陷于空前混乱。

（48）上阳，洛阳宫名。安禄山于天宝十五载（756）正月在洛阳自称大燕皇帝。六月，其部将孙孝哲攻陷长安，搜捕百官、宦者、宫女等经潼关押送洛阳。

（49）玉辇（niǎn），皇帝坐的车，这里指代玄宗。南斗，星宿名。长安沦陷前夕，玄宗仓皇奔蜀。

（50）开辟，开天辟地。遭，遭遇。云雷屯（zhūn），语出《周易·屯》的象辞。象辞说："屯，刚柔始交而难生。"古人认为云雷始生，天昏地暗的情景预兆灾难的发生。这里喻指巨大的变乱。

（51）逆者，指叛乱的藩镇。问鼎大，《左传·宣公三年》记载：楚庄王伐陆浑之戎，路过洛阳。周定王派王孙满劳军。楚庄王向王孙满问九鼎的轻重（相传禹铸九鼎，夏商周三代都把它作为传国宝，是统治权力的象征），流露出夺取周王朝政权的野心。这句说叛乱的藩镇都有称王称帝的野心。巡，各本均作"送"。

（52）存者，指还未叛乱的藩镇。要（yāo）高官，要挟朝廷授予高官。

（53）抢攘，纷乱。互间谍，互相窥伺，彼此倾轧。

（54）枭（xiāo），猫头鹰一类的恶鸟，喻叛乱者。鸾，古人认为象征吉祥的鸟，喻忠于朝廷的官吏。

（55）"千马"二句，意谓被征发去讨伐藩镇的军队，全军覆没，没有生还的。

（56）豺狼，喻占领者。

（57）吴越，泛指东南地区。河源，指黄河上游的河西、陇右地区。两句写朝廷财源枯竭。

（58）右藏库，唐王朝中央有左、右藏库。左藏库存放全国赋调，右藏库存放各地所献金玉珠宝。安史乱后，藩镇垄断各地利权，不再贡物，右藏库空无所有，故说"摧毁惟空垣"。

（59）痿痹，萎缩麻木。臊膻，牛羊的腥臊气，封建时代多用作对西、北地区少数民族的侮辱性称呼。两句说，安史乱后的唐王朝，有左无右，半身不遂，肘腋之地也屡遭少数民族统治者的侵扰。

（60）列圣，指肃、代、德、顺，宪、穆、敬、文等历朝皇帝。蒙此耻，蒙受藩镇割据叛乱和少数民族统治者侵扰的耻辱。含怀，藏在心里。两句婉讽历朝皇帝不能雪耻。

（61）"谋臣"二句，意谓谋划国事的大臣拱手而立，毫无作为，彼此相戒，谁也不敢提出削平叛乱的倡议。

（62）万国，本指古封建制下的各诸侯国，此说全国各地。杼轴（zhù zhú），织布机。《诗·小雅·大东》："小东大东，杼轴其空。"形容剥削残酷，致使织机空无一物。"困杼轴"意同此。两句说人民困苦，国库空虚。

（63）健儿，指边防战士。腹歉，肚饥。馈饷，军粮。估，论物价。物的价值提高叫高估。中唐以来，经济凋敝，加以当时江淮间多铅锡钱，外烫薄铜，斤两不足，因而造成钱轻物重的后果。"高估"句指此。四句说物价昂贵，军需困难。

（64）山东，指华山以东地区。河北，指今河北一带地方。爨（cuàn）烟，炊烟。两句说山东河北一带，炊烟相接，人口仍然不少。

（65）不暇给，无暇顾及，这里意即无法控制。辛苦无半年，指当地人民在藩镇压榨下终年辛劳而无半年食粮。

（66）行人，这里指行商。榷，同"榷"，专利。榷行资，征收行商的货物税。德宗建中三年（782），于各交通要道置吏收货物税，每贯税二十文。

（67）居者，居住房屋的人，指有房产的人。税屋椽，征收房屋税。建中四年（783）下令：上等屋每间税钱二千文，中等一千，下等五百，叫"间架税"。

（68）"中间"二句，指河北藩镇朱滔、田悦、王武俊及朱泚、李怀光、李纳、李希烈等相继叛乱，局面混乱，兵祸连结。作梗，指藩镇割据一方，使朝廷号令梗塞不能下达。狼藉，杂乱，纷乱。铤，铁把短矛。用戈铤，犹说动刀兵。

（69）节制，旌节（旌是大旗，节是任命官吏的凭证）和制书（皇帝任命官吏的文书）。锡，赐。通天班，直接隶属于皇帝的最高的官阶，如宰相。中唐以来藩镇跋扈，往往父死子自立为留后，造成世袭的事实，逼使朝廷承认。朝廷只得派使臣把旌节和制书送上门去，予以正式承认，并赐给同平章事（宰相）之类的职衔。这一节叙述安史之乱后唐王朝财源枯竭、赋税苛重、藩镇跋扈等深重危机，抨击当权者腐败无能，不敢正视国家的危机。

（70）破者，指被朝廷讨平的藩镇。族灭，全族处死。宪宗时，曾讨平西蜀刘辟、准西吴元济、淄青李师道等。存者，指河北等地区未被消灭的藩镇。迁延，指割据一方的局面仍然继续。宪宗时曾一度服从朝廷的河北藩镇到穆宗时又恢复割据。

（71）礼数，礼仪的等级。羁（jī），马笼头。縻（mí），牛缰绳。羁縻，笼络维系。羌零（lián），先零，古西羌族的一支。两句意谓藩镇对皇帝不遵守君臣间应有的礼仪，朝廷对藩镇也如对边地少数民族，加以笼络维系而已。

（72）直，即使。两句说即使要求藩镇表示忠诚，也不过希望顾全大概的体统，名义上臣服朝廷而已。

（73）政事堂，唐代宰相商议政事的地方。厌八珍，饱食山珍海味。唐代制度，宰相议政，会食于中书省（唐初，政事堂设于门下省，后移至中书省）。

（74）下执事，下属具体办事人员。古代交际场合称对方时，不直说对方，而说对方手下的办事人员，表示不敢与对方并列，后来就把执事作为对对方的尊称。这里是村民称作者。其权，宰相之权。当时宰相有郑覃、李石、陈夷行等。

（75）抉（jué），挖出。两句说国家几十年的祸患，没有人敢将它连根挖除。

（76）国蹙（cù），指朝廷控制的区域缩小。

（77）牛医儿，后汉黄宪的父亲是牛医，有人称宪为"牛医儿"。这里用以贱称。郑注曾以方伎游江湖间，自称有金丹之术可治风痹症。先因医术进身依李愬，后由李愬介绍给宦官王守澄。唐文宗大和七年（833），又由王守澄推荐为文宗治风痹症，从此得到文宗的信任和重用。城社，城狐社鼠的省语。狐鼠依托城墙和神社作为隐蔽，虽为患而不易驱除，因怕损坏城社。古代常用以喻皇帝身边的奸邪。两句说郑注和一群奸邪小人相互攀附援引，结党营私。

（78）盲目，郑注有眼病，视力很差，这里说他"盲目"，兼有讽刺其糊涂的意思。斾（pèi），军中大旗。"把大斾"，持旌旗出镇一方。唐代节度使出镇时，皇帝赐以双旌。京西藩，指凤翔。唐置凤翔府，设节度使，辖长安以西地区。两句写郑注任凤翔节度使。

（79）狂狷，狂和狷本分指躁进和褊狭两种人，这里偏用"狂"义。两句说郑注只想到诛灭宦官的快意而忘记了敌人的力量，他所培植的党羽又多是一些躁进的人。《旧唐书·郑注传》："轻浮躁进者，盈于注门。"

（80）"生为"二句，化用汉成帝时童谣："桂树花不实，黄雀巢其颠。昔为人所爱，今为人所怜。"两句意谓郑注活着的时候，人们对他感到畏惧；死后，人们对他并不同情。这里所说的"人"，主要是当时的官僚士大夫。《旧唐书·郑注传》："是时训、注之权，赫于天下。既得行其志，生平恩仇，丝毫必报。因杨虞卿之狱，挟忌李宗闵、李德裕，心所恶者，目为二人之党。朝士相继斥逐，班列为之一空。人人惴栗，若崩厥角。"李训、郑注谋诛宦官的行动应该肯定，但他们不加区别地贬逐许多官僚士大夫，给自己造成了对立面，加以谋事不周，反遭失败，使国家的危机更加深重，因而很少有人同情他们。

（81）"快刀"二句，李训举事失败（参看《有感二首》注（一））后，宦官仇士良派人送密令给凤翔监军宦官张仲清，使其诱杀郑注。张派人将郑注的头送往长安，悬在兴安门上。两句叙此事。列，陈（首示众）。

（82）"凤翔"二句，甘露事变发生后，长安和附近地区大乱。《新唐书·李训传》："（仇）士良遣神策副使刘泰伦、陈君奕等率卫士五百挺兵出，所值辄杀。……复分兵屯诸宫门，捕训党千余人，斩四方馆，流血成渠。……诏出卫骑千余，驰咸阳、奉天捕亡者。"后又任命陈君奕为凤翔节度使，沿途祸害百姓。长安西郊一带，受害极深，两句所写即上述情况。凤翔离长安三百十五里。黄巾，东汉末年张角等所领导的农民起义军。封建地主阶级诬农民起义军为"盗贼"，这里用作盗贼的代称。"兵马如黄巾"，是说宦官率领的禁军如同盗贼，无恶不作（李商隐对黄巾的看法，表现了他的地主阶级立场）。

（83）军牒，调兵的文书。这两句叙陈君奕领禁军出镇凤翔。

（84）供亿，唐代公文书习用语，意同供给安顿。语出《左传·隐十一年》："寡君唯是一二父兄不能共亿。"旧注，供，给；亿，安也。扳（bān），同"攀"。挽，引。两句意谓老百姓为禁军勒索财物之多而感到惊骇，无力供给，只好扶老携幼，四处逃亡。

（85）生未孩，指生下来不久，还不会笑的婴儿。

（86）所适，所到的地方，指目的地。两句说老百姓仓皇逃难，漫无目的，只求藏于深山，即使不免一死，也总比死于乱军好。

（87）尔来，近来，指甘露事变以来。三岁，从唐文宗大和九年（835）到作者写这首诗时首尾三年。甘泽，及时的雨水。不及春，指春旱不雨。

（88）亭午，正午。两句说"盗贼"在大白天公开出来活动，如果问他们是些什么人，原来多数是穷苦的老百姓。这里客观上反映了穷民被迫反抗的现实。

（89）节使，节度使。亭吏，秦汉时乡中有亭长，职责是捕"盗"。这里借指负责基层治安的小吏。两句说节度使因为亭吏捕"盗"不力而杀掉他们，但"盗贼"既然多是穷民，亭吏要捕恐怕也没有缘由。

（90）官健，州郡召募的士兵。为官巡，替公家（封建地方政府）巡查"盗贼"。

（91）值荒迥，遇上荒凉僻远的地方。此辈，指官健。这里指出官健名为巡盗，实际上他们自己就是害民的盗贼。

（92）客，村民称作者。本末，事情的本原和结果，这里指唐王朝致乱的原因和变乱所造成的后果。无因循，不要长久耽搁。

（93）郿坞，故址在今陕西眉县北（东汉末年，董卓曾筑坞于郿，号"万岁坞"，世称郿坞）。陈仓，在今陕西宝鸡东。

（94）冤愤，怨恨愤激的感情。如相焚，像火烧一样。

（95）会，指春秋时晋国的大夫士会。据《左传·宣公十六年》载，晋景公任命士会为中军统帅，兼任太傅。于是晋国之"盗"都逃往秦国。两句意谓，任用贤才，就能消弭"盗贼"。

（96）理，治，唐人因避高宗李治讳而改用"理"字。系，取决于。两句说国家的治乱，取决于人事而不取决于"天意"。"系人不系天"，一作"在人不在天"。

（97）此事，指国家的深重危机和自己治国在贤的主张。

（98）滂沱，倾泻流溢的样子。紫宸，唐朝皇帝听政的便殿。这里借指朝廷。

（99）九重，皇帝的住处，这里指皇帝。两句说皇帝被奸邪所包围，视听不明，自己的主张无从上达，只能空自流涕。

（100）使典，唐代称胥吏（办理文书的下级人员）为使典。尚书，唐代中央政府设尚书省，总管全国行政事务。下分设吏、户、礼、兵、刑、工六部，各部长官为尚书。"使典作尚书"，是说朝廷高级官员任非其人。《旧唐书·李林甫传》："朔方节度使牛仙客在镇有政能，加实封，兼为尚书。张九龄曰：'仙客本河湟一使典耳，目不识文字，大任之恐非宜。'"当时藩镇中有不少出身下级僚吏，任节度使后朝廷往往加尚书一类职衔，疑此句系指出身胥吏的藩镇受到朝廷重任的现象。

（101）厮养，仆役，此指宦官（宦官本系皇帝家奴，在宫廷服役）。这句指斥宦官掌握兵权。唐德宗以来，禁军将领都由宦官担任。

（102）此言，即上文"我听此言罢"一句中的"此言"，指村民历叙唐王朝丧乱情况的一大段话。以上为第三段抒发对国事的忧愤，提出治乱"系人不系天"的见解，收束全篇。

【赏析】

唐文宗开成二年（837）十二月，作者从兴元（今陕西汉中）返长安，途经京西郊畿地区，耳闻目睹当时的衰败乱离现象，对国事忧心如焚，写了这首长诗。诗人从眼前农村残破、民不聊生的景象入手，追溯唐王朝200年来治乱兴衰的历史变化，对唐代政治作了系统的回顾总结，成为杜甫《自京赴奉先县咏怀五百字》《北征》以后难得的史诗。次，古代把行路时止宿某地叫作"次"。

全诗可分为三个部分。从开头至"及门还具陈"计十八句为第一部分，描写在京城长安西郊所见农村荒凉残破景象，并借村民的话引出对唐王朝衰败情况的叙述。开头四句从自己的行程叙起，开成二年（837）十二月，诗人从兴元返回长安，自南向北而来，先下大散岭，再北渡渭水，这就到了京城"西郊"。接下来"草木半舒坼"十句写所见农村残破景象：先写冬季旱象，草木因晴暖而萌发，不像冰封雪冻的寒冬，倒像酷热的夏天，焦枯卷缩，缺乏水分。次写田地荒芜，杂树丛生，农具丢弃，耕牛饿死。再写十室九空，存者哭泣，害怕人问，到家中才敢诉说。叙说生动具体，末句又逗起下文。

从"右辅田畴薄"至"此地忌黄昏"为第二段，计六十六句，为诗的核心内容，又分六个小节来写。从"右辅田畴薄"至"征人司陶钧"为第一节，计十六句，其中前十二句写长安以西地区社会安定，居民安乐，生活丰裕，民风淳厚。后四句赞美唐太宗贞观以来文臣执政和征调贤明地方官入京担任宰相的一贯措施。这一节追叙唐王朝前期社会安定繁荣情况，强调这是由于中央与地方官吏得人所致。从"降及开元中"至"渐见征求频"为第二节，计四十句，叙述开元末年以来政局的腐败，中央集权的削弱，藩镇割据势力的跋扈和人民负担的加重。开元，是唐玄宗的年号。开元末年奸相李林甫乱政，玄宗废除了以文臣执政和征调贤明地方官任宰相的措施。李林甫为了长久把持朝政，防止文人由节度使内调任宰相，劝说玄宗多用藩将任节度使，因此，野心家安禄山得以一身兼任平卢、范阳、河东三镇节度使，权倾朝野。当时，宦官高力士得宠，权势很大，杨贵妃的哥哥杨国忠等后继为相，不仅视人民为牛马，就连皇子也难逃被杀戮的命运。统治集团内部的相互倾轧，如安禄山与杨国忠的权力之争异常激烈，统治者毫无爱民养民之意，对人民的压榨诛求一天天加重。这一切就为安史之乱埋下了祸根。从"奚寇东北来"至"人去豹狼喧"为第三节，计三十二句，叙述安史叛军长驱直入，人民流离失所，皇帝官吏望风而逃，藩镇乘机叛乱要挟，国家陷入空前混乱。唐玄宗天宝十四载（755）十一月，安禄山从范阳起兵叛乱。十二月，渡黄河，连陷陈留、荥阳、东都洛阳。沿途所至郡，往往没有唐军抵御，到处是老百姓逃难的情景。安禄山于天宝十五载（756）在洛阳自称大燕皇帝。六月，其部将孙孝哲攻陷都城长安，搜捕百官、宦者、宫女等经潼关押往洛阳。长安沦陷前夕，唐玄宗仓皇奔蜀。安史之乱是唐王朝开国以来从未遇到过的巨大变化。从"南资竭吴越"至"人稀役弥繁"为第四节，计四十二句，叙述安史之乱后唐王朝财源枯竭、赋税苛重、藩镇跋扈等深重危机。安史之乱以后，中原地区遭到严重破坏，唐王朝的财政收入主要依靠淮南、江南，从而搜刮尽了那里的财富，而河西、陇右一带粮产丰富的地区又失陷于吐蕃，朝政财源枯竭，又受到少数民族的侵扰。皇帝不能雪耻，大臣又无平叛之策。人民困苦，军需困难。苛捐杂税，更加重了人民的负担。安史之乱后，唐王朝中央能够控制的地区仅关中和江淮流域的八道49州，土地和户口都比乱前大大减少，而军费开支却连年增加，故这些地区的人民赋税徭役负担比以前更重。

从"近年牛医儿"至"但欲死山间"为第五节，计二十句，叙述郑注的失败和陈君奕出镇凤翔，反映甘露事变和宦官黑暗势力对人民的残害。牛医儿，后汉黄宪的父亲是牛医，有人称宪为"牛医儿"。这里用以贱称郑注。郑注曾以方伎游江湖间，自称有金丹之术可治风痹病。先以医术进身李愬，后由李愬介绍给宦官王守澄。唐文宗大和七年（833），又由王守澄推荐为文宗治风痹症，从此得到文宗的信任和重用。大和九年（835），文宗任命郑注为凤翔节度使。但当时朝政大权掌握在宦官仇士良手中。大和九年，宰相李训与凤翔节度使郑注等，密谋内外协力，铲除宦官集团。他们以左金吾卫石榴树上夜有甘露为名，诱使仇士良等往观，谋加诛杀。因所伏甲兵暴露，失败。仇士良率兵捕杀李训、舒元舆、王涯等，郑注也被监军宦官所杀，株连者千余人，史称"甘露之变"。李训、郑注等谋诛宦官的行动当然应肯定，但他们不加区别地贬逐许多官员士大夫，使国家陷入了更深重的危机。甘露之变发生后，长安和附近地区大乱，宦官率领的禁军如同盗贼，无恶不作。陈君奕领禁军出镇凤翔，所到之处，百姓扶老携幼，四处逃亡，造成了更大灾难。

从"尔来又三岁"至"此地忌黄昏"为第六节，计十六句，叙述甘露事变以来长安西郊农村所遭的天灾人祸和人民被迫为"盗"的情况。从甘露事变至作者写这首诗时首尾三年，春旱不雨，灾荒连年。穷苦百姓被迫为"盗"，官兵名为巡盗，实际上他们自己就是害民的盗贼。

以上为第二部分，诗人借村民之口叙述从唐初到开成年间的社会历史，揭示唐王朝从盛至衰、危机形成与发展的过程及产生的根源。

从"我听此言罢"至篇末为第三部分，计十六句，诗人抒发对国事的忧愤，提出治乱"系人不系天"的见解，收束全篇。

本篇是作者追溯唐王朝治乱兴衰的历史，集中表达自己政治观点的重要作品。诗中着重叙述开元末年以来衰乱情况，对比今昔，推衍祸始，显示出中央与地方官吏的贤否是国家治乱的根本，中枢是否得人尤为问题的关键。他认为"例以贤牧伯，征入司陶钧"，是唐前期社会安定繁荣的原因，而"奸邪挠经纶"则是国家由盛转衰的根源。作者抨击拱手而立、胆怯如獐的"谋臣""廷臣"，斥责"疮痍几十载，不敢抉其根"的执政者，揭露"使典作尚书，厮养为将军"的腐败政治现象，并进而对最高统治者进行指责或批评：叙安史之乱，深咎玄宗酿乱之责；叙甘露之变，婉讽文宗于任人。这一切，都体现出作者治乱"系人不系天"的进步观点。

本篇内容广阔，气势磅礴，概括将近百年的社会历史面貌，是唐人政治诗中少见的长篇巨制。它在构思和表现手法上明显受到杜甫《北征》等诗的影响，虽不及杜甫诗波澜曲折，但其政治性更为强烈。语言质朴，夹叙夹议，兼有史诗与政论的特色。如同杜甫的《北征》一样，这首诗也引起了毛泽东的关注。他在1965年6月20日和文学史家刘大杰谈论古典文学时，曾专门谈到这首诗。遗憾的是，毛泽东到底如何评价此诗，我们已经无从得知。（毕桂发）

【原文】

咏 史

历览前贤国与家，成由勤俭败由奢。

何须琥珀方为枕，岂得真珠始是车。

运去不逢青海马，力穷难拔蜀山蛇。

几人曾预南薰曲，终古苍梧哭翠华。

【毛泽东圈评等情况】

20世纪50年代初，毛泽东曾对来自家乡的族人说："现在和将来，我们都摆不起阔气。唐代诗人李商隐有诗警醒后世人：'历览前贤国与家，成由勤俭败由奢。'你想想，我们能不养成勤俭节约的风气吗？"

[参考] 张步真、赵志超：《故园行》，海南出版社1993年版，第109页。

【赏析】

本篇题作"咏史"，实系伤悼唐文宗之作。诗当作于开成五年（840）正月之后。

唐文宗在位期间，颇想挽回唐王朝的颓势，在作风上比较勤俭，政治上也作过一些努力，但并没有收到多大效果。两次谋诛宦官失败，更表明他的某些努力几乎处处事与愿违，最后终于在"受制于家奴"的哀叹声中死去。本诗在哀叹文宗图治无成的同时，对唐王朝的没落趋势寄寓了很深的感慨。

"历览前贤国与家，成由勤俭败由奢。"首联议论，振起全篇。意思是说，纵观前代君主治国治家的经验教训，无不由勤俭得到成功，由奢侈导致失败。后句化用《韩非子·十过》载秦穆公问由余曰："愿闻古之明君得国失国常何以？"由余对曰："……常以俭得之，以奢失之。"用典无迹，自然高妙。诗人高瞻远瞩，俯仰古今，提出俭成奢败的历史规律，十分难得。

"何须琥珀方为枕，岂得真珠始是车。"颔联叙事，以古喻今，慨叹文宗俭不成事。琥珀，由松柏树脂形成的化石，是制作工艺品的珍贵材料。琥珀枕，用琥珀制作的枕头。据沈约《宋书》载，武帝（刘裕）时宁州献琥珀枕，时北征需琥珀治金疮，即命捣碎分付诸将。真珠车，装有所谓照乘（车辆）的车。战国时魏惠王向齐威王夸耀他有"将以照千里，岂特十二乘哉！"（《史记·田敬仲完世家》）两句意思是说，国君所应看重的是贤臣良将，何必琥珀为枕、珍珠饰车呢？言外之意是，文宗既注意节俭，也有重用贤臣之意，竟然不能成事，故下二句归之于"运去""力穷"。

"运去不逢青海马，力穷难拔蜀山蛇。"颈联仍是叙事，慨叹文宗无有贤臣辅佐。运，时运。青海马，一种产于青海的杂交马，据说能日行千里，比喻可任军国大事的英才，语出《隋书·西域传》。蜀山蛇，传说战国时秦惠王嫁五美女给蜀王，蜀王派五壮士迎娶。回来时路过梓潼，见一大蛇钻入山洞，五力士共拔蛇尾，结果山岭崩坍，力士与美女都被压死（见《华阳国志·蜀志》及《艺文类聚》引《蜀王本纪》）。这里以蜀山蛇比喻根深蒂固的宦官、藩镇割据势力。两句意思是说，文宗处于唐王朝衰世，再也遇不到贤人辅佐，无力铲除顽固的反动势力。

"几人曾预南薰曲，终古苍梧哭翠华。"尾联抒情，揭明全篇主旨。预，通"与"，这里有"与闻"的意思。南薰曲，传说舜曾弹五弦琴，歌南风之诗（即南薰曲），而天下大治。歌词为："南风之薰（温和）兮，可以解吾民之愠（怨恨）兮。南风之时兮，可以阜（增）吾民之财兮。"这里以舜比文宗，说他有求治的志愿。文宗夏日与诸学士联句，独称诵柳公权的诗句"薰风自南来，殿角生微凉"，令题于殿壁。终古，永世。苍梧，山名，即九疑山（在今湖南宁远南），传为舜葬之处。这里借指文宗所葬的章陵。翠华，以翠羽为饰的旗，是皇帝的仪仗，这里指代文宗。这两句是说，能够了解文宗的人并不多，自己将永远为已故的文宗而哀伤。正因为如此，这首伤悼封建皇帝的诗，便有了忧国伤时的进步意义。

这首诗以古喻今，抒发忧国伤时之感，具有普遍的历史意义，是它的深刻之处。虽然诗人不能理解文宗"运去""力穷"的原因，使作品笼罩着一种悲凉之雾和迷惘情绪，但总的来看瑕不掩瑜，仍不失为一篇情文相生、风骨遒劲的佳作。（毕桂发）

温庭筠

温庭筠（约812—约866），字飞卿，原名岐，太原祁县（今山西祁县）人。唐代诗人、词人。曾屡试进士不中，唐懿宗大中末始授方城尉、国子助教，世称"温方城""温助教"。与李商隐齐名，世称"温李"。长于诗赋音乐。他的诗设色浓丽，辞藻繁密，气韵清澈，以声调色彩之美吸引读者。他又是唐代第一个以词名家的词人，为花间词派先声。词多收入《花间集》。后人辑有《温州筠诗集》《金荃集》。

【原文】

经五丈原

铁马云雕共绝尘⁽¹⁾，柳营高压汉宫春⁽²⁾。

天清杀气屯关右⁽³⁾，夜半妖星照渭滨⁽⁴⁾。

下国卧龙空寤主⁽⁵⁾，中原得鹿不由人⁽⁶⁾。

象床宝帐无言语⁽⁷⁾，从此谯周是老臣⁽⁸⁾。

【毛泽东圈评等情况】

毛泽东曾两次手书这首诗。

[参考] 中央档案馆编：《毛泽东手书选集·古诗词（下）》，北京出版社1996年版，第34—40页。

【注释】

（1）云雕，云旗上画熊虎和雕旗上画鸷鸟，此处泛指战旗。绝尘，飞速前进。

（2）柳营，即细柳营，周亚夫屯兵之处（地在长安附近），将诸葛亮比作西汉初期的将军周亚夫。一作"柳荫"。汉宫，指西汉宫阙所在地长安。宫，一作"营"。

（3）关右，指函谷关以西地带。

（4）妖星，灾星。

（5）下国，指蜀国。卧龙，指诸葛亮。寤主，开导君主使他醒悟。诸葛亮对后主刘禅屡有忠告。

（6）中原得鹿，比喻争夺中原取得胜利。不由人，是说非人力所能争取。

（7）象床宝帐，祠庙中神龛里的陈设。无言语，是说供在祠庙中的诸葛亮不再能说话了。

（8）谯周，字允南，诸葛亮死后为后主所宠信。魏将邓艾攻蜀时，谯周劝主投降，后主依了他的主张，因此得到魏国的封奖。

【赏析】

这是一首咏史诗，为七言律诗，是诗人路过五丈原时，因怀念诸葛亮而作。五丈原在今陕西岐山南斜谷口西侧。据《三国志·蜀书·诸葛亮传》记载：蜀后主建兴十二年（234）春，诸葛亮率兵伐魏屯兵于此，秋天病死于军中。这首诗痛惜诸葛亮出师未捷身先死，讽刺后主和谯周的昏庸无耻，投降误国。

"铁马云雕共绝尘，柳营高压汉宫春。"首联二句气势凌厉，写诸葛亮率军北上，威逼长安的雄伟气势。蜀汉大军的铁骑高举着战旗，以排山倒海之势，飞速北进，对长安一带造成了极大威胁。"云雕"，云旗上画的熊虎和雕旗上画的鸷鸟，此泛指战旗。"铁马云雕"与"绝尘"连用，给人以迅猛推进的强烈动态感。"高压"使人产生一种大军压境的感觉。"柳营"这个典故，将诸葛亮比作西汉初将军周亚夫。

"天清杀气屯关右，夜半妖星照渭滨。"颔联两句由写春天的事跳到写秋天的事，气势悲怆。这两句是说：在战争一触即发的关键时刻，诸葛亮却不幸去世了。上句写白昼，下句写夜晚。"天清杀气"既点明了秋高气爽的季节，又暗示了战争的气氛。"妖星"一词感情色彩强烈。前四句全是写景，一句一景，一景一事，概括了诸葛亮的最后一百多天紧张多变、未捷身死的情形。景中情、情中景，又都放到战云密布的背景中，使诗句显露出跳荡摇曳、凌厉悲怆的格调。

"下国卧龙空寤主，中原得鹿不由人。"颈联两句是写诸葛亮未完成统一大业的原因。"下国卧龙空寤主"，是说诸葛亮竭智尽忠，却无法使后主刘禅从昏庸中醒悟过来。一个"空"字包含了无穷的感慨。"下国"，指蜀国，以对照"中原"。"中原得鹿不由人"是说时势如此，诸葛亮鞠躬尽力也无法挽回这个局势。"不由人"正照应"空寤主"。

"象床宝帐无言语，从此谯周是老臣。"尾联两句点明了诗题，以诸葛亮与谯周作比较，讽刺了谯周的昏庸无能。"从此"两字，写出了诸葛亮死后蜀国政局的变化，从另一个角度强调了诸葛亮在蜀国所起的重要作用。"老臣"二字，本是杜甫对诸葛亮的赞誉"两朝开济老臣心"（《蜀相》），用在这里，不但讥诮了谯周的卑劣，也讽刺了后主的昏庸。后四句以历史事实为依据，于议论之中，寓鲜明的褒贬之情，悲切中肯。
（东民）

【原文】

过陈琳墓

曾于青史见遗文[1]，今日飘蓬过此坟。
词客有灵应识我[2]，霸才无主始怜君[3]。
石麟埋没藏春草[4]，铜雀荒凉对暮云。
莫怪临风倍惆怅，欲将书剑学从军[5]。

【毛泽东圈评等情况】

毛泽东手书过这首诗。

[参考] 中央档案馆编：《毛泽东手书选集·古诗词（下）》，
北京出版社1996年版，第31—33页。

【注释】

（1）青史，指历史书，古以竹简杀青之后记事，因称史书为青史。江淹《诣建平王上书》："俱启丹册，并图青史。"这里指《三国志》。《三国志·王粲传》附载陈琳的事迹。王维《自题》："夙世谬词客，前身应画师。"遗文，指陈琳为袁绍起草讨曹操的檄文。

（2）词客，擅长文词的人，指陈琳。

（3）霸才，指盖世超群的才能。君，指陈琳。

（4）石麟，墓前的陈列品，曹魏时邺都金虎台前有石雕的麒麟。青草，一作"秋草"。

（5）书剑，用《史记·项羽本纪》中项羽学书不成，学剑又不成的典故。

【赏析】

这是一首怀古诗，诗题标明是过陈琳墓而作。诗表面上凭吊陈琳，实际上是自伤身世。陈琳是汉末著名的建安七子之一，擅长写章表书檄。他的墓在今江苏邳州。

"曾于青史见遗文，今日飘蓬过此坟。"首联两句用足题面，用充满仰慕、感慨的笔调振起全篇。这两句是说，过去曾在史书上拜读过陈琳的文章，今天在漂泊蓬转的途中正好经过陈琳的坟墓。"曾于青史见遗文"，不仅指出陈琳是以文章名垂青史的，而且寓含着久已敬仰之情。"今日飘蓬过此坟"，既正面点了题，又透露出诗中要感叹自己的身世遭遇。"飘蓬"一词，用来比喻诗人的行踪不定，偶然过此。它隐约透露出作者仕途不遇、浪迹天涯的悲苦身世，为全篇自抒怀抱奠定了凄凉的基调。

"词客有灵应识我，霸才无主始怜君。"颔联两句紧承第二句，是全篇托寓的重笔。"词客"与"霸才"对举。这两句是说，陈琳魂魄若是有灵，必定会怜惜我目前际遇的不平。处在失意之中，我也充分理解了陈琳当日不遇明主的心情。"词客"指以文章名世的陈琳。"霸才"犹言盖世超群之才，此是作者自指。"识"与"怜"，都带有理解、怜惜的意思。作者怜人，其实是自怜，因为他的境遇还不如陈琳，陈琳当年有主，而他始终无主。这两句言语之间流露着一种生不逢时、知音寂寥的深沉慨叹。其间对举夹写，打破了时空的限制，既表现了作者对自己才能的自负自信，又托寓惺惺相惜、异代同心之感。

"石麟埋没藏春草，铜雀荒凉对暮云。"颈联两句照应诗题的"墓"字，由眼前的陈琳墓联想到远在邺都的曹操墓。这两句是说，年深日久，陈琳墓已被萋萋春草所埋没；想来最后一个重用陈琳的曹操的墓，也是荒凉败落，只能与天上的暮云遥遥相对。上句是墓前即景，下句是墓前遥想。"铜雀荒凉"正象征着一个重才的时代的消逝。

"莫怪临风倍惆怅，欲将书剑学从军。"尾联两句总收全诗意旨，表明文士的命运是可悲的，自己甘愿携带书剑去从军疆场，那或许会多条生路。"倍惆怅"指作文士不成而被迫从戎这两种意思而言。这两句是说，今天在这里临风凭吊，倍觉惆怅，因为深感文章无用；自己想学陈琳的样子，携带书剑去从军，但投笔从戎，能受到重用吗？这样一想，使人倍觉伤感。

全诗贯串着不为世人所知的深重悲愤，贯串着诗人和陈琳之间不同时代、不同际遇的对比，文采斐然，寄托遥深。（刘磊　东民）

【原文】

赠知音

翠羽花冠碧树鸡⁽¹⁾，未明先向短墙啼⁽²⁾。

窗间谢女青蛾敛⁽³⁾，门外萧郎白马嘶⁽⁴⁾。

残曙微星当户没⁽⁵⁾，淡烟斜月照楼低⁽⁶⁾。

上阳宫里钟初动⁽⁷⁾，不语垂鞭过柳隄。

【毛泽东圈评等情况】

毛泽东曾手书此诗。

[参考]中央档案馆编：《毛泽东手书古诗词选》，文物出版社、中国档案出版社 1984 年版，第 127—129 页。

【注释】

（1）"翠羽"句，一作"碧树一声天下晓"。

（2）先向，一作"先上"。

（3）窗间，一作"窗前"。谢女，即谢道韫，陈郡阳夏（今河南太康）人，东晋女诗人。青蛾，指眉。旧时女子用青黛画眉，状如蚕蛾，故叫青蛾。敛，收束，指皱眉。此指诗人朋友之妻。

（4）萧郎，即萧瑀。《旧唐书·萧瑀传》："高祖每临轩听政，必赐升御榻，瑀即独孤氏之婿，与语呼之为萧郎。"此指诗人之友，即"知音"。

（5）"残曙"句，一作"星汉渐回庭行影"。回，又作"移"。

（6）"淡烟"句，一作"露珠犹缀野花迷"。

（7）上阳宫，唐宫名，在唐洛阳皇城西南禁苑内。故址在今洛阳城西约两公里洛河北岸。原为唐高宗听政之处。玄宗时，宫人被谪常置此宫。

【赏析】

诗题一作《晓别》。此诗写一对情人在天将黎明之时的依依不舍的惜别之情。知音，典出《列子·汤问》：伯牙善鼓琴，钟子期善听琴。伯牙琴音志在高山，子期说"峨峨兮若泰山"；琴音志在流水，子期说"洋洋兮若江河"。伯牙所念，钟子期必得之。后世遂以"知音"比喻知己、同志。据诗中所写，这是一对红颜知己，即一对情人。

这是一首七言律诗。"翠羽花冠碧树鸡，未明先向短墙啼。"首联描写，以天未明鸡啼而切"晓别"题意。二句是说，栖于绿树上的是只"翠羽花冠"的雄鸡，即芦花大公鸡，天还未明它就对着短墙叫了起来。未明，即黎明，天刚破晓，故又题作《晓别》。二句之意和李贺诗"雄鸡一声天下白"（《致酒行》）相当。

首联先营造离别气氛，接着方出人物："窗间谢女青蛾敛，门外萧郎白马嘶。"颔联用典，谢女、萧郎代指离别的男女主人公。谢女，指晋女诗人谢道韫。唐李绅《登禹庙回降女五言二十韵》："麻引诗人兴，盐牵谢女才。"后泛指女郎和才女。萧郎，本是对姓萧男子的敬称。《梁书·武帝纪上》："俭一见（萧衍）深相器异，谓庐江何宪曰：'此萧郎三十内当作侍中，出此则贵不可言。'"又据宋尤袤《全唐诗话·崔郊》载：崔郊之姑有一婢女，后卖给连帅，郊十分思慕她，因赠之以诗曰："公子王孙逐后尘，绿珠垂泪滴罗巾。侯门一入深如海，从此萧郎是路人。"后因以萧郎指美好的男子或女子爱恋的男子。诗人以"谢女""萧郎"称诗中主人公，看来这是一对郎才女貌十分匹配的恋人。女子窗间探看，男子门外马嘶，写得很有间架，颇有情致。这是正面写情人分别。

下面二联再对分别情景加以烘托，"残曙微星当户没，澹烟斜月照楼低。"颈联描写，写女子的不忍离别，"残曙"点明节令，是在夏季；"微星"，再点晓别；"当户没"，正对着女子所在窗户隐去；澹澹的炊烟雾霭已经升起，快要落下去的月亮低低地照射着女子所居之楼房，皆是情郎仰视所见。

"上阳宫里钟初动，不语垂鞭过柳隄。"末联描写，写男子依依情深。上阳宫，唐宫名，高宗时建于洛阳。《新唐书·地理志二》："上阳宫在禁苑之东，东接皇城之西南隅，上元中置，高宗之季常居以听政。"柳隄，亦作"柳堤"，植有柳树的堤岸。二句是说，上阳宫中晨钟初动，再点"晓别"，男子一句话不说信马由缰慢慢地过了柳堤。男子的依依不舍全从女子眼中看出。于是一对知音的深情缱绻便充分地表现出来了，不愧抒情高手。

毛泽东曾手书过这首《赠知音》，可见他对这首诗是十分熟悉和喜爱的。（毕桂发）

【原文】

苏武庙

苏武魂销汉使前⁽¹⁾，古祠高树两茫然⁽²⁾。

云边雁断胡天月⁽³⁾，陇上羊归塞草烟⁽⁴⁾。

回日楼台非甲帐⁽⁵⁾，去时冠剑是丁年⁽⁶⁾。

茂陵不见封侯印⁽⁷⁾，空向秋波哭逝川。

【毛泽东圈评等情况】

毛泽东读清蘅塘退士原编《注释唐诗三百首》"七言律诗"中此诗时，在题目上方天头空白处连画三个小圈，又在正文开头处画了一个大圈。

[参考]中央档案馆编：《毛泽东评点诗词曲精选（上册）》，中国档案出版社1998年版，第116—117页。

毛泽东手书过这首诗。

[参考]中央档案馆编：《毛泽东手书古诗词选》，文物出版社、中国档案出版社1984年版，第135页。

【注释】

（1）魂销，此处形容内心极为激动悲伤。汉使，指汉昭帝派遣到匈奴的使者。

（2）古祠，指苏武庙。两茫然，指祠庙和树木对苏武一生茫然无知。

（3）雁断，指音信不通。这里用了雁足传书的典故。

（4）陇上，泛指今陕北、甘肃及其以西一带地方。《全晋诗·杂谣歌辞》："陇上壮志有陈安，躯干虽小腹中宽。"塞（sài）草，长城以北的草。鲍照《芜城赋》："白杨早落，塞草前衰。"

（5）回日，回国的时候。甲帐，指汉武帝所居之处。《汉武故事》载："武帝以琉璃、珠、玉、明月、夜光，错杂天下珍宝为甲帐，其次为乙帐。甲以居神，乙以自居。"

（6）冠剑，指苏武出使时所戴帽子和佩剑。《史记·货殖列传》："游闲公子饰冠剑，连车骑，亦为富贵容也。"丁年，壮年。汉制，百姓从二十岁到五十六岁须服役，叫丁男。李陵《答苏武书》："丁年奉使，皓首而归。"

（7）茂陵，汉武帝的陵墓，这里代指汉武帝。不见封侯印，苏武回国时武帝已死，没有得到封侯之赏。汉宣帝时，苏武才被封为关内侯，食邑三百户。

【赏析】

这是一首赞颂苏武并为苏武未受重封而鸣不平的七言诗，其中也有诗人自悲不得重用的深沉感慨。苏武是历史上著名的民族英雄。汉武帝天汉元年（前100），苏武以中郎将身份出使匈奴，被匈奴扣留并多次逼降，他坚贞不屈，后被流放到北海牧羊，直至汉昭帝始元六年（前81）才返回汉朝。这首诗对苏武的民族气节，进行了盛情表彰。

"苏武魂销汉使前，古祠高树两茫然。"首联两句分点苏武的生前与身后。汉昭帝时，匈奴与汉和亲。汉使到匈奴后得知苏武尚在，乃诈称汉朝皇帝在上林射雁，得到苏武系在雁足上的帛书，知苏武未死，匈奴才放苏武回国。首句"苏武魂销汉使前"是诗人想象苏武骤然见到汉使时的情景。苏武在异域度过漫长的十几年岁月，历尽艰辛，支撑他活下去的是他那忠于君王的赤子之心以及回归故国的坚强信念。在骤然见到来自汉朝的使者——故国的亲人时，那种极为强烈复杂、悲喜交加的感情，反而使他难以禁受，以至精神消散好像要失去知觉一样。"魂销"二字原指魂魄离体，这里真实地表现了苏武形容憔悴、精神耗尽、不能自制的状态，这两个字笔墨精练，真切传神。第二句"古祠高树两茫然"写苏武死后，由人到庙，由古至今，描绘了眼前苏武庙景物。庙宇与树木是无灵之物，它们不可能对苏武有知，不能了解苏武的功绩与德行。"古祠高树"写出了苏武庙的古老肃穆，渲染出了浓郁的历史气氛，透露出诗人的追思崇敬之情。

"云边雁断胡天月，陇上羊归塞草烟。"颔联是缅怀苏武在匈奴的遭遇，像是两幅塞外思归图。上一幅是望雁思归图。在寂静的夜晚，西北边地的天空上悬着一轮带有异域情调的明月，望着大雁从北方飞来，逐渐地消失在南方，形象地表现了苏武思念故国、欲归不得的痛苦心情。下一幅是荒塞归牧图。在荒凉的丘垄之上，归来的羊群笼罩在一片荒烟中的塞外野草里，形象地表现了苏武在荒无人烟的地方，过着单调、寂寞的痛苦生活，情景相互交融，浑然一体。

"回日楼台非甲帐，去时冠剑是丁年。"颈联遥承首句，写苏武归国后所见所感。《汉武故事》载：武帝"以琉璃、珠玉、明月、夜光错杂天下珍宝为甲帐，其次为乙帐。甲以居神，乙以自居"。"回日楼台非甲帐"是说苏武回国之日汉武帝已死，只有楼台殿阁依旧，流露出一种物是人非的感慨。"去时冠剑是丁年"为倒叙句，是说回想当年戴冠佩剑、奉命出使匈奴时正当壮年。这两句，"回日"对"去时"，"楼台"对"冠剑"，"甲帐"对"丁年"，对仗精工，神思回荡。此联先说"回日"，后说"去时"，诗评家称为"逆挽法"，认为可以"化板滞为跳脱"（沈德潜《唐诗别裁集》），将苏武目睹物在人亡，想自己少壮出使白头归的无限感慨，情景交融地倾诉了出来。

"茂陵不见封侯印，空向秋波哭逝川。"尾联集中抒写了苏武归国后对武帝的悼念。这两句是说：武帝已长眠茂陵，不能给完节归来的苏武封侯爵了。他只能空对秋天的流水，悲伤时光像流水一样逝去。这种故君之思，是融忠君与爱国于一体的感情。诗人知道已经过去的机遇不会因失意者的哭泣而逆转，所以他特别点出了一个"空"字。

这首诗塑造了一位"白发丹心"的汉代忠臣形象。晚唐国势日衰，边境不断受到异族侵扰。在这种背景下，作者歌颂历史上爱国志士的高尚气节，既寄托了忧时爱国之心，又弘扬了时代的需要。

毛泽东曾圈点并手书这首诗，说明他对此诗十分欣赏。（东民）

【原文】

瑶瑟怨

冰簟银床梦不成[(1)]，碧天如水夜云轻。
雁声远过潇湘去[(2)]，十二楼中月自明[(3)]。

【毛泽东圈评等情况】

毛泽东在读清沈德潜编选《唐诗别裁集》卷二十"七言绝句"时圈阅了这首诗。

[参考] 张贻玖：《毛泽东评点、圈阅的中国古典诗词》，
中国工人出版社1992年版，第236页。

【注释】

（1）冰簟（diàn），形容竹席之凉。簟，竹席。银床，精美华丽的

床，一说指月光照射到床上，也写出凉意。汉乐府《淮南王》："后园凿井银作床。"

（2）潇湘，水名，在今湖南境内，湘水流至零陵西与潇水汇合而称潇湘。

（3）十二楼，本指仙人居住之处，出自《史记·孝武本纪》。《汉书·郊祀志》应邵注："昆仑、玄圃五城十二楼，仙人之所常居。"这里指诗中女主人公的闺阁高楼。

【赏析】

这首诗的题目和内容都很含蓄。瑶瑟，指饰有美玉的瑟。这首七言绝句是写幽怨的瑶瑟清音，弹瑟之人乃是闺中女性，因而题名《瑶瑟怨》，就是闺阁之怨，内容为描写独居闺中的少女的凄怨寂寞。

"冰簟银床梦不成"，首句从正面写女主人公，从感觉上描写，女主人公身觉席凉，不能入睡，因而做不成梦，思人之情已含蓄表达。"冰簟"点明时令已是秋天，也指明是闺房。"银床"不仅是形容床的精美，也表明了少妇的身份。"梦不成"三字很值得玩味，它不是一般地写因伤离而难以成眠，而是写她寻梦不成，把抒情女主人公幽居独处中的心绪不宁情状和盘托出。一觉醒来，女主人公才发觉连虚幻的梦境也未曾有过，伴着自己的只有散发着秋天凉意的冰簟银床。这后一种意境，似乎更具隽永情味，我们仿佛可以听到女主人公轻轻的叹息。

"碧天如水夜云轻"，第二句不再续写女主人公的心情，而是宕开写景，展现在我们面前的是一幅碧空月夜图。天上明净而清澈，景物都像浴在水里，偶尔有几缕白云飘过，宛似一层轻飘飘的薄纱。女主人公由于长夜不寐，好梦难成，因此辗转床笫之际无意间发现窗外夜空"碧天如水夜云轻"，面对这良宵美景，这个独守空闺的少妇，更加感到孤寂凄清。诗中的情景由闺阁转移到辽阔夜空之中。

上联两句都是从闺阁内外的视觉形象展开想象，当主人公难以入寐的时候，她终于离开冰簟银床坐到瑶瑟前弹奏寄情曲了。

"雁声远过潇湘去"，第三句是从视觉转入听觉角度写景，与上句"碧天"紧承。"雁声远过"写出了雁声由远而近又由近而远的过程，也从侧面暗示出女主人公凝神倾听雁声远去而若有所思的情状，"雁声"陪衬和呼应了瑶瑟清音。这一句大概暗示女主人公所思念的人在遥远的潇湘一带。

"十二楼中月自明"，第四句写女主人公从遐想中返回现实时的心态和感受。女主人公的情思跑到遥远的潇湘之地，从她心驰神游的神情就不难想象，当她从遐想中返回现实时，发现自己仍在闺阁之中会有怎样的心境？"十二楼"出自《史记·孝武本纪》，原指仙人居所，这里暗喻女主人公的闺阁，点明了女主人公的贵家女子身份。"月自明"既是主人公身处闺阁的视觉所见，又是她寂寞心态的曲折表现。"自"字很有情味，题目中的"怨"字在此显示了出来。末句以景结情，更增添了悠然不尽的神韵。

这首写女子离别之怨的诗相当特别。全篇除"梦不成"三字点出女主人公外，整首诗全是景物描写，就像是几个组合得很巧妙的写景镜头。秋夜、碧空、明月、轻云、雁声，潇湘、冰簟、银床、沉浸在月光之中的玉楼等组成了一幅清丽而含有哀伤情调的图画，整个画面和谐地统一在轻柔朦胧的月夜之中，渲染出一种和女主人公相思离别之怨和谐统一的氛围与情调。这首诗从闺阁中的情景铺展开，层层推进，最后收归于闺中，形成了封闭的空间状态。在着意渲染弹奏瑶瑟的环境气氛中，抒情女主人公的心情通过封闭的空间形态完整地表现了出来。（东　民）

【原文】

赠弹筝人

天宝年中事玉皇⁽¹⁾，曾将新曲教宁王⁽²⁾。
钿蝉金雁今零落⁽³⁾，一曲《伊州》泪万行⁽⁴⁾。

【毛泽东圈评等情况】

毛泽东读清沈德潜编选《唐诗别裁集》卷二十时圈阅了这首诗。

[参考] 张贻玖：《毛泽东评点、圈阅的中国古典诗词》，
中国工人出版社 1992 年版，第 236 页。

【注释】

（1）天宝，唐玄宗的年号（742—756）。年中，一作"年间"。事王皇，指弹筝女子在玄宗面前呈巧献艺。王皇，指皇帝。

（2）宁王，即唐睿宗长子李宪，封宁王，初立为太子，后因楚王李隆基平韦氏乱有功而让位。薨，追册为让皇帝。

（3）钿蝉、金雁，都是珍贵的头饰。金雁，一作"金凤"。零落，遗失。

（4）《伊州》，唐朝大曲名，属商调，唐西凉节度使盖嘉运所献，见《乐苑》。

【赏析】

唐玄宗开元天宝时期（713—756），是中华民族历史上最值得缅怀的一个时代，唐王朝以最强盛、最文明的姿态，意气昂扬地走在世界的前列。随着政治、经济的迅速发展，唐代的文学艺术也空前繁荣，在诗歌、书法、绘画、音乐等许多方面，都出现了一批才情卓出的专家。李龟年的歌曲，贺怀智的琵琶，公孙大娘的剑器舞，都擅美一时；明皇击鼓，宁王吹笛更是传为美谈。唐诗中有许多描写音乐、表现音乐家生活的作品，但表现的主题却并不完全相同。以这首诗为例，表面上写的是弹筝人的身世，实际上却融入了浓重的感伤情绪，表现了对盛世的缅怀和对历史兴衰的感慨。

首两句先追忆往事。天宝年间，天下承平不久，物阜民康，玄宗便渐渐丧失了励精图治的锐气，转以逍遥享乐为事。他曾在宫中设置乐队，有时亲自教习，号称皇帝梨园弟子。玄宗本人不仅羯鼓击得很好，而且妙解音律，乐队演奏时，有一个奏错宫调，玄宗马上就会听出来并予以纠正，真有点"曲子误，周郎顾"的景况。在这样一个专家面前，要想滥竽充数是绝对不可能的。然而，这位弹筝女子早年却得亲侍君侧，在玄宗面前呈巧献艺，则其演奏技巧之玄妙精湛，可想而知了。宁王，即睿宗子李宪，封宁王，曾立为太子，后因楚王李隆基平韦氏乱有功而让位。宁王让位后，常与兄弟们在五王宅中宴饮取乐，他不仅长于吹笛，而且也识曲辨声，颇有创作。这位弹筝女子曾屡屡出入王府，不仅为诸王弹曲助兴，而且亲教宁王弹奏新制之曲。这两句不仅写出了她超凡入神的演奏技艺，也点出了她昔日盛极一时的景况。那时她正青春年少，无忧无虑地享受着盛世的太平。为玄宗奏乐，教宁王弹曲，这是多么风光露脸的事！不知有多少的歌伎舞女在背后嫉妒她、羡慕她。时代正在高峰，人生也正在高峰，辉煌的时代与绚烂的青春相辉映，这是一段让人多么留恋追怀的时光啊。

后两句则从往事拉回到目前，写她如今身世的凄凉。欢乐未久而大乱突起，渔阳鼙鼓震散了一世繁华。一个壮丽的时代拉下了帷幕，这也恰是她人生的一个转折点。玄宗仓皇出逃，无数的宫人乐师流落民间，她从此也结束了那歌舞升平的闲逸生活，在江湖上飘泊转徙。"钿蝉""金雁"皆是珍贵的头饰，是她当年以出众的色艺赢得的赏赐，其本身固已弥足珍贵，而在这上面更凝聚了自己的青春，凝聚了自己往日的辉煌。但如今呢，这些珍贵的东西皆已在飘流中遗失了。她流转于市井之中，江湖之上，以自己的妙艺绝技换来微薄的收入，以度残年。奏罢一段《伊州》曲，想起往事，不禁悲从中来，泪流满面，她是在为自己的身世而悲哀，在我们看来，这又何尝不是一曲时代的哀歌。

本诗篇幅虽短，但含意颇富，感慨颇深。诗人巧妙地将弹筝女的命运和时代的变化交织在一起加以表现，以小见大，通过乐工的盛衰表现了时代的兴衰，与杜甫的《江南逢李龟年》有异曲同工之妙。沈德潜在《唐诗别裁集》中说这首诗"与'白头宫女说玄宗'同意"，这话是颇有见地的。温庭筠是晚唐人，他根本不可能见到玄宗时代的乐工，所以，这实际上是一首从特定的角度缅怀开元盛世的吊古诗。（东民）

【原文】

马嵬驿

穆满曾为物外游⁽¹⁾，六龙经此暂淹留⁽²⁾。

返魂无验青烟灭⁽³⁾，埋血空成碧草愁⁽⁴⁾。

香辇却归长乐殿⁽⁵⁾，晓钟还下景阳楼⁽⁶⁾。

甘泉不复重相见⁽⁷⁾，谁道文成是故侯。

【毛泽东圈评等情况】

毛泽东读清沈德潜编选《唐诗别裁集》卷十五时圈阅了这首诗。

[参考] 张贻玖：《毛泽东评点、圈阅的中国古典诗词》，

中国工人出版社 1992 年版，第 236 页。

【注释】

（1）穆满，周穆王名满，是中国历史上著名的放逸之君，相传他曾驭八骏周游天下。物外游，指无拘无束地漫游。梁简文帝《神山寺碑》："智周物外。"

（2）六龙，古有六龙驭日之说，此指玄宗的车驾。《易·乾》："时乘六龙以御天。"天子驾六龙马，亦称六龙。暂淹留，暂且停留，指的是玄宗行至马嵬，六军请诛杨贵妃这件事。淹留，久留。《楚辞·离骚》："时总总其变化兮，又何可以淹留？"王逸注："淹，久也。"

（3）返魂，即返魂香。东方朔《十洲记》载：汉武帝时，西域月氏国曾贡返魂香三枚……病人闻之即愈，死人未过三日者亦可复活。青烟，陆机《列仙赋》："旦西海而飚朝霞，凌青烟而薄天际。"

（4）"埋血"句，反用了苌弘血化碧的传说。

（5）香辇，即贵妃所乘之辇。长乐，汉宫名，汉初为朝会之所，后为太后所居之地。

（6）景阳楼，南朝时，齐武帝萧赜因为宫中听不到端门的钟漏声，特置钟于景阳楼上。这里指宫中的钟声。

（7）这两句借用了汉武帝的典故。文成，即少翁，汉武帝时术士。武帝爱姬李夫人卒，少翁设帐以慰李夫人之灵。武帝隐见一女貌似夫人，乃拜少翁为文成将军。少翁又设甘泉宫，中为台室，画天地太一诸鬼神，而置祭具以致天神。岁余，其方益衰，神不至，于是诛文成将军，隐之。

【赏析】

李隆基与杨玉环之间的这段情事，是中晚唐人最津津乐道的一个话题，以马嵬为题材的作品也颇不少。大概一个雄才大略的皇帝与一个倾城

倾国的妃子之间的爱情，本身已颇具吸引力，再加上马嵬赐死这个凄艳的结局，更增加了几分动人的魅力。但这个凄艳的故事，引起诗人们的感情却大不相同，有讽刺劝诫的，有惋惜同情的，也有二者兼具的。温庭筠的这首七言律诗就属于最后一种。

首联首句以穆王之荒游喻玄宗之西奔。"穆满"，即周穆王，是中国历史上著名的放逸之君。相传他曾驭六骏周游天下。以穆王比玄宗，已隐含对玄宗晚年政治的批判。一个荒游，一个荒淫，其为荒一也。"物外游"，是指无拘无束，放心任情地漫游，这于穆王庶几得之，但以之写玄宗，就有些讥讽的意味了。乱军席卷而来，玄宗仓皇出逃，风声鹤唳，草木皆兵，连性命都几乎不保了，哪还有闲心去游山玩水呢？次句写马嵬之变爆发。"六龙"，古有六龙驭日之说，这里是指玄宗的车驾。奔蜀途中，行至马嵬，六军请清君侧，"六军不发无奈何，宛转蛾眉马前死"，"暂淹留"指的就是这件事。两句诗简练概括，含蓄深刻。明明是出逃，却说是"物外游"，明明是"六军不发"，却说是"暂淹留"。把天翻地覆一个大悲剧写得如此轻松，似乎是在为皇帝回护，骨子里却露着嘲讽之意。这轻松中真有些残酷的味道了，像是现代人的黑色幽默。

颔联则写如今贵妃葬处的荒凉情景。"返魂"，即返魂香，东方朔《十洲记》载，汉武帝时，西域月氏国曾贡返魂香三枚，大如燕卵，黑如桑椹。燃此香，病人闻之即愈，死人未过三日者亦可复活。这里是说，贵妃之灵魂已如青烟散灭，虽有返魂之香，亦终难奏效。"埋血"句则用苌弘化碧的传说。苌弘被杀后，流血成碧，不见其尸。可如今呢，在贵妃葬身的地方，却只有一片青青野草，惹人生愁。在这荒凉的景象中，隐隐流露着诗人的惋惜和怅叹。

颈联由马嵬写到皇宫，写玄宗回宫后物是人非的种种凄凉。"香辇"，即贵妃所乘之辇。"长乐"，汉宫名，汉初为朝会之所，后来为太后所居之地。香辇归殿，丽人已亡故。贵妃昔日乘坐的凤辇被千里迢迢送回京师，送到她昔日居住过的宫殿里，则玄宗对于贵妃眷爱之深于此可见。然而，宫殿凄清，香辇如故，这恐怕也只能增加他内心的愁思而已。"景阳楼"，南朝时，齐武帝萧赜因为内宫重深，宫中听不到端门的钟漏声，特置钟于景阳楼上，宫人闻钟声，即早起妆扮。这里指宫中的钟声。每天早上，钟声依旧，在空旷凄凉的宫殿中回响，但再不见那倾国丽人早起梳妆。物是人非，凡所闻见皆足伤心。一"却"一"还"，含蓄地点出了今昔之不同景况，用语简练含蓄，表面上不著一字，而玄宗的心情却被轻易托出。

尾联则借汉武帝事，写玄宗虽魂思梦萦，却永难相见的痛苦。少翁，汉武帝时术士。武帝爱姬李夫人卒，少翁夜设帷帐，以致李夫人之灵。天子自帷中隐见一女，貌似夫人，于是乃拜少翁为文成将军，赏赐甚多。少翁又作甘泉宫，中为台室，画天地太一诸鬼神，而置祭具以致天神。此处合二事用之。白居易《长恨歌》中，方士曾帮助玄宗上天入地寻找贵妃，最后终于在海上仙山上找到贵妃。这里显然是针对此而言的，哪里还有少翁那样的术士能帮助玄宗再见贵妃一面呢？于是，他只有永远沉浸在漫漫无边的痛苦中了。这两句诗和李商隐《马嵬》中"海外徒闻更九州，他生未卜此生休"的意思很近，讽刺的意味很浓。温庭筠咏古类的诗歌中有不少名篇，这类作品一反他那些轻浮游戏的艳情诗，而显得格调深沉，意境苍凉。这首诗对玄宗的爱情故事，既有同情，又有讽刺，态度是严肃的，格调是深沉的。在写法上，一个突出的特点是大量用典，几乎篇无虚句。这些典故的装饰，使作品表面上更加精整完美，有一定的美学价值，但对于作品的理解，却带来一定的麻烦。（杨国安）

【原文】

赠蜀将

十年分散剑关秋⁽¹⁾，万事皆随锦水流⁽²⁾。
志气已曾明汉节⁽³⁾，功名犹自滞吴钩⁽⁴⁾。
雕边认箭寒云重，马上听笳塞草愁。
今日逢君倍惆怅⁽⁵⁾，灌婴韩信尽封侯⁽⁶⁾。

【毛泽东圈评等情况】

毛泽东读清沈德潜编选《唐诗别裁集》卷十五时圈阅了这首诗。

[参考]张贻玖：《毛泽东评点、圈阅的中国古典诗词》，

中国工人出版社1992年版，第236页。

【注释】

（1）剑关，即剑门关，在今四川剑阁东北。《水经注》："剑州剑门县，诸葛武侯相蜀，于此立剑门口以大剑山于此有隘东之路，故曰剑门。"

（2）锦水，即锦江，今四川成都南河（走马河）。《华阳国志》："锦江，织锦濯其中则鲜明，他江则不好。"

（3）明汉节，用苏武牧羊之事。志气，一作"心气"。

（4）自滞，一作"尚带"。

（5）惆怅，悲哀。《后汉书·冯衍传》："情惆怅而增伤。"

（6）灌婴、韩信，都是汉高祖刘邦的大将。灌婴封颍阴侯，韩信封淮阴侯。

【赏析】

此诗原题下有小序："蛮入成都，频著功劳。""蛮入成都"，应指唐文宗大和三年（829）南诏入侵成都之事。

这首诗写于久别重逢之后。诗中的这位将军曾长期在四川任职，而且颇建功勋，但功高而不见赏，沉沦下僚，抑郁不伸。在这首诗里，诗人不仅表现了彼此间真挚的友情，而且对他的坎坷不幸深致同情，隐含着对朝廷用人不明、赏罚不公的不平之气。

首联先从分手后的情形写起。两人分手之后，其人远赴偏僻的西南四川一带从军，等到再相逢时，十年的光景已经过去了。"十年"言时之久，"剑关"言地之远，而"分散"又隐含着飘泊沦落的意味。看似平平一笔叙述，而对将军坎坷身世的同情和不平已暗蕴其中。"万事"句则举重若轻，将其在蜀地的生活和经历一笔带过。岁月漫漫，回首往事，俱似锦江流水，使人怅然。语气颇为沉痛，十年的落拓，如今的萧瑟，尽在不言之

中。在这句中，"万事"的意义很含混、笼统。但颔联中，这意思就渐渐清楚了。

颔联则承首联中的"万事"而来，具体地表现了他在蜀地十年间的坎坷。"志气"言其勋绩。温庭筠题下原有注："蛮入成都，频著功劳。"自从入蜀之后，他出生入死，屡立战功，其对朝廷的耿耿忠心已昭昭明明了。"明汉节"，用苏武牧羊之事。苏武出使匈奴，被拘执于胡地19年，备尝艰辛屈辱，牧羊时终持汉节，对汉室忠贞之志坚不可夺。这位蜀将虽没有远使异国，但在偏僻的四川一待就是十年，而且为巩固边防频立战功，对朝廷的忠诚之心与苏武何异。"功名"句言其落魄。虽有如此的勋功，但由于远在四川，又不能婉娈媚好于自己的节镇长官，故漫长的十年过去了，他依然是一名副将，沉沦于幕府之中。"已曾"与"犹尚"两相对比，明明白白地写出了这位蜀将遭遇之不公，自己的同情、不平之气也隐隐可见。

颈联则写其在蜀地的生活情景。"雕边"句承"志气"句来，写其骁勇善射。在重重的寒云深处射猎，引弓如月，一箭而射落恶雕。雕是一种猛禽鸷鸟，非有强悍骁勇之志力不可妄射。《史记·李将军列传》中曾记载，中贵人曾率数十骑，与三个匈奴士兵遭遇，与之战，这三个匈奴人边走边射，数十汉卒几乎被射杀殆尽。中贵人回告李广，李广说："这必定是匈奴的射雕者。""雕边认箭"，正见将军之神勇不凡，有如此之勇力，则建功立勋真如翻掌之易了。"马上"句承"功名"来。功名未成，而久客异乡，每当听到悲切的胡笳声，看到萋萋的塞草，总不禁心情黯然。笳本胡人之乐器，胡人卷芦叶为之，声音悲切。故塞上闻笳，也是极能触动边塞将士思乡之情的一个意象。"认箭"而以"寒云"为托，"闻笳"而以"马上""塞草"为背景，不仅见出边地的高寒、荒凉，尤足以见出将军的气概。云中射雕也好，马上听笳也罢，总是英雄本色。

尾联正面抒写自己的同情之心和不平之气。今日与君相逢，真使我惆怅万端。像灌婴、韩信这样的武将都封了侯，而以君之雄才大略竟久居下位，这遭遇真与汉代的李广有些相似了。世道之不公，一至于此。灌婴、韩信皆汉高祖之大将，灌婴封颍阴侯，韩信封淮阴侯。李广曾以李蔡为下中人，这些下中人皆立功封侯，李广却终生无有尺寸之封。温庭筠在这里拿灌婴、韩信为比，在这个将军面前，连灌婴、韩信这样的大将也只能算作下中人了。这话说得有些大，但由此更见对他的尊崇钦敬，也更见其遭遇之坎坷了。

这首诗深为蜀将的坎坷而叹息，但字里行间却流露出不平之气。这样一首赠送应酬的诗写得为什么如此投入呢？原来，温庭筠是在借别人之酒杯，浇自己之块垒，其中融入了自己的身世之感。温庭筠自幼才华出众，但因为无人援引，屡试不第，而且浪得恶名，又因得罪了宰相令狐绹，长期受到排斥，一生只作过方城尉、国子助教这样的微职。这遭遇和蜀将何其相似，两人相见，自有"同是天涯沦落人"的惺惺相惜之感，所以这首诗写得极为真挚。（杨国安）

【原文】

渭上题

吕公荣达子陵归⁽¹⁾，万古烟波绕钓矶。

桥上一通名利迹⁽²⁾，至今江鸟背人飞⁽³⁾。

【毛泽东圈评等情况】

毛泽东读清沈德潜编选《唐诗别裁集》卷二十时圈阅了这首诗。

[参考] 张贻玖：《毛泽东评点、圈阅的中国古典诗词》，中国工人出版社 1992 年版，第 236 页。

【注释】

（1）吕公，指吕尚，其先封于吕，姓姜氏。子陵，指严子陵。《后汉书》："严光字子陵，与光武同游学。及即位，令以物色访之。齐国上言：'有男子披羊裘，钓泽中。'帝三聘乃至，除谏议大夫，不屈。"荣达，《亢仓子》："穷厄则以命自宽，荣达则以道自正。"

（2）桥，《史记索隐》："今渭桥有三所：一在城西北咸阳路，曰西渭桥；一在东北高陵邑，曰东渭桥；中渭桥在古城之北。"《汉书》："武帝作便门桥。"名利，《易林》："名利所有，心悦以喜。"

（3）"至今"句，暗用北齐刘昼《刘子黄帝》典故：有人居海上与白鸥为伴，其父让其捉鸥，鸥便盘旋空中不下。

【赏析】

《渭上题》共三首。毛泽东在《唐诗别裁集》中圈点的是第一首。

这是题于渭桥之上的一首咏史诗。渭河磻溪是姜太公当年垂钓的地方。太公早年不遇于时，50岁卖浆于棘津，70岁屠牛于朝歌，80岁垂钓于渭滨，后终遇文王，立为太师，辅佐他完成了伐纣兴商的大业。太公的这段充满传奇色彩的身世，历来为文人们钦羡仰慕，引以为榜样，但温庭筠对此却有自己的看法。

首句先以太公与严子陵对举。在中国历史上，最著名的垂钓者恐怕就要算他二人了。太公不为世人所知，故以垂钓为干谒，作为进身的阶梯。他的垂钓实是不得已而为之的无可奈何之举，是以退为进之术。所谓身在江湖，心存魏阙。而严子陵呢，则恰恰相反。严子陵早年曾与汉光武帝同游，光武即位后，诏令天下访求他，齐国上言："有男子披羊裘，钓泽中。"访之，果是严光，皇帝三次下诏才把他招到京师，授以谏议大夫，终不受职。严子陵的处境要比姜太公好多了，这时他如有攀龙附凤之心，荣华富贵，顷刻即至，根本用不着像姜尚那样煞费苦心。但子陵对此却毫无兴趣，终于又归隐于草泽之中，垂钓于富春江上。两个隐士，其为垂钓则一，但究其志趣，却迥然相别。在太公，所欲钓者功名显贵；在子陵，所欲钓者清高自在。两者相较，自有高下之分。

次句方扣到眼前景物上。首句看起来起得很突兀，但和这一句联系起来，就显得十分自然了。原来，那议论和感慨都是由渭水边的太公钓矶引发来的。人易事非，山川依旧。太公早已作古，只剩下他当年曾垂钓过的石矶，在风吹浪打，烟波缈缈之中时隐时现。悠悠历史如漫漫长河，滚滚长江，淘去了多少英雄人物。太公当年孜孜以求者，显达也，富贵也，虽终得所愿，然而如今看来究竟如云烟一样散尽，了无痕迹了。此情此景，真不禁使人感慨系之。

第三句视线由河边而桥上，思维从历史回到现实中。渭桥之上，南来北往的文人骚客们题写了无数诗章，钦羡太公之遭遇，称赞太公之智慧。字里行间都流露着对功名孜孜以求的渴望之心。而且，单是桥上题诗这种举动，这些作者的名利之心也昭然可见。要作诗哪个地方不可以作，偏偏要题到这人来人往的桥上，题写到游人不绝的古迹旁边，这哪里是称颂古人？分明是想沾古人的光。如此看来，太公虽已故去，沽名钓誉之术却一脉不断地传了下来，而且更加花样翻新。千古之下，太公不寂寞矣。

最后一句仍以眼前景物作结，但寓情于景，愤世之情表现得更为强烈。从写法上看，这一句既是实写眼前景物，同时又暗用北齐刘昼《刘子黄帝》典故：有人居于海上，日与白鸥为伴，鸥久与之处，见之不惊。其父对他说："我听说鸥鸟喜欢跟你相处，你捉来一只给我玩。"第二天，他再到海上，鸥鸟就在空中盘旋不下了。故后人常以"鸥鹭忘机"来指与世无争的隐居生活。而今天呢？举世熙熙攘攘，为名利来往。机巧之心，深于陷阱。于是，江上的鸟见人而飞，不敢近人一步，更不用说与人相狎了。景物、典故与作者此时的思想感情自然地融为一体，颇见其妙。

这首小诗里，充满了诗人愤世忤时的激愤情绪，表现了他对钩心斗角官场的厌恶和对功名富贵的蔑弃，在诗的前两句中，诗人的感情表现得还比较和缓，后两句看似写景，但对丑恶的世态人情的批判简直是直呼而出。而这种愤世嫉俗、锋芒毕露的性格也正是他失志的原因。（杨国安）

【原文】

锦城曲

蜀山攒黛留晴雪⁽¹⁾，簌笋蕨芽萦九折⁽²⁾。江风吹巧翦霞绡⁽³⁾，花上千枝杜鹃血⁽⁴⁾。杜鹃飞入岩下丛，夜叫思归山月中。巴水漾情情不尽⁽⁵⁾，文君织得春机红⁽⁶⁾。怨魄未归芳草死⁽⁷⁾，江头学种相思子⁽⁸⁾。树成寄与望乡人⁽⁹⁾，白帝荒城五千里⁽¹⁰⁾。

【毛泽东圈评等情况】

1958 年 3 月，在成都会议期间，毛泽东圈阅的《诗词若干首》（唐宋明朝诗人写的有关四川的一些诗和词）中有这首诗。

[参考] 刘开扬注释：《诗词若干首》（唐宋明朝诗人咏四川），

四川人民出版社 1979 年版，第 118 页。

【注释】

（1）蜀山，《字义》："蜀立水中曰蜀。"指岷、峨二山。攒黛，眉攒聚而不开，形容山岭重叠。黛，青色颜料用以画眉。

（2）簝笋，即簝竹之笋。簝（liáo），古代宗庙中盛肉的竹器。蕨，多年生草本植物，嫩叶可食用。九折，即九折坂，在邛崃山（今四川荣城西）。萦，说绕坂而生。

（3）翦，同剪。霞绡，彩色的缯帛，此指云彩。

（4）杜鹃，一名子规，传说夜啼至明，血染草木。

（5）巴水，巴江，宕水、诺水合流至巴中汇集南江水为巴江。

（6）文君，卓文君，借代蜀中织女。机，织具。

（7）怨魄未归，传说蜀帝杜宇死于西山，其魂魄化为鸟，即杜鹃鸟。

（8）相思子，即红豆，一名相思子。

（9）望乡人，成都城北边有望乡台，是隋朝蜀王秀所筑。这里泛指客居异乡的人。

（10）白帝城，在今重庆奉节，汉朝公孙述所筑。

【赏析】

锦城，即锦官城，故址在今四川成都南。三国蜀汉时管理织锦之官驻此，故名。北魏郦道元《水经注》："道西城故锦官也。言锦工织锦，则濯之江流，而锦至鲜明，濯之他江，则锦色弱矣。"则别为一说。后人用作成都的别称。这首七言古诗是乐府体歌曲，写成都的风物和思乡的感情。

全诗十二句，四句为一节，可分为三节。"蜀山攒黛留晴雪，簝笋蕨牙萦九折。江风吹巧翦霞绡，花上千枝杜鹃红。"前四句写成都的山水花鸟之奇特。蜀山，即峨、岷二山。《画品》云："巉嵯窳窆，巴蜀之山也。"这里诗人用攒黛来形容巴蜀之山岭重叠，郁郁葱葱。《三峡记》云："峨眉积雪，经时不散。"诗人用"留晚晴"来形容岷、峨二山积雪春夏不化。在四季温暖的天府之国，山顶积雪却终年不化，可见岭高。簜笋，言其山峭拔尖挺，有如簜形之笋。蕨芽，言其山陡锐如蕨叶之芽。九折坂在邛崃山（今四川荣城西）。萦，说其绕坂而生。山又特举九折坂来写。下二句接写山上云彩被风一吹好像彩色的缯帛。山上特有的杜鹃鸟夜啼至明，血染草木。这是写成都的自然景观。

"杜鹃飞入岩下丛，夜叶悬归山月中。巴水漾情情不尽，文君织得春机红。"中四句为第二节，写成都的人文景观。《零陵地志》："思归，其音似'不如归去'。"巴水，汉巴郡治江州，在巴水北，即北府城，后迁南城。巴水有二源，即岩水、诺水，合流至巴中会集南江水为巴江。漾情，荡漾人的感情。文君，卓文君。《汉书·司马相如传》："相如与临邛令相善。临邛富人卓王孙有女文君，新寡，好音，相如以琴心挑之，夜奔相如。"《蜀都赋》云："百室离房，机杼相和，贝锦斐成，濯色江波。"四句是说，在岷、峨山月光影中，杜鹃鸣声凄厉，似言"不如归去"，最能让旅客归思，巴水荡漾人的感情，蜀中妇女最善织红色蜀锦。这便由自然景观过渡到人文景观的描写了。

"怨魄未归芳香死，江头学种相思子。树成寄与望乡人，白帝荒城五千里。"末四句为第三节，写诗人思乡的感受。《成都记》："望帝死，其魂化为鸟，名曰杜鹃，亦曰子规。"屈原《离骚》："恐鹈鴃之先鸣兮，使夫百芳为之不芳。"王逸注："言我恐鹈鴃以春分鸣，使百草华英摧落，芬芳不成也。"相思子，即红豆。左思《吴都赋》："相思之树。"王维《相思》云："红豆生南国，春来发几枝？劝君多采撷，此物最相思。"即此物也。望乡台，《盖州记》："升仙亭夹路有二台，一名望乡台，在华阳北九里。"《成都记》："望乡台，隋朝蜀王秀所筑。白帝城在夔州，汉朝公孙述所据。"左思《蜀都赋》云："跨蹑犍牂（犍为牂牁二郡），枕倚交趾，经途所亘，五千余里。"极言蜀地之广。末节仍从成都风物着笔，抓住蜀地最有特征的杜鹃、红豆、望乡台、白帝城来写，不仅写出成都的风物之美，地域之广，又写本出南国的红豆（以闽中最著名，并非成都所产），现在成都人也在锦江边学种，寄寓相思之意，便极其自然地揭出题旨。

1958 年，成都会议期间，毛泽东圈阅的《唐宋人写的有关四川的一些诗和词》中收入了这首诗，自然是认为它是咏四川的佳作之一。（毕桂发）

【原文】

送人东游

荒戍落黄叶⁽¹⁾，浩然离故关⁽²⁾。

高风汉阳渡⁽³⁾，初日郢门山⁽⁴⁾。

江上几人在？天涯孤棹还⁽⁵⁾。

何当重相见，尊酒慰离颜？

【毛泽东圈评等情况】

毛泽东手书过这首诗的前四句，末署毛泽东。

[参考] 中央档案馆编：《毛泽东手书古诗词选》，文物出版社、中国档案出版社 1984 年版，第 134 页。

毛泽东读清蘅塘退士原编《注释唐诗三百首》中在此诗题头上方画了一个大圈，又在正文上方天头空白处连画三个小圈。

[参考] 中央档案馆整理：《毛泽东评点诗词曲精选（上册）》，中国档案出版社 1998 年版，第 95 页。

【注释】

（1）荒戍，在边远之地戍守。

（2）浩然，意志坚决的意思。《孟子·公孙丑下》："予然后浩然有归志。"

（3）高风，指秋风。张协《七命》："高风送秋。"汉阳渡，在今湖北武汉汉口。《汉书·地理志》："汉阳在汉水之阳，今汉口。"

（4）郢门山，即荆门山，在今湖北宜都。《三楚新录》："荆门山在大江之南，与虎牙相对，即荆门山。"

（5）孤櫂，孤舟。唐长孙佐辅《杭州别友》："独随孤櫂去，何处至同衾。"

【赏析】

诗题一作《送人东归》。这是一首秋天送别友人的五言律诗。在友人即将东游故地的时候，诗人以无限关切的心情，倾诉了对友人的深挚情谊，但不知所送为何人。

"荒戍落黄叶，浩然离故关。"首联两句发调高唱。"荒戍落黄叶"点出了送行的具体环境：有破旧荒废的古堡，秋天枯黄零乱的落叶，写出了离别时的悲伤气氛。但接下去出人意料地突然一转："浩然离故关。"友人此行，心怀远志而无伤感之情。清人沈德潜说"起调最高"（《唐诗别裁集》），是指开篇即宕开别绪离愁，突出友人心浩然有远志。

"高风汉阳渡，初日郢门山。"颔联两句是写眼前景物，同时在更大的范围内说明送别的时间和地点。这两句格调雄俊，以轻快的旋律祝愿友人舟行风顺，也用以表现友人东游的急切心情。"高风"指秋高气爽时的风。初日，点明送别是在清晨。"高风"和"初日"对仗精工自然。这两句互相补充，从时间和空间上，将送别置于辽阔雄奇的境界，并以高山、秋风、旭日，为友人的远行增加了浩然之气。

"江上几人在，天涯孤棹还。"颈联两句既表示了对友人离去后境遇的关切，也寄托着对故友的怀念。在这风波险阻的岁月，旧时相识的故人还在吗？恐怕你要寂寞孤舟，从那遥远的天涯返回来。"几人"犹言谁人。"几人在"是指还有几个故人在。这一联有两重意思：诗人一面目送友人的船孤零零消失在天际，一面遥想江东亲友大概也正望眼欲穿地等待孤舟归来。这一联点破了诗题。

"何当重相见，尊酒慰离颜。"尾联二句写送行之际，开怀畅饮，设想他日重逢，更见惜别之情。两句意谓何时再相聚，难以预料，果真有那一天时，我们高举酒杯，慰解您离别的愁容。"何当"，犹言何时。"尊酒"，即一杯酒。

这首诗逢秋而不悲秋，送别而不伤别。只在首句稍事点染离别的悲伤气氛，便大笔一挥造出一个辽阔深远的意境，于依依惜别的深情之中，时间遥遥无期，空间上一勒而收。

毛泽东在练习书法时曾手书过此诗的前几句，可见他对这首诗是十分熟悉和喜爱的。（刘磊　东民）

薛 逢

薛逢（生卒年未详），字陶臣，蒲州（今山西永济）人。会昌初进士，授万年尉。自恃才高，偏激傲慢。本与杨收、王铎同年及第，及杨、王为相，薛逢以"须知金印朝天客，同是沙堤避路人"讥收，以"昨日鸿毛万斤重，今朝山岳一毫轻"讥铎，遂二度被贬远方，官终秘书监。《唐才子传》评其诗"长短皆卒然而成，未免失浅露俗"。《全唐诗》录存其诗一卷。

【原文】

开元后乐

莫奏开元后乐章，乐中歌曲断人肠。

邠王玉笛三更咽[1]，虢国金车十里香[2]。

一自犬戎生蓟北[3]，便从征战老汾阳[4]。

中原骏马搜求尽，沙苑年来草又芳[5]。

【毛泽东圈评等情况】

毛泽东手书过这首诗。

[参考] 中央档案馆编：《毛泽东手书古诗词选》，文物出版社、中国档案出版社 1984 年版，第 156—157 页。

【注释】

（1）邠（bīn）王，即李守礼，章怀太子李贤之子，封邠王，开元初累为州刺史，游猎酣乐不领事，《旧唐书》卷八十六《章怀太子贤传》附《邠王守礼传》称其"高歌击鼓"，未言吹笛事。邠王玉笛，指开元时吹玉笛奏乐。三更咽，指深夜吹笛，使笛声咽而不扬。

（2）虢（guó）国，指杨贵妃之三姐虢国夫人。

（3）犬戎，周代西方的少数民族，周幽王十一年（前771），犬戎曾攻入周京城，这里借指安禄山攻入长安。蓟北，安禄山在范阳起乱，范阳郡治在河北蓟县，故称。

（4）汾阳，是汾阳郡王的简称，指郭子仪。郭子仪平定安史之乱有功，封汾阳郡王。老汾阳，指郭长期征战而衰老。

（5）沙苑，在陕西大荔南洛水与渭水之间，东西八十里，南北三十里，宜畜牧，唐代在此设置沙苑监，管领养马事。

【赏析】

开元是唐玄宗的年号（713—741），这首七言律诗写唐玄宗开元以后的音乐。

作者薛逢唐武宗会昌初（841）考中进士，这时才听到宫廷音乐，这距历史上唐朝的安史之乱已有八十多年了，作者听了开元乐，想起开元时的盛况，感叹当时唐朝的衰落，写下这首诗。

"莫奏开元旧乐章，乐中歌曲断人肠。"开元乐章是歌颂唐代盛时景况的，载于《全唐诗》的《郊庙歌辞》等篇中，这些乐章都是玄宗朝国力全盛时之作，作者面对当时唐代的衰落，听了开元乐章，不由得哀伤断肠。

"邠王玉笛三更咽，虢国金车十里香。""邠王"，见《旧唐书》卷八十六《章怀太子贤传》附贤子《邠王守礼传》，传说里他"高歌击鼓"，未说吹笛，或传中失载。邠王玉笛是指开元时吹玉笛奏乐，"三更咽"指深夜吹笛，有露气，使笛声咽而不扬。"虢国"，杨贵妃三妹封虢国夫人。张祜《集灵台》诗："虢国夫人承主恩。"是说虢国夫人承受玄宗的恩宠。她乘坐的车子豪华无比，车子经过之处十里留下香味。这是说开元时宫廷奏乐，有虢国夫人来听乐。诗人在这句里暗含玄宗荒淫无道，宠幸虢国夫人，开元之亡，实亡于此之意。

"一自犬戎生蓟北，便从征战老汾阳。""犬戎"，西方的少数民族。周幽王十一年，犬戎曾攻入周朝京城，这里借指安禄山攻入长安。安禄山在范阳起兵开始叛乱。范阳郡治在河北蓟县，故称蓟北。"汾阳"，是汾阳郡王的略称。在平定安史之乱中，郭子仪功居首位，被封为汾阳郡王。"老汾阳"，指他长期率领部下平叛而逐渐衰老了。"一自""便从"写出从此兵连事结，遂见连年累岁，直至今日，而汾阳苦战，曾无休息。这就指出了玄宗宠幸妃子之盛，此所谓女祸者也。乃女祸未几，而遂成戎祸。战争带来的灾难，使人们无法安居乐业，国力衰竭，此亡国之道也。

"中原骏马搜求尽，沙苑年来草又芳。""沙苑"，在陕西大荔南洛水渭水之间，其处宜于牧畜，唐代于此置沙苑监，管领养马事。这是说正由于连年累月的战争，沙苑养的优良马匹全都被征用到战场去了，没有马，那里的草又茂盛了。诗人在这里发出了无限感慨，战争给世人带来多大灾难，战乱造成家破人亡，多少孤儿寡母流离失所，这都是玄宗淫乐无度，引起兵乱，仅就搜求骏马一事，可见一斑，至今沙苑一空，此时听所奏开元乐章，岂不断肠！

毛泽东曾手书这首诗，说明他十分熟知此诗。（朱东方　许娜）

【原文】

送灵州田尚书

阴风猎猎满旌竿[(1)]，白草飕飕剑戟攒[(2)]。
九姓羌浑随汉节[(3)]，六州蕃落从戎鞍[(4)]。
霜中入塞琱弓响[(5)]，月下翻营玉帐寒[(6)]。
今日路旁谁不指，穰苴门户惯登坛[(7)]。

【毛泽东圈评等情况】

毛泽东读清沈德潜编选《唐诗别裁集》卷十六"七言律诗"时圈阅了这首诗。

[参考]张贻玖：《毛泽东评点、圈阅的中国古典诗词》，中国工人出版社 1992 年版，第 236 页。

【注释】

（1）阴风，北风，阴冷之风。亦指隐含杀伐之风的风。唐杜甫《北征》："阴风西北来，惨澹随回鹘。"猎猎，象声词，形容风声。旌竿，旗杆。

（2）飕飕，象声词。剑戟，剑和戟，泛指武器。攒，簇聚，聚集。

（3）九姓，唐代铁勒族分为回纥、仆固、浑拔野古、同罗、思结、契苾、阿布思、骨屋骨九个部族，称为九姓铁勒，简称九姓。羌浑，为我国古代西部少数民族。

（4）六州，指古九州中的荆、梁、雍、豫、徐、扬六州。蕃，通"番"，九州以外谓之蕃国。

（5）琱弓，有雕饰的弓，亦为弓的美称。北周庚信《周大将军司马裔神道碑》："藏松宝剑，射柳琱弓。"琱，治玉，引申为雕刻、雕镂。琱一作"雕"。

（6）翻营，回到军营。翻，回返。玉帐，主帅所居的帐幕，取如玉之坚的意思。北齐颜之推《观我生赋》："守金城之汤池，转绛宫之玉帐。"

（7）穰苴，春秋时军事家田穰苴，官司马，又称司马穰苴，深通兵法，主张"将在军，君令有所不受"，能与士卒同甘共苦，著有《司马穰苴兵法》。登坛，升登坛场。古时帝王即位祭祀、会盟、拜将，多设坛场，举行隆重仪式。

【赏析】

"灵州"，州名，灵武（今宁夏灵武西南）。"田尚书"，即田牟，时为灵州节度使，检校吏部尚书。《新唐书》载："（田）牟宽厚明吏治，为神策大将军。开成初，盐州刺史王宰失羌人之和，诏牟代之。累迁邠坊节度使，再徙天平，三为武宁，一为灵武军，官至检校尚书仆射卒。诸子皆有方面功，以忠义为当世所高。"田牟善领兵作战，常在边境驻防。这首七言律诗是作者送他离开灵州时写的，歌颂其功绩。

"阴风猎猎满旌竿，白草飕飕剑戟攒。"首联描写。"猎猎""飕飕"，指风声。"旌竿"，古代旗杆上端饰有鹿牛尾或兼饰有五色鸟羽的旗子。这两句描绘边塞整齐的军营，在北风中军旗迎风招展，军帐井然有序地排列，寒风阵阵吹来，白草低伏，显露出军器一簇簇耀眼明光。由于田牟治军有方，边境上驻扎的军队军纪严明，常备不懈，边防上军民关系融洽。

"九姓羌浑随汉节，六州蕃落从戎鞍。"颔联叙事。"九姓"，唐代铁勒族分为九个部族，称为九姓铁勒，简称九姓。"羌""浑"均为我国古代西部民族。"汉节"，汉朝的节钺。"节"，古代使者所持以作凭证。"六州"，指古九州之荆、梁、雍、豫、徐、扬州。"蕃"，通"番"，九州之外，谓之蕃国。边境上一派平和的气氛，少数民族和汉族能和睦相处，没有战争纠纷。"随汉节""从戎鞍"，是说随从汉朝，听从军令的指挥。这是写边境安定，没有利害冲突，各民族之间平等相处，充分显示了田将军有雄才大略和非凡的军事指挥才能，对巩固边防作出了突出贡献。

"霜中入塞瑚弓响，月下翻营玉帐寒。"颈联描写。"瑚弓"，刻有花纹的弓。"玉帐"，征战时主将所居的军帐。这里是写田将军在霜天之下率军凯旋，威风凛凛。月夜之中，返回玉帐，兵士同甘苦。

"今日路旁谁不指，穰苴门户惯登坛。"尾联议论。今天胜利荣归，一路上受到百姓的爱戴，谁不指点着赞颂。"穰苴"，春秋时军事家，姓田。他主张"将在军，君令有所不受"，又与士卒同苦，能以诚以德感化兵士，使他们尽心尽力服从指挥打仗。"登坛"，升登坛场。古时帝王即位祭祀、会盟、拜将，多设坛场，举行隆重仪式。结尾句是借春秋时期军事家田穰苴屡建功勋登坛受封，来称赞田家后代英雄辈出。

诗中对田尚书离开灵州、受奖赏表示极大的赞扬，对他治军的功绩给予充分肯定，表达了作者对他的赞颂之情。诗句形象鲜明，简洁有力。（张涛）

【原文】

长安夜雨

滞雨通宵又彻明(1)，百忧如草雨中生。
心关桂玉天难晓(2)，运落风波梦亦惊。
压树早鸦飞不散，到窗寒鼓湿无声(3)。
当年志气俱销尽，白发新添四五茎。

【毛泽东圈评等情况】

毛泽东读清沈德潜编选《唐诗别裁集》卷十六"七言律诗"时圈阅了这首诗。

[参考] 张贻玖：《毛泽东评点、圈阅的中国古典诗词》，
中国工人出版社1992年版，第233页。

【注释】

（1）滞雨，久雨。滞，久，长期。

（2）桂玉，《战国策》载：苏秦到楚国三日便要走，楚王问其原因，苏秦曰："楚国之食贵于玉，薪贵于桂。"后以桂玉比喻生活费用昂贵。

（3）鼓湿无声，鼓面用皮革制成，遇湿变软，声音变低沉，空气潮湿声音传不远。

【赏析】

这首七言律诗是作者在长安时遇到连绵大雨，夜中难以安睡，感慨忧悲而写下的。"滞雨通宵又彻明，百忧如草雨中生。"诗首联两句是说大雨从夜间连绵不断、一直下到天明，各种各样的忧愁像雨中的草，都长了起来。诗开头就写下一个阴沉的夜晚，大雨滂沱，连绵不断，给人造成一种沉闷忧愁的气氛。"滞雨"，连绵不断的雨。"通宵"，整夜。"彻明"，天明。"如草雨中生"，形象地写出诗人在连绵的雨夜愁绪丛生，剪不断、理还乱的复杂心情。

"心关桂玉天难晓，运落风波梦亦惊。"颔联写诗人面对艰难的生活处境难以安眠，刚躺下要睡又被恶梦惊醒。"桂玉"，《战国策》载，战国苏秦到楚国，三日便要走，楚王问他原因，苏秦曰："楚国之食贵于玉，薪贵于桂。"后因以桂玉喻生活费用昂贵。"风波"，喻纠纷或患难。以上两联是写诗人在夜雨中独自一人面对滂沱大雨彻夜连绵，愁绪满怀，心情悲凉。由于愁事甚多，夜晚难以安眠，又因忧虑甚重，刚刚入睡又被噩梦惊醒，愁情难以消逝。

"压树早鸦飞不散，到窗寒鼓湿无声。"颈联描写诗人忧愁的心绪无

法排遣，像压树的乌鸦飞不散，令人心惊的纠纷惆怅，如阴雨天淋湿的鼓难以放出声音。这两句形象地表达了诗人愁绪不能消逝，愤懑的忧情无法发泄的处境，形象生动地描绘了艰难生活压迫下的愁苦心绪与被纠纷折磨熬煎的悲苦之情。"压树"，形容乌鸦多，树被重物压弯变形。"鸦飞不散"，写出乌鸦清早觅食，因雨大，翅膀展开被淋湿飞不久便停下。"到窗"，形容很近。"鼓湿无声"，形容声音低沉而无法远传。

"当年志气俱消尽，白发新添四五茎。"尾联两句，诗人面对现实发出慨叹。惆怅的生活现状，难以排除的忧虑心绪，更不必说以前的志气已经全部消失了。年岁不饶人，头上白发又增了许多。本诗用形象的语言描绘难以表达的内心忧绪非常恰切生动。愁绪丛生，忧虑纷繁的心绪用"如草雨中生"；诗人忧郁心情排遣不逝，像鸦飞不散；愤懑的忧患心情发泄不出来，如"鼓湿无声"。这些语言形象刻画出了诗人的愁苦之情，沉闷、悲凉凄惨之状，非常感人，读来令人泪下。（张涛）

卢　弼

卢弼，字子谐，范阳（今北京）人，唐代诗人，诗人卢纶之孙。《全唐诗》作"卢汝弼"。《才调集》卷八作"卢弼"。昭宗景福（892—893）时登进士第，以祠部员外郎、知制诰，从昭宗迁洛。后依李克用，克用表为节度副使。《全唐诗》存诗八首。

【原文】

塞上四时词

春风昨夜到榆关⁽¹⁾，故国烟花想已残。
少妇不知归未得，朝朝应上望夫山⁽²⁾。

卢龙塞外草初肥⁽³⁾，雁乳平芜晓不飞⁽⁴⁾。
乡国近来音信断，至今犹自著寒衣。

八月霜飞柳变黄，蓬根吹断雁南翔⁽⁵⁾。
陇头流水关山月⁽⁶⁾，泣上龙堆望故乡⁽⁷⁾。

朔风吹雪透刀瘢，饮马长城窟更寒⁽⁸⁾。
半夜火来知有敌，一时齐保贺兰山⁽⁹⁾。

【毛泽东圈评等情况】

毛泽东读清沈德潜编选《唐诗别裁集》卷二十时圈阅了这组《塞上四时词》。

[参考] 张贻玖：《毛泽东评点、圈阅的中国古典诗词》，
中国工人出版社1992年版，第241页。

【注释】

（1）榆关，山海关，也作"渝关"，在今河北秦皇岛，是长城的东起点。

（2）望夫山，山名，在江西德安境。《水经注·江水》："江水东经琵琶山南，山下有琵琶湾；又东经望夫山南。"

（3）卢龙，古塞关名，在今河北喜峰口附近一带。古有塞道。

（4）平芜，平旷的原野。

（5）蓬根吹断，蓬，草名。秋枯根拔，风卷而飞，故又名飞蓬。

（6）陇头流水，《汉乐府·杂曲歌辞》中《陇头歌》："陇头流水，流离四下。念我行役，飘然旷野。登高望远，涕零双堕。"关山月，汉乐府横吹曲名，多写边塞士兵久戍不归和家人互相伤别之情。

（7）龙堆，一名白龙堆，在今新疆罗布泊与甘肃敦煌之间。地当古代通往西域要道。

（8）饮马长城窟，古乐府瑟调曲名，又名《饮马行》。古辞云征戍之客至于长城而饮马，妇思念其勤劳，故作是曲。

（9）贺兰山，即今宁夏贺兰山。唐时为征战之地。

【赏析】

《塞上四时词》，《全唐诗》作《和李秀才边庭四时怨》。这是一组边塞诗。全组共四首，分春、夏、秋、冬四季，描写边塞风光和戍边将士的征战生活。这类作品，在唐诗中是屡见不鲜的。早在盛唐时期，高适、岑参、李颀、王昌龄等人，就以集中地写这一方面的题材而闻名，形成了著名的"边塞诗派"，以后一些人也屡有创作。但这组小诗，却能在写同类生活和主题的作品中，做到"语意新奇，韵格超绝"（明王应麟《诗薮·内编》卷六），不落常套，这是值得赞赏的。

现在让我们分别看一下这四首诗。先看第一首，作者是如何写塞上春景和戍边将士生活的。塞（sài）上，边境地区，亦泛指北方长城内外。长城内外是古代边防前线。以长城为界，内外气候差别也是很大的。所以起句诗人写道："春风昨夜到榆关，故国烟花想已残。"榆关，即今山海关，万里长城的东起点。故国，指故乡，家乡。唐曹松《送郑谷归宜春》：

"无成归故国，上马亦高歌。"烟花，本指雾霭中的花，亦泛指绮丽的春景。唐李白《黄鹤楼送孟浩然之广陵》："故人西辞黄鹤楼，烟花三月下扬州。"二句是说，春风昨天夜里才吹到榆关边塞，故乡绮丽的春景想来已经凋残。言外之意，春季就要过去了，春风才吹到边关。换言之，塞上是没有春天的，正所谓"春风不度玉门关"也！在榆关与故国不同春景的对比描写中，边塞自然环境之恶劣已现，这就是戍边将士的战斗之所啊！首句是诗人所见，次句便是诗人之想。后二句沿着诗人想象的思路又深入一层："少妇不知归未得，朝朝应上望夫山。"后二句诗人换了一个视角，从少妇着笔。留在家乡的少妇，当然不知道戍边战士"归未得"，所以天天到望夫山上眺望，希望奇迹能够出现，有一天突然发现她昼思夜想的丈夫能胜利归来。这无限憧憬不能实现的描写，自然流露出对于兵役的谴责之意。

第二首写夏季。"卢龙塞外草初肥，雁乳平芜晓不飞。"卢龙塞，古关塞名，在今河北喜峰口一带。"草初肥"，乳雁飞，已是初夏景物，说明日转星移，已经到了夏季，战士应该改换单衣了。可是"乡国近来音信新，至今犹自著寒衣"。乡国，即故乡。近来家信一封也没有寄来，更不要说寄单衣了。所以，虽然到了火热的夏季，战士身上还穿着棉衣。此首写出了戍边战士生活的艰苦。

第三首写秋季。"八月霜飞柳变黄，蓬根吹断雁南翔。"如果在内地，八月秋高气爽，气候宜人，又是收获的季节，是人们喜爱的金色的秋天。可是边塞风寒，天冷得早，八月便下寒霜，树木凋零，禾草枯死，大风一吹，蓬草被连根拔起，像车轮般翻飞，候鸟大雁也要飞向南方越冬。处此环境，战士又作何感想呢？"陇头流水关山月，泣上龙堆望故乡"二句是说，就像古代的《陇头歌》和关山月中所写的那样，边塞将士久戍不归，自然更加想念家乡亲人，所以要哭泣着登上龙堆眺望故乡。此首着重写戍边士兵的思乡之苦。

第四首写冬季。"朔风吹雪透刀瘢，饮马长城窟更寒。"首句说，北地严寒，多大风雪，风吹雪飞，雪借风势，以至于从戍边战士身上已有的刀瘢透了进去，加倍写出戍边将士的艰苦。次句是由古乐府"饮马长城窟，水寒伤马骨"化来，加一"更"字，以增加"寒"字的分量。这两句对北地的严寒作了极度的形容，为下文蓄势。"半夜火来知有敌，一时齐保贺兰山"，二句是说，烽火夜燃，传来敌人夜袭的警报，将士们便一齐奔上战场，同仇敌忾保卫贺兰山这个战略要地。这首侧重写将士共同御敌的英雄气概。

这组诗格调急促高亢，写艰苦，是为了表现将士们的不畏艰苦，而毫无边怨哀叹之情，是一组高扬英雄主义、爱国主义，充满积极乐观主义精神的好诗。（毕桂发）

章 碣

章碣（生卒年不详），桐庐（今浙江桐庐）人，诗人章孝标之子。唐僖宗乾符年间登进士第，咸通、乾符间颇著诗名，后流落江湖，不知所终。其诗多为七律，颇有愤激之音。《全唐诗》存其诗二十六首。

【原文】

焚书坑

竹帛烟销帝业虚⁽¹⁾，关河空锁祖龙居⁽²⁾。
坑灰未冷山东乱⁽³⁾，刘项原来不读书⁽⁴⁾。

【毛泽东圈评等情况】

唐人诗云："竹帛烟销帝业虚，关河空锁祖龙居。坑灰未烬山东乱，刘项原来不读书。"有同志说"学问少的打倒学问多的，年纪小的打倒年纪大的"，这是古今的一条规律。

[参考]毛泽东1966年4月14日《对〈在京艺术院校试行半工（农）半读〉一文的批语》，《建国以来毛泽东文稿》第十二册，中央文献出版社
1998年版，第35页。

1975年的一天，毛泽东在卧室里休息，与护士孟锦云讲《资治通鉴》。毛泽东说："……古人说，秀才造反，三年不成。我看古人说少了，三十年，三百年也不行噢。"

孟锦云问："古人这么说，现代人也这么说，为什么秀才就不行呢？"

毛泽东解释道："因为这些秀才有个通道：一是说得多，做得少，向来是君子动口不动手；二是秀才谁也看不起谁，文人相轻么。秦始皇怕秀才造反，就焚书坑儒，以为烧了书，杀了秀才，就可以天下太平了，一劳

永逸了，可以二世三世地传下去，天下永远姓秦。结果呢？"说到这里，他就引了章碣的诗句："结果是'坑灰未冷山东乱，刘项原来不读书'。是陈胜、吴广、刘邦、项羽这些文化不高的人，带头造反了。"

说到这儿，毛泽东哈哈大笑，然后端起杯子喝了口水，又补充说："可是没有秀才也不行，秀才读书多，见识广，可以出谋划策，帮助取天下，治国家。历代的明君都有一些贤臣辅佐。他们都不能离开秀才啊！"

[参考] 孙琴安：《毛泽东与中国文学》，重庆出版社
2000 年版，第 86—87 页。

【注释】

（1）竹帛，竹简和白绢。古代初无纸，用竹帛书写文字。此指书籍。

（2）关河，指函谷关和黄河。祖龙居，指秦朝都城咸阳。祖龙，指秦始皇。

（3）山东，战国秦汉时称崤山或华山以东地区。乱，指秦末反秦的各路义军。

（4）刘项，指刘邦和项羽。

【赏析】

焚书坑相传在今陕西临潼骊山下，为秦始皇焚书坑儒处。秦始皇三十四年（前213），秦始皇采纳了丞相李斯的奏议，下令在全国搜集焚毁儒家《诗》《书》和诸子百家之书，令下后三十日不烧者，罚作筑城的苦役。秦始皇极尽集权、专横之能事，造成了中国历史上的一场文化大劫难，同时也加速了秦王朝的灭亡。诗人章碣感慨系之，满怀愤激之情，用嘲讽的笔调，写下了《焚书坑》这首七绝，强烈谴责秦始皇焚书坑儒的暴行。

诗的首句"竹帛烟销帝业虚"，意为书焚为灰烟了，秦朝的帝业也随之崩溃了。开宗明义，起句点题，用夸张的手法，虚实结合，以实带虚，写出了焚书与秦朝毁灭的必然联系。次句"关河空锁祖龙居"，承接上句"帝业虚"，以嘲讽的口气，进一步点明了虽有关河之固，也难保秦皇宫

殿的结局。"关河"在这里指函谷关与黄河。"祖龙居"指咸阳，秦朝的京都。"祖龙"指秦始皇。《史记·秦始皇本纪》"祖龙今年死"。《史记集解》中苏林曰："祖，始也；龙，人君象，谓始皇也。""关河空锁祖龙居"一句把"帝业虚"这一概念写实了，述中有评，嘲贬之意跃然纸上，一个"空锁"，一个"祖龙居"，揭示出了秦王朝威严与空虚的矛盾，进一步预示了秦王朝灭亡的必然性。接下来"坑灰未冷山东乱"一句转而写出了动乱的历史事实，但是"山东"乱的事实却和"焚书坑儒"没有构成因果关系。秦始皇和李斯原以为儒家之书是万祸之源，"焚书坑儒"就可以天下太平，长治久安。但结果恰恰相反，"坑灰未冷"，秦王朝就摇摇欲坠，朝不保夕了。这里所说的"山东"，指华山以东。

末句"刘项原来不读书"。诗人用调侃的笔调，抒发了心中的感慨，讽喻之意不言自明。山东之乱之后，秦王朝最终毁于刘邦、项羽之手。而这两个人一个长期厮混于市井之中，一个是行伍出身，都不是读书人。可见秦王朝期以"焚书坑儒"来统治国家和继承帝业是多么荒唐和错误。全诗从"竹帛"起，到"书"终，首尾相衬，浑然天成，构思精巧。

全诗主题鲜明、虚实相合，以讽刺、调侃、委婉、冷静的外在形式表现内心的憎恨与愤慨之情，在讽喻诗中堪称佳作。

毛泽东十分喜爱这首诗，他在批示文件时援引它，在和别人谈话中讲解它，不仅说明应该怎样评价秦始皇的焚书坑儒，而且阐明了应该怎样看待知识分子的问题。（李卫国）

【原文】

春 别

掷下离觞指乱山⁽¹⁾，趋程不待风笙残⁽²⁾。
花边马嚼金衔去⁽³⁾，楼上人垂玉箸看⁽⁴⁾。
柳陌虽然风袅袅，葱河犹自雪漫漫⁽⁵⁾。
殷勤莫厌貂裘重，恐犯三边五月寒⁽⁶⁾。

【毛泽东圈评等情况】

毛泽东曾两次手书此诗。

[参考] 中央档案馆编：《毛泽东手书选集·古诗词（下）》，

北京出版社 1996 年版，第 45—47 页。

【注释】

（1）高觞（shāng），离杯。觞，盛满酒的杯，亦泛指酒杯。《礼记·投壶》："命酌，曰：'请行觞。'"

（2）凤笙，汉应劭《风俗通·声音·笙》："……长四寸，十二簧，像凤之身，正月之音也。"后因称笙为凤笙。

（3）金衔，金属的马勒口。亦借指马。

（4）玉箸，玉质的筷子，筷子的美称。喻眼泪。亦作"玉筋"。

（5）葱河，即葱海。古代传说，葱岭水分流东西，西入大海，东为黄河之源。后因以"葱海"泛指葱岭一带的湖泊或引申为遥远的地域。

（6）犯，临，到。三边，汉时指匈奴、南越、朝鲜。《史记·律书》："高祖有天下，三边外畔。"泛指边境、边疆。

【赏析】

在古代诗歌中，表现少妇思夫春愁的作品颇多，那是写已别之愁情；至于在柳浓花香的春天作别，那愁苦就又翻进一层了。这首七言律诗就以春日明媚的景物为背景，抒写了离人分手时的愁苦之情。

首联从饯别写起。情人马上就要踏上遥远的征程了，少妇长亭设宴，殷勤饯别。春意正浓，而欢情将散，把酒相劝，其情何如。但诗人却没有泛写饯别时的种种伤情，而是从饯别的尾声写起。千头万绪，无言以对，借酒浇愁，翻觉愁情如泉，婉转的笙歌，也徒使心情纷乱。于是征人放下酒杯，不待送别之笙曲散尽，便毅然决然地踏上了前程。"指乱山"隐见前途迢迢、艰辛劳顿之意。"掷下离觞""不待凤笙残"两个动作皆写其决然之状。外表上似很潇洒、果断，反更见其内心的万缕愁情。正因为愁情难遣，故不得不决然斩之。这与执手相看，泪眼相对，无语凝噎的离别场面相较，既新颖别致，不落俗套，又深刻地揭示了征人复杂的内心情感。落笔便见其妙。

颔联写依依告别的情景。"花边"句写征人，他策马而去，渡过柳陌花丛，走向苍茫的原野。"花边"既点出了分手的时节，又烘染了征人的心情。鲜花正艳，青春正好，欢情正浓，这美好的一切却不得不舍弃，则心情之黯然，不待明言。"楼上"句写少妇。她独立高楼，眼看着情人的背影越走越远，心情也越来越愁苦茫然，眼泪不断如线，悄然地在脸上流下。玉箸，刘孝威《独不见》中有"谁怜双玉箸，流面复流襟"之语，以玉箸喻思妇不断的泪水。"看"字语浅意深，将少妇痴立凝望、目送征人、茫然愁苦之情状摹写逼真。两句诗分别从征人、少妇两个角度落笔，一句虚写，一句实写，以景物烘托和情态刻画的方法，写出了分手时各自的苦情愁绪。

前两联表现了离别时双方的痛苦，后两联则将笔触集中到思妇身上，以细腻的笔触，深刻地表现了她复杂的内心世界。颈联从外表上看，仍一此一彼，分写少妇和征人面对的两种情景，但实际上已转入少妇的内心活动了。征人渐渐地消失在视线中，思妇的心情也渐渐从离别的痛苦茫然中转了过来。但这温柔体贴的女子很快重又陷入了对征夫的牵挂担忧中。征人此去，非寻常之漂泊旅行，而是要到遥远的关塞上去。此处虽已花红柳绿、春色烂漫，可遥远的边地，却依然是风飞雪舞、冰天雪地。那辛苦严寒，征人将何以堪呢？"风袅袅"是眼前实景，"雪漫漫"是想象之词。"愁"字仍表现着离别后的伤情，而"犹自"已是深情的挂念了。

尾联承"雪漫漫"顺势转出，是细心而又多情的女子在心底中对征人的嘱托。此一去你将形只影单，再没人陪伴你、关心你了，你自己可要珍重身体，好自为之啊。内地虽已是将近五月，可边塞上天气尚冷，一到那里就要穿上临行前我为你赶制的寒衣，可千万别冻坏了自己。古诗中颇多思妇念远之作，但像这样刚一分手就牵肠挂肚，想得那么多、那么细的，就少见了。在这悉心的关怀，遥遥的嘱托中，一个温柔贤淑的少妇形象更加丰满、具体可感了。沈德潜评这两句诗"结意温厚"，这意见是不错的。

整首诗写的情事很普通，艺术表现却有特色。作者善用动作、神态来表现离情，用景物来烘衬别绪。特别是后半首，纯写思妇的心理活动，不多着一字，少妇的形象却写得深刻丰满。结构完整别致，语言浅近而抒情深厚，在这类作品中，是颇有特色的。

毛泽东曾圈阅并两次手书这首诗，说明他对此诗十分感兴趣。（杨国安）

高　蟾

高蟾（生卒年不详），郡望渤海（今河北沧州一带）。出身寒素，累举不第。唐僖宗乾符三年（876）登进士第。昭宗乾宁中官至御史中丞。后人对其诗评价不一。《全唐诗》存其诗一卷。

【原文】

下第后上永崇高侍郎

天上碧桃和露种[1]，日边红杏倚云栽[2]。
芙蓉生在秋江上，不向东风怨未开[3]。

【毛泽东圈评等情况】

毛泽东曾两次手书此诗。

[参考]中央档案馆编：《毛泽东手书选集·古诗词（下）》，
北京出版社1996年版，第64—66页。

【注释】

（1）碧桃，桃实的一种。古诗文中多特指传说中西王母给汉武帝的仙桃。

（2）日边，太阳的旁边。比喻帝王左右。

（3）东风，指春风。

【赏析】

这是作者应进士第未中后，写给高侍郎的一首诗。诗中运用比喻手法，抒写了两种不同的应试结果，表达自己芙蓉般孤高的品格。

高蟾一生官运不佳，开始应试也是"累举不上"，就"题诗省墙间曰：'冰柱数条楂（zhī）白日，天门几扇锁明时。阳春发处无根蒂，凭仗东风次第吹'，怨而切。是年人论不公，又下第。上马侍郎云……"（《唐才子传》）。马侍郎即本诗中高侍郎。给高侍郎的诗就是上面这首七言绝句。

"天上碧桃和露种，日边红杏倚云栽。"诗一开始就写得气势不凡，语句不仅富丽堂皇，而且对仗工整，描绘了天上的一片美丽景色：天上的仙桃是同清晨的露珠一起种下的，太阳那边的红杏，是倚着彩云栽起来的。这是一个色彩斑斓的天上美景，有清爽硕大的肥桃，上面兴许还挂着露珠，正因为它是"和露种"的，那清碧的桃叶、桃子显得多么晶莹透亮，让人不禁艳羡几分；再看那日边红杏更是鲜艳夺目，红杏本身就说明了杏的颜色，再配以如丝如絮的白云和彤彤放光的红日，更是灿烂无比。那么作者为什么描写这么美丽的两种水果呢？其实作者用意是在用此作比，用"天上碧桃"和"日边红杏"来比喻那些"及第"者，"一登龙门则身价十倍"的不同寻常的现象。此诗是作者"下第"后所作，这里两句用"和露种""倚云栽"写出了得中者有所凭恃，特承恩宠的"高贵"。

作者所处正是晚唐，科举制度弊端极多。从高蟾下第后，自叹"阳春发处无根蒂"，我们可以看出，当时靠人、权关系而成名、及第得官者大有人在。这也正是因为"碧桃"在天，"红杏"倚日，所以它们才能够"和露种""倚云栽"，这岂是孤居于秋江之上无依无靠的"芙蓉"所能够比拟的？

"芙蓉生在秋江上，不向东风怨未开。"这里的秋江芙蓉，很显然是作者自比。芙蓉指荷花。荷花只在秋天的湖上开放，也就不去怪东风没有帮助自己，谁让你芙蓉生长在秋江边上，只在秋季开放呢？从字面上看，诗人很看得开，谁都不怨，只怪自己生得不是地方，实则暗喻自己生不逢时的悲惨。不过，它也表现出作者秋江芙蓉般的孤高性格。

全诗都用比喻，通过写"碧桃""红杏"的春风得意，映衬秋江"芙蓉"的孤傲高尚，讽刺当时社会取士方法的不合理，表现了自己不为世俗所动的高尚品德。（毕晓莹）

张　蠙

张蠙（生卒年不详），字象文，郡望清河（今北京海淀清河），家居江南。初累不第，昭宗乾宁二年（895）登进士第。曾官校书郎，调栎阳尉，迁犀浦令。王建立蜀，仕前蜀为膳部员外郎、金堂令等职。早年曾游塞外写了不少边塞诗，以五七律为多。

【原文】

登单于台

边兵春尽回，独上单于台。

白日地中出，黄河天外来。

沙翻痕似浪，风急响疑雷。

欲向阴关度(1)，阴关晓不开。

【毛泽东圈评等情况】

毛泽东曾手书这首诗。

[参考] 中央档案馆编：《毛泽东手书古诗词选》，文物出版社、中国档案出版社 1984 年版，第 168 页。

【注释】

（1）阴关，阴山山脉中的关隘。阴山是汉代防御匈奴的屏障，绵亘于今内蒙古，西起河套，东接内兴安岭。

【赏析】

"单于台"，在今内蒙古呼和浩特西。相传汉武帝曾率兵登临此台。作者早年曾游塞外，到过此地，登临于此，有感而发，写下此诗。这首五言律诗描写边塞风光，语句浑朴，境界开阔，"白日地中出，黄河天外来"是广为传颂的名句。

"边兵春尽回。独上单于台。"诗的首联是全诗总领，点出登临的时间、登临时边地的情况。春天无战事，边关平静，士兵都回去休息，消失了往日的战火，恢复暂时的平静，这时才会有登台览物的逸兴；独上单于台，一个人在凝思注目、苦想，突出了诗人超然独立的形象。

"白日地中出，黄河天外来。"颔联写作者登上单于台，眼前的景象给人以壮阔感，激荡人的心胸：一轮白日从地平面一跃而出，千里黄河浩浩荡荡，一泻千里，如同天外飞来。气势宏大、对仗工整，"白日"对"黄河"，在寥廓苍茫之中给人以壮丽多彩的感觉。这两句诗语句浑朴、境界辽阔，是广为传颂的名句，诗人也因此句而知名，可见其影响之大。

"沙翻痕似浪，风急响疑雷。"颈联写作者居高临下所见之景。人在高处，更感到风急，风急声大如雷响，惊心动魄；临下，才见风过沙痕，正因为风大，扬起尘沙也多，所以才是沙如浪翻。这两句写单于台上所见、所感，写得有声有形，加上上面写的白日、黄河，从远到近，自下而上，构成了一幅有色彩、有动态、有音响的立体图，把边塞风光写得声势宏阔，莽苍之至。

"欲向阴关度，阴关晓不开。"尾联写阴山难度。阴关，阴山山脉中的关隘。阴山是汉代防御匈奴的屏障，绵亘在今内蒙古，西起河套，东接内兴安岭。我想到阴山那边去看看，可是阴山的关门却在大早上就紧闭着不开。这还是作者登台所见——阴关晓不开。诗人写到这儿，诗风陡然一转，刚才还是慷慨激昂地引吭高唱，一变为徒唤无奈的颓唐之音，这是为什么呢？这跟作者所处时代有关。作者生活在晚唐，一方面晚唐的社会安定不如从前，虽有短暂的平静无战事，但大势已去，许多不利因素是明摆的，诗人不会不知道；再者，诗到了晚唐，纵使歌咏壮阔雄奇的塞外风光，也难有盛唐时代那蓬蓬勃勃的朝气了。

毛泽东曾圈点并手书这首诗，说明他对此诗十分感兴趣。（毕晓莹）

【原文】

钱塘夜宴留别郡守

四方骚动一州安⁽¹⁾，夜列樽罍伴客欢。

筚篥调高山阁迥⁽²⁾，虾蟆更促海涛寒⁽³⁾。

屏间珮响藏歌妓，幕外刀光立从官⁽⁴⁾。

沉醉不愁归棹远，晚风吹上子陵滩⁽⁵⁾。

【毛泽东圈评等情况】

毛泽东曾两次手书这首诗。毛泽东曾将岑参诗《奉和杜相公发益州》中两句"朝登剑阁云随马，夜渡巴江雨洗兵"与此诗中"屏间珮响藏歌妓，幕外刀光立从官"两句构成组句手书之。

[参考]中央档案馆编：《毛泽东手书选集·古诗词（上）》，北京出版社1996年版，第202、84页。

【注释】

（1）四方骚动，指唐末的战乱。一州，指杭州。

（2）筚篥（bìlì），即觱篥。古代管乐器之一种，多用于军中。

（3）虾蟆更，击木柝警夜。以柝声似蛤蟆叫，故称。蟆，通"蜢"。

（4）从官，属官。

（5）子陵滩，即七里滩。富春江的一段。相传东汉严光（字子陵）隐居垂钓于此。

【赏析】

张蠙在晚唐五代时以诗著名，咸通中（873），与许棠、张乔、郑谷等合称"咸通十哲"。这首七言律诗是他唐末在吴越一带游历时所作。诗中描写了钱塘夜宴的情景，表现了对郡守的颂美之意，也表现了自己无心于乱世的隐逸之心。郡守，指钱镠，僖宗光启元年领杭州刺史，以用兵有方，官职屡进，封吴王。

因为是留别钱氏所作，故开篇先赞钱氏之功业。晚唐末季，四海沸腾，战乱不息，钱氏以出众的将略，不仅保全了杭州，使其在动荡的年代里晏然无事，而且东征西讨，屡建功勋。以四海之动荡反衬一郡之晏然，更见钱氏之将才治能。"夜列"句则承"一州安"顺势转出，扣到"夜宴"的题面上。因一州太平无事，故钱氏雅兴不减，常常宾客盈门，通宵夜宴，居然一派升平气象。

颔联则从大处着笔，写出了夜宴的时间、地点和环境，也写出了一种空旷幽远的意境。夜宴设在海边山顶的阁楼之上，故环境幽远，只有阵阵的涛声和蛙鼓声（虾蟆更，即蛙和蟾蜍之类的叫声，因其声似击柝，故有此称）。"寒"字也写出了夜已渐深、海边凉气袭人的意味。在静静的海边山顶，阁子上灯火通明，笙歌鼎沸，远远望去，让人恍惚有天外仙人聚会之感。

颈联两句则由远而近，具体描写夜宴时的景象。但作者没有正面描写阁楼上笙歌婉转、杯盘交错的情景，而是别出心裁地选取了幕内幕外的两种景象，来表现宴会的盛大和严整。先写幕内，宴席旁边的屏风后边，不时传来一两声叮当的佩环声，人们才觉察到原来里边还藏着不少色艺双绝的歌妓，夜色虽深，但宴会却正热闹，更精彩的节目还在后边呢，真有要通宵作乐的架势。幕外，夜色深沉，在闪烁的星光下，偶有刀光一闪，仔细看时，原来是副将带领士卒，在为宴会进行警戒。一句写得轻松，一句写得威严，这才真是将军夜宴的气派。

尾联写留别之意，也表现了自己在乱世中隐逸避世的思想。在这欢乐的气氛中，自己也颇受感染，不知不觉中，已有些朦胧醉意了。但也犯不着为归途遥远而担忧，乘着小舟，任晚风吹拂，一醉醒来时，已到达自己江边的居处了。这两句写得轻松自在，乘醉登舟，晚风送行，真是惬意极了。"子陵滩"，严子陵隐居垂钓的地方，用在这里，是为了表现自己隐居避世的志趣。

整首诗最精彩的地方在颔颈二联，写夜宴之景，避实就虚，不正面写夜宴之热闹场景，而从侧面下笔，抓住特征，通过夜宴时的环境和气氛，写出了夜宴之神，构思颇见匠心，而意境也清深幽远。

毛泽东曾圈点并两次手书这首诗，可见他对此诗的兴致之高。（杨国安）

【原文】

夏日题老将林亭

百战功成翻爱静，侯门渐欲似仙家⁽²⁾。

墙头细雨垂纤草，水面回风聚落花⁽³⁾。

井放辘轳闲浸酒，笼开鹦鹉报煎茶⁽⁴⁾。

几人图在凌烟阁⁽⁵⁾，曾不交锋向塞沙。

【毛泽东圈评等情况】

毛泽东读清沈德潜编选《唐诗别裁集》卷十六"七言律诗"时圈阅了这首诗。

[参考] 张贻玖：《毛泽东评点、圈阅的中国古典诗词》，

中国工人出版社 1992 年版，第 241 页。

【注释】

（1）翻，反而。北周庾信《卧疾穷愁》："有菊翻无酒，无弦则有琴。"

（2）侯门，诸侯之门，亦指显贵人家。唐刘禹锡《学刘公干体》诗之三："侯门有仁义，灵台多苦辛。"仙家，仙人所住之处。《海内十洲记·元洲》："元洲在北海中，地方三千里，去南岸十万里，上下五芝玄涧……亦多仙家。"

（3）回风，旋风。《古诗十九首·东城高且长》："回风动地起，秋草萋已绿。"

（4）鹦鹉经反复训练，能模仿人的语言，故曰"报煎茶"。

（5）凌烟阁，为表彰功臣而建筑的绘有功臣图像的高阁。

【赏析】

这是一首七言律诗。诗人在夏季的一日浏览了一位"百战功成"的老将的园林，题写这首诗为赠。诗中对老将被闲置不用、过着仙家一般闲适生活的境遇寄予同情。林亭，即林园。林指野外或退隐的地方。《尔雅·释

地》："邑外谓之郊，郊外谓之牧，牧外谓之野，野外谓之林。"唐张说《和魏仆射还乡》："富贵还乡国，光华满旧林。"亭指亭馆，供人游憩或歇宿的亭台馆舍。林亭，大约是老将的一个花园或别墅，并非府第。

"百战功成翻爱静，侯门渐欲似仙家。"首联叙事，概括点出老将心境的寂寞及其门第的冷落。诗人以"百战功成"切"老将"。能杀惯战，有百战之功的老将应该爱"动"，而今反而"爱静"，这就反常；"侯门"再暗示老将身价之高，侯门应该是车马喧闹之处，而今门可罗雀，快成了神仙洞府，这就更加反常。这种反常状况反映出老将的失势和门第的冷落。

"墙头雨细垂纤草，水面回风聚落花。"颔联描写，写老将林亭寂静无声。诗人先写围墙。围墙上在斜风细雨的吹打下，纤细的小草垂了下来。状"纤草"着一"垂"字，写出小草毫无生气的样子，荒凉冷落之意自在言外。再写池面，园内水池面上，打着圈的旋风把那落在水面上的凌乱花瓣吹聚到一起。这里只用七个字，却勾画出一幅风自吹拂、花自飘落、池面凄清、寂寞萧条的景象，更深化了老将林亭的萧条冷落。这两句颇为人们赞赏。清代诗评家沈德潜在《唐诗别裁集》中批注道："晚唐佳句，如'绿杨花扑一溪烟'，如'菱荷翻雨泼鸳鸯'，皆近小样，惟'水面回风聚落花'"，归于自然，宜王衍与徐后见其诗而欲官之也。"沈氏以"自然"二字评此二句，确为好评。他提及的王衍与徐后见其诗而欲官之一事，则见于《分类诗话》卷一一：后主王衍与徐太后游成都东门内的大慈寺，见壁上题有"墙头雨细垂纤草，水面回风聚落花"，欣赏良久，询问寺僧，知是张蠙所作。于是赐蠙霞光笺，并将召掌别诰。权臣宋光嗣以其"轻傲驸马"，遂止。"井放辘轳闲浸酒，笼开鹦鹉报煎茶。"颈联继续描写，写老将饮酒、烹茶的闲情逸致。此联方出人物：这位"百战功成"的老将，如今既不研读兵书，也不运筹帷幄，而是闲暇无事，以饮酒、品茶以消永日。辘轳是汲水的工具。老将把酒瓶用辘轳放到井水中浸泡，使酒清爽可口。打开鹦鹉笼子，好让它在客人光临时报告主人，以便烹茶待客。这两句不仅写出了老将的闲适生活状况，更描绘出老将的生活情趣与精神状态，手法相当高明。

"几人图在凌烟阁，曾不交锋向塞沙。"尾联议论，对老将进行规劝与慰勉，揭出诗的主旨。前句用典，凌烟阁是封建王朝为表彰功臣，绘其画像于高阁事。唐太宗贞观十七年画功臣像于凌烟阁最著名。唐刘肃《大唐新语·褒锡》："贞观十七年，太宗图画太原倡义及秦府功臣赵公长孙无忌、河间王孝恭、蔡公杜如晦、郑公魏征、梁公房玄龄、申公高士廉、鄂公尉迟敬德、郧公张亮、陈公侯君集、卢公程知节、永兴公虞世南、渝公刘政会、莒公唐俭、英公李勣、胡公秦叔宝等二十四人于凌烟阁，太宗亲为之赞，褚遂良题阁，阎立本画。"据《新五代史》载：前蜀王建五年曾起寿昌殿于龙兴宫，"画建像于壁"，并且还仿效唐太宗故事，"起扶天阁，画诸臣像"。又据新旧《五代史》载，前蜀先主王建晚年多内宠，及病危，把持朝政的宦官、重臣，密谋"尽去建故将"。《成都县志》亦载：王建晚年，"多忌好杀，诸将有功名者，多因事诛之"。后主王衍即位后，其旧勋故老，皆弃而不任。由此看来，这首诗为老将鸣冤叫屈是有针对性的。这两句是说，在凌烟阁上画像留名的人，又有谁不曾在沙场上屡建奇功呢？其功劳是抹杀不了的，老将感到寂寞与冷落是大可不必的。落脚安慰老将，正是本诗题旨。（毕桂发）

司空图

司空图（837—908），字表圣，号知非子、耐辱居士。河中虞乡（今山西永济）人。唐懿宗咸通十年（869）登进士第。历官光禄寺主簿、礼部员外郎、中书舍人、知制诰。晚年（887）归隐中条山王官谷。此后几经迁移，终未出仕。朱温篡唐，闻哀帝被弑，不食而卒。有《司空表圣诗集》，其诗论《二十四诗品》为传世之作。

【原文】

归王官次年作

乱后烧残满架书⁽¹⁾，峰前犹自恋吾庐。

忘机渐喜逢人少⁽²⁾，缺粒空怜待鹤疏⁽³⁾。

孤屿池痕春涨满，小栏花韵午晴初。

酣歌自适逃名久⁽⁴⁾，不必门多长者车⁽⁵⁾。

【毛泽东圈评等情况】

毛泽东曾手书此诗。

[参考]中央档案馆编：《毛泽东手书选集·古诗词（下）》，
北京出版社1996年版，第67页。

【注释】

（1）乱，指昭宗时的关中战乱。

（2）忘机，消除机巧之心。常用以指甘于淡泊，与世无争。

（3）缺粒，缺少粮食。

（4）逃名，逃避声名而不居。朱温篡唐后，召司空图为礼部尚书。

司空图没有应召。

（5）长者车，显贵者所乘的车辆。

【赏析】

　　司空图曾数度归隐山林，中年时的两次归隐是因为兵乱，晚年时的归隐则是由于朝廷微弱，纲纪大坏，他对朝政已失去了信心。据诗意看，这首诗或作于晚年。昭宗年间，关中战乱不息，司空图家乡亦受战火洗劫，他曾由家乡寓居华阴，此诗即还乡后次年所作。"王官"，即中条山王官谷，有司空图先人之别墅在，泉石林亭，颇惬幽居之情，司空图晚年即隐居其中。

　　这首七律首联先从回山后的情景写起。"乱后"点明离山之因。大乱平定以后，他回到山中，昔日清幽秀丽的别墅已被糟蹋得满目疮痍，一片荒凉。尤使他痛心的是，自己积年收集、苦心经营的满架图书，或已化为灰烬，或被踏践抛弃，已残败殆尽了。司空图归隐王官后，以诗文自娱，读书作文成了他生活中的主要乐趣，也是他生活的重要内容。林亭残破了，或可重建，但这满架的珍贵图书哪里去寻求呢？起笔颇见心情之沉重。然而次句即从低抑的情绪中转开了，虽林亭残破，图书散尽，然而，自己对这破败的山中故居依然爱恋如故。因为在这幽秀的山林风光里，他仍然可以徜徉避世，自得其乐。"恋吾庐"以"乱后烧残满架书"衬托，更显其对故山故居钟爱之深。"乱后"欲扬先抑，"恋吾庐"才是一篇主意。

　　颔联写自己归山后的生活情景。"忘机"句承"恋吾庐"而来，写隐居山中乐趣之一。在这幽僻的山林里，没有官吏来打扰，没有士流来拜访，自己一人任性而行，高蹈独步，再不用煞费苦心，钩心斗角，去机忘巧，陶然自乐。由于自己已无机心，故山鸟野鹤，颇与相狎，所愧者，自己劫后还山，炊饭尚难以自给，更无多余之粮米来招待这些客人了。"逢人少""缺粒"是写生活处境，孤居野处，生活也颇显拮据困窘；"忘机渐喜""待鹤"是写此时的心境，处境虽如此，然自己毫不介意，反而自得其乐。心境与环境同时顾到，一举两得，用笔精练。

　　颈联转写山中春天幽秀的自然风光。门前是一池澄静的湖水，湖中是一块孤拔耸峭的小岛，湖水升升降降，在山屿上留下一道道痕迹，而今春水新涨，淹没了这些痕迹，潋滟澄碧的春水辉映清丽优美的山色，湖光山色，并堪娱目。花栏虽不大，但山花野草却勃勃有生气，刚刚经过春雨的洗礼，青翠耀目，沁人心脾，在正午初晴的阳光下，更显得风致绰约，楚楚动人。诗句抓住春天雨过天晴的这片断时刻，以两幅最有表现力的景象描出了山中景色之美。此幽居之乐二也。两句诗观察描写都细致鲜明，池而曰"痕"，花而曰"韵"，俱新颖传神。清沈德潜在此二句批注云："佳景佳句。"（《唐诗别裁集》）

尾联直抒心志，抒写了自己徜徉山林，忘世忘机的生活志趣。人一有名，往往为名所累，司空图自己就屡蒙征召，颇以为苦。山中既有如此的乐趣，又有如此的美景，真可以托命其中，诗酒自乐了，又何必希求闻达于王公贵人呢？两句诗回应首联之"恋吾庐"，一反一正，正面倾诉了自己的怀抱。

这首诗反复表达的是隐居避世的情趣，并无特别可以称道的地方，但在艺术表现上却颇有特点。整首诗围绕着"恋吾庐"这一主旨，逐层展开描写，将幽居之乐趣展现得十分充足。中间两联，描写细腻贴切，生动传神，用语新颖准确，颇见锤炼之功，最能表现司空图的艺术趣味。

毛泽东曾圈点并手书这首诗，说明他对此诗十分欣赏。（杨国安）

郑 谷

郑谷（851？—910？），字守愚，袁州宜春（今江西宜春）人。父与司空图同官，幼年图见而奇之，尝抚其背曰："当为一代风骚主。"早年累应进士第不举。僖宗光启三年（887）登进士第。昭宗朝历任鄠县尉、京兆参军、右拾遗、左补阙等职，官至都官郎中。唐昭宗天复三年（903）前后，归宜春。入后梁，卒。谷有诗名，与许棠、张乔等并称"咸通十哲"。其诗"清婉明白"，盛传于世，号为郑都官。原有集已散佚，存《云台编》。

【原文】

淮上与友人别

扬子江头杨柳春⁽¹⁾，杨花愁杀渡江人。
数声风笛离亭晚⁽²⁾，君向潇湘我向秦⁽³⁾。

【毛泽东圈评等情况】

毛泽东曾手书这首诗。

[参考] 中央档案馆编：《毛泽东手书选集·古诗词（下）》，北京出版社1996年版，第68—69页。

【注释】

（1）扬子江，一名洋子江。本指今江苏扬州附近长江河段，后通称长江为扬子江。

（2）风笛，风中传来的笛声。离亭，古人在驿亭送别，因有"离亭"之称。

（3）潇湘，潇水与湘水的并称。湘水中游于今湖南零陵与潇水汇合后称潇湘，多借指今湖南地区。秦，朝代名，后多指今陕西地域。

【赏析】

离情是唐诗抒写的重要内容之一，送别诗中佳篇甚多，要想不落俗套，不步后尘，必须写出新境界。郑谷的七言绝句《淮上与友人别》在送别诗中实属上乘之作，更为晚唐诗中的佳品。

这首诗是诗人在扬州（题中所称"淮上"）和友人分手时所作。

"扬子江头杨柳春，杨花愁杀渡江人。"一二两句点明离别的地点：扬子江边。时间：柳絮杨花飘飞的暮春。就在这江水悠悠的岸边，暖风吹拂，杨柳依依，多迷人的景色，可一对友人却要分手了。美好的江头柳色，宜人春光，使离别之情愈显缠绵，所以，紧接着作者自然而然地流出一句感叹："杨花愁杀渡江人"。这随风飘飞的杨花不仅为离别增添了愁思，而且暗示着行人旅程的漂泊不定。两个"江"字、两个"杨"字的连用使诗句读来朗朗上口，同时也造成一种回环往复的复沓之美。

"数声风笛离亭晚，君向潇湘我向秦。"三四两句写分手在即，离亭话别，不知不觉暮色降临，空中回响着凄怨如诉的笛声。该送友人上船了，该说几句祝愿或安慰的话语了。可不承想，作者却写出一句看似口语的诗句："君向潇湘我向秦。"这里既没有写景，也没有直抒离情，而是叙述了一个事实：一个去潇湘，一个去秦，从此，天涯之旅，再难相见。作者的万般感慨和无奈便在这一句话中得以表现，读来仿佛有更多的话语尽在不言之中。此句当由庾信《和王少保遥伤周处士》中"冥漠尔游岱，惨凉余向秦"化来。

谢榛在《四溟诗话》中对最后一句提出批评，说"此结如爆竹而无余音。"并改作起句："君向潇湘我向秦，杨花愁杀渡江人。数声长笛离亭晚，落日空江不见春。"后人对他的这种改法均持否定态度。沈德潜在《唐诗别裁集》中此诗末批注曰："落句不言离情，却从言外领取，与韦左司《闻雁》诗同一法也。谢茂秦尚不得其旨，而欲颠倒其文，安问悠悠流俗！"我们仔细品味一下也不难看出："落日空江不见春"确实落入俗套，没有一点新意，雕琢之痕尽现。而用"君向潇湘我向秦"，一来在诗意上是个转折：本来以为是离亭送客，可哪承想是客中送客，两人都要踏上艰辛的旅途，这种离别自然更让人悲伤；二来不直言离情，更显深婉，格调更见高雅。

总之，这首诗言约意丰，意境深远，如《网师园唐诗笺》中所言："笔意仿佛青莲，可谓晚唐中之空谷足音矣。"（毕桂发 赵玉玲）

唐彦谦

唐彦谦（？—893？），字茂业，曾在孟浩然隐居过的鹿门山隐居，因自号鹿门先生，并州晋阳（今山西太原）人。才高负气，应进士举，累年不第。唐懿宗咸通二年（861）中进士，曾任绛州、阆州等地刺史。昭宗景福二年（893）前后，卒于汉中。彦谦博学多才，初时学温、李，诗风纤丽。后尚杜甫，诗风变为清雅。尤擅七言，文辞壮丽。有《鹿门集》。

【原文】

仲 山

千载遗综寄薛萝⁽¹⁾，沛中乡里旧山河⁽²⁾。

长陵亦是闲丘陇⁽³⁾，异日谁知与仲多⁽⁴⁾？

【毛泽东圈评等情况】

毛泽东曾手书这首诗。

[参考]中央档案馆编：《毛泽东手书选集·古诗词（下）》，北京出版社1996年版，第78页。

毛泽东曾用这首诗批注《汉书》卷二《帝纪一》。

[参考]《〈毛泽东评点二十四史〉评文全本》，中国档案出版社、鹭江出版社2008年版，第7页。

【注释】

（1）屈原《九歌·山鬼》有"若有人兮山之阿，被薛荔兮带女萝"之句，后以薛萝指隐士的服装。这里代指刘仲的隐居之所。

（2）沛，汉高祖刘邦故乡，即今江苏沛县。

（3）长陵，汉高祖刘邦陵墓名，在今陕西咸阳东。

（4）"异日"句，为用典。《史记·高祖本纪》载："未央宫成。高祖大朝诸侯群臣，置酒未央前殿。高祖奉玉卮，起为太上皇寿，曰：'始大人常以臣无赖，不能治产业，不如仲力。今某之产业所就孰与仲多？'殿上群臣皆呼万岁，大笑为乐。"

【赏析】

此诗为唐彦谦凭吊仲山的感怀之作。仲山，在今陕西泾阳西北，北跨淳化县界，俗传汉高祖兄仲隐居之所。

这是一首七言绝句。首句便言："千载遗踪寄薜萝"。"薜萝"，即薜荔、女萝，皆植物名。屈原《九歌·山鬼》云："若有人兮山之阿，被薜荔兮带女萝。"后以薜萝指隐士的服装。此以薜萝代指刘仲的隐居之所。诗的第一句仅为感怀的"引子"，以下三句才为感怀的重心。实际上，诗人感怀的内容非为刘仲，而为刘邦。刘邦，作为西汉王业的创始人，确实是叱咤风云的历史人物。又因其发迹前不过是区区泗水亭长，其人贪财好色，不事生产，更为其煊赫的帝业蒙上了一层传奇的色彩。

"沛中乡里旧山河"，诗的第二句看似平平，实际包含了明写与暗示的强烈对比。沛是刘邦的故乡，也是刘邦的生长之地。高祖十二年（前195），刘邦击黥布还归，过沛，置酒宴沛故人父老子弟十余日，刘邦自为《大风歌》云："大风起兮云飞扬，威加海内兮归故乡，安得猛士兮守四方！"载歌载舞，慷慨伤怀以至泣下，谓沛父兄曰："游子悲故乡，吾虽都关中，万岁后吾魂魄犹乐思沛。且朕自沛公诛暴逆，遂有天下，其以沛为朕汤沐邑，复其民，世世无有所与。"可见，作为开国皇帝的同乡，沛人是得到了极其优惠的政策的。和其他地方的百姓相比，沛人自然是荣耀得多，优越得多，算得上超人一等的百姓了。但是，随着时光的流逝、王朝的更替，沛地虽然山河依旧，昔日的皇恩和荣耀却已荡然无存。这样明写与暗示就构成了一定意义的讽刺。

第三句"长陵亦是闲丘陇"，长陵是刘邦死后埋葬的地方。此句意谓长陵也一样只是荒烟蔓草。此句集中体现了诗人对人生的认识，其中不仅含有对刘邦其人其事的嘲弄，而且更含有诗人追慕荣华、功名可企而不可及的苦涩和冷静的反思。诗句中流露出一种看破红尘的低沉和哀伤。第四句"异日谁知与仲多"，这句是用典。《史记·高祖本纪》载："未央宫成。高祖大朝诸侯群臣。置酒未央前殿。高祖奉玉卮，起为太上皇寿，曰：'始大人常以臣无赖，不能治产业，不如仲力。今某之产业所就孰与仲多？'殿上群臣皆呼万岁，大笑为乐。"诗人采用这种生——死——生的写法，即从其衣锦还乡写到其葬身长陵，又从其葬身长陵追述其飞黄腾达时嘲弄父兄的得意情态，不仅是为了造成强烈的对比，即刘邦生前的煊赫与死后的寂冷的高反差对比，而且还是为了与首句构成照应，即以首句作引子从刘仲引发到刘邦，又以刘邦嘲弄其兄刘仲的典故与首句相照应，使得此诗既跳跃又能保持完整的结构。

诗人写作此诗，其意并非在于褒贬刘邦其人，而在于借刘邦之事抒发个人对人生的慨叹。彦谦才高负气，懿宗咸通年间累应进士举，十余年不第，僖宗朝又避乱江南。仕途的坎坷和生活的艰辛不能不影响诗人的心态以及由此而引发诗人对人生诸多问题的认识。诗人所抒发的这种慨叹与社会上的失意人群往往会产生心理上的共鸣，这便是此诗能长久流传并有一定认识价值的主要原因。《红楼梦》中跛足道人的《好了歌》中的几句："世人都晓神仙好，惟有功名忘不了！古今将相在何方，荒冢一堆草没了。"便可以作为此诗的注脚，不过只是比此诗说得更白更露，也更为消极罢了。

毛泽东曾圈点并手书这首诗，还用以批注《汉书》本纪，说明他对此诗比较感兴趣。（王宛磐）

李　洞

李洞，字才江，京兆（今陕西西安）人，唐代诗人，唐诸王孙。昭宗时不第，游蜀。诗学贾岛，奇峭僻涩，人病其僻涩，惟吴融亟称之。写山水为胜。

【原文】

山居喜友人见访

入云晴劚茯苓还⁽¹⁾，日暮逢迎木石间⁽²⁾。

看待诗人无别物⁽³⁾，半潭秋水一房山⁽⁴⁾。

【毛泽东圈评等情况】

毛泽东读清沈德潜编选《唐诗别裁集》卷二十"七言绝句"时圈阅了这首诗。

[参考] 张贻玖：《毛泽东评点、圈阅的中国古典诗词》，中国工人出版社 1992 年版，第 241 页。

【注释】

（1）劚（zhú），大锄，引申为掘。茯苓，菌类植物，可供食用，并可入药。

（2）逢迎，迎接，接待。《战国策·燕策三》："太子跪而逢迎，却行为道，跪而拂席。"

（3）看待，招待，款待。诗人，指作者友人。

（4）一房山，一座像房屋一样的山。房，用于外形结构等似房之物。

【赏析】

这是首七绝。诗人在山中居住时，有位朋友去拜访他，因而写下这首诗，抒写他生活简单、清贫自守的情怀。见访，尊称他人的访问。

"入云晴剧茯苓还，日暮逢迎木石间。"一、二句叙事，写作者傍晚采掘茯苓回来时有位朋友来访。茯苓是一种药用植物，可种植。入云，状其茯苓种植地之高。日暮，点出友人来访时间。逢迎，迎接，点出"喜"意。木石，树木和山石。《孟子·尽心上》："舜之居深山之中，与木石居，与鹿豕游。"木石间，点明朋友来访地点。二句是说，在一个秋天的傍晚，作者从高山挖掘茯苓回来的时候，在树木和山石之中遇到了来访的朋友，点明"山居喜友人见访"题意。

"看待诗人无长物，半潭秋水一房山。"三、四两句抒情，写作者清廉自守品德。看待，作招待、款待讲。诗人，则指来拜访的那位朋友。无物，即别无长物之略语。意谓没有多余的东西。典出南朝宋刘义庆《世说新语·德行》："王恭从会稽还，王大看之。见其坐六尺簟，因语恭：'卿东来，故应有此物，可以一领及我。'恭无言，大去后，即举所坐者送之。既无余席，便坐荐上。后大闻之，甚惊，曰：'吾本谓卿多，故求耳。'对曰：'丈人不悉恭，恭作人无长物。'"后多形容空无所有。作者用此典，意在说明我本来想盛情款待客人，无奈家徒四壁，一无所有。接下来末句说，我这里所有的只是半潭秋水和一座像房屋似的山，但这潭水和青山是值得我骄傲的景观，它的所有权都不属于我。所以这里写"有"亦是"无"，连接上句，更突出了作者家境之清贫、生活之俭朴。出语幽然，耐人寻味，不失为一篇佳作。（毕桂发）

陆龟蒙

陆龟蒙（？—881？），字鲁望，吴郡（今江苏苏州）人。陆龟蒙是败落的世家子弟，举进士，不第。一度做过湖州、苏州刺史的幕僚，以后就隐居松江甫里，自称江湖散人，又号天随子、甫里先生。他和皮日休是好朋友，最推崇扬雄，其诗近体受温、李影响，古体则多承韩愈一路，以铺张奇崛为主。有《甫里先生文集》传世。

【原文】

怀宛陵旧游

陵阳佳地昔年游[(1)]，谢朓青山李白楼[(2)]。
惟有日斜溪上思，酒旗风影落春流。

【毛泽东圈评等情况】

毛泽东读清沈德潜编选《唐诗别裁集》卷二十"七言绝句"时圈阅了这首诗。

[参考] 张贻玖：《毛泽东评点、圈阅的中国古典诗词》，
中国工人出版社 1992 年版，第 241 页。

【注释】

（1）陵阳，即陵阳山，在安徽宣城城北敬亭山之南。相传为陵阳子明成仙之地。这里用作宛陵的代称。

（2）谢朓青山，指敬亭山。南齐著名诗人谢朓出任宣城太守，曾写过游敬亭山的诗。李白楼，指谢朓北楼。李白曾游宣城，赋诗《秋登宣州

谢朓北楼》有"谁念北楼上，临风怀谢公"之句。此楼后改名谢公楼或叠嶂楼，又名谪仙楼。

【赏析】

这是一首山水诗，单从题目就可以看出，这不是一首即时写景诗，而是一首表达对往年游历怀念的咏怀诗。宛陵是汉代设置的一个县，至晋属宣城郡，隋朝时改名为宣城（今安徽宣城）。

"陵阳佳地昔年游"，首句平铺直叙，点出当年自己曾游览过这个好地方。"陵阳"，山名，它三面环抱着宛陵城，句溪、宛溪二水，玉带般飘临此城，就是这样山青水绿的地方，曾使它因两个著名诗人而更加扬名。这两位诗人不仅在此游玩，而且还留下了千古不灭的印记。

"谢朓青山李白楼"，从字面来看，这句是说和谢朓有关的青山，和李白有关的楼。其实，在这里指的是以谢朓、李白而著名的山和楼。谢朓（tiǎo），南齐诗人，曾出任宣城太守。北楼因此改名谢公楼，唐代又名叠嶂楼。盛唐诗人李白也曾客游宣城，并在宣城住过好几年，把敬亭山当作"相看两不厌"的朋友。他常到谢公楼附近徘徊，屡登谢公楼畅饮作诗，写下了"抽刀断水水更流，举杯销愁愁更愁"（《宣州谢朓楼饯别校书叔云》）的警句。作者陆龟蒙生于晚唐，长期过着隐居的生活，那么，他到此游览会有什么样的心情？旧游在他脑中留有什么印象呢？

"惟有日斜溪上思，酒旗风影落春流。"他对往日的思念又重现：傍晚，在句溪、宛溪旁缓步独行，夕阳斜照在水面上，那叠嶂楼的倒影印在水中，酒店门前的酒旗正迎风飘扬，落影也在春水之中摇荡。这情景，最惹人思绪，为什么会惹起思绪？惹起什么样的思绪？诗人没有往下说，也没有在诗中直接点出，但这思绪不用说，我们从诗句中也可以看出来。清沈德潜在《唐诗别裁集》中此诗后二句末批注云："佳句。诗中画本。"

诗的前两句点出时间、地点，显出名胜古迹，抒发了怀念、思慕之情。后两句写当年留下的印象，深化了主题，加深了印象。（毕晓莹）

张 乔

张乔（生卒年不详），字伯达，池州（今安徽贵池）人。唐诗人。懿宗咸通进士。其时，乔与许棠、喻坦之、郑谷、张蠙等合称十哲。黄巢兵起，乔退隐九华山。其诗多为五律，境界开朗壮阔。其绝句笔致秀逸，音节优美，犹有中唐格调。《全唐诗》存其诗二卷。

【原文】

书边事

调角断清秋⁽¹⁾，征人倚戍楼。

春风对青冢⁽²⁾，白日落梁州⁽³⁾。

大漠无兵阻，穷边有客游。

蕃情似此水⁽⁴⁾，长愿向南流⁽⁵⁾。

【毛泽东圈评等情况】

毛泽东读清蘅塘退士原编《注释唐诗三百首》时在此诗题目上方天头空白处连画三个小圈。

[参考]中央档案馆整理：《毛泽东评点诗词曲精选（上）》，中国档案出版社1998年版，第96页。

【注释】

（1）调（diào）角，吹奏号角。角是古代军中吹奏乐器。断，尽，占尽。

（2）青冢，指汉朝王昭君的墓。在今内蒙古呼和浩特西南。传说塞外草白，昭君塞上草色独青。

（3）梁州，唐梁州治在今陕西南郑，此处当指凉州，在甘肃境内，曾为吐蕃所占。

（4）蕃（bō）情，指吐蕃人民的心情。蕃，指吐蕃，我国古代藏族建立的地方政权。

（5）向南流，我国西北地势高，河水多向东南流。这里喻指边地人心归向唐王朝。作者另有《再书边事》云："羌戎不识干戈老，须贺今时圣明主。"亦是此意。

【赏析】

《书边事》，题目是个动宾短语，就是书写边塞之事。作者在这首诗中，抒发了他畅游边塞的喜悦心情和美好愿望。

唐朝自肃宗以来，河西、陇右一带长期被吐蕃占领。宣宗大中五年（851）沙州民众起义首领张仪潮，在出兵收取瓜、伊、西、甘、肃、兰、鄯、河、岷、廓十州后，又派他的哥哥张仪潭奉伊、瓜等十一州地图入朝，宣宗以张仪潮为归义军节度使。大中十一年，吐蕃将尚延心以河湟降唐，其地又全归唐朝所有。从此，唐朝西部边塞地区又出现了和平安定的局面。

首联"调角断清秋，征人倚戍楼"。首句"调角断清秋"。调角，吹角。角是古代军中所吹乐器，相当于军号。"断"，尽、绝的意思。首句是写在清秋季节，万里长空，回荡着悠远、动听的号角声。一上来给读者描绘了一种边塞军旅生活的安定景象。那么，有人调角，其他人在干什么呢？次句"征人倚戍楼"。"戍楼"，有士兵驻防以警戒敌人的城楼。本来士兵是在城楼上担任警戒、瞭望任务的，而此时却是"倚"在楼上，一个"倚"字形象地描绘了边关安定、征人无事的情景。你看那征人倚楼的安闲姿态，多像是在倾听那悦耳的角声和欣赏那迷人的秋色啊！

"春风对青冢，白日落梁州。"颔联写作者登楼远望所看到的和平景象。"青冢"，指汉朝王昭君的坟墓，在今内蒙古呼和浩特南。"梁州"，古九州之一。唐朝梁州治所在今陕西南郑一带，长安西南，非边地，此当指凉州，在甘肃境内，曾为吐蕃所占。凉州作梁州，亦犹曲名《凉州》作《梁州》相同。青冢使人想起昭君和亲的事，由此联想到眼下边关的安宁，当视线从春风吹动青草的昭君墓转到凉州时，夕阳西下，余晖一片，多么平和安定的一片景象啊！

颈联"大漠无兵阻，穷边有客游"。"大漠"，大沙漠，"穷边"，绝塞，指遥远的边地。"无兵阻"与"有客来"形成鲜明的对比，直接写边关因无蕃兵阻挠才有客来的情况。

末联"蕃情似此水，长愿向南流"。"蕃情"，指吐蕃族人民的心情。"此水"，不确指。"向南流"，我国西北地势高，河水多向南流。这里是借喻，希望边地人民的心，也像这大河一样，长久地流向南方（中原）。表现了作者渴望民族团结的愿望。

全诗抒写了诗人在边关的所闻、所见、所望、所感，描绘了一幅和平、安定的边关图，意境高远，抒发了作者的爱国热情和对和平、统一祖国的期盼与祝愿。（毕晓莹）

韩 偓

韩偓（844—923），字致尧，小名冬郎，自号玉山樵人，京兆万年（今陕西西安东南）人。偓十岁为诗，幼年即有诗名，其姨夫李商隐赞其"雏凤清于老凤声"。昭宗龙纪元年（889）登进士第。历任左拾遗、左谏议大夫、翰林学士、中书舍人、兵部侍郎等职。朱温专权，韩偓两遭贬谪，后曾诏复故官，他不敢入朝，举家入闽依王审知而终。有《翰林集》传世。

【原文】

已 凉

碧阑干外绣帘垂，猩色屏风画折枝⁽¹⁾。
八尺龙须方锦褥⁽²⁾，已凉天气未寒时。

【毛泽东圈评等情况】

毛泽东曾手书这首诗。

[参考] 中央档案馆编：《毛泽东手书古诗词选》，文物出版社、中国档案出版社 1984 年版，第 161 页。

【注释】

（1）猩色，即鲜红的颜色如猩猩之血，故称。折枝，特指花卉画中只画连枝折下的部分。

（2）龙须，属灯心草料，茎干织席。此指用龙须草编成的席子。褥，被垫、褥子。

【赏析】

韩偓为晚唐诗人,《香奁集》是其早年之作。《香奁集》多为描写闺情的诗歌,七言绝句《已凉》是《香奁集》中最为脍炙人口的诗作。

这首诗作者采取由外入内逐层描写的方法。第一句"碧阑干外绣帘垂"先从闺房外写起。"绣帘"二字首先交代了主人公是一位女子,这是诗人描写的第一层。第二句"猩色屏风画折枝"由室外写到室内。掀开绣帘,首先映入眼帘的是巨大的画着折枝图的猩色屏风。"猩色",即血红色。红色代表热情、奔放。中国自古至今,婚庆大典多以红色来烘托气氛。"猩色屏风"暗示人们:主人公是一位年轻的少妇。猩色屏风上画着一幅"折枝图"。显示了主人公的意趣,告诉我们主人公是一位有修养的女子。这是第二层。第三句"八尺龙须方锦褥"写的是室内之景。至此我们才明白:这是一位少妇的卧室。诗人将描写的重点放在一张床上,让读者的视觉集中于此。"八尺",突出床的宽大;"龙须"和"锦褥",突出卧室的豪华和气魄。这又暗示了主人公的地位,告诉我们主人公是一位金闺绣户的贵族少妇。这是第三层。第四句"已凉天气未寒时"是此诗的生花之笔。初看起来,似乎是诗人不经意地交代时令季节。实际上,这是不可缺少的"点睛"之笔。有了此句,全诗方境界顿出。诗人以季节的更替、时间的流逝暗示主人公的内心情怀。虽然主人公是一位生活优越的贵族少妇,但绮丽华贵的气派并不能掩盖主人公深闺生活的寂寞,也不能遏止其对爱情生活的渴望。至此,一位贵族少妇的形象已仿佛呼之欲出。这首诗通篇不见一人,不言一情,但人与情仿佛就在你的眼前、就在你的心里。诗人设景描物构思巧妙,笔意含蓄。这也是此诗重要的艺术特点。(王宛磐)

金昌绪

金昌绪，生卒年不详。唐玄宗时余杭（今浙江余杭）人。《全唐诗》存其诗一首。

【原文】

春 怨

打起黄莺儿，莫教枝上啼。

啼时惊妾梦⁽¹⁾，不得到辽西⁽²⁾。

【毛泽东圈评等情况】

毛泽东读清蘅塘退士原编《注释唐诗三百首》时在此诗正文上方天头空白处画了一个圈。

[参考] 中央档案馆整理：《毛泽东评点诗词曲精选（上册）》，
中国档案出版社 1998 年版，第 125 页。

【注释】

（1）妾，古代妇女自称。

（2）辽西，辽河以西，今辽宁省西部一带。

【赏析】

这首五言绝句题目是《春怨》，题一作无名氏《伊州歌》，写的是闺中妇的青春之怨。怨的是丈夫出征远戍辽西，误了她的青春年华；怨的是帝王穷兵黩武，误了多少夫妻的青春好梦。

原来这位少妇在春日清晨还未醒来，做她要远去辽西与夫君相会的美梦。可是梦还未做成，就被破晓啼鸣的黄莺儿惊醒了。于是这位少妇便动了小怒，不叫黄莺儿在树枝上啼叫，便去打那黄莺儿。她把这件事情发生的经过颠倒过来，倒叙下去，便产生了上述的这四句小诗来。

全诗把思路的结局当作开头写来，便使人感到突然。这种突然的感觉，给读者造成了一个很高的悬念：为什么要"打起黄莺儿"呢？第二句初步回答了这个问题："莫教枝上啼"，悬念便依次降了一级，但仍未消除：为什么要"莫教枝上啼"呢？第三句再次回答了这个问题："啼时惊妾梦"，悬念便又依次降了一级，但仍未消除：为什么惊了你的梦就使你小动怨气呢？第四句最终回答了这个问题："不得到辽西"。下面还隐含着无穷的原因：为什么要梦游辽西呢？当然是夫君去了辽西；为什么夫君去了辽西呢？这就接触到小诗的真正主题和这位少妇"春怨"的真正罪魁祸首了。令狐楚有《闺人赠远》："绮席春眠觉，绮窗晓望迷，朦胧残梦里，犹自在辽西。"用意相似。

然而"怨"终归是"怨"。"怨而不怒"，不失儒家温柔敦厚的诗教；"怨而小怒"，也未远离儒家温柔敦厚的诗教。但是"家有怨女，野有旷犬"也还终是帝王美政的一个瑕疵，因此，这《春怨》也就有其深广的社会历史意义了。

本诗语气贯通，一气呵成。沈德潜在《唐诗别裁集》中说它"一气蝉联而下者，以此为法"，是不错的。此外语言清丽活泼，通俗易懂，更具有民歌特色，也是一大特点。（温振宇）

崔　涂

崔涂（生卒年不详），字礼山，江南人。《唐才子传》说是"家寄江南"。一说可能是今浙江桐庐、建德一带人。唐僖宗光启四年（888）登进士第。涂穷年羁旅，游踪遍巴蜀、吴楚、河南、秦、陇等地，故其诗"多离怨之作"，调子抑郁低沉。

【原文】

孤　雁

几行归塞尽，念尔独何之[(1)]？

暮雨相呼失[(2)]，寒塘欲下迟。

渚云低暗渡[(3)]，关月冷相随。

未必逢矰缴[(4)]，孤飞自可疑。

【毛泽东圈评等情况】

毛泽东读清蘅塘退士原编《注释唐诗三百首》时在此诗正文天头处画了一个圆圈，作为圈阅的标记。

[参考] 中央档案馆整理：《毛泽东评点诗词曲精选（上册）》，
中国档案出版社 1998 年版，第 97 页。

【注释】

（1）尔，你，指孤雁。之，动词。往，到。这里指雁飞。

（2）失，指失群。

（3）渚（zhǔ），水中的小洲。

（4）矰缴（zēng zhuó），一种系有丝带的箭。

【赏析】

这首诗诗题《孤雁》，原有二首，这是第二首，为五言律诗，以孤雁自喻，表现作者漂泊他乡，孤寂凄凉的羁旅之情。全诗虽无一字一句直接写自己，但对孤雁的描写中深含着作者的感情。

"几行归塞尽，念尔独何之？"首联写几行大雁北归，当雁群已去，却发现有一只孤雁在天空盘旋。想是作者正羁旅他乡，看见此景，吟出"念尔独何之？""念尔"二字很微妙地表现出作者的同情忧虑之心。"行"和"独"的同时出现使孤雁的形象在对比中更加鲜明，更能引起读者的注意。

"暮雨相呼失，寒塘欲下迟。"颔联是全篇的警策。它把孤雁失群后的惶恐不安刻画得细致入微。一个暮雨苍茫的黄昏，一只孤雁在空中嘹嘹呖呖，呼寻伙伴，有心想在寒塘的芦叶上栖息，却又影单心怯，犹豫不安。那种欲下未下的举动，迟疑畏惧的心理写得生动传神。可以肯定，假如作者不是把自己孤寂的心情寄托在孤雁身上，笔触是不会这么细腻的。清纪昀评此两句云："相呼则不孤矣，三句有病。寒塘句不言孤而是孤，而不言雁而是雁，此为句外传神。"

"渚云低暗渡，关月冷相随。"颈联是写孤雁在寒冷的月光下飞着，乌云也越来越低，越来越暗，在月冷云低的环境下，孤雁的行程更加艰难。

"未必逢矰缴，孤飞自可疑。"尾联是对孤雁的宽慰。"矰缴"是一种系有丝带的箭，诗句的意思是孤雁未必会遭到箭击，但孤飞总不能不让人担心。这里作者既在安慰孤雁，也在安慰自己。孤身在外，虽不一定就有人算计，却总有一种不安全感，这种心情是完全可以理解的。同时也暗示出世路的峻险。

这首诗很好地说明了诗寄情于物的特点。如果不是牵动了作者的百般思绪，作者怎会对孤雁倾注那么多的关怀呢？

这首诗的语言极富表现力，可以说字字珠玑。不仅写出了孤雁的经历，还写出了孤雁的心理，并为孤雁的活动勾画了一个个相关的背景，如暮雨苍茫的黄昏、寒冷的苇塘、乌云低垂的天空、边关的冷月等，这些对刻画孤雁的形象起到了很好的烘托作用，读罢令人回味无穷。（高俊霞）

除夜有怀

迢递三巴路⁽¹⁾，羁危万里身⁽²⁾。

乱山残雪夜，孤烛异乡人⁽³⁾。

渐与骨肉远，转于僮仆亲⁽⁴⁾。

那堪正飘泊，明日岁华新⁽⁵⁾。

【毛泽东圈评等情况】

毛泽东读蘅塘退士原编《唐诗三百首》时在所刊此诗正文上方天头空白处画了一个圆圈。

[参考]中央档案馆整理：《毛泽东评点诗词曲精选（上册）》，
中国档案出版社1998年版，第96页。

【注释】

（1）迢递，遥远之状。三巴，指巴郡、巴东、巴西，都在今四川东部。

（2）羁（jī）危，指飘泊在三巴的艰险之地。羁，同"羇"，作客在外。危，艰危困苦。

（3）孤烛，一支烛，指烛下独处。

（4）转于，反与。僮，未成年的仆人。

（5）岁华，年华。

【赏析】

《唐才子传》说崔涂"壮客巴蜀，老游龙山"，这首《除夜有怀》，当系诗人客居四川时所作。除夜，即除夕之夜，也就是农历十二月最后一天的晚上，第二天便是新年，即传统的春节。春节是中华民族传统中盛大的节日。"独在异乡为异客，每逢佳节倍思亲"（王维《九月九日忆山东兄弟》），这首五言律诗抒发的正是羁旅在外的诗人的思亲怀乡的思想感情。

"迢递三巴路，羁危万里身。"诗的首联叙事，把诗人离家万里，飘泊天涯的无限情怀，深挚地抒发了出来。但发调高唱，气象十分阔大，因此它并不给人们萧条冷落的感觉。

"乱山残雪夜，孤烛异乡人。"颔联则具体地描绘出异乡除夜的凄凉：在一片乱山之中，冬尽雪残，斑斑点点，表明春天又将降临人间；寒夜独坐，一支微弱的烛光，半明半暗，映照着诗人孤单的身影。两句描写，情景如画，异乡残夜，孤客愁怀，哀感动人。这两句，和马戴的"落叶他乡树，寒灯独夜人"（《灞上秋居》）同工，也是用两层夹写法，也即加一倍写法。

"渐与骨肉远，转于僮仆亲。"颈联用对比写法，把"骨肉远"与"僮仆亲"相比照，五句切"孤独人"，六句是孤独中还有僮仆相亲。这样既写出了诗人心境的悲凉和慰藉，也把游子思乡、怀念亲人这一在旧时代最能牵动人的感情，真挚而细腻地表达了出来。语言质朴，感情温厚，与颔联相映衬，亲切感人。清沈德潜在《唐诗别裁集》评此诗云："颔联名俊。'孤客亲僮仆'，何等简贵！衍作十字，便不及前人。"

"那堪正飘泊，明日岁华新。"结尾一联，又荡开一笔，不仅点出了除夜这一含有特殊意义的时序，而且加深了除夜怀乡思亲的主题，强烈地表达不堪异乡飘泊的情绪，也希望在岁华更新的又一年里，自己将有一个新的生活。朦胧的希望，善良的祷祝，凝聚了诗人的多少辛酸，这正是旧时代士子们的不幸。全诗意境苍凉，情韵出绝，语言清丽，对仗精工自然，不失为一首佳作。（毕桂发）

秦韬玉

秦韬玉（生卒年不详），字中明，京兆（今陕西西安）人。累举不第。后交游宦官田令孜，为"芳林十哲"之一。僖宗奔蜀，他从驾前行，以工部侍郎为田令孜神策军判官，中和二年（882）特赐进士及第，编入春榜。韬玉工歌吟，其诗"恬知浏亮"，风格颇近李商隐、温庭筠。《全唐诗》录存其诗36首。

【原文】

贫　女

蓬门未识绮罗香⁽¹⁾，拟托良媒益自伤。

谁爱风流高格调⁽²⁾？共怜时世俭梳妆⁽³⁾。

敢将十指夸针巧，不把双眉斗画长⁽⁴⁾。

每恨年年压金钱⁽⁵⁾，为他人作嫁衣裳⁽⁶⁾。

【毛泽东圈评等情况】

毛泽东读清蘅塘退士原编《注释唐诗三百首》时在此诗题目上方天头空白处连画三个小圈。

[参考] 中央档案馆整理：《毛泽东评点诗词曲精选（上册）》，中国档案出版社1998年版，第117页。

【注释】

（1）蓬门，用蓬草编的门，指贫寒之家。绮罗，华丽的丝织品，指富贵人家妇女的服饰。

（2）风流，指风采优雅，举止潇洒。格调，品格。

（3）俭梳妆，应解为"险梳妆"。险，指奇异险怪。这里指时髦的梳妆。

（4）斗，比，争。

（5）压金钱，按捺针线，指用金钱缝制衣裳。

（6）他人，别人，指富贵之家。

【赏析】

这首七言律诗直接倾诉了贫女未嫁时的自爱与感伤，间接表露了贫士未遇时的清高与苦闷。语有双关，句有暗指，情思清妙幽婉，令人沉迷。

首联先用"蓬门"写出贫苦的生活环境。穷苦人家，用蓬草编成门户，居室也十分简陋就更可想而知了。接着用"未识绮罗"写出贫女一向粗布烂衫，不曾穿过绫罗绸缎。一个"香"字，又写出贫女对于那绫罗绸缎的羡慕向往之情。如今，这位贫女已经长大，到了该出嫁的年龄，想要托个好的媒人，可是益发自己感伤起来。为什么感伤呢？这就须引出下面的颔联。

颔联紧紧承接上文，说明了自己感伤的原因。原来是生不逢时，世风日下，谁还会爱我这风流的高尚格调呢？人们所追求和爱慕的都是时髦的梳妆打扮。在这里，"俭梳妆"应讲成"险梳妆"。"险"，就是指奇异险怪而言的。至此，首颔两联，似乎把事情都讲清楚了，实在没有办法。但是主人公并不甘心，这就又须引出下面的颈联。

颈联一转，写出主人公的反抗世俗的逆反心理。你们不爱我的"风流高格调"？我还偏要"敢将十指夸针巧"呢！这个"十指针巧"，是说这位贫女的"手巧"，便也暗示说她"心灵"，因为"心灵手巧"是一回事。紧接下一句，这位贫女偏偏要和世俗的审美观点相对抗，人家都把眉毛画得长长的，去争丽斗妍，而她却偏偏"不把双眉斗画长"。到此为止，整个颈联不斗双眉画长，却夸十指针巧，这是对贫女劳动生活的讴歌，渗透着劳动人民的审美意识。车尔尼雪夫斯基说："民歌中关于美人的描写，没有一个美的特征不是表现着旺盛的健康和均衡的体格，而这永远是生活富足而又经常认真但并不过度劳动的结果。"（《生活与美学》）

但是这位贫女的反抗并无积极的结果，所以尾联又一转折，她只好

"苦恨年年压金线"，年复一年地在那里缝纫或刺绣，不是为自己缝制，却是"为他人作嫁衣裳"。至此，这八句四联律诗，清晰地刻画出这位贫女孤芳自赏而又凄凉劳苦的形象。

封建时代的贫士何尝不也如此呢？他们即使满腹经纶也无人引荐，无人理解他们那高尚的情怀，但他们仍自尊自爱自强，不肯趋炎附势，结果也只能是英雄无用武之地，终生为他人作嫁衣裳。"为他人作嫁衣裳"后亦省称"为人作嫁"，成为比喻为别人辛苦忙碌、自己得不到一点好的名言。宋陈师道《后山诗语》："奉之医者老娶少妇，或曰之曰：'偎他门户傍他墙，年去年来来去忙，采得百花成蜜后，为他人作嫁衣裳。'"

本诗感情真挚，发自肺腑，语言平易，不用典故。诗中那种清高、寂寞与感伤的情调，虽有明显的文士特征，但却与劳动人民息息相通。其最后一句已成千古名句，诵之令人无可奈何。（温振宇）

王 驾

王驾（生卒年不详），字大用，号守素先生，河中（今山西永济）人。昭宗大顺元年（890）登进士第。授校书郎，官至礼部员外郎。集六卷，《全唐诗》存诗六首。

【原文】

社 日

鹅湖山下稻粱肥⁽¹⁾，豚栅鸡栖半掩扉⁽²⁾。

桑柘影斜春社散⁽³⁾，家家扶得醉人归。

【毛泽东圈评等情况】

毛泽东读清沈德潜编选《唐诗别裁集》卷二十"七言绝句"时圈阅了这首诗。

[参考] 张贻玖：《毛泽东评点、圈阅的中国古典诗词》，中国工人出版社1992年版，第242页。

【注释】

（1）鹅湖山，在今江西铅山境内。

（2）豚栅，这里指猪圈关上了。鸡栖，鸡归宿。扉，门。

（3）桑柘，桑树和柘树。《礼记·月令》："（季春之月）命野虞无伐桑柘，鸣鸠拂其羽，戴胜降于桑。"

【赏析】

社日是古代劳动人民祭祀土神的日子，分为春社和秋社。此诗写的是春社。人们举办这种活动不仅是为了祈求神的庇护能有一个丰收之年，而且还利用这种活动举行各种表演和欢宴来娱乐自身。这种活动历代沿袭，形成我国特有的民俗。

这首七言绝句的前两句"鹅湖山下稻粱肥，豚栅鸡栖半掩扉"为写景。鹅湖山，在今江西铅山境内。大概这里盛养鹅鸭，"鹅湖山"因而得名。"稻粱肥"三个字，又告诉我们田里庄稼生长茁壮，预示着丰收在望。总之，第一句不仅点明了地点，而且还为我们描绘了一幅美丽的画图。这里有山、有水，有鹅鸭，有鱼虾，山明水秀，资源丰饶，简直是一幅水乡泽国的田原风景画！其中"稻粱肥"三字，还为下面交代春社活动做了铺垫。正是因为丰收在望，人们才会有那样高的兴致。这一句写的是村外之景。那么村内是什么景象呢？诗人以"豚栅鸡栖"概括描写了村内的富庶景象，同时还为诗的过渡埋下伏笔。豚栅鸡栖暗示天已傍晚。

后两句"桑柘影斜春社散，家家扶得醉人归"转入写社日的正题。"桑柘影斜"，是说在夕阳的映照下，桑柘的影子越拉越长，天色向晚。这是紧承"豚栅鸡栖"来写的。"桑柘"二字还点明江南农村盛行养蚕的这一特点，无疑为农家富庶丰饶的生活画面又补添了一笔。古人描写社日活动的诗不乏其例，宋人杨万里有《观社》诗云："作社朝祠有足观，山农祈福更迎年。忽然箫鼓来何处？走煞儿童最可怜！虎头豹面时自顾，野讴市舞各争妍。王侯将相饶尊贵，不博渠侬一晌癫！"这是正面描写社日的繁闹欢乐的场面。王驾的《社日》在写法上别出蹊径，以"春社散"后的特写镜头"家家扶得醉人归"，点明江南农村社日活动的喜庆气氛。这种写法，不仅可以节省笔墨，而且还使诗的内容含蓄丰富，仿佛是一粒散发醇芳之气的口香糖，耐人咀嚼。

王驾生活于晚唐，晚唐农村人民的生活绝不会像诗人所描写的那样美好。如诗中"半掩扉"三字，暗示了家家"夜不闭户"的太平景象，体现了农风的淳厚朴实。尽管诗人这里是对田家生活"桃花源"式的美化描写，但是人们渴求这种生活的理想是应该肯定的。诗人以己之笔描绘的这幅充满诗情画意的江南民俗画图，典型地表达了人民的追求和理想。以此而言，这首诗的审美价值是应该充分肯定的。（王宛磐）

张　泌

张泌（生卒年不详），字子澄，淮南（今江苏扬州）人。南唐后主时登进士第，授句容尉，官至中书舍人。《全唐诗》存其诗一卷。

【原文】

寄　人

别梦依依到谢家⁽¹⁾，小廊回合曲阑斜⁽²⁾。

多情只有春庭月，犹为离人照落花⁽³⁾。

【毛泽东圈评等情况】

毛泽东 1959 年 6 月写的《七律·到韶山》首句"别梦依稀咒逝川"当从此诗中"别梦依依到谢家"脱化而来。

[参考] 中央文献研究室编：《毛泽东诗词集》，中央文献出版社1996 年版，第 110 页。

毛泽东曾圈阅张泌这首《寄人》诗。

[参考] 张贻玖：《毛泽东评点、圈阅的中国古典诗词》，中国工人出版社 1992 年版，第 238 页。

【注释】

（1）谢家，常用作外家，也就是岳父家的代称。此诗可能是寄内之作。一说指闺房。唐温庭筠《更漏子》词："香雾薄，透帘幕，惆怅谢家池阁。"已故河南大学华钟彦教授注："唐李太尉德裕有妾谢秋娘，太尉以华屋之，眷之甚隆，词人因用其事，而称谢家。"盖泛指全闺之意，不必泥于秋娘也。一说南朝宋谢灵运于会稽始宁有庄园，此园依山傍水，遍种花木、药草，极尽幽居之美。后用以谢家作为咏贵族园林的典故。唐卢纶《题李沆园林》："愿同词赋客，得兴谢家深。"

（2）回合，四面环绕。

（3）离人，可有三种理解：一说指作者，一说指所寄之人，一说兼指二人。似以第三说为胜。作者想象在家的人也是夜不能寐，正在凭栏遐思，此时月亮正为那怨离别的人照着落花。如"离人"解释为作者自指，则后二句则是写醒后所见的实景。

【赏析】

据《词苑纪事》记载：张泌仕南唐为内史舍人。初与邻女浣衣相善，后经年不复相见。张夜梦之，寄绝句云。由此可知，这首诗是作者写给一个他所喜爱的女子的。两人长期分离，不通音信，作者思之心切，本想梦中相聚，可梦中只见物，不见人，使作者更加惆怅，只好托兴于明月落花，以抒忧疑惆怅之情。

这首七言绝句开头便写自己的梦境："别梦依依到谢家，小廊回合曲阑斜。""谢家"，代指女子的家。诗人怀着对女子的思念进入梦乡。梦中又回到了他和女子谈心说笑的地方，这里的曲径回廊依然如旧。往日的欢乐如在眼前，可是，心爱的人儿却已不见了。诗人独自徘徊着，追忆着，那种物是人非的惆怅之感写得生动感人。与崔护《题都城南庄》"人面不知何处去，桃花依旧笑春风"相比，显得更含蓄。

"多情只有春庭月，犹为离人照落花。"三、四句是对前两句的回答。人无情可月有情。柔柔的月光像一位美丽的少女注视着这个伤心的诗人，映照着满地的落花。那位女子看后定会被打动的。

这首诗是写给那个女子的，希望她看了诗后能体会诗人的思念之情、惆怅之感。并借明月之多情，怨女子之忘情，希望能得到女子的回音，旧情重叙。

俗话说："日有所思，夜有所梦。"作者通过梦境来写自己的思念之情，更显深厚。加上小廊曲阑，明月落花就更动人了。（李卫国）

黄　巢

　　黄巢，曹州冤句（今山东菏泽西南）人，唐末农民起义领袖。盐商出身。曾到长安应试未举。唐僖宗乾符二年（875）领导农民起义，广明元年（880）攻占长安，建大齐国号，称皇帝，年号金统，中和四年（884）失败后，据传他当了和尚，隐居起来（一说自杀于莱芜东南的虎狼谷）。《全唐诗》存其诗三首。

【原文】

自题画像

记得当年草上飞⁽¹⁾，铁衣著尽著僧衣⁽²⁾。
天津桥上无人识⁽³⁾，独倚栏干看落晖⁽⁴⁾。

【毛泽东圈评等情况】

　　吾疑赵风子、刘七远走，并未死也。"天津桥上无人识，闲倚栏杆看落晖"，得毋像黄巢吗？

　　[参考]《读〈明史纪事本末·平河北盗〉批语》，《毛泽东读文史古籍批语集》，中央文献出版社1993年版，第334页。

七律吊罗荣桓同志
一九六三年十二月

　　记得当年草上飞，红军队里每相违。长征不是难堪日，战锦方为大问题。斥鷃每闻欺大鸟，昆鸡长笑老鹰非。君今不幸离人世，国有疑难可问谁？

　　[参考]中共中央文献研究室编：《毛泽东诗词集》，中央文献出版社1996年版，第140页。

【注释】

（1）草上飞，形容跑得飞快。

（2）元稹《智度师》诗二首："四十年前马上飞，功名藏尽拥禅衣。石榴园下擒生处，独自闲行独自归。"铁衣，古代战士用铁片制成的战衣。《木兰辞》："朔气传金柝，寒光照铁衣。"僧衣，僧人穿的衣服，又名袈裟。

（3）天津桥，古浮桥名，古址在今河南洛阳旧城西南，隋唐皇城正南洛水上。

（4）元稹《智度师》诗二首："三陷思明三突围，铁衣抛尽纳禅衣。天津桥上无人识，独凭栏干望落晖。"落晖，夕阳，夕照。晖，同"辉"，日光，光辉。

【赏析】

这首诗最早见于宋人陶谷的《五代乱纪》一书。书中说，黄巢起义失败后祝发为浮屠（僧人），有诗云："三十年前草上飞，铁衣著尽著僧衣。天津桥上无人识，独倚危栏看落晖。"南宋王明清在《挥尘后录》中，相信黄巢起义失败后当和尚的说法，并引用了陶谷所记述的这首诗。清初王士禛《池北偶谈·谈异五·黄巢》云："曾绘己像，题诗云：'记得当年草上飞，铁衣著尽著僧衣。天津桥上无人识，独倚阑干看落晖。'"后《全唐诗》加以收录，毛泽东很可能是在《全唐诗》中读到这首诗的。

这首七绝，如题目所标示的，当是自己题写在画像上的。黄巢这位唐代著名的农民起义领袖，以诗人的笔触，在短短二十八字中对自己的战斗一生作了总结。他的一生以起义失败为界分为两个阶段。"记得当年草上飞，铁衣著尽著僧衣。"一、二句叙事，写起义中的英雄形象。"记得当年"表明是追忆往事，一股英雄气已隐隐透出。草上飞，形容跑得飞快，写出野行疾走，驰骋战场的英姿。铁衣，指铠甲。铁衣岂能著尽？"铁衣著尽"四字写出了他转战南北，身经百战的战斗经历，尤为值得自豪。但他领导的农民起义最终失败了。作为农民起义领袖失败了怎么办？是投降变节，还是自杀，一死了之？诗人没有采取这两种办法，而是脱下铠甲，换上了袈裟，当起了和尚，遁迹空门，以躲避统治者的追杀。但他那不屈的灵魂是从此销声匿迹的。所以三、四两句写道："天津桥上无人识，独倚阑干看落晖。"后二句描写，写失败后当和尚的闲适生活。天津桥，是唐王朝东部洛阳西南洛水上的著名浮桥，是熙来攘往的通衢大道，诗人穿僧衣以后独倚栏杆观看夕阳西下之美景，他是否想到他极力想要推翻的唐王朝正如这"落晖"一样，正走向它不可避免的崩溃道路呢？诗人用笔极轻，分量极重，我们似乎感受到了他那不屈的心灵。

毛泽东晚年读《明史纪事本末》中《平河北盗》一文叙述农民起义领袖赵风子、刘七事迹时，认为二人失败后"并未死也"，并援引黄巢的《自题画像》为证，说二人的下落："得毋像黄巢吗？"对书中记述刘七、赵风子起义败死提出怀疑，认为他们的下落可能很像黄巢。这其中体现了毛泽东对这几位农民起义领袖的命运的深切同情。1963 年 12 月罗荣桓元帅逝世时，他将此诗首句用于自己的悼念诗里，赞扬罗荣桓元帅在红军时期在革命战争中行动迅速，作战英勇，对革命作出的卓越贡献。（毕桂发）

许 浑

许浑，字用晦，润州丹阳（今江苏丹阳）人，唐代诗人。文宗大和六年（832）进士，曾任监察御史，后为睦、郢二州刺史。后因病辞官，居丹阳丁卯涧，辑录所作，因名诗集为《丁卯集》。《唐才子传》说他是"慷慨悲歌之士"。对当时的朝政腐败，曾作诗寄慨。其诗全是近体，以律诗为多，语言圆妥，对仗工整。韦庄以"江南才子许浑诗，字字清新句句奇"称之。有《丁卯集》二卷。

【原文】

谢亭送别

劳歌一曲解行舟⁽¹⁾，红叶青山水急流。
日暮酒醒人已远，满天风雨下西楼⁽²⁾。

【毛泽东圈评等情况】

毛泽东曾两次手书这首诗。

[参考] 中央档案馆编：《毛泽东手书选集·古诗词（上）》，
北京出版社 1996 年版，第 269—271 页。

【注释】

（1）劳歌，本指劳劳亭（旧址在今江苏南京南面，著名的送别之地）送客时唱的歌（古代有唱歌送行的习俗），后成为送别歌的代称。

（2）西楼，即谢亭——谢公亭，故址在今安徽宣城，南齐诗人谢朓任宣城太守时所建，谢曾在此送别友人范云。

【赏析】

这是一首送别诗。诗题中的"谢亭",即谢公亭,在安徽宣城北郭外。谢朓为宣城太守时所建,他常在此饯别客人,故名。后来遂成为宣城的著名送别之地。这首七言绝句写诗人送别友人的情形和情绪,表现了二人的深情厚谊。许浑所送何人、要往何地,皆不详。只写傍晚送别,友人是乘船而去。宣城有青阳江流过,乘船可直达长江芜湖港,东下西上皆极便利。

"劳歌一曲解行舟,红叶青山水急流",一、二两句写送别情形。"劳歌",本为送别歌,这里指劳作者之歌。《晋书·礼志中》:"新礼以为挽歌出于汉武帝役人之劳歌,声哀切,遂以为送终之礼。"此指船夫之歌,即船夫号子。二句是说,船夫喊了一阵号子,便解缆开船了。时值深秋,两岸青山,层林尽染,红叶丹枫,映着绿水,色彩格外鲜艳。水流甚急,船行甚速。首句写友人乘舟离去,次句写友人离去后诗人所见江上景色。美艳之景对离别之情,起着反衬作用。

"日暮酒醒人已远,满天风雨下西楼",三、四两句写送别朋友之后诗人的情绪。朋友乘舟走了之后,诗人并没有随即离开,而是在原地盘桓了一阵子。别前喝了点酒,微有醉意;朋友走后,心绪不佳,或许又喝了几杯,不胜酒力便醉倒了。待到酒醒之后,已是薄暮时分。天色变了,下起了雨,天空一片迷蒙。于是诗人默默无言地独自从风雨笼罩的西楼(谢亭)上走了下来。二句也是前句叙事,后句写景。朋友走后怅然若失的惆怅,用风雨迷茫的景物描写烘托,以景结情,相辅相成,很好地表达了诗人与朋友的深情厚谊。(毕桂发)

【原文】

秋日赴阙题潼关驿楼

红叶晚萧萧,长亭酒一瓢[1]。

残云归太华[2],疏雨过中条[3]。

树色随关迥[4],河声入海遥。

帝乡明日到[5],犹自梦渔樵[6]。

毛泽东读清蘅塘退士原编《注释唐诗三百首》"五言律诗"中此诗时在题目上方画了一个大圈，在正文开头天头空白处连画三个小圈。

[参考]中央档案馆整理：《毛泽东评点诗词曲（上册）》，中国档案出版社1998年版，第93页。

毛泽东手书过这首诗。

[参考]中央档案馆编：《毛泽东手书选集·古诗词（上）》，北京出版社1996年版，第267—268页。

【注释】

（1）长亭，古时有"十里一长亭，五里一短亭"之说，常指钱别之地，后泛指路旁亭舍。北周庾信《哀江南赋》："十里五里，长亭短亭。"

（2）太华（huà），即西岳华山，在今陕西华阴境。为有别于山西南的少华山，故名太华。在潼关西。

（3）中条，中条山，在今山西永济，处于太行山与华山之中，故名。在潼关东北。

（4）迥（jiǒng），远。

（5）帝乡，指京城长安。

（6）梦，梦想，留恋。渔樵，渔人和樵夫，此指渔人和樵夫的生活，即隐居之意。

【赏析】

此诗题一作《行次潼关逢魏扶东归》。阙是宫门前的望楼，这里代指京城长安。潼关，在今陕西，潼关当陕西、山西、河南三省要冲，是从洛阳进入长安的咽喉重镇，形势险要，景色动人。文人墨客路经此地，往往要题诗文纪胜。驿楼，即驿站的楼馆，古代专供邮侍及政府官员旅宿的处所。

许浑从故乡润州丹阳第一次到京城长安，途经潼关，为其山川形势和自然景色所吸引，挥笔写下了这首"高华雄浑"（清吴汝纶语）的五言律诗。

"红叶晚萧萧，长亭酒一瓢"，首联写诗人旅程，把读者引入一个秋浓似酒、旅况萧瑟的境界。首句一作"南北断蓬飘"。萧萧，草木摇落声。长亭，古时道路每隔十里设一长亭，供行旅停息。近城者常为饯别之处。瓢，以老熟的葫芦对半剖开制成的舀水或盛酒器。二句是说，在夕阳西下、红叶纷飞的一个傍晚，诗人在长亭饯别从京城东归的友人魏扶。

"残云归太华，疏雨过中条"，颔联写诗人登楼所见山色。太华，即华山，在陕西华阴南，潼关西。中条，在山西永济东南，处太行山与华山之中，故名，在潼关东北。二句是说，诗人骋目远望，南面是主峰高耸的西岳华山；北面，隔着黄河，又可望见连绵苍茫的中条山。残云归岫，意味着天将放晴；疏雨刚过，山色更加苍翠，是写景佳句。二句又见于诗人另作《秋霁潼关驿亭》诗颔联，一字不改，可知是诗人偏爱的得意之笔。

"树色随山迥，河声入海遥"，颈联继续写登楼所见景色。山，一作关。迥（jiǒng），远。诗人把目光略略收回，又见红艳树色，随山势高下曲折一路远去；咆哮的九曲黄河，从北面奔腾而过，流入遥远的渤海去了。二句写树色山形，河声海状，绘声绘色，十分壮阔。

"帝乡明日到，犹自梦渔樵"，尾联写诗人的内心矛盾。帝乡，京城，此指唐都城长安。渔樵，渔人和樵夫，此指隐居。二句是说，为人们所羡慕的"帝乡"明天就要到了，应试求官的目的就要实现了，这本来是值得高兴的事，可是诗人却出人意外地说："我仍然做梦都想仍旧过那渔樵生活啊！"这也许与路遇魏扶有关。魏扶也许给他透露了应试求官不易的信息，所以他也不作马到成功之想，含蓄地表明自己并非专为追求名利而来。这样结束，比较旷达，委婉得体。（毕桂发）

【原文】

塞下曲

夜战桑干北[1]，秦兵半不归[2]。
朝来有乡信，犹自寄寒衣[3]。

【毛泽东圈评等情况】

毛泽东读清沈德潜编选《唐诗别裁集》卷十九时圈阅了这首诗。

[参考] 张贻玖：《毛泽东评点、圈阅的中国古典诗词》，中国工人出版社 1992 年版，第 237 页。

【注释】

（1）桑干，即桑乾河，源出山西管涔山，至京郊注官厅水库入永定河。北，原作"雪"，据《全唐诗》改。

（2）秦兵，唐朝关中是秦旧地，故称。

（3）"朝来"两句，与唐沈彬《吊边人》"白骨已枯沙上草，家人犹自寄寒衣"意思相同。朝，早晨。信，信使。

【赏析】

这是一首以边塞战争为题材的新乐府诗，是同题诗歌中最短小的一首。诗的前两句叙述了一场战争。这场战争发生的地点在河北的桑乾河的北边，时间是夜晚，结果是半数左右的战士战死，尸横荒野。诗的后两句，选取了一个典型例子。在成千成万的战死者中，有一名战士，次日早晨还有家信寄来，告知他御寒的冬衣已经寄出。这次战争，仅只是无数次战争中的一幕，这名牺牲的战士，仅只是无数个战死者中的一员；这个悲剧，也仅只是战争年代无数家庭悲剧中，最普通、最真实、最震撼人心的一个悲剧——家书值万金，生死两不知。寒衣寄深情，物去人已逝。

此诗虽然短小，但艺术上特点显著。第一，全诗用纯客观叙事的方法，来真实地反映战争，但是非爱憎，却十分鲜明。作者生活在中唐末期，朝中宦官专权，党争激烈；地方藩镇割据，拥兵自重，是一个政治极端黑暗的时期。边塞诗早已失去盛唐时期蓬勃向上、胜利自信的时代精神，取而代之以江河日下、失败伤感的强烈的时代色彩。全诗尽管未发一句议论，但对普通战士无辜牺牲的悲伤，对牺牲者家属的同情，对制造战争的统治者的谴责，却是显而易见的。许浑稍后的陈陶，作《陇西行》，其中"誓扫匈奴不顾身，五千貂锦丧胡尘。可怜无定河边骨，犹是深闺梦里人"，当是由此诗脱胎。沈德潜评曰："可与陈陶《陇西行》相证。"（《唐诗别裁诗集》）第二，整体交待与典型叙述相结合，用个别来丰富、充实一般，全诗既有广度，又有深度。第三，全诗基调凄婉、哀伤，艺术风格平淡、质朴，但却平而不浅，揭露深刻，平中见奇，耐人寻味，悲剧气氛非常浓烈。（宋尔康）

【原文】

金陵怀古

玉树歌残王气终[1]，景阳兵合戍楼空[2]。

楸梧远近千官冢[3]，禾黍高低六代宫[4]。

石燕拂云晴亦雨[5]，江豚吹浪夜还风[6]。

英雄一去豪华尽，惟有青山似洛中[7]。

【毛泽东圈评等情况】

毛泽东读清沈德潜编选《唐诗别裁集》卷十六时圈阅了这首诗。

[参考] 张贻玖：《毛泽东评点、圈阅的中国古典诗词》，中国工人出版社 1992 年版，第 237 页。

【注释】

（1）玉树，《玉树后庭花》歌名的简称。王气尽，隋灭陈后金陵由盛转衰。

（2）景阳，楼名。陈后主建景阳宫，宫中有楼，即名景阳楼。兵，指隋兵。此句一作"景阳钟动曙楼空"。

（3）楸梧，指坟墓上的树木。一作"松楸"。

（4）禾黍，《诗经·王风·黍离》小序说周大夫行役过故宗庙宫室之地，看见到处长着禾黍，感伤王室倾覆，作《黍离》诗。六代，即六朝，指吴、东晋、宋、齐、梁、陈六代。

（5）石燕，《湘中记》载："零陵有石燕，得风雨则飞翔，风雨止还为石。"

（6）江豚，《南越志》："江豚似猪，居水中，每于浪间跳跃，风辄起。"

（7）青山似洛中，唐李白《金陵三首》其三："苑方秦地少，山似洛阳多。"王琦注引《景定建康志》："洛阳，山四围伊、洛、瀍、涧在中，建康亦四山围秦淮直渎在中。"所以说"青山似洛中"。

【赏析】

金陵（今江苏南京），是孙吴、东晋和南朝宋、齐、梁、陈的故都，隋唐以后，政治中心北移，六朝的金粉繁华一去不返。

陈后主桢明三年（589），他所制《玉树后庭花》乐曲未尽，金陵却已末日来临，隋朝大军直逼景阳宫外，城防形同虚设，陈后主被俘至长安，陈朝就此灭亡。

首联，以"残""空"，表现文化生活的堕落，军事设施的废弛，从文、武两个方面，反映陈朝君臣的醉生梦死，陈朝政治的腐败黑暗，"王气终"是势在必然了。这是金陵由盛转衰的开始。全诗以隋兵灭陈的历史事实发端，可谓抓住了关键。

颔联，由历史转向现实，描写金陵的破败景象。"楸梧"，指坟墓上的树木。"禾黍"，言周大夫行役，过宗庙宫室，见到处长满禾黍，作《黍离》诗，悲悼周王室的覆灭。作者登高而望，远近高低尽是荒冢累累，松楸成林，残宫断垣，禾黍丛生。南朝的繁盛，早已成为历史的陈迹；眼前的残破，才是金陵的现实。金陵的惨景，正蕴含着深刻的历史教训啊！

颈联，用传说中的"石燕""江豚"，象征历史上叱咤风云的英雄人物。石燕掠雨穿云，变晴为雨；江豚兴风鼓浪，日夜生风。此二句，通过江上、空中风云晴雨的变化，表现人类社会的干戈起伏和历代王朝的兴亡交替。

尾联，用"豪华尽"照应首联的"王气终"，写英雄已逝，豪华殆尽，唯留青山群绕，颇似洛阳地势。真是江山不改，而世事多变，不禁令人感慨不已。

这首怀古诗，在选取形象、锤炼字句方面极富特色，颇见功力。在选取形象方面，如中间两联，均以自然景象反映社会变化，但手法和形象却不相同：颔联，采用赋的手法，进行直接描述，"楸梧""禾黍"都是现实中常见的植物形象；而颈联，则采用比兴手法，进行象征暗示，"石燕""江豚"都是传说中神奇的动物形象。可谓异曲同工，殊途同归。在锤炼字句方面，如首联，用"残"与"空"，从文化生活和军事设施这一文一武两个方面，反映出陈朝的腐败。"王气终"与尾联的"豪华尽"首尾呼应，抒写金陵繁华荡然无存，人间权势终归于尽的无限感慨，真是令人气沉神凝！（宋尔康）

【原文】

咸阳城东楼

一上高城万里愁，蒹葭杨柳似汀洲(1)。

溪云初起日沉阁(2)，山雨欲来风满楼。

鸟下绿芜秦苑夕(3)，蝉鸣黄叶汉宫秋。

行人莫问当年事(4)，故国东来渭水流(5)。

【毛泽东圈评等情况】

关于撤退河防，包围边区，准备进攻一事，原来是秘密进行的。但因调兵遣将，运输络绎，造成山雨欲来风满楼的紧张形势，已经闹得中外皆知，国民党宣传机关虽然还是讳莫如深，但是已经无法掩盖云。

[参考]毛泽东：《中共"七七"宣言在重庆被扣》（1943年7月11日），中共中央文献室、新华通讯社编：《毛泽东新闻工作文选》，新华出版社1983年版，第231页。

【注释】

（1）蒹葭，蒹和葭都是水草。汀洲，水中的小洲。

（2）溪、阁作者自注："（咸阳城）南近磻溪，西对慈福寺阁。"日沉阁，夕阳隐没于寺阁之后。

（3）芜，长满乱草。

（4）行人，旅人，作者自指。当年事，前朝事，指秦、汉的灭亡。

（5）故国，旧都，指长安。

【赏析】

这是一首吊古伤时之作，为七言律诗。咸阳，是秦朝都城，旧址与唐代都城长安隔河相对。此诗又题作《咸阳城西楼晚眺》。

首联，写作者登上咸阳城楼，凭高远眺，愁思万里。俯瞰城楼下，芦苇丛生，杨柳苍翠，像是水边的平地，又像是水中的平地。万里之愁，从何而来呢？一个"似"字，道破个中机关：诗人家居润州丹阳，看秦中风物，竟与江南相似，这万里之遥的思乡之情，正是"万里愁"的真正原因啊！出口万里，心驰家乡，一笔收回，写眼前景色，可谓纵横开阖、挥洒自如了。

颔联，写作者浮想联翩，愁肠百结，伫立良久，不知不觉片云从磻溪初生，红日西沉慈福寺阁后，暮色已至。忽然，一阵凉风吹来，满楼萧瑟，愈发显得空旷，正是山雨到来前的征兆啊。这不仅是对生活经验的总结，而且也是对大唐局势的预测，不仅是"万里愁"，而且也是"万古愁"啊！

颈联，正是写作者的"万古愁"的。咸阳原为秦汉两朝故都，那旧时的禁苑，昔日的深宫，如今只剩下一片绿茵，满树黄叶，一切都成为历史的陈迹，唯有不识兴亡的鸟类在翻飞，寒蝉在鸣叫。可悲啊，这历代荣辱兴衰的经验教训，难道不值得统治者借鉴吸取吗？难道还要重蹈前朝的覆灭之辙吗？李唐王朝正在走下坡路啊！

尾联中，"行人"，指的是古往今来的过客，当然也包括作者自己。"莫问"，其实是无可奈何的表现，正是"要问"啊。过去的历史教训怎能不吸取呢？只是统治者未必能虑及此罢了。今天，作者东来故国，登高凭吊，满目凄凉，所见无几，唯有"西风吹渭水"，是何等地令人感慨伤神啊！渭水东流，其间有城楼、草木、汀洲等，空间广阔，是万里之愁；自古至今，历经秦汉、六朝、隋唐，时间漫长，是万古之愁，读后令人掩卷而思，回味无穷。

登高之作，写景抒情，似乎已成定法。而许浑这首诗，中间写景两联，不仅对仗工稳，而且颔联饱含哲理，颈联紧切史迹。其中，"山雨欲来风满楼"，已成为千古传诵的佳句。（宋尔康）

【原文】

早　秋

遥夜泛清瑟⁽¹⁾，西风生翠萝⁽²⁾。

残萤栖玉露⁽³⁾，早雁拂金河⁽⁴⁾。

高树晓还密，远山晴更多。

淮南一叶下，自觉洞庭波⁽⁵⁾。

【毛泽东圈评等情况】

毛泽东读清蘅塘退士原编《注释唐诗三百首》"五言律诗"时在此诗题目上方天头空白处连画三个小圈。

[参考]中央档案馆整理：《毛泽东评点诗词曲精选（上册）》，

中国档案出版社1998年版，第93页。

【注释】

（1）泛，弹，犹流荡。瑟，古代的一种弦乐器。晋《吴声歌》："黄丝哯素琴，泛弹弦不断。"李白《感兴八首》："泛瑟窥海月。"

（2）西风，秋风。翠萝，青萝。悬挂树上的四季常青的藤萝植物。

（3）萤，萤火虫。玉露，白露。

（4）金河，秋天的银河。古代五行说秋属金。

（5）"淮南"两句，用的是《淮南子·说山训》"一叶落而知岁暮"和《楚辞·九歌·湘夫人》"洞庭波兮木叶下"的意思。洞庭，洞庭湖，在今湖南北部。

【赏析】

　　此诗专咏早秋景物，似寓有时光推移，人共秋老之叹。

　　诗既题名为"早秋"，所咏景物，就得句句切"早"。全诗首联，用"清瑟""西风"四字，领起秋景。你看，清爽萧瑟之气充斥宇宙，深夜已含凉意。西风悄然生起，预示了秋天的到来，青翠的女萝长势正旺。好一派早秋景象啊！诗的颔联、颈联、尾联，用"残萤""早雁""晓还密""晴更多""一叶下""洞庭波"等词，扣足"早"字。

　　颔联上句是俯视，言栖息在晶莹欲滴的露水上的萤火虫，因为秋天的到来，生命所剩无多，故称"残萤"；下句是仰观，言大雁掠金河（即银河）高飞，是因为秋天已到，早早做好南飞的准备，故称"早雁"。

　　颈联上句是近看，言高大的树木，因秋天刚刚到来，清晨看起来，依然枝叶繁茂，故称"晓还密"；下句是远望，言秋天一到，天高气爽，晴空万里，远山的重峦叠嶂，看起来更加分明，故称"晴更多"。以上两联，作者从高、低、远、近的不同角度，来描绘早秋景物，不仅不感到枯燥，反而更加突出了主旨。

　　尾联，以用典作结。上句"一叶下"，用的是《淮南子·说三训》"一叶落而天下知秋"的典故；下句"洞庭波"，用的是屈原《九歌·湘夫人》"洞庭波兮木叶下"的典故。值得注意的是，最后写秋风萧瑟，木叶凋零，是有作者的用意的，那就是时光无情，人共秋老啊！秋，是年将尽的预兆，也是人衰老的象征。古代诗词多以秋喻老，本诗也不例外。诗的结句又作"自觉老烟波"，意思更为明确。（宋尔康）

陈　陶

陈陶（约公元812—约885），字嵩伯，自号"三教布衣"，祖籍岭南（今两广一带），一作鄱阳（今江西波阳）人。曾举进士不第，乃浪游名山。唐宣宗大中年间，避乱入南昌西山，学道求仙，不知所终。其诗多写羁旅行愁、隐迹学仙之事。《全唐诗》录存其诗二卷。

【原文】

陇西行

誓扫匈奴不顾身[(1)]，五千貂锦丧胡尘[(2)]。

可怜无定河边骨[(3)]，犹是春闺梦里人[(4)]。

【毛泽东圈评等情况】

毛泽东读蘅塘退士原编《注释唐诗三百首》"七言绝句"时在此诗题目上方画了一个大圈。

[参考] 中央档案馆整理：《毛泽东评点诗词曲精选（上册）》，

中国档案出版社1998年版，第140—140页。

【注释】

（1）匈奴，秦汉时我国北方的少数民族，这里借指当时侵扰西北边地的部族。

（2）貂锦，貂裘，锦衣。用汉代羽林军穿锦衣貂裘的典故，这里借指精锐部队。唐刘禹锡《和白侍郎送令狐相公镇太原》："十万天兵貂锦衣，晋城风日斗生辉。"

（3）无定河，黄河中游支流，在陕西北部，因其溃沙急流，深浅不定，故名。

（4）春闺，春日的闺阁，指征人妻子的住所。

【赏析】

《陇西行》是乐府《相和歌·瑟调曲》旧题。陈陶作此题诗共四首，此为其第二首，七言绝句咏汉武帝黩武开边之事，借以反映唐代长期的边塞战争给人民带来的痛苦和灾难。

"誓扫匈奴不顾身，五千貂锦丧胡尘。"一、二两句是实写边塞将士英勇杀敌、壮烈牺牲的场景，意出司马迁《报任安书》："夫仆与李陵俱居门下，素非能相善也。然仆观其为人，自守奇士，常思奋不顾身，以徇国家之急。且李陵提步卒不满五千，深践戎马之地，天尽道穷，救兵不至，士卒死伤如积。"因汉代羽林军穿锦衣貂裘，这里用"貂锦"借指精锐部队。像李陵这样的大将军，领五千精兵，却战死疆场，足可说明战斗的激烈和伤亡之惨重。"丧胡尘"的"尘"字把那种战马嘶鸣、尘土飞扬的场面写得生动传神。

但这不是作者的用心所在。所以，紧接着笔锋一转，吟出了"可怜无定河边骨，犹是春闺梦里人"的名句。这两句好就好在将本不相关的"河边骨"与"春闺梦"联系起来，用"春闺梦"的甜蜜与温馨衬托"河边骨"的悲惨与凄凉。丈夫出征在外，长年杳无音讯，家中的妻子只有在梦中与之相会，并热切地盼望着梦境成真。可她哪里知道丈夫已成了无定河边的枯骨！作者的一个"可怜"，一个"犹是"，把两种境况巧妙地联在一起，通过对比使全诗产生震撼人心的悲剧力量。同时，也凝聚了诗人的无限感慨及对战死者及其家人的同情。这两句与沈彬的《吊边人》中"白骨已枯沙上草，家人犹自寄寒衣"用意相似，而深婉过之。难怪沈德潜在《唐诗别裁集》说："作苦诗无过于此者，然使王之涣、王昌龄为之，更有余蕴。此时代使然，作者亦不知其然而然也。"

从抒情功能上说，诗篇的艺术力量集中表现在后两句，但这并不意味着前两句无足轻重。没有一、二句的铺垫，就不足以揭示这种悲剧的普遍性。因为这不是哪一个家庭的悲剧，而是那个时代的悲剧。（毕桂发）

罗 隐

罗隐（833—910），字昭谏，号江东生，余杭新城（今浙江富阳）人。他自唐宣宗大中六年（852）到唐昭宗龙纪元年（889），十次参加进士考试，均为"有司用公道落去"（《谗书·重序》）。本名横，以此改名。之后行迹遍及陕西、四川、山西、河北、河南、湖北、湖南、江西、安徽、江苏和浙江等，都"龃龉不可"（《十国春秋·罗隐传》）。光启中，入镇海军节度使钱镠幕为从事，后迁节度军判官、给事中等职。罗隐自幼聪敏，才高气傲；既不得志，诗便以讽刺为主。与宗人罗虬、罗邺并称"江东三罗"。诗风近于元白，雄丽坦直，通俗俊爽。有《甲乙集》《罗昭谏集》。此两种集子毛泽东的藏书里都有。对罗隐的很多诗，毛泽东都曾浓圈密点，不完全统计约有 91 首。在《赠妓云英》一诗旁批注曰："十上不中第。"对罗隐的身世遭际深表同情。在一本《通鉴纪事本末》记载杭州修筑城垒时，罗隐提出"楼不若皆内向"。毛泽东旁批曰："昭谏亦有军谋。"称赞罗隐有军事才能。

【原文】

曲江春感

江头日暖花又开，江东行客心悠哉[(1)]。
高阳酒徒半凋落[(2)]，终南山色空崔嵬[(3)]。
圣代也知无弃物，侯门未必用非才。
一船明月一竿竹，家住五湖归去来[(4)]。

【毛泽东圈评等情况】

毛泽东读清沈德潜编选《唐诗别裁集》卷十六"七言律诗"时圈阅了这首诗。

[参考] 张贻玖：《毛泽东评点、圈阅的中国古典诗词》，

中国工人出版社1992年版，第238页。

【注释】

（1）江东行客，作者自称。

（2）高阳酒徒，狂生郦食其（lì yì jī），陈留高阳人。刘邦领兵过陈留，郦到军门求见，刘邦闻说他貌似大儒，便不欲接见。郦乃称自己为高阳酒徒，并非儒人，迫使刘邦接见了他（见《史记·郦生陆贾列传》）。后为刘邦献计攻下陈留，封为广野君。后因以指好饮酒而狂放不羁的人。

（3）终南山，亦称南山，主峰在长安南，唐卢藏用在终南山隐居，后被召为大官，世称"终南捷径"。

（4）五湖，太湖的别名，也指太湖流域一带的所有湖泊。越国大夫范蠡帮助越王勾践灭吴后隐居太湖一带。

【赏析】

南宋计有功《唐诗纪事》卷六九载此诗题作《归五湖》。"罗隐在科场，恃才傲物，尤为公卿所恶，故六举不第。"（南宋计有功《五代史补》卷一）此诗便是叙写屡举不第的困迫心情。后蜀何光远《鉴戒录》卷八"钱塘秀"条对此亦有记载："（罗）隐以讽刺颇深，连年不第。举子刘赞赠之诗曰：'人皆言子屈，我独谓君非。明主既难谒，青山何不归。年虚侵雪鬓，尘枉污麻衣。自古逃名者，至今名岂微。'隐睹之，因起式微之思，遂自归。《五湖》诗曰：'江头日暖……'"盖有罢举东归隐居之意也。曲江，即曲江池，故址在今陕西西安东南。本天然池沼，汉武帝造宜春苑于此，以池水曲折，故名曲江。周六里余。隋初迁筑长安城，池被包入外城东南角，开黄渠导城东浐水穿城入池，改池名芙蓉池，苑曰芙蓉园。唐复名曲江。开元中重加疏凿，池面七里，其西南为芙蓉园；筑紫云

楼等殿宇楼阁亭榭于池岸。花卉环周，烟水明媚，为都中第一胜景。都人游览，盛于中和（二月初一）、上巳（三月初三）等节日。自帝王将相至商贾庶民，莫不毕集。每年上巳日后，玄宗赐宴臣僚，每科新进士宴集同年，皆在其地。安史乱后，建筑物坍废，而士大夫岁时游赏不废。文宗大和中（827—835）重建了一部分楼馆，遂又成为游览胜地。在汉代，这一带叫乐游园，又因为地势高，亦称乐游原。因此，在唐代诗人的作品中，乐游园、乐游原、曲江等，都是指这一游览胜地。

"隐大中末即在贡籍中，自己卯至于庚寅，一十二年，看人变化。"（《湘南应用集序》）罗隐屡举不第，困居京师，当不止一次到曲江游览、遣闷释怀，所以诗人一开始便应题："江头日暖花又开。"曲江池畔，风和日丽，鲜花盛开，冬去春来又一年，景色依旧，鲜花依然，可诗人的心情却不同于以往，这次是来告别，故自称"江东行客"。此时，诗人经过矛盾痛苦的心理折磨，接受别人劝告，已决定结束客居生活，回归故乡，故而言"心悠哉"。其实这"悠"乃是暂忍痛苦、悲愤、无可奈何之后的"悠"。"悠"在脸上，苦在心里。只不过是为美景所感，苦中作乐，聊以"悠"之罢了。

接下来写感，或是"悠"的具体化："高阳酒徒半凋落，终南山色空崔嵬。""高阳酒徒"是用典。《史记·郦生陆贾列传》："郦食其，陈留高阳人，初，沛公引兵过陈留，郦生踵门上谒……使者出谢曰：'沛公敬谢先生，方以天下为事，未暇见儒人也。'郦生瞋目按剑叱使者曰：'走，复入言沛公，吾高阳酒徒，非儒人也。'"后因以喻好饮酒而狂放不羁的人。终南山，在今陕西西安南，一称南山，即狭义的秦岭，为秦岭主峰之一。有南山湫、金华洞、玉泉洞、日月岩等名胜古迹，相传道教全真道北五祖中的吕洞宾、刘海蟾曾修道于此。此二句是说，如"高阳酒徒"者如今不多了；终南山的景色白白的那么美、也没有人欣赏，没有人去寻仙访道了，为什么呢？因为大家都有事做，圣代无弃物，侯门尽用才，人才当其用，这难道还不值得"悠"吗？但偏偏诗人之才无人用，"只言圣代谋身易，争奈贫儒得路难。"（罗隐《江边有寄》）所以他不得不避其"圣代"，"一船明月一竿竹，家住五湖归去来。"回归故乡，常于明月之夜驾舟泛五湖，那当是神仙般的享受！这是想象之词，但这是否是作者真正想要之"悠"呢？

此诗紧扣题目，围绕"感"字做文章。表面看，语调轻松，且多赞美之词；但细细品味，不难发现，诗人所感全是"反话正说"。盖以诗人之才德却在"弃物""非才"之列，还有什么"圣代"可言！如此观之，"圣代"倒成了绝妙的讽刺！表面的轻松、"心悠"，掩藏着深深的、无言的痛苦与悲愤，此诗的讥刺力量尽在言外，绵里藏针，尖刻犀利，言有尽而意无穷！（韩爱平）

【原文】

自　遣

得即高歌失即休，多愁多恨亦悠悠⁽¹⁾。

今朝有酒今朝醉⁽²⁾，明日愁来明日愁。

【毛泽东圈评等情况】

毛泽东曾手书此诗，有两幅手迹。

[参考] 中央档案馆编：《毛泽东手书选集·古诗词（下）》，
北京出版社 1996 年版，第 48—49 页。

毛泽东读罗隐《甲乙集》或《罗昭谏集》卷二时对此诗字字圈点，一路密圈到底。

[参考] 张贻玖：《毛泽东评点、圈阅的中国古典诗词》，
中国工人出版社 1992 年版，第 158 页。

【注释】

（1）悠悠，久长，久远。《楚辞·九辩》："云白日之昭昭兮，袭长夜之悠悠。"

（2）"今朝"二句，一见唐权审《绝句》："得即高歌失即休，多愁多恨漫悠悠。今朝有酒今朝醉，明日愁来明日愁。"今天有酒今天就喝得大

醉，明天有了愁恨明天再说。比喻只图眼前享乐，不作长远打算。今朝，今天。权审，唐润州丹徒人，字子询，权德舆侄。唐宣宗大中年间（847—859）任吏户部司封员外郎，充史馆编撰，累官至散骑常侍。工诗，所作逾千首，多不存。

【赏析】

此诗又见《全唐诗》卷五四六，作权审《绝句》诗。今考罗隐《甲乙集》卷二已收此诗，南宋洪迈《万首唐人绝句》卷五一收作罗隐诗，唯阮阅编《诗话总龟》前集卷一〇录作权审，亦未注明所据，恐误。

罗隐的仕途十分坎坷。毛泽东在阅读他的诗时，对这位有才华的诗人深为同情，曾亲笔在其诗集上批注："十上不中第。"

七绝《自遣》是诗人政治失意时的情绪流露。其中既有颓废自慰的一面，又有愤世嫉俗的一面。全诗语言明白如话，而内含丰厚，因此成为广为传诵的诗篇。特别是它在艺术表现上有两点尤为独到。

首先是诗歌形象性的独特追求。乍一看此诗无景语而全是率直的抒情。但诗中所有情语都不是抽象的抒情，而能够给人一个具体完整的印象。如首句说不必患得患失，倘若直说便抽象化、概念化，而写成"得即高歌失即休"那种半是自白、半是劝世的口吻，可使人联想到那仰面"高歌"之情志，予人以生动具体之感受。"情而有态"，便形象化。次句不说"多愁多恨"太无聊，而说"亦悠悠"。悠悠，不尽，意谓太难熬受，也收到具体生动之效，且音韵自然，颇有无聊之甚的情调。"今朝有酒今朝醉，明日愁来明日愁"，则更将"得即高歌失即休"一语具体化，一个放歌纵酒的旷士形象便跃然纸上。这里取象于放歌纵酒，更带迟暮的颓丧，"今朝有酒今朝醉"总使人感到一种内在的凄凉、愤嫉之情。

其次是重叠与变化的艺术追求。一是情感上的重叠与变化。首句先括尽题意，说得时诚可高兴失时亦不必悲伤；次句则是首句的补充，从反面说同一意思：倘不这样，"多愁多恨"，是有害无益的；三、四句则又回到正面立意上来，分别推进了首句的意思："今朝有酒今朝醉"，就是"得即高歌"的反复与推进，"明日愁来明日愁"则是"失即休"的进一步阐发。总之，从头至尾，诗情有一个回旋和升腾。二是音响即字词上的重叠与变化。首句前四字与后三字意义相对，而二、六字（即）重叠；次句是紧缩式，意思是多愁悠悠，多恨悠悠，虽然形成同意反复。可加重了咏叹的效果。三、四句句式相同，但三句中"今朝"两字重叠，四句中"明日愁"竟然三字重叠，但前"愁"字属名词，后"愁"字乃动词，词性亦有变化。可以说，每一句都是重叠与变化并行，而每一句具体表现又各臻其妙。如此小诗，能把重叠与变化统一之手法使用得尽情尽致，确乎绝无仅有。这大概也是此诗成为千古咏叹调的奥妙所在吧。（孙学士）

【原文】

筹笔驿

抛掷南阳为主忧[(1)]，北征东讨尽良筹。

时来天地皆同力[(2)]，运去英雄不自由。

千里山河轻孺子[(3)]，两朝冠剑恨谯周[(4)]。

唯余岩下多情水，犹解年年傍驿流。

【毛泽东圈评等情况】

时来天地皆同力，运去英雄不自由。

[参考]《读〈南史·梁高祖本纪〉批语》，《毛泽东读文史古籍批语集》，
中央文献出版社 1993 年版，第 185 页。

毛泽东很喜欢此诗。在此诗的标题前画着三个大圈，每句诗末都画着圈，第一句旁画着曲线。从第三句开始，又一路密圈到底。

[参考]张贻玖：《毛泽东评点、圈阅的中国古典诗词》，
中国工人出版社 1992 年版，第 157 页。

毛泽东曾手书此诗，又手书"时来天地皆同力，运去英雄不自由"二句。

[参考]中央档案馆编：《毛泽东手书选集·古诗词（下）》，
北京出版社 1996 年版，第 59—63 页。

1958 年 3 月成都会议期间，毛泽东圈阅的《诗词若干首》（唐宋明朝诗人写的有关四川的一些诗和词）中收有这首诗。

[参考] 刘开扬注释：《诗词若干首》（唐宋明朝诗人咏四川），

四川人民出版社 1979 年版，第 110 页。

【注释】

（1）南阳（今属河南南阳），诸葛亮年轻时曾在南阳卧龙冈躬耕隐居。刘备三顾茅庐，他离开南阳，为刘备分忧。主，指刘备。

（2）时，与下句的"运"都是"时运"的意思，在此都指客观形势。前者讲赤壁之战的重大胜利，后者指伐魏功败垂成。皆，《罗昭谏集》作"虽"。

（3）孺子，指后主刘禅。他听信谯周之言降魏，断送了蜀国的千里山河。

（4）两朝冠剑，指刘备、刘禅两朝的文臣武将。这里主要是指诸葛亮。谯周（201—270），三国巴西西充（今四川阆中西南）人，字允南。通经学，善书札。诸葛亮领益州牧，任为劝学从事，后任中散大夫、光禄大夫等职。炎兴元年（263），魏将邓艾长驱入阴平，谯周劝后主降魏，受魏封为阳城亭侯。后又仕晋，任散骑常侍等官职。

【赏析】

筹笔驿，在今四川广元北一百里，据传三国时蜀汉诸葛亮出兵伐魏，曾驻此筹划军事，因而得名。这首七言律诗当是罗隐游览此地时，凭吊诸葛亮的怀古之作。

"抛掷南阳为主忧，北征东讨尽良筹。"诸葛亮年轻时曾在南阳躬耕隐居，后刘备三顾茅庐请他出山，他离却南阳，为主公刘备分忧，辅佐刘备建功立业。"抛掷"二字，极写他辅佐刘备之一片忠心。诗里"北征东讨"是指"南征北战"。因北征时诸葛亮曾在筹笔驿运筹帷幄。刘备也曾主张攻打东吴，诸葛亮反对，没有东讨。也正因为诸葛亮主张"联吴打魏"，才形成了三国鼎立的局势，使刘备由羸弱而日趋强盛。"尽良筹"，写诸葛亮之忠心耿耿，良策高筹，为蜀汉建立了奇功伟业，赞扬他鞠躬尽瘁，死而后已。

"时来天地皆同力，运去英雄不自由。"前句当指赤壁之战，诸葛亮力主联吴，与孙权合兵抵魏，凭长江天险，借东风，火烧曹军战船，取得重大胜利，可谓之"天时地利"。后句是说尽管诸葛亮足智多谋，由于客观条件不具备，如关羽、张飞早死，不能帮助他北伐等，也未能实现他问鼎中原的宏图大志，亦可谓之"英雄不自由"。此二句，以诸葛亮为典型，总结和揭示了"时势造英雄"的历史辩证法，阐发了"任何伟大人物的胜利、挫折，都与他所处的时代分不开"的真理，从而表现了诗人对诸葛亮英明大才的敬仰之情，同时也为诸葛亮大志未竟深表同情。

"千里山河轻孺子，两朝冠剑恨谯周。"诸葛亮死后，魏将邓艾率军攻蜀，谯周劝后主投降，后主无能甘当俘虏。从此，蜀国的千里河山，被孺子轻易地断送了。两朝冠剑，指刘备和后主两朝的文臣武将，主要是指诸葛亮，他既管政事，又辖军事，是蜀国的开国元勋。如他泉下有知，一定痛恨谯周劝降的罪恶行径！

历史是一面镜子。诗人借水为镜，深为诸葛亮功业的流逝而痛惜。"唯余岩下多情水，犹解年年傍驿流。""唯余""多情水""傍驿流"，着意叙写了诗人凭吊胜迹时的凄凉之感。当年，这里曾驻扎着千军万马，诸葛亮指挥若定，而今却流水傍驿，一片苍凉。此二句以水寄兴，表达了诗人对诸葛亮的缅怀之情。

历史上写诸葛亮的诗文很多，多数是写他的"运筹帷幄"和"神机妙算"，常以胜利者的化身来塑造描绘。此诗则不仅赞美了诸葛亮的胜利，也咏叹了他的挫折，更写了他死后的前功尽弃。可以说，诗人的客观叙写，写出了历史的真实，颇具"出师未捷身先死，长使英雄泪满襟"的悲壮感。其艺术感染力犹胜那些专事"歌颂"的赞美之词，这也是此篇怀古诗的成功所在。

毛泽东很喜欢此诗，圈点并手书过这首诗，并用此诗中"时来天地皆同力，运去英雄不自由"二句来批注《南史·梁高祖本纪》，表达了他对梁高祖（武帝）萧衍这个历史悲剧人物的感慨。（孙学士）

【原文】

蜂

不论平地与山尖，无限风光尽被占⁽¹⁾。

采得百花成蜜后，为谁辛苦为谁甜⁽²⁾？

【毛泽东圈评等情况】

毛泽东曾手书此诗。现存两幅手迹。

[参考]中央档案馆编：《毛泽东手书选案·古诗词（下）》，

北京出版社 1996 年版，第 54—55 页。

毛泽东 1961 年写的《七绝·为李进同志所摄庐山仙人洞照》中"无限风光在险峰"当由此诗中"无限风光尽被占"句典化而来。

[参考]中共中央文献研究室编：《毛泽东诗词集》，中央文献

出版社 1996 年版，第 122 页。

【注释】

（1）无限风光，没有穷尽的景色。无限，没有穷尽，谓程度极深，范围极广。风光，风景，景色。

（2）为谁，《甲乙集》作"不知"，据《全唐诗》改。

【赏析】

这是一首咏物诗。所咏对象是人们熟知的小生灵——蜜蜂。蜜蜂采集百花之粉，酿造最甜的蜂蜜，自己享用甚少，几乎全部奉献给人类，所以深受人们的喜爱。这首七言绝句赞颂了蜜蜂的这种辛勤劳动、无私奉献的精神。

"不论平地与山尖，无限风光尽被占。"一二句叙事，是说无论是平地田野还是崇山峻岭，凡是鲜花盛开的地方，都是蜜蜂的领地。其实蜜蜂既不是一个占领者，也不是一个观光客，它飞到这些"无限风光"之处，不是为了观光旅游，而是为了采花酿蜜。广袤原野，重重高山，到处都可以

看到它忙碌的身影。这里诗人运用极度的副词、形容词——"不论""无限""尽"等，和无条件的句式，极称蜜蜂占尽"风光"，这种欲夺故予手法为下两句蓄了势。"采得百花成蜜后，为谁辛苦为谁甜？"三四两句议论，是说蜜蜂整日忙碌，采花酿蜜，到底是为谁辛苦，为谁甜呢？意谓蜜蜂采花酿蜜是为了自己享用呢，还是为了别人？诗人采用夹叙夹议手法，但议论并未明确发出，而以反诘语气出之。"采得百花"已示"辛苦"之意，"成蜜"二字又是"甜"的同义语。本来反诘句的意思只是：为谁甜蜜而自甘辛苦呢？却分成两问："为谁辛苦"？"为谁甜"？言下辛苦归自己，甜蜜属别人。反复咏叹，反复而不重复，使人顿觉感慨万千，对蜜蜂的辛苦、勤劳、无私奉献精神肃然起敬。

罗隐的诗风在晚唐属于浅易明畅的一派，述事真切而下语通俗，尤善于提炼民间口语，以致有些诗句写来如同白话，甚至成为后人常用的谚语格言，本篇中"采得百花成蜜后，为谁辛苦为谁甜？"即属于此类。（毕桂发）

【原文】

偶 题

钟陵醉别十余春[1]，重见云英掌上身[2]。
我未成名君未嫁，可能俱是不如人[3]。

【毛泽东圈评等情况】

十上不中第。

[参考] 读罗隐《甲乙集》批语，《毛泽东读文史古籍批语集》，
中央文献出版社 1993 年版，第 17 页。

毛泽东读清沈德潜编选《唐诗别裁集》卷二十所载此诗题作《赠妓云英》。毛泽东在《罗昭谏集》中，对此诗的后两句字字都画了密圈。

[参考] 张贻玖：《毛泽东评点、圈阅的中国古典诗词》，
中国工人出版社 1992 年版，第 158 页。

【注释】

（1）钟陵，故址在今江西进贤西北，今并入南昌。

（2）掌上身，相传汉代赵飞燕身轻能作掌上舞。后遂用以形容女子体态轻盈美妙。

（3）可能，也许。

【赏析】

此诗载《罗昭谏集》卷四题作《嘲钟陵妓云英》，《唐诗别裁集》卷二题作《赠妓云英》，盖据五代何光远《鉴戒录》卷八、南宋计有功《唐诗纪事》卷六九载其事拟此题。原来，罗隐当初以寒士身份赴举，路过钟陵（今江西进贤），结识了当地一个颇有才思的歌妓云英。十二年后他以落第之身再度路过钟陵，又与云英不期而遇。诗人见云英仍隶属乐籍、未脱风尘，不胜感慨；更不料云英一见面却惊诧道："怎么罗秀才还是布衣！"诗人便写就此诗赠答于她。由此可见，此诗是为云英的问题而发，也是诗人的不平之鸣。但一开始却避开了云英那个一时难以说清道明的问题，只从叙旧缓缓道来。

这首七言绝句是叙写往事。十二年前，作者还是一个英敏少年，正意气风发；歌妓云英也正值妙龄，色艺双全。"醉别"二字，是谓当年二人彼此互相倾慕、欢会款洽，酒逢知己千杯少，同时也饱含了诗人的追忆和伤惋之情。是啊，十余春秋如过眼云烟，自己老于功名、一事无成，而云英也已人近中年了。看来，此句不是纯写"逢"后之"别"情，更写了"别"后又"逢"的感慨。

次句则侧重写云英。相传汉代赵飞燕身轻能作掌上舞，于是后人多以"掌上身"来形容女子体态轻盈美妙。从"十余春"后已属半老徐娘的云英仍有"掌上身"的风采，可以推想她当年是何等美丽超群了。"重见"一词，准确精当，不仅表达了诗人对眼前云英的赞美之情，犹蕴含了对当年云英的褒扬之意。此二句，诗人极写重逢后的别情和感慨，为下面两句作了有力的铺垫。

"我未成名君未嫁，可能俱是不如人。"这下诗人说得直截了当！云英为诗人不第而感到惊诧，诗人也为云英未脱风尘而愤愤不平，可谓之"同是天涯沦落人"（唐白居易《琵琶行》）、同病相怜吧！他们一个是风姿绰约、美丽出众，一个是才华过人、名满天下，又有何处"俱是不如人"呢？此句写得深沉悲愤、一语百情，是诗人对封建社会压抑人才的强烈抗议！一代伟人毛泽东读此诗时，在不同版本中，多次圈点此诗，并在《甲乙集》中批注："十上不中第。"意谓十次参加进士考试都未被录取，不仅表达了他对云英这位可怜女性的同病相怜，也表达了他对罗隐身世遭际的深刻理解。

此诗艺术上颇有独到之处。一是欲扬先抑，曲径通幽。如诗人写云英十余年后仍是"掌上身"的绰约风姿是一扬，而第三句"君未嫁"则是一抑，后又写到"俱是不如人"，到底是什么原因，让读者去猜想、去品评。二是语言平实而诙谐。此诗寓愤慨于调侃之中，化严肃为幽默，亦谐亦庄，耐人寻味，极富个性。（孙学士）

【原文】

黄　河

莫把阿胶向此倾(1)，此中天意固难明。

解通银汉应须曲，才出昆仑便不清(2)。

高祖誓功衣带小(3)，仙人占斗客槎轻(4)。

三千年后知谁在(5)，何必劳君报太平(6)。

【毛泽东圈评等情况】

毛泽东读罗隐诗集《甲乙集》卷一时圈阅了这首诗。

[参考] 张贻玖：《毛泽东评点、圈阅的中国古典诗词》，中国工人出版社 1992 年版，第 238 页。

【注释】

（1）阿胶，药名，古人以为可以澄清浊水。

（2）昆仑，即昆仑山。西起帕米尔高原，横贯新疆、西藏，东延入

隋唐五代诗

青海境内。古人误以为黄河发源于昆仑山。

（3）"高祖"句用典，汉高祖平定天下，与功臣剖符誓云："使黄河如带，泰山若砺。国以永存，爰及苗裔。"（《汉书·高惠高后文功臣表序》）意思是要到黄河像衣带那么狭小，泰山像磨刀石那样平坦，国家永存，惠及后代。

（4）斗，天上的北斗，古人用以象征皇室或朝廷。槎，木筏。传说有人乘槎从海上到达天河，见到了牛郎织女。后因用以指出使或远游所乘之船，也指游仙、升天所乘之仙舟。

（5）三千年，传说黄河三千年一清，黄河清就是天下太平。"三千年"为约数。《拾遗记》："黄河千年一清，圣人之大瑞也。"

（6）君，指黄河。

【赏析】

此诗题作《黄河》，却不是赋咏黄河，而是另有寓意，抨击和讥讽当时黑暗的科举制度。

阿胶，药名，有净水、作画、入药等功用。庾信《哀江南赋》："阿胶不能止黄河之浊。"这首七言律诗首联用黄河无法澄清作比喻，暗示当时科举考试的虚伪，揭露官场和黄河一样的浑浊，即使把用来澄清浊水的阿胶都倾放进去，也无济于事。"此中天意固难明"，把讥讽的矛头直接指向了最高统治者。

颔联则进一步抨击科举场上的黑暗。李白有"君不见黄河之水天上来"的诗句。古时黄河有九曲之称。诗人巧妙地把这层意思联系起来，慨叹道："解通银汉应须曲。"字面上说黄河所以能够通天，是因为它蜿蜒曲折。古诗词中常以"银汉"指代皇室或朝廷。此句意寓：能够通到皇帝身边去的（指通过科举考试获得高官显位），必是"应须曲"，即不正当的手段。唐代科举，特别是到晚唐，主要不是考查学问，而是看有否投靠巴结当权者的本领。"才出昆仑便不清"，是又深一层的讥讽。古时误以为黄河源于昆仑山，这是说黄河在发源处就已浑浊。意指那些被提拔举荐做了官的人，都与皇帝权贵一样"不清"。

颈联借用两个典故，讽寓了封建贵族霸占爵位、任人唯亲的黑暗现实。"高祖"句是指汉高祖在平定天下、大封功臣时有誓词曰："使河如带，泰山若砺。"意思是：要到黄河像衣带那么狭窄，泰山像磨刀石那样平坦，你们的爵位才会失去（即永不失去）。此典意谓，自从汉高祖大封功臣以来，贵族们就世代簪缨，富贵不绝，霸占着朝廷爵禄，好像真要等到黄河细如衣带时才肯放手。"仙人"句则进一步刺讽朝廷大臣唯亲是举的行径。"仙人占斗"，是说汉代张骞奉命探寻黄河源头，乘一只木筏溯河直上，不知不觉到一去处，见有一女子织布，旁有一放牛郎。张骞后来到西蜀，将此际遇说给善于占卜的严君平听，严君平说，你已经到了天上牛郎织女两星宿所在。诗人以此代指天上北斗，因古人常用"北斗"象征皇室或朝廷。"客槎"，指考试求官之人。这句是说，若想考试求官，只要经皇室贵族援引推荐，自然就可平步青云。一个"轻"字，极为准确巧妙地讽刺了封建科举制度任人唯亲、践踏人才的罪恶行径。

尾联借"黄河千年一清，至圣之君以为大瑞"的传说，抒写了诗人对封建皇帝的绝望之情。黄河千年才澄清一次，谁能等得着呢？既然如此，也就不劳驾您预告这样的好消息了。罗隐十举不第，经受了痛苦的磨难，后来到杭州在钱镠幕下做官，再也不去长安参加考试了。

此诗虽句句写黄河，可又句句暗射封建王朝，非常尖刻而又十分巧妙地揭露了黑暗的科举制度，具有很强的思想性。另外，此诗表现手法也极为高超，以黄河之浑浊讽谕科举制度的昏暗，构思巧妙，切中要害。细细品读，不禁为之击节称快。（孙学士）

【原文】

往年进士赵能卿尝话金庭胜事见示叙

会稽诗客赵能卿，往岁相逢话石城[(1)]。
正恨故人无上寿[(2)]，喜闻良宰有高情[(3)]。
山朝佐命层层耸[(4)]，水接飞流步步清。
两火一刀罹乱后[(5)]，会须乘兴雪中行[(6)]。

【毛泽东圈评等情况 】

毛泽东读罗隐诗集《甲乙集》卷一时圈阅了这首诗。

[参考]张贻玖：《毛泽东评点、圈阅的中国古典诗词》，

中国工人出版社1992年版，第241页。

【注释 】

（1）石城，山名，在浙江会稽东北三十里处，为勾践遗迹。此代指"金庭胜事"。

（2）故人，指赵能卿。上寿，指年岁高。古人谓人上寿百岁，中寿八十，下寿六十。

（3）良宰，贤能的官员。晋陆云《威德颂》："良宰内干，武臣外闲。"指帮助赵的县官。

（4）佐命，古代称辅佐帝王之臣为佐命。

（5）两火一刀，"剡"字的隐语，此指剡县。罹乱，遭逢战乱。

（6）末句用典：王徽之雪夜起兴，驾舟访戴逵。天亮到了戴家门口，又因兴尽而返回（见南朝宋刘义庆（《世说新语·任诞》）。此为作者希望之词，是说赵能卿会像王徽之一样，洒脱任诞、适情放性、乐享余年。

【赏析 】

进士，唐人通谓举进士而未及第者，或称举进士。赵能卿，会稽人，许棠有《寄赵能卿》诗云："我命同君命，君诗似我诗。俱无中道计，各失半生期。"（《全唐诗》卷六〇三）知其人能诗，且半生未能成名。郑谷亦有《送进士赵能卿下第南归》诗云："洒泪惭关吏，无言对越人。"（《全唐诗》卷六七四）言其举进士不第；郑诗又云："莫便随渔钓，平生已苦辛。"大抵言其出路当为归隐。罗隐与赵能卿虽为同乡，但相识恐也在贡举场屋间。此诗当作于退出举场回归吴越之后。时或对赵能卿近况有闻。此题云"往年"，盖往年贡举时，赵能卿曾谈及"金庭胜事"并以诗作示之，及闻近况，故作此诗以抒感慨。

诗题"金庭胜事"，盖指仙道生活。"金庭"谓金庭山，在剡县（今

浙江嵊州）境内，旧名桐柏山，道书以为第二十七洞天。据宋人高似孙《剡录》卷二《山水志》载：山高一万五千丈，周回四七里，是金庭不死之乡，"上有黄云覆之，树则苏纡朱碧，泉则石髓金精，其山台尽五色金也。""经丹水而行，有洞天从中过，在剡、临海二县之境。南齐道士褚伯玉于此置金庭观，乃右军之家也。"此则所谓"胜事"。

　　首联开门见山，叙往岁与赵能卿相聚尽言"石城"事。称赵为诗客，盖以其能诗名之。"话石城"即题所示"话金庭胜事"之谓。石城，本指会稽（今浙江绍兴）东北三十里石城山下，春秋越王勾践"兴师伐吴，不胜，栖于会稽"（《国语·越语下》）遗址在此，这里以"石城"代指金庭仙道之盛事。颔联言赵能卿未从仙道，但在剡县已有安置。上寿，《庄子·盗跖》："人上寿百岁，中寿八十，下寿六十。"此言上寿盖指仙道之寿。"故人"指赵能卿。诗人听说赵能卿未从仙道，故言"正恨"，可又听说他得到了良宰县令的热情帮助，有了归宿，这自然是"喜闻"了。这一"恨"一"喜"，表达了诗人对"故人"的深情厚意。

　　以上四句，首联点题、回忆既往，颔联写所闻所感，后两联则是对"故人"的真诚祝愿。颈联用比喻手法，言赵能卿有剡县之"山朝""佐命"，定能像山一样层层耸峙，似水步步清澈，后半生可保无虞。尾联，用隐语和典故将赵能卿的未来生活描绘一番，那是怎样一种理想境界啊！虽属推想之辞，但充分表达了诗人对"故人"的关切、系念以及真诚的祝福。"两火一刀"，为"剡"字之隐语，此指剡县。"罹乱"，犹言遭乱。或指越州威胜军节度使董昌于唐昭宗景福二年（893）春二月称帝反叛事，国号"大越罗平"，改元"顺天"。至乾宁三年（896）秋八月为杭州武胜军节度使钱镠讨平之。事见《十国春秋》卷七七。此句言剡县已遭罹乱，以后自然太平无事。所以"故人"不妨"会须乘兴雪中行"。

　　这里用了晋王徽之雪夜访戴逵故事。时徽之居山阴（今浙江绍兴），夜降大雪，忽忆戴安道（逵字安道，隐居剡县），遂乘舟前往，经宿方至，造门不入而返，问其故，曰："我本乘兴而行，兴尽而返，何必见戴？"言其性卓荦不羁、雅性放诞。事见《晋书》八〇《王徽之本传》。此句以王徽之作比，言赵能卿亦为性洁高雅之士，在安逸平静的环境中，定会适情放性，乐享余生。这是诗人所希冀的，也是写此诗的真正目的。

此诗语言明快、格调清新；念旧叙情、关切系念以轻松诙谐的语调出之，一反沉郁顿挫诗风，这应是诗人的别一种风格。（孙方　韩爱平）

【原文】

寄右省王谏议

耳边要静不得静，心里欲闲终未闲。

自是宿缘应有累⁽¹⁾，可能世事更相关。

鱼惭张翰辞东府⁽²⁾，鹤怨周颙负北山⁽³⁾。

看却金庭芝术老⁽⁴⁾，又驱车入七人班⁽⁵⁾。

【毛泽东圈评等情况】

毛泽东读罗隐诗集《甲乙集》或《罗昭谏集》卷一时圈阅了这首诗。

[参考] 张贻玖：《毛泽东评点、圈阅的中国古典诗词》，中国工人出版社 1992 年版，第 241 页。

【注释】

（1）宿缘，梵语，指过去世。佛教认为，现世的遇合，都与宿昔因缘有关，并非偶然。

（2）"鱼惭"句用典。张翰，字季鹰，晋吴郡人，善属文。齐王司马同召为大司马东曹掾。由于时政混乱，祸难逼人，见秋风起，则思故乡菰菜、莼羹、鲈鱼脍，自言："人生贵得适志，何能羁宦数千里而要名爵乎！"遂命驾辞归（见《晋书》九二本传）。后来诗文中常作退休的典故。

（3）"鹤怨"句用典。周颙，字彦伦，汝南安城（今属河南）人。初隐北山（今南京钟山），后奉诏出仕，离开北山，使夜鹤怨唳、晨猿惊叫（见孔稚珪《北山移文》）。罗隐据此，以为周乃假隐真仕的典型。

（4）芝术，药草，指灵芝草和山蓟草，传说食之长生不老。

（5）七人班，古时朝廷设谏官七人。至唐时于门下、中书两省各置左右谏议大夫四员，共八人。"七人班"乃习惯用法。《孝经·谏诤》："昔者天子有诤臣七人，虽无道而不先其天下。"

【赏析】

此诗盖为罗隐在长安应举时投寄之作。王谏议，名未详。右省，即中书省，置谏议大夫四人，正四品下，或称右谏议大夫，掌谏谕得失，侍从赞相，也就是谏官。王谏议，即姓王的谏官。罗隐寄诗给这位王姓谏官，运用通俗、幽默的语言，十分传神地刻画了他不愿为官，可又不甘退隐的矛盾心理，形象生动，耐人寻味。

"耳边要静不得静，心里欲闲终未闲。"只此一联，一位勤于王事，但又患于政事纷扰的谏官形象便跃然纸上。身为谏官，就注定了耳边清静不得；而要下情上达，所谏不谬，还须慎重考虑，所以心理负担颇重，想清闲终不能够，不敢有稍稍放松。何以至此呢？颔联释其原因："自是宿缘应有累，可能世事更相关。"宿缘，梵语，宿，指过去世。佛教认为现世的遇合，都与宿昔因缘有关，并非偶然。那么，王谏议是否就命该受累呢？当然不是。但为世事所迫，不得不如此。所谓世事，恐指政务的繁忙，人事的纠葛。由此带来的忙乱、烦恼，不可名状。

以上二联，描述王谏议为官所累，忙乱之现状及其原因，其厌恶官场、希冀退隐之念暗暗透出。颈联则用两个典故表现其隐与仕之矛盾。一是张翰，晋时吴郡人，字季鹰，善属文。齐王司马冏召为大司马东曹掾。由于时政混乱，祸难逼人，颇有怨意。见秋风起，则思故乡菰菜、莼羹、鲈鱼脍，自言"人生贵得适志，何能羁宦数千里而要名爵乎！"遂命驾辞归。事见《晋书》九二本传。"鱼惭张翰辞东府"便指此事。此用"鱼惭"，为张翰因思鲈鱼脍而惭愧，对张翰辞官，语含指斥。另一典，是周颙事。诗言"鹤怨周颙负北山"，盖出于南朝齐孔稚珪《北山移文》。文云："至于还飚入幕，泻雾出楹，蕙帐空兮夜鹄怨，山人去兮晓猿惊。"斥责周颙初隐北山（今南京钟山）又奉诏出仕离开北山，致使草堂荒凉、夜鹤怨唳、晨猿惊叫。诗言"负北山"，犹违初隐北山意愿也。孔稚珪，字德璋，会稽山阴人，与周颙同仕南齐，见周初隐而复又仕，则为文戏之。今罗隐据之，以为周颙是假隐真仕的典型。王谏议比较、权衡二人之得失，并且"看却金庭芝术老"，言看透老、易之学。"金庭"，原指金庭山，在浙江嵊州，道书以为第二十七洞天，此道教之洞天福地，为仙神所居之地。"芝术"，指灵芝草和山蓟草，传说食之则长生不老。此句言道家之学不足依凭，王谏议终于战胜了退隐之心，"又驱车入七人班"，继续从政上班了。"七人班"盖指古时谏官七人，至隋朝仍因之。《唐会要》卷五五引谏议大夫王珪曰："故古圣王必设谏官七人。"《旧唐书·职官志二》载："隋于门下省置谏议大夫七员。"至唐时于门下、中书两省各置左右谏议大夫四员，共八人。"七人班"乃习惯用法。

罗隐以诗给王谏议画像。诗的语言通俗明白，用典恰切自然，构思非常巧妙，刻画了一位忠于王事而又不堪其苦的典型谏官形象，体现了诗人诙谐幽默的个性特征，王谏议看到此诗，定会忍俊不禁。（孙方　韩爱平）

【原文】

焚书坑

千载遗踪一窖尘，路傍耕者亦伤神。

祖龙算事浑乖角⁽¹⁾，将为诗书活得人⁽²⁾。

【毛泽东圈评等情况】

毛泽东读罗隐诗集《甲乙集》或《罗昭谏集》卷一时圈阅了此诗，并在此诗的后两句旁加了密圈。

[参考] 张贻玖：《毛泽东评点、圈阅的中国古典诗词》，中国工人出版社 1992 年版，第 157 页。

【注释】

（1）祖龙，祖，始；龙，人君。此指秦始皇。浑，简直。乖角，错误，怪僻。

（2）为，《罗昭谏集》《甲乙集》作"为"，《全唐诗》作"谓"。

【赏析】

秦始皇三十四年（前213），博士淳于越根据祖制，建议分封子弟。丞相李斯则主张禁止儒生以古非今、以私学诽谤朝政。秦始皇采纳李斯建议，下令除秦纪、医药、卜筮、种树书外，民间所藏书一概送官府烧毁。下令后30天不送书者，罚筑长城四年。谈论《诗》《书》者处死，是古非今者族诛；禁止私学，欲学法令者以吏为师。次年，卢生、侯生等方士、儒生攻击秦始皇，秦始皇派御史查究，将460多名方士和儒生坑死在咸阳。这就是历史上有名的"焚书坑儒"事件。由此可知，当时书是分散在各地官府焚烧的，坑儒只在咸阳。不知何时，有人把"焚书坑"三字连读，于是就在陕西临潼山下伪造了一处古迹：秦始皇焚书坑。罗隐这首七言绝句，就是凭吊此古迹而作。

诗起笔入题："千载遗踪一窖尘，路旁耕者亦伤神。"一千多年前的熊熊大火，留下来这么一"窖尘"，在向后人昭示着当年的劫难，看到它，就连田里耕作的老农都伤痛不已，更何况读书人！"焚书坑儒"是我国历史上的一次文化大浩劫，说明了秦始皇的野蛮、暴虐、惨无人道。孰不知，那熊熊大火其实是在烧灼秦氏江山，秦王朝的灭亡也就注定了！

所以诗人接下来吟道："祖龙算事浑乖角，将为诗书活得人。"祖龙，即秦始皇。浑，简直。乖角，错误。此二句是说，秦始皇算是犯了一个大错误，以为被压迫的人民都是靠诗书救活的；那么焚了诗书，人民就不会"犯上作乱"，就俯首听命了，天下也就太平了。这实在是大错而特错："坑灰未冷山东乱，刘项原来不读书。"（唐章碣《焚书坑》）罗隐的言外之意也在此。推翻秦王朝的刘邦、项羽原来都不读书。因此，"焚书坑儒"不论从正面看，还是从反面看，都是失策之举，不但无补于他的帝业，反倒加速了秦氏王朝的灭亡，这是秦始皇所始料不及的！值得注意的是，对秦嬴政这个暴君，诗人不称"始皇"而称"祖龙"，决非单纯追求用典，而是出于表情达意的需要。《史记·秦始皇本纪》载：始皇三十六年秋天，有神人对秦使者说："今年祖龙死。"使者回报秦始皇，始皇听后沉默良久，后自作解释说："祖龙者，人之先也。"秦始皇一心要做子孙万代诸"龙"之祖。可是作为人之"先"、龙之"祖"，却又那么害怕人，连人写的书都怕，那么这"祖龙"就成了对他的绝妙讽刺。

议论性诗歌，既要剖析事理，又要显示形象，委实不易。此诗以叙事抒情开端，纵跨古今，形象鲜明，极为议论张本；三、四句紧承上文，就事论理，寓尖刻的讽刺于不露声色的说理之中，委婉而刺深，这是罗隐讽刺诗的又一特点。（韩爱平）

【原文】

始皇陵

荒堆无草树无枝，懒向行人问昔时。

六国英雄谩多事[(1)]，到头徐福是男儿[(2)]。

【毛泽东圈评等情况】

毛泽东读罗隐诗集《甲乙集》或《罗昭谏集》卷一时圈阅了这首诗。

[参考] 张贻玖：《毛泽东评点、圈阅的中国古典诗词》，
中国工人出版社 1992 年版，第 238 页。

【注释】

（1）六国，指被秦灭亡的齐、楚、燕、韩、赵、魏。谩，通"漫"。枉，徒然。

（2）徐福，一作徐市，秦方士，字君房，琅琊（今山东胶南）人。为迎合秦始皇的迷信长生，上书说海上有蓬莱、方丈、瀛洲三座神山，请得童男女数千人，乘楼船入海求之。数岁后，徐福诡称海中有大鲛鱼所阻，求不得神药。秦始皇乃亲往求之，病死沙丘。后徐福入海不返。

【赏析】

始皇陵，即秦始皇的坟墓，在陕西临潼城东五公里骊山北麓。陵园规模宏大，分内外两城，其中心的夯土陵丘高 70 多米，占地 500 多亩。"始皇初即位，穿治郦山，及并天下，天下徒送诣七十余万人，穿三泉，

下铜而致椁，宫观百官奇器珍怪徙藏满之。令匠作机弩矢，有所穿近者辄射之。以水银为百川江河大海，机相灌输，上具天文，下具地理。以人鱼膏为烛，度不灭者久之。"（《史记·秦始皇本纪》）其费时之久、费资之巨、设计之精巧、建筑规模之宏大，可谓空前绝后。两千年后的 1974 年，在陵园外城以东发掘的兵马俑坑更是举世震惊。这是后话。而《史记》所载的一切，熟谙历史的罗昭谏是知道的，可他仍把如此规模的帝王陵墓说成是"荒堆无草树无枝"，只不过是荒土一堆，而且草木不生——"树无枝"，该不是树也因为长到此处而感到羞耻？连草木都羞于为伍，见出秦王政的臭名昭著。敢于对至高无上的皇帝如此轻蔑、如此不恭，在唐以至后世，恐怕也无第二人。

既然熟谙历史，秦始皇的显赫辉煌、武功伟业，当然也包括他的苛政、他的暴虐无道，诗人是一清二楚的，所以他"懒向行人问昔时"。这里其实是不屑问，不想问，也无需问。昔时叱咤风云、消灭六国、一统天下、位极一时，自称始皇帝，"后世以计其数，二世、三世至千万世，传之无穷。"（《史记·秦始皇本纪》）实则二世即亡（他死后一年，即爆发了我国历史上第一次全国性的农民大起义），到头来只有这荒土一堆，面对这个荒堆，有什么好想、什么好说呢？其实这是反话。诗人不可能不追忆、不思索，而思索的结果是什么呢？是对秦始皇的更尖锐的讽刺："六国英雄谩多事，到头徐福是男儿。"当时的六国都想与秦抗衡，并采取了连横之术，但都被秦所灭，多少英雄豪杰死于非命，诗人对此持以冷漠态度，并说"英雄谩多事"，你们何必拼死拼活呢？徐福一个人就够了。第三句看似对六国英雄的嘲弄，实是为末句蓄势：只有徐福才是真正的男子汉，他一个人就可以对付秦始皇，就可以制秦于死地，实在了得！

据《史记·秦始皇本纪》载："齐人徐市等上书，言海中有三神山，名曰蓬莱、方丈、瀛洲，仙人居之，请得斋戒，与童男女求之。于是遣徐市发童男女数千人入海求仙人。"徐市，即徐福。为了求长生不老之药，秦始皇任徐福摆布，言听计从。数岁，徐福诡称海中有大鲛鱼所阻而求不得神药，秦始皇乃亲往求之，病死沙丘（河北广宗境内）。一代帝王，为方士所惑，身死异地，孰可叹哉！可是诗人却称"徐福是男儿"，反话正说，嘲弄、挖苦，大大增强了讽刺效果，其锋芒所向，仍是至死不悟的秦始皇。听信方士之言，到处求长生不老之药，不理朝政，这也是秦王朝暴兴速亡的一个重要原因。而对这样的昏庸皇帝，诗人只能报之以痛快淋漓的讽刺，他是不会有任何顾忌的。这是诗人的一贯风格：他的讽刺对象不分高低贵贱！这也正是他不见容于当权者的重要原因。（韩爱平）

【原文】

西京道德里

> 秦树团团夕结阴，此中庄舄动悲吟⁽¹⁾。
> 一枝丹桂未入手⁽²⁾，万里苍波长负心。
> 老去渐知时态薄，愁来惟愿酒杯深。
> 七雄三杰今何在⁽³⁾？休为闲人泪满襟⁽⁴⁾。

【毛泽东圈评等情况】

毛泽东读罗隐诗集《甲乙集》或《罗昭谏集》卷一时圈阅了这首诗。

[参考] 张贻玖：《毛泽东评点、圈阅的中国古典诗词》，
中国工人出版社 1992 年版，第 240 页。

【注释】

（1）庄舄（xì），战国时越人，故亦称越舄。舄爵为执珪（古代贵族朝聘时所用的礼器），虽富贵，不忘旧国，病由思越而吟越声。此乃诗人自比。

（2）丹桂，旧时比喻科举及第。晋郤诜举贤良对策列最优，自谓："犹桂林之一枝，昆山之片玉。"（《晋书·郤诜传》）叶梦得《避暑录话》："世以登科为折桂，唐以来用之。"

（3）七雄，指战国时秦、齐、楚、燕、韩、赵、魏七国。三杰，张良、萧何、韩信为汉三杰（《史记·高祖本纪》），诸葛亮、关羽、张飞为蜀汉三杰（《三国志·蜀书·先主传》）。此泛指历史上生逢其时的杰出人物。

（4）闲人，诗人自指。襟，一本作"巾"。

【赏析】

西京，即长安；道德里，长安城里巷名，诗人寓居之地。此为诗人应试落第后困居长安所作。

科举考试至晚唐，已仅为形式，科场舞弊成风，出身寒门、正直的士子，即使才学再好，也难以得中。罗隐虽"少英敏，善属文，诗笔尤俊拔"（元辛文房《唐才子传》卷九），但因"进乏梯媒"（罗隐《西京崇德居》）且又有《谗书》讥刺时政，所以"一第落落"（《唐才子传》），其中的酸甜苦辣，诗人遍尝。这首七言律诗抒发的就是落第后的那种痛苦、郁闷、怨愤不平之情。

首联"秦树团团夕结阴，此中庄舄动悲吟。"在亭亭如盖的大树之下，愁思满怀的诗人长歌当哭，发而为吟。庄舄，战国时越人，出身贫寒，仕楚，爵为执珪。虽富贵，不忘旧国，病中思越而吟越声。李白有诗云："楚怀奏钟仪，越吟比庄舄。"（《淮南卧病书怀寄蜀中赵征君蕤》）罗隐这里也是以庄舄自比，表达自己对家乡的思念之情。人在受病痛折磨时，常常思乡怀亲；那么在落魄失意时，更会动故国之思，这时的"思"更深沉、更迫切，所以诗人称之为"悲吟"，他怎能不悲吟呢？

颔联"一枝丹桂未入手，万里苍波长负心。""丹桂"，旧时比喻科举及第者。"丹桂"未入手，即未考中。"万里苍波"形容仕途艰难。诗人学富五车，怀着用世之心、报国之志，远离家乡、赴京应试，希望金榜高中，一展宏图。可一次又一次地名落孙山，困居京城十几年，不知老之将至，仕途多险阻，常负有心人，平生夙愿难酬，报国之志难申，诗人能不悲愤！那么原因何在？诗人进行着深深的思索，结论却更令人心寒：颈联首句"老来渐知世态薄"，原来"一第落落"是"世态薄"之故：世风不古、政治腐败、朝纲紊乱，正直之士怎得仕进！随着年龄的增长，诗人慢慢参透了这点，参透之后却是更深的哀愁！于是便借酒浇愁："愁来惟愿酒杯深。"他要麻醉自己，"今朝有酒今朝醉，明日愁来明日愁。"（罗隐《自遣》）可是"举杯销愁愁更愁"（唐李白《宣州谢朓楼饯别校书叔云》），一醉并不能万事休，酒醒之后呢？

　　尾联"七雄三杰今何在？休为闲人泪满襟。"七雄，指战国时秦、楚、燕、齐、韩、赵、魏；三杰，张良、萧何、韩信为汉三杰（《史记·高祖纪》），诸葛亮、关羽、张飞为蜀汉三杰（《三国志·蜀·先主传》）。这里泛指历史上生逢其时的杰出人物。历史上有许多英雄豪杰，现在已无处寻觅；即使他们在天有灵，也绝不会为我这个借酒浇愁、无所事事的"闲人"而洒泪！这里其实是愤懑语。诗人不甘心做闲人，可又不得不成为"闲人"，其苦闷怨愁可想而知。然不同情"闲人"、不为"闲人"洒泪者偏又是"七雄三杰"，诗人用意何在？是否仍不甘心、仍要与英雄豪杰比一比？诗人别有诗云："进乏梯媒退又难，强随豪贵殢长安。风从昨夜吹银汉，泪拟何门落玉盘。抛掷红尘应有恨，思量仙桂也无端。锦鳞赪尾平生事，却被闲人把钓竿。"（《西京道德里居》）"仕进"与"退隐"的矛盾在这里表现得异常尖锐突出。两首诗都是落第后的失意之作，其主题有相通之处，又各有所侧重，二者不妨参读并赏。（韩爱平）

【原文】

武牢关

　　楚人曾此限封疆，不见清阴六里长[1]。

　　一壑暮声何怨望，数峰秋势自颠狂。

　　由来四皓须神伏[2]，大抵秦皇谩气强。

　　欲学鸡鸣试关吏[3]，太平时节懒思量。

【毛泽东圈评等情况】

　　毛泽东读罗隐诗集《甲乙集》或《罗昭谏集》卷一时圈阅了这首诗。

　　[参考] 张贻玖：《毛泽东评点、圈阅的中国古典诗词》，中国工人出版社1992年版，第238页。

【注释】

（1）六里长，张仪说楚王闭关绝约于齐，秦将献商於（wū）之地六百里。事成后，张仪改口奉六里。楚王怒而攻秦，大败（《史记·张仪列传》）。

（2）四皓，即"商山四皓"，指秦末隐于商山的东园公、角里先生、绮里季、夏黄公。

（3）鸡鸣，用典。战国时，齐孟尝君好客，之秦，秦王留之不使归。客有能为狗盗者，盗千金之狐白裘以献秦王幸姬，王从幸姬之请，遣孟尝君归。旋悔而追之，时孟尝君已至关。关法，鸡鸣而出客。客有能为鸡鸣者，一鸣而群鸡尽鸣，遂得出关（见《史记·孟尝君列传》）。

【赏析】

武牢关，其实叫"虎牢关"，因唐高祖李渊祖父名"虎"，唐讳"虎"，因此便改"虎牢关"为"武牢关"。故址在今河南荥阳汜水镇西，又名汜水关。相传周穆王射猎于郑，芦苇中有虎，高奔戎生捕之，献于王，王命为柙畜于东虞，因曰虎牢。秦治关，据大伾（pī）山上，北临黄河，绝岸峻崖，形势险要，自古为军事重镇、兵家必争之地。公元前203年，楚汉相争，项羽使海春侯曹咎把守此关，汉王破之，咎等楚将自杀。这首七言律诗的前四句即由此而发。

"楚人曾此限封疆，不见清阴六里长。"楚军曾占据武牢关。为了守住此关，他们便重新加固关防，并把周遭六里以内的树木砍去。可是"兴废由人事，山川空地形"（唐刘禹锡《金陵怀古》），关防的险固是靠不住的，最后还是关破人亡，只落得"一鼜暮声何怨望"，阵亡将士塞沟填壑，每当夜幕降临，游魂野鬼一片哀泣；可目睹这一切的山山岭岭却依然故我："数峰秋势自颠狂。"它们高高地、冷冷地注视着所发生的一切，有时还在秋风里舞之、蹈之……真是"江山不管兴亡恨"（唐刘禹锡《再过金陵》）啊！

江山易主，时代更替，是历史发展的必然，不以人的意志为转移。险固不足依凭，人更显得无能为力："由来四皓须神伏，大抵秦皇漫气强。"四皓，即"商山四皓"，秦末汉初四隐士，为避楚汉之乱，隐居商山，皆年逾古稀。汉初高祖敦聘不至，后为太子所用，助其登上皇帝宝座，是为汉惠帝。秦皇，即秦始皇。此二句是说，隐如四皓者，最初虽然神奇地隐居起来，最终还是臣服了，避汉又仕汉，还有什么隐士可谈？秦皇嬴政，消灭六国，统一天下，不可一世，修关塞、筑长城，声言要修"万世之江山"，可二世即亡，他的"雄风"、傲气何在？

武牢关，曾经是人嘶马鸣的古战场，秦始皇、楚霸王、汉高祖都在此地下过"赌注"，可他们现在在哪里？统统成了历史过客，只有这"关"永远立在这里傲视古今。如今这里没了拼杀、没了争斗，但仍有关吏戍守。诗人过此，突发奇想："欲学鸡鸣试关吏"，但又觉得好笑，于是作罢："太平时节懒思量。""鸡鸣"为孟尝君事。战国时，齐孟尝君好客，至秦，秦王留之不使归。客有能为狗盗者，盗千金之狐白裘，以献秦王幸姬，王从幸姬之请，遣孟尝君归。旋悔而追之，时孟尝君已至关，关法：鸡鸣而出客。客有能为鸡鸣者，一鸣而群鸡尽鸣，遂得出关（《史记·孟尝君传》）。诗人用此典，回应上文，说明以往的关塞确是防范甚严。而如今天下太平，关吏自然疏于防范，也就没必要去再学"鸡鸣"了。

此诗登高怀古，从远处起笔，突兀而来，纵扫几个朝代，傲视古今，气魄宏大；结尾就眼前写意，收束自然，以不结而结，与上文文断而意连。清洪亮吉说："七律至唐末造，惟罗昭谏最感慨苍凉，沈郁顿挫，实可远绍浣花（杜甫），近俪玉溪（商隐），盖由其人品之高，见地之卓，迥非他人所及。"（《北江诗话》卷六）联系此诗来看，洪氏所论不无道理。
（韩爱平）

【原文】

长安秋夜

远闻天子似羲皇⁽¹⁾，偶舍渔乡入帝乡⁽²⁾。
五等列侯无故旧⁽³⁾，一枝仙桂有风霜⁽⁴⁾。
灯敏短焰烧离鬓⁽⁵⁾，漏转寒更滴旅肠。
归计未知身已老，九衢双阙夜苍苍⁽⁶⁾。

【毛泽东圈评等情况】

毛泽东读罗隐诗集《甲乙集》或《罗昭谏集》卷一时圈阅了这首诗。

[参考]张贻玖：《毛泽东评点、圈阅的中国古典诗词》，
中国工人出版社1992年版，第240页。

【注释】

（1）羲（xī）皇，即伏羲氏，传说中的古代圣君。

（2）渔乡，诗人的故乡。帝乡，帝王之乡，即京都。

（3）五等列侯，泛指达官贵人。《礼记·王制》："王者之制爵禄，公、侯、伯、子、男，凡五等。诸侯之上大夫卿、下大夫、上士、中士、下士，凡五等。"

（4）仙桂，晋人郤诜（xì shēn）殿试以贤良对策夺得第一，自喻为"桂林一枝"（见《晋书·郤诜传》）。后遂用"仙桂"等比喻科举及第。

（5）攲（qī），倾斜。

（6）九衢双阙，指京都长安。九衢，纵横交错的大道，繁华的街市。《楚辞·天问》："靡萍九衢，枲华安居？"王逸注："九交道曰衢。"双阙，古代宫殿、祠庙，陵墓前两边高台上的楼观。《古诗十九首·青青陵上柏》："两宫遥相望，双阙百余尺。"

【赏析】

这首七言律诗为诗人困居长安时作。

首联言入长安之原因，落笔入题。羲皇，即伏羲氏，传说中的古代圣君。三国魏曹植《汉二祖优劣论》："敦睦九族，有唐虞之称，高尚纯朴，有羲皇之素。"渔乡，即诗人故乡，诗人本浙江新城（今富阳）人，故谓家乡为"渔乡"也。帝乡，帝王之乡，即京都。诗人在家乡听说当今天子圣明似羲皇，所以便远离家乡来到京都。"偶舍"一词当含有率意为之之意，以为下文张本，对自己偏听偏信、盲目行动不无后悔。诗人当初踌躇满志，以为凭自己之才学，又有如羲皇之明主，定能蟾宫折桂、一举高中，从而"执大柄而定是非"（《谗书·重序》），以实现自己"佐国是而

惠残黎"的远大抱负（袁英《重刻罗昭谏集跋言》）。可现实却把他的美好愿望击得粉碎："五等列侯无故旧，一枝仙桂有风霜。"仙桂喻科举及第。《晋书·郤诜传》载，郤诜"累迁雍州刺史。武帝于东堂会送，问诜曰：'卿自以为何如？'诜对曰：'臣举贤良对策，为天下第一，犹桂林之一枝，昆山之片玉。'"后遂用"桂林一枝""仙桂""折桂"等喻科举及第。黄滔《出京师别同年》诗云："一枝仙桂已攀援，归去烟涛浦口村。"可诗人却因为没有相识的"列侯"，没有达官贵人引荐，总与"仙桂"无缘。正是"年年模样一般般"（《下第作》）；"今日举场君莫问，生涯牢落鬓萧疏。"（《寄黔中王从事》）诗人能不悲愤、痛苦！

　　"隐大中末即在贡籍中，自己卯至于庚寅，一十二年，看人变化。"（《湘南应用集序》）诗人寄居"帝乡"，以学富五车之才，一试再试，却一败再败，艰辛备尝，不知老之将至，寒秋深夜，诗人独对枯灯，愁思满怀，似乎忘记了一切："灯敧短焰烧离鬓"，这是怎样一种场景啊！敧，倾斜。任凭灯斜、焰小，又任凭其"烧离鬓"，诗人似乎麻木，几忘自己的存在，唯有愁怨萦绕于胸间："漏转寒更滴旅肠。"漏，即漏壶，古代计时器。古代以滴漏计时，夜间凭漏刻传更。诗人远离家乡，落得如此下场，那一声声滴漏似在敲打诗人百转千结的愁肠——长安的秋夜真冷、真长！正是"归计未知身已老，九衢双阙夜苍苍"。"九衢双阙"指京都、"帝乡"。此照应开头，"偶舍"而入，竟被困至此，且不知何时是归期，原因何在？原来"帝乡"的夜太长了，什么时候天才亮呢？暗喻坏人挡道，天子不明，茫茫暗夜，诗人看不到一点亮光！夜正长，路也正长，该向何方？

　　此诗欲抑先扬，寓深刻的讥刺于深痛哀绝的叙述之中。因为必须有列侯为故旧，才能使仙桂无风霜，那么羲皇之喻便成了绝妙的讽刺！语言冷峭，对科举制度弊端的揭露一针见血。结尾更是一语中的、点题有力："帝乡"之夜正苍苍，诗人也就不会有出头之日，他的不幸、痛苦、烦恼、悲愤以及故乡之思也就更令人同情，而他的讥刺、揭露则令人激赏。
（韩爱平）

感德叙怀寄上罗邺王三首

一

旧业传家有佩刀⁽¹⁾，近闻余力更挥毫。
腰间印绶黄枢贵⁽²⁾，卷内文章白雪高⁽³⁾。
宴罢嘉宾迎风藻，猎归诸将问龙韬⁽⁴⁾。
分茅列土才三十⁽⁵⁾，犹拟回头夺锦袍⁽⁶⁾。

二

菅室东回荫斥丘⁽⁷⁾，少年承袭拥青油⁽⁸⁾。
坐调金鼎尊明主⁽⁹⁾，横把瑂戈拜列侯。
书札二王争巧拙⁽¹⁰⁾，篇章七子避风流⁽¹¹⁾。
西园旧迹今应在⁽¹²⁾，衰老无因奉胜游。

三

脉散源分历几朝，纵然官宦只卑僚。
正忧末派沦沧海⁽¹³⁾，忽见高枝拂绛霄⁽¹⁴⁾。
十万貔貅趋玉帐⁽¹⁵⁾，三千宾客珥金貂⁽¹⁶⁾。
良时难得吾宗少，应念寒门更寂寥。

【毛泽东圈评等情况】

毛泽东读《罗昭谏集》卷一时圈阅了这三首诗。

[参考] 张贻玖：《毛泽东评点、圈阅的中国古典诗词》，
中国工人出版社 1992 年版，第 241 页。

【注释】

（1）佩刀，三国魏吕虔为刺史，有佩刀，相者谓三公可佩。后以刀授王祥、王览。览后世多贤才，兴于江左。后因用为称颂辅相之语。此用

来指罗绍威出身于行武世家，并承袭了祖业。旧，一作"咸"。

（2）印绶，印和系印的丝组，指官吏的印章。黄枢，黄门官，以居枢要之职，故称。

（3）白雪，古时名曲。白雪高，喻指诗文格调优美如古乐风《阳春》《白雪》。

（4）龙韬，本为古兵书《六韬》中的篇名，此用以指用兵谋略。

（5）分茅，即受封。古代分封诸侯时，用白茅裹着泥土授于被封者，象征授予土地和权力，称为授茅土。绍威受封时才30岁（实际上还不到30岁）。《新五代史》本传载："昭宗东迁洛阳，诏诸镇缮理京师，绍威营建太庙成，加拜守侍中，进封邺王。""分茅"即指此。

（6）夺锦袍，亦作"夺锦"。《新唐书·宋之问传》："武后游洛南龙门，诏从臣赋诗，左史东方虬先成，后赐锦袍。之问俄顷献，后览之嗟赏，更夺锦袍以赐。"

（7）营室东回，指建太庙进封邺王事。荫，荫庇。斥丘，邺地古县名，因地多斥卤故名。汉置，属魏郡，唐时属魏州。此代指绍威乡里。

（8）"少年"句指唐昭宗光化元年（898）罗弘信卒，绍威承袭父职任魏博节度使事，时年仅32岁，故云少年。青油，即青油幕，涂青油的军用帐幕。此指节度使一级武官享用的物品。

（9）金鼎，指九鼎。古代传说夏铸九鼎，奉为传国之宝。此用以喻指国家大事。

（10）二王，指晋代书法家王羲之、王献之父子。

（11）七子，即"建安七子"，汉末建安时期的七位作家：孔融、陈琳、王粲、徐干、阮瑀、应场、刘桢。

（12）西园，在邺都，故址在河北临漳西，为曹操所建。时曹丕为五官中郎将，常宴请海内文人，赋诗吟咏其间。

（13）末派，诗人自指。

（14）高枝，指罗绍仪。

（15）貔貅（pí xiū），古籍中的两种猛兽。《逸周书·周祝》："山之深也，虎豹貔貅何为可服？"近代徐珂《清稗类钞·动物·貔貅》："貔貅，形似虎，或曰似熊，毛色灰白，辽东人谓之白熊。雄者曰貔，雌者曰貅，故古人多连举之。"后多连用以比喻勇猛的战士。

（16）珥（ěr），插，一般指插在帽上。金貂，汉以后皇帝左右侍臣的冠饰。汉制，侍中、中常侍之冠，加黄金珰，附蝉为文，貂尾为饰。后因用为称侍从贵臣。

【赏析】

此三首并署此题者，最早见于《文苑英华》卷二六五，清人张瓒辑《罗昭谏集》卷三亦收此题三首。今传宋书棚本罗隐诗集《甲乙集》十卷，虽收此三首，而第一首"旧业传家有佩刀"诗载《甲乙集》卷一，题作《秋日有酬》，《唐诗纪事》卷六九载此诗，云是罗隐寄给青州王师范的，或误，胡震亨《唐音统签》卷七九七（戊签余四二）载此诗题作《为王师范赠罗邺王》，以正其误。第二、三首载《甲乙集》卷七，题作《寄酬邺王罗令公》五首之一、二，《全唐诗》同《甲乙集》，分载此三首于卷六五五、六六一两卷中。可知宋时，此三首署题和分合已有歧异。

此三首，是罗隐寄赠给魏博节度使罗绍威的感德叙怀诗。罗邺王，即是罗绍威（876—909），《旧唐书》卷一八一、《新唐书》卷二一〇本传并作罗威，《旧五代史》卷一四、《新五代史》卷三九亦有传。传称：绍威，字端己，魏州贵乡（今河北大名）人。自唐昭宗龙纪至乾宁五年之中累加官爵。光化元年（898）袭父罗弘信魏博节度使位，天复末（904）累加至检校太傅、兼侍中、长沙王，天祐初授检校太尉、守侍中，进封邺王。仕梁后数年卒，年34岁，位至守太师、兼中书令，赠尚书令，谥曰贞壮。罗隐长罗绍威40余岁，而性介僻，恃才傲物，但却十分推崇此人，如现存罗隐诗集中就有七首是写给罗绍威的。这不仅是因为罗绍威有权势，是同宗本家，更是因为罗绍威才略异人，尊重知识分子，尤其崇拜罗隐的诗作。罗隐诗云："深荷吾宗有知己，好将刀笔为英雄。"（《甲乙集》卷六）视罗绍威为知己，且有文才武略。五代孙光宪《北梦琐言》卷一七称："邺王罗绍威喜文学，好儒士，每命幕客作四方书檄，小不称旨，坏裂抵弃，自劈笺起草，下笔成文。又癖于七言诗，江东有罗隐，为钱镠客，伸南阮之敬。隐以所著文章诗赋酬寄，绍威大倾慕之。乃目其所为诗集曰《偷江东》，今邺中人士多讽诵。"罗绍威本传亦称其"形貌魁伟，有英杰气，攻笔札，晓音律。性复精悍明敏，服膺儒术，明达吏理。好招延文士，聚书万卷，开学馆，置书楼，每歌酒宴会，与宾佐赋诗，颇有情致"。这恐怕是罗隐肯与这位武人交游的真正原因。至于罗隐曾否赴魏拜谒罗绍威，唯宋陶岳《五代史补》卷一有所记载，云罗绍威推为叔父，"拥旆郊迎"，"及将行，绍威赠以百万，他物称是，仍致书于（钱）镠，谓叔父，镠首用之"云云。今按，罗隐曾游历魏博，经相州，罗隐有《邺城》和《铜雀台》二诗为证。其时间大约在唐僖宗光启三年（887）以前，时罗绍威尚幼（11 岁），不曾有缘相会。其后便回归乡里在吴越王幕下任职，也无因拜谒罗绍威。罗隐《寄酬邺王罗令公》五首之四云："鹤发四垂烟阁远，此生何处拜仪形。"（《甲乙集》卷七）此可知两人未曾会面，《五代史补》，盖推理之言，实不足为据。但是，罗绍威"遣使赂遗，叙其宗姓，推为叔父，隐亦集其诗寄之"（《旧唐书》本传），这当为可信。所以，现存七首寄与罗绍威之作，当为罗隐暮年任职钱镠幕下，因罗绍威遣使慰问而有酬赠。时间大约在唐哀帝天祐二年（905）至后梁太祖开平二年（908）之间。

此题三首，篇篇都用对比手法，盛赞罗绍威文武兼备之才略，功勋名声之丰伟，堪为罗氏宗族之秀。诗人为之庆幸、骄傲，但比照自己一生之坎坷不遇，又不免感慨系之，忝列叔行，不胜羞矣。

第一首，首联写罗绍威出身行武世家，深谙武略，同时又能挥毫赋诗作文，文武兼备，非同一般。"佩刀"用了吕虔佩刀的典故：三国魏吕虔为刺史，有佩刀，相者为三公可佩。后以刀授王祥、王览，事见《晋书》三三《王览本传》。此典说明绍威出身于武人之家，承袭了祖业，成为一员武将。《新五代史》三九《罗绍威本传》记载：罗绍威，"其先长沙人。祖让，北迁为魏贵乡人。父弘信，为牧监卒。"唐僖宗文德元年（888），乘魏博牙军之乱，杀其帅乐彦贞，共立罗弘信为留后，旋拜为魏博节度使。诗云"旧业家传有佩刀"，盖指此。首联"佩刀""挥毫"对举，鲜明地勾勒出一个儒雅的武将形象。接下来颔联、颈联则具体描述他文武兼备的气质和才能。"腰间""猎归"二句，写绍威之武功，言其身居枢要之职，战后之闲暇，常以文韬武略教诲将士。"猎归"指战事凯旋之后。龙韬，本指古兵书《六韬》中的篇名，此泛指用兵之谋略。"卷内""宴罢"二句，写文事，言绍威颇富文才，诗文堪比《白雪》（古时名曲）；宴集佳宾能即兴赋文，文辞华美令人称赏。风藻即华美的文辞。此二联写绍威文才武略，四句错落相间，两两相对，对仗工整。末联，推出高潮，言其封王列侯才30岁，而诗文又有"夺锦"之才，敢追宋之问，孰可喜也！《新五代史》本传载："昭宗东迁洛阳，诏诸镇缮理京师，绍威营建太庙成，加拜守侍中，进封邺王。"诗言"分茅列土才三十"，当指此事。"分茅"，即受封。古代分封诸侯时，用白茅裹着泥土授予被封者，象征授予土地和权力，称为授茅土。而"夺锦"之典则出于《新唐书》二〇二《宋之问本传》："武后游洛南龙门，诏从臣赋诗，左史东方虬先成，后赐锦袍；之问俄顷献，后览之嗟赏，更夺锦袍以赐。"当时，宋之问年纪尚轻，但才高过人，诗压众士，致使武后改夺锦袍以赐之。诗人暗用此典，夸饰绍威之文才，赞美之情溢于言表。这里的"夺锦袍"又与首句的"有佩刀"遥相呼应，结构严谨，首尾圆合，有力地突出了主题。总之，此诗八句，围绕主人公文武兼备的才能进行对比描述，一、三、六、七句写武功，二、四、五、八句写文才，文武参差错落、跌宕有致，参以几个典故的运用，使得人物形象丰满可敬。

第二首，继续赞美罗绍威的文才武略，但写法上又有变化，它不是联中对比，而是前后对比：首联、颔联集中写武功，述事更具体；颈联、尾联则写文才，经纬互见，对比十分鲜明突出。"营室东回荫斥丘"，写罗绍威奉命赴洛阳建太庙告成进封邺王事，时在唐昭宗天祐元年（904）。斥丘，县名，汉置，属魏郡，唐时属魏州，代指罗绍威乡里，言其对国有功进封邺王能荫庇乡里。而"少年承袭拥青油"则是回叙唐昭宗光化元年（898）罗弘信卒、绍威承袭父职、任魏博节度使事，时年仅24岁，故云"少年"。"青油"，盖指军中特用的青油帐，此指节度使一级武官享用的物品。故"拥青油"即指承袭节度使之职。此回叙十分有力，24岁即威振一方，确实了得！颔联承上而来，"坐调金鼎尊明主，横把瑅戈拜列侯。"言其治理国事尊令明主，武功显赫而拜王列侯。这里的"明主"指朱全忠。公元907年朱全忠受唐禅建立梁朝。"坐调金鼎"指治理国事，"横把珧戈"指驰骋疆场，此二者对举，一个文韬武略、十分英武的将军形象便跃然纸上，令人肃然起敬！

后四句转写文才。"书札二王争巧拙，篇章七子避风流。"二王，指晋王羲之、王献之父子；七子，指建安七子，此二句是说，罗绍威的书札可与二王父子争上下，诗文使建安七子都不敢与敌。这里虽不无夸张，但诗人对绍威的推重由此可见！"西园旧迹今应在，衰老无因奉胜游。"尾联以曹氏父子西园宴游的盛况，暗喻绍威的文事活动，而自己因年老体衰不能奉陪"胜游"也确是憾事。西园，原为曹操所建，魏文帝曹丕时为五官中郎，宴请海内文人，赋诗吟咏其间。《昭明文选》卷二〇载其弟曹植《公宴诗》云："公子（曹丕）敬爱客，终宴不知疲。清夜游西园，飞盖相追随。"王粲、刘桢诸公与游，题诗云："管弦发徽音，曲度清且悲。……常闻诗人语，不醉且无归。"西园宴游，其盛况若此。后来，唐人胡曾《咏西园》云："月满西园夜未央，金风不动邺天凉。高情公子多秋兴，更领诗人入醉乡。"由此可知，西园宴游确是我国文学史上重大而有影响的活动。"西园"就在邺都，罗隐很自然地将西园之举与罗绍威招延四方文士，"每歌酒宴会，池亭游览，靡不赋咏，题之屋壁"（见《太平广记》卷二〇〇《罗绍威传》）联系起来，把罗绍威比若曹氏父子，大大提高了他在文学方面的地位，把全诗推向新的高潮。末句，因自己年衰不能与游，也实在遗憾！无限的仰慕赞赏之情，尽在言外。

此诗前四句写武事功勋，用以衬托后四句的文事活动，既是烘托、又是对比；尤其"西园"一典的运用，更加突出了罗绍威的文才形象，使他成了唐代"西园"的"三曹"！此诗写文与写武对比，以武托文，以典充文，尤其诗人参入，更加强了诗的主题。

第三首，通过叙旧，赞誉罗绍威为罗氏宗族之秀，从而感叹自己一生之不幸。首联叙旧，感叹罗氏宗族的衰落："脉散源分历几朝，纵然官宦只卑僚。"言罗氏宗族已脉散源分很多年了，即使有做官的也只是宾僚小官而已。"正忧末派沦沧海，忽见高枝拂绛霄。"此联承上启下，言正担心罗氏宗族将衰败无闻，忽有罗绍威家族像树中高枝一样直冲天际，这是宗族之幸，诗人为此欣喜欲狂！颈联脱口吟出："十万貔貅趋玉帐，三千宾客珥金貂。"貔貅，猛兽名，比喻勇猛之士。唐刘禹锡《送唐舍人出镇闽中》诗云："暂辞鸳鹭出蓬瀛，忽拥貔貅镇粤城。"玉帐，指征战时主帅所居的军帐。唐李白《司马将军歌》云："身居玉帐临河魁，紫髯若戟冠崔嵬。"珥金貂，指插貂尾，汉制中，中常侍之冠插貂尾、加金珰，附蝉为装饰，后来泛指贵近之臣。此联写罗绍威统帅十万勇兵强将，和他来往的"三千宾客"又都是高官显贵，声势赫赫、威震于天下。诗人不无骄傲！但为了宗族的荣耀，为了这特出的"高枝"永拂"绛霄"，作为长者，对比自己的身世，他少不得提个醒："良时难得吾宗少，应念衰门更寂寥。"希望绍威想想其他家族的衰落、寂寥，应当珍惜这难得的时运，永远为罗氏宗族争光！慰勉之意，不尽依依。这一联包含着作者极为复杂的感情。罗隐在《魏博罗令公附卷有回》一诗中说："寒门虽得在诸宗，栖北巢南恨不同。""深荷吾宗有知己，好将刀笔为英雄。"言自己生世不遇，却在本宗寻得知己，这是多庆幸慰心的事啊！又在《寄酬邺王罗令公》另三首诗中说："敢将衰弱附强宗，细算还缘血脉同。""每怜罹乱书犹达，所恨云泥路不通。""锦笈朱囊连复连，紫鸾飞下浙江边。"书信往来，馈赠礼品，都使罗隐十分感激，所以竟唱出"水云开雾立高亭，依约黎阳对福星"，诗人视绍威为恩人、福星。诗人自己"戴湾老圃根基薄，虚费工夫八十年"，已到垂暮之年的罗隐看到本家罗绍威的功业超众，才力过人，自然无比高兴，同时又对他寄寓厚望，希望他永远"辉煌"，光祖耀宗，这正流露了诗人对绍威的仰仗、倚重之情！

　　此诗以宗族衰落引出绍威"高枝"特出、重振族威，实为宗族之幸；落句又重提"衰门"，照应开头，以自己的寥落作比，寄厚望于罗绍威，首尾圆合，结构严谨。思想内容丰富深刻而表达鲜明，感人至深。（孙方　韩爱平）

【原文】

所　思

梁王兔苑荆榛里⁽¹⁾，炀帝鸡台梦想中⁽²⁾。

只学惘然悲谢傅⁽³⁾，未知何以报文翁⁽⁴⁾。

生灵不幸台星拆⁽⁵⁾，造化无情世界空⁽⁶⁾。

划尽寒灰始堪叹，满庭霜叶一窗风。

【毛泽东圈评等情况】

毛泽东读罗隐诗集《甲乙集》卷一时圈阅了这首诗。

[参考] 张贻玖：《毛泽东评点、圈阅的中国古典诗词》，

中国工人出版社 1992 年版，第 239 页。

【注释】

（1）梁王兔苑，指西汉梁孝王刘武建造的兔苑，又名梁园。故址在今河南开封东南，一说在今河南商丘东。兔苑规模很大，为游享和延宾之所。梁孝王曾在园中设宴，一代才人枚乘、司马相如等都应召而至。

（2）炀帝，即隋炀帝杨广。鸡台梦，隋炀帝大业十二年（616），杨广至广陵，梦游吴公宅鸡台，恍惚间与陈后主相遇，……舞女数十许，中一人迥美，帝屡目之。后主云："殿下不识此人耶？即丽华也。"因请丽华舞《玉树后庭花》（唐颜师古《隋遗录》）。鸡台，在扬州，为隋炀帝游幸之所。

（3）谢傅，即谢安（320—385），东晋政治家，字安石，陈郡阳夏（今河南太康）人。出身士族。年四十始出仕，孝武帝时位至宰相。太元八年（383），前秦军南下，江东大震，他使弟石、侄玄力拒，取得了淝水之战的胜利，以总统功，拜太保，卒谥文靖，赠太傅，世称谢傅。

（4）文翁，西汉庐江舒县（今安徽庐江西）人。景帝末，为蜀郡守。曾派小吏至长安，就学于博士。又在成都设学校，入学者得免除徭役，并以成绩优良者为郡县吏。这些措施对当地文化的发展有所促进（见《汉书·文翁传》）。

（5）台星，即三台星，喻指宰辅。《晋书·天文志》："三台六星，两两而居……在人曰'三公'，在天曰'三台'。"折，《罗昭谏集》作"折"。

（6）造化，自然界的创造者，亦指自然。《庄子·大宗师》："今一以天为大，以造化为大冶，恶乎往而不可哉！"世界，佛教语，犹言宇宙。世指时间，界指空间。

【赏析】

罗隐生活在政治极度腐败黑暗的晚唐社会。面对社会上的各种丑恶现象，诗人痛心疾首，可又无能为力。国家的不幸、民生的疾苦、个人的失意始终困扰着他。他常常忧思怨愤、痛苦莫名，于是发而为吟，写下了许多怀古、感时、伤世之作，此篇当推为典型。

这是一首七言律诗。诗人深夜独坐，怀古伤时，忧心忡忡，首联一起笔，便感慨古今盛衰、沧桑变化。梁王兔苑，指西汉梁孝王刘武建造的兔苑，又名梁园，传其周围三百多里。园中有百灵山、落猿岩、栖龙岫、雁池、鹤洲、凫渚等景点，宫观相连，奇果佳树，错杂其间；珍禽异兽，出没其中。梁孝王曾在园中设宴，一代才人枚乘、司马相如等都应召而至。到春日更见热闹非凡：百鸟鸣转，繁花满枝，车马接轸，士女云集。就是这样一个繁盛所在，如今却是荆棘丛生、荒凉萧条、破败不堪，"梁园日暮乱飞鸦，极目萧条三两家。"（唐岑参《山房春即事二首》其二）时间老人是无情的！次句"炀帝鸡台梦想中"，是讲隋炀帝杨广的故事。据唐人颜师古《隋遗录》载：大业十二年，帝自达广陵，昏湎滋深，往往为妖祟所惑，尝游吴公宅鸡台，恍惚间与陈后主相遇，……舞女数十许，中一人迥美，帝屡目之。后主云："殿下不识此人耶？即丽华也。"因请丽华舞《玉树后庭花》。炀帝荒淫无度，做梦仍是歌舞宴饮，又偏梦丽华，陈后主便是迷恋丽华、国亡被俘的，杨广梦陈后主而落了个比陈后主更惨的下场！"鸡台之梦"就预示着他的死期已到，不久便会实现梦想，与陈后主、丽华重逢于地宫！诗人对骄奢帝王的讽刺真是一针见血！

颔联继续怀古，同时抒慨，对比古人，自伤怀抱，是诗人想有所作为而又无能为力的惆怅心理的自然流露。谢傅，当指晋谢安。谢安少有重名，四十方有仕宦意。桓温请为司马。简文帝死，桓温篡晋，以势劫安，安不为所动，温谋终不成。后为尚书仆射，领吏部，加后将军，一心辅晋，威怀外著，时人比之王导。晋孝武帝太元八年（383）苻坚攻晋，加安征讨大都督。安遣侄玄等大破苻坚于淝水，以总统功，拜太保，卒赠太傅。谢傅生当其时，领兵打仗，建功立业，名垂青史；可自己生不逢时，空怀壮志，报国无门，良足悲也！文翁，西汉庐江舒（今安徽庐江西）人。景帝末，为蜀郡守。"仁爱好教化"，在成都市中起学馆，入学者免除徭役，成绩优者为郡县吏。每出巡视，"益从学馆诸生明经饬行者与俱，使传教令。"蜀郡自是文风大振，教化大兴。事见《汉书·文翁传》。后世用为称颂循吏的典故。杜甫《将赴荆南寄别李剑州》诗云："但见文翁能化俗，焉知李广不封侯。"此句意谓自己满腹经纶、学富五车，却毫无用处，真是愧对前贤！此联文武对举，以古人之功业反衬自己报国无门、功不成名不就，无限的感恨、矛盾、愁苦尽在不言中。

但诗人的愁苦并不全在自身，更令诗人忧思的还是天下百姓："生灵不幸台星拆，造化无情世界空。"生灵，指人民、百姓。《晋书·慕容盛载记》："生灵仰其德，四海归其仁。"台星，指三台星。《晋书·天文志上》："三台六星，两两而居，起文昌，列抵太微。在人曰三公，在天曰三台，主开德宣符也。"因以喻指宰辅。唐李白《上崔相百忧章》有句："台星再朗，天网重恢。"造化，指天地、自然界。唐杜甫《望岳》诗云："造化钟神秀，阴阳割昏晓。"此联意谓，百姓的不幸是上天安排的，是上天的无情，它看不到芸芸众生，视一切皆空，百姓怎不遭殃！当然，诗人并不相信天地神灵，这里如是说，盖言在此而意在彼也。矛头所向，直指最高统治者——皇帝不明，奸臣挡道，良吏不得其位，这才是人民不幸的真正原因！原因在此，诗人越思越忧愁，独对寒灯，叹息连连，"划尽寒灰"见出坐思时间之久，惆怅无聊至极。而窗外，秋风正紧，吹打霜叶，瑟瑟作声，这是一个多么凄冷的秋夜啊！诗以此景语作结，那么，漫漫长夜诗人将怎样度过？坐思到天亮？以后呢？这不尽的疑问留给读者，越发引起读者的同情，令读者深长思之。

此诗题作"所思"，实在是诗人忧国忧民之思想的宣泄、吐露。全诗通过对历史的回顾，表达了对现实的深沉的忧思。几个典故的运用，灵活精到，如盐入水，了无痕迹，而今古兴亡、盛衰无常、生灵不幸的感慨尽在其中。清洪亮吉谓："七律至唐末造，唯罗昭谏最感慨苍凉，沈郁顿挫，实可远绍浣花（杜甫），近俪玉溪（李商隐），盖由其人品之高、见地之卓，迥非他人所及。"（《北江诗话》卷六）此言极是。（孙学士　韩爱平）

【原文】

送魏校书兼呈曹使君

乱离无计驻生涯⁽¹⁾，又事东游惜岁华。

村店酒旗沽竹叶⁽²⁾，野桥梅雨泊芦花。

《仇书》发迹官虽屈⁽³⁾，负米安亲路不赊⁽⁴⁾。

应见使君论世旧，扫门重得向曹家⁽⁵⁾。

【毛泽东圈评等情况】

毛泽东读罗隐诗集《甲乙集》或《罗昭谏集》卷一时圈阅了这首诗。

[参考] 张贻玖：《毛泽东评点、圈阅的中国古典诗词》，
中国工人出版社 1992 年版，第 240 页。

【注释】

（1）乱离，一作"乱雁"。

（2）竹叶，酒名，即竹叶青酒。

（3）《仇书》，魏校书所著，已佚。发迹，谓立功扬名，多指由卑微而逐渐富贵。

（4）负米安亲，指侍奉双亲。赊，远。

（5）扫门，汉朝魏勃少时欲求见齐相曹参，家贫无以自通，乃早夜扫齐相舍人门外，舍人怪之，魏求其引见曹相，舍人依之，曹相又荐之齐王，遂拜齐国内史（见《史记·齐悼惠王世家》）。后遂以"扫门"作求谒权贵的典故。

【赏析】

这是一首送行诗，也是荐引诗。送魏校书赴苏州，到苏州后再将此诗转呈苏州刺史曹圭，故诗题云《送魏校书兼呈曹使君》。时称刺史为使君。实际上是以此诗将魏校书引荐给曹使君，以祈得到他的帮助。

魏校书，名未详，吴人，曾官校书郎，九品官，掌仇校典籍，刊正文章之事，因遭离乱归吴。曹圭，少有胆气，始为钱镠部下任嘉兴都将。唐昭宗乾宁五年（898），钱镠命曹圭权苏州制置使，寻为苏州刺史。事见《十国春秋》卷八四。

罗隐与曹圭相知颇深。罗集有《姑苏城南湖陪曹使君游》《秋日有寄姑苏曹使君》《暇日有寄姑苏曹使君兼呈张郎中宾僚》诸诗，见出他们的关系非同一般，故而才有此"兼呈诗"，以为魏校书请托。

疑此诗盖作于唐昭宗天复二年（902）秋七月，钱镠军武勇右都指挥使徐绾及左都指挥史许再思军叛乱以后，时罗隐在杭州。所以首联云："乱离无计驻生涯，又事东游惜岁华。"魏校书本吴人，因战乱所致，生计无路，原在京都谋事，可京都并不平静：唐昭宗光化三年（900）十一月，左右军中尉刘季述、王仲先幽禁、废昭宗。天复元年（901）昭宗反正，杀刘季述等人。天复元年十一月，昭宗又播迁凤翔……为避"乱离"，魏辞官东游，却又遇杭州军乱，无以停留谋生，所以罗隐才把他推荐到苏州曹使君那里。颔联因此展开联想："村店酒旗沽竹叶，野桥梅雨泊芦花。"言其路上有"竹叶酒"可沽，又有"野桥""芦花"作伴，旅途当不致寂寞，别离之情，尽在言外。颈联写赴吴谋事之有利条件。《仇书》乃魏之著述，已佚，史志也无著录。言其官虽小而所著《仇书》已扬名于外。"仇书发迹"，即此。而"负米"句则言其双亲在吴，今谋事苏州，侍奉双亲，其路不远更为方便。赊，即远的意思。此联主要是写给曹圭看的，而末联更其直率："应见使君论世旧，扫门重得向曹家。"魏校书与曹圭当有世交，所以诗人嘱托魏，到了苏州拜谒使君，要叙叙"世旧"之情。其实这是暗示曹使君，望他看在世交的份上给予方便。"扫门"则是用典：汉朝魏勃少时欲求见齐相曹参，家贫无以自通，乃早夜扫齐相舍人门外，舍人怪之，魏勃曰："愿见相君。"于是舍人引见齐相曹参，参又荐之齐王，遂拜齐国内史，事见《史记》卷五二。此言"扫门"，既是恭维，更是请托，希望曹使君如齐相之于魏勃那样，妥善安置魏校书。这才是写此诗的主要意图。

诗虽言送，却没抒写离情别绪，盖伤感离乱之世，官宦、士子不得不为生计奔波、投亲靠友以谋生，反映了唐末政治黑暗、藩镇割据、宦官弄权、国将不国的混乱局面。诗人对时局的忧虑、对弱者的同情，尽在不言中。（孙方　韩爱平）

【原文】

四皓庙

汉惠秦皇事已闻[(1)]，庙前高木眼前云。
楚王谩费闲心力[(2)]，六里青山尽属君[(3)]。

【毛泽东圈评等情况】

毛泽东读罗隐诗集《甲乙集》或《罗昭谏集》卷一时圈阅了这首诗。

[参考] 张贻玖：《毛泽东评点、圈阅的中国古典诗词》，
中国工人出版社1992年版，第240页。

【注释】

（1）汉惠，即汉惠帝刘盈为太子时，高祖刘邦欲废之立赵王如意，吕后用张良计，令太子卑词安车，招"四皓"与游。刘邦见"四皓"与太子在一起，认为太子羽翼已成，遂辍废太子之议。

（2）楚王，楚国的君王。

（3）六里青山，张仪说楚王闭关绝约于齐，秦将献商於之地六百里。事成后，张仪改口奉邑六里。楚王怒而攻秦，大败（《史记·张仪列传》）。商於之地指商（今陕西商洛商州区东南）、於（今河南内乡东）两邑及两邑之间的地区。此指四皓隐居的商山。

【赏析】

这是一首咏史七言绝句。四皓，即"商山四皓"。秦末汉初，东园公、绮里季、夏黄公、甪里先生，隐居商山（今陕西商洛商州区东南），年逾古稀，须眉皆白，故称"四皓"。汉初，高祖敦聘不至。后高祖欲废太子而立赵王如意，吕后用张良计，令太子卑词安车招此四人与游。一日，四皓侍太子见高祖，高祖大惊曰："吾求公数岁，公避逃我，公今何自从吾儿游乎？"四人皆曰："陛下轻士善骂，臣等义不受辱，故恐而亡匿。窃闻太子为人仁孝，恭敬爱士，天下莫不延颈欲为太子死者，故臣等来耳。"四人去。高祖召戚夫人曰："我欲与之，彼四人辅之，羽翼已成，难动矣。"遂辍废太子之议。事见《史记·留侯世家》。魏陈思王曹植有《赞》曰："避秦隐形，刘汉之争。养志弗营，不应朝聘，保节全贞。应命太子，汉嗣以宁。"（《艺文类聚》卷三六）曹植称赞四皓识时务、顾大局，避免了汉朝的内讧。后人也都这么看，可是罗隐偏不这么看，他有他自己的看法：

"汉惠秦皇事已闻"，起笔便不同凡响，横扫几个朝代：什么秦灭六国、楚汉之争、辅佐惠帝，这些事早就听说过，可它们统统成为历史了，只有这"庙前高木眼前云"是实实在在的。它们不问朝代兴替，忠于职守，使人们才得以从这里觅到"四皓"的踪迹，也才想起他们曾是汉惠帝的功臣。堂堂"商山四皓"，如今却以小庙为居，以树木、云彩为伴，何其孤寂！由此诗人继续生发开去："楚王谩费闲心力，六里青山尽属君。"当初，楚王和秦王争天下，真是白费心力，最终还是被刘邦推翻，建立了大汉王朝；那么四皓的辅佐惠王，是不是"白费心力"呢？照诗人看来，完全是的。当年四皓辅佐太子，使其顺利袭了王位，可如今汉王朝又在哪里？当初四皓若不出山，多么逍遥自在！终老青山，整个商山都将属于他们，不是强于小庙百倍！他们拒绝了汉高祖，却又为其儿子所用，一生的"修行"，功败垂成，实在可惜。

罗隐的咏史诗，大都能从司空见惯的历史现象中发掘出新意，得出独到的见解，此其一例。诗只四句，但文约事丰、言简意深，略常讥刺，又不露痕迹，"四皓"若地下有知，当羞愧莫及！（韩爱平）

浮 云

溶溶曳曳自舒张[1]，不向苍梧即帝乡[2]。

莫道无心便无事，也曾愁杀楚襄王[3]。

【毛泽东圈评等情况】

毛泽东读罗隐诗集《甲乙集》或《罗昭谏集》卷一时对此诗全部加了圈点，标题前还画着两个大圈。

[参考] 张贻玖：《毛泽东评点、圈阅的中国古典诗词》，

中国工人出版社 1992 年版，第 156 页。

【注释】

（1）溶溶，云盛之状。曳曳，连绵不绝之状。唐孟浩然《行至汝坟寄卢征君》："曳曳半空里，溶溶五色分。"曳曳，《罗昭谏集》作"泄泄"。

（2）苍梧，即苍梧山，又名九嶷山，在今湖南宁远境。古书《归藏》曰："有白云出自苍梧，入于大梁（战国时魏之都城）。"

（3）楚襄王，即楚顷襄王，名横，战国时楚怀王之子。尝与宋玉等游兰台之宫。宋玉《风赋》把风分作"大王之雄风"与"庶人之雌风"。罗隐借用其意，说明"大王之雄风"对浮云也毫无办法。

【赏析】

罗昭谏才高气爽，抒情咏物，往往信手拈来，不仅明晓通俗，也颇为豪放纵恣。七绝《浮云》也因此受到毛泽东的赞赏。毛泽东读此诗，对全诗都加了圈点，标题前还分别画着两个大圈。

"溶溶曳曳自舒张，不向苍梧即帝乡。"前句描述了天上浮云自由自在、无拘无束的情态。溶溶曳曳，宽广而连绵不绝貌。孟浩然《行至汝坟寄卢征君》诗："洛川方罢雪，嵩嶂有残云，曳曳半空里，溶溶五色分。"苍梧，即苍梧山，又名九嶷山，在湖南宁远南。相传虞舜葬于此。帝乡，

指皇帝住的地方，即京城，有时也指皇帝的故乡。后句是说浮云飘荡不羁已达到了极致。不论是圣贤安葬之地，还是天子驻地京城，它都悠悠弄姿，不卑不亢，任意往还。这是诗人以云寓情，叙写他政治失意后仍自由出入于帝都长安，不屑封建朝廷的旷士心态。

"莫道无心便无事，也曾愁杀楚襄王。"浮云是没有"心"的，它就那么有事吗？诗人欲擒故纵，进一步写出了他自己的思想感情。楚襄王，即楚顷襄王，名横，战国时楚怀王之子。宋玉有《高唐赋》《神女赋》《风赋》等讽谏楚襄王的骄奢。

如宋玉在《风赋》中，以"雄风""雌风"的叙述，间接地表现了统治者和人民在生活上的差异，隐寓讥讽之意。此句引楚襄王故事，诗人意在谓楚襄王"大王之雄风"，亦不奈"浮云"我何！并以此讽喻当朝帝王也不外乎是楚襄王之类，腐败无能，不值得扶持。至此，诗人对封建帝王的鲜明立场已经一目了然，也表现了他不为政治失意所累，依然故我，我行我素的傲岸精神。

古诗最为讲究字眼，短诗绝句尤然。古人讲，诗要善于转得出、结得好。此首第三句"莫道"二字，即是一例。它一转，立见感情跳跃，从而导出了寓意更深的第四句。这个"莫道"，妙在凌空而来，寓情所及，推出了更高的境界。而这种突然而来的新境界，又正说明诗人之情理所在，是诗人在复杂而客观的生活中，道出的"心声"，结出的"真谛"。钟惺在《唐诗归》里说："看古人轻快诗，当另察其精神静深处。"我们在品读此诗时，从"溶溶曳曳"的"轻快"，到"莫道"之后的"静深"，亦可体察到，其妙处全赖一转得之，一转有之。（孙学士）

【原文】

邺 城

台上年年掩翠蛾(1)，台前高树夹漳河(2)。
英雄亦到分香处(3)，能共常人较几多(4)。

【毛泽东圈评等情况】

毛泽东读罗隐诗集《罗昭谏集》或《甲乙集》卷一时圈阅了这首诗。

[参考]张贻玖：《毛泽东评点、圈阅的中国古典诗词》，

中国工人出版社1992年版，第238页。

【注释】

（1）台，即铜雀台，在古邺城的西北隅。建安十五年（210）冬，曹操在邺城筑铜雀、金虎、冰井三台，以铜雀台为最大。台高十丈，周围有殿屋一百二十间，铸大铜雀置于楼巅，舒翼奋尾，势若飞动，故名。翠蛾，指美人的眉，此指美女——曹操的妾伎。曹操遗命诸子葬自己于邺之西岗，要妾伎住在铜雀台上，台上置灵帐，每月初一、十五妾伎都要在灵帐前奏乐歌唱，诸子时时瞻望西陵墓田。

（2）漳河，卫河支流，在河北、河南两省边境，发源于山西。

（3）英雄，指曹操。分香，曹操临终以"分香卖履"安排诸妻妾。

（4）较，《甲乙集》作"校"。

【赏析】

此诗又载宋洪迈编《万首唐人绝句》卷五一，题作《铜雀台二首之二》。

邺城，古都邑名。春秋齐桓公始筑城，战国魏文侯都此。秦治县，汉后为魏郡治所。汉献帝建安十八年（213），曹操为魏王，定都于此。死后又葬于邺之西岗上。邺城故址在今河北临漳西南。诗人游邺城、登铜雀台，怀古凭吊，有感于曹操的"分香卖履"，遂有此作。

"台上年年掩翠蛾"，起笔便引出一段历史故事：《乐府诗集》卷三一铜雀台解题引《邺都故事》载：曹操遗命诸子把自己的遗体葬在邺之西岗，要妾伎住在铜雀台上，早晚供食，台上置灵帐，每月初一、十五，妾伎都要在灵帐前奏乐歌唱，诸子时时瞻望西陵墓田。诗中之"台"，即铜雀台。汉献帝建安十五年冬，曹操于邺城筑铜雀、金虎、冰井三台，以铜雀台为最大。台高十丈，周围殿屋一百二十间，铸大铜雀置于楼巅，舒翼奋尾，势若飞动，故名。翠蛾，本指美人的眉，这里指美人。曹操的妾伎

长年住在铜雀台上，无异于被囚禁，故此，诗人另有《铜雀台》诗云："强歌强舞竟难胜，花开花落泪满膺。只合当年伴君死，免教憔悴望西陵。"活着还不如死，见出痛苦、怨愤已极！这应该是"掩"字的最好注脚。妾伎之于铜雀台，实在是被逼无奈，冬去春回，寒来暑往，岁岁年年只有台前的高树、漳河水作伴，漳河的滚滚流水都是妾伎的眼泪吧？诗人深切的同情，也如滚滚流水，不尽依依。

"英雄亦到分香处，能共常人较几多。"由妾伎的悲哀便联想到"悲哀"的制造者，回转自然。"英雄"即曹操。分香处，即临死时。魏武帝曹操《遗令》："吾死之后，葬于邺之西岗上，与西门豹祠相近，无藏金玉珠宝。余香可分于诸夫人，不命祭吾。诸舍中（指众妾）无所为，学做组履卖也。"（《邺都故事》）后来就以分香卖履指人死时舍不得丢下妻子儿女。宋代大诗人苏东坡尝云："操以病亡，子孙满前，而咿嘤涕泣，留连妾妇，分香卖履，区处衣物，平生奸伪，死见真性。"（宋葛立方《韵语阳秋》卷一九）人之将死，其言也善，英雄与庶民并无二致，东坡深得昭谏诗之味也。

这首七言绝句以叙事描写发端，以"美女"引出"英雄"，可"英雄"早已作古。"英雄"作古时，和常人是一样的："留连妾妇"，不忍弃去，因此便遗命妾妇为自己的亡灵歌唱，这几近殉葬，实在残忍！得否作古的"英雄"和常人有别，还能欣赏音乐乎？荒唐孰甚！诗人用语委婉，讥刺极深；弦外见音，言外见旨。（韩爱平）

【原文】

送臧渍下第谒窦郎州

赋得《长杨》不直钱⁽¹⁾，却来京口看莺迁⁽²⁾。
也知绛灌轻才子⁽³⁾，好谒元常醉少年⁽⁴⁾。
万里故乡云缥缈，一春生计泪澜汍⁽⁵⁾。
多情柱史应相问⁽⁶⁾，与话归心正浩然。

【毛泽东圈评等情况】

毛泽东读罗隐诗集《甲乙集》或《罗昭谏集》卷二时圈阅了这首诗。

[参考] 张贻玖：《毛泽东评点、圈阅的中国古典诗词》，

中国工人出版社 1992 年版，第 240 页。

【注释】

（1）《长杨》，即《长杨赋》。"长杨"本秦汉宫名，宫中有垂杨数亩，故名，旧址在今陕西周至县境。汉成帝元延二年（前 11）游此，扬雄乃以《长杨赋》记之。直，通"值"。

（2）京口，古城名，故址在今江苏镇江，东汉末、三国时称为京城。此用为唐京城的代称。"莺迁"语出《诗经·小雅·伐木》："伐木丁丁，鸟鸣嘤嘤。出自幽谷，迁于乔木。"自唐以来以嘤鸣之鸟为黄莺，以莺迁为进士及第或升官的颂词。

（3）绛灌，指西汉绛侯周勃及颍阳侯灌婴。才子，指贾谊。贾谊以汉兴二十余年，宜当更改旧的法令，但因其位未及公卿，遭到绛灌等老臣反对，遂为天子所疏（见《汉书·贾谊传》）。

（4）元常，指晋人顾荣（卒谥元）和北魏人常爽。二人都曾热心教诲荐举青少年成才。元，《甲乙集》作"尤"。

（5）澜汍，流泪貌。

（6）多情柱史，指窦鄜州。柱史，即"柱下史"，周秦官名，也就是汉以后的御史，唐置四员（从六品下），属御史台。

【赏析】

这是一首送行诗，为七律。臧濆（fén），池州人，与罗隐同应举京师，交游颇深。濆应举不第，欲求见鄜坊节度使窦某，罗隐便以诗送之。罗隐集中另有《送臧濆下第后归池州》《广陵秋日酬进士臧濆见寄》诸诗，别后书札往来一直不断，可见二人情谊之深厚，盖亦命运不济、数举进士不第、同病相怜也！窦鄜州，名未详。以诗中言"柱史"可知，曾官侍御史。鄜州，唐关内道，今陕西富县。

　　此诗题为送行，但主旨在于揭露唐科举制度的弊端，既为朋友鸣不平，也吐自己胸中之块垒。科举制度至唐末已完全被权豪把持，士子及第，或恃门第高贵，或以朋党相干，或赖显官提携，或靠亲朋援引，甚至趋谒权门，贿赂请托，卖身投靠，无所不用其极，致使一般寒士投效无门，仕路断绝。如罗隐、臧渍者，有才有德，不屑于蝇营狗苟，故而"一第落落"，如今不得不远适他乡。诗人为朋友送行，愤愤不平，发而为吟："赋得《长杨》不直钱，却来京口看莺迁。"首联直斥科举制度的不合理。长杨，本秦汉宫名，在今陕西周至境，汉成帝元延二年（前11）游览此处，扬雄（西汉文学家、哲学家、语言学家）遂上《长杨赋》以记之。此处乃指臧渍的诗赋比得上扬雄的《长杨赋》。"直"，通"值"。莺迁，唐人指进士登第或升官，典出《诗·小雅·伐木》："伐木丁丁，鸟鸣嘤嘤。出自幽谷，迁于乔木。"唐白居易《东都冬日会诸同年宴郑家林亭》诗云："折桂因同树，莺迁各异年。"此二句是说，臧渍的诗文可与扬雄的《长杨赋》相媲美，但却不值钱，不为官家称许认可；他虽然文才超群，直追扬雄，但却名落孙山、仕途无望，眼睁睁看着别人登第升迁，这是怎样的一种不公啊！

　　颔联则以古论今："也知绛灌轻才子"，以汉初旧势力排挤新生力量的历史事实来比附，道出了唐科举制度腐败的根源，如吾辈者不得登第乃意料中事。据《汉书》四八《贾谊本传》载：贾谊以汉兴二十余年，宜当更改旧的法令，但因其位未及卿侯，遂遭绛侯周勃及灌婴等老臣所阻，乃毁之曰"洛阳之人年少（时贾谊方二十余岁）初学，专欲擅权，纷乱诸事"云云，遂为天子所疏。此以贾谊比臧渍，以汉之旧势力比唐之旧势力。朝廷有坏人挡道，因循守旧，哪有"才子"立足之地！但是历代也不乏荐贤举能之人，"好谒"句则言晋人顾荣、北魏常爽教诲荐举青少年成才事。据《晋书》卷六八载：顾荣，字彦先，吴国吴人也。吴平，与陆机兄弟同入洛，时人号为三杰，卒谥元，追封为公。荣荐南士陆士光、甘季思、殷庆元、顾公让、杨彦明、谢行言等，时称"南金"。常爽，字仕明，河内温人。北魏太武帝拓跋焘，赐爽六品，拜威将军。"爽置馆温水之右，教授门徒七百余人。尚书左仆射元赞、平原太守司马真安、著作郎程灵虬皆是爽所教就。"事见《魏书》卷八四《常爽本传》。此以顾荣、常爽比窦郦州，言他会热情待人，这当然是安慰和希望。

诗之首联、颔联，多所比附，旨在借古讽今、以抒愤慨，颈联、尾联则道送别，抒乡思、话别情、卜前景，写得哀婉凄切，催人泪下。"万里故乡云缥缈，一春生计泪澜汍。"缥缈，悠远貌；澜汍，犹汍澜，流泪貌。此言故乡万里、无以回归，孑身一人、漂泊无定，"一春生计"无有着落，令人伤心不已，以致涕泣阑干、泪流纵横！生计无门，只哭何益，总得找个出路，这就是要请"多情柱史"帮帮忙，他若问起原委，就不卑不亢，原原本本地告诉他，或许会得到他的同情，而给予照顾。此中"正浩然"表现了诗人心底坦荡，且宁折不弯，这是与友人的共勉！句中"多情柱史"即指窦郦州。柱史，即"柱下史"，周官，秦为侍御史，掌纠举百僚、推鞫狱讼事。

此诗借送别，言此而意彼，抒发了愤懑不平之情。对当时政治的黑暗、科举制度的弊病给以无情的揭露和鞭挞，痛切时弊；同时表达了对臧溃才高不第的无限同情。构思新奇，说古道今，意境起伏有致，诗的语言泼辣、峭直，讽刺尖锐深刻。（孙方　韩爱平）

【原文】

自湘川东下立春泊夏口阻风登孙权城

吴门此去逾千里[1]，湘浦离来想数旬。

只见风师长占路[2]，不知青帝已行春[3]。

危怜坏堞犹遮水[4]，狂爱寒梅欲傍人。

事往时移何足问，且凭村酒暖精神。

【毛泽东圈评等情况】

毛泽东读罗隐诗集《甲乙集》或《罗昭谏集》卷二时圈阅了这首诗。

[参考] 张贻玖：《毛泽东评点、圈阅的中国古典诗词》，中国工人出版社 1992 年版，第 240 页。

【注释】

（1）吴门，古吴县城（今江苏苏州）的别称。吴县为春秋吴都，因称。

（2）风师，传说中的风伯、风神，此指大风。

（3）青帝，我国古代神话中的五天帝之一，是位于东方之神。东方为春，青帝又为春神。《史记·封禅书》："秦宣公作密畤于渭南，祭青帝。"

（4）堞，城上如齿状的矮墙。古时以土筑城，上加砖墙为射孔以伺非常，即曰堞。

【赏析】

诗人从湘地乘船东下，被风阻隔，停泊夏口；时值立春，登临孙权城，怀古览胜，写下了这首七言律诗。

首联"吴门此去逾千里，湘浦离来想数旬。"吴门，古吴县城（今苏州）的别称，吴县为春秋吴都，因有是称。湘浦、湘川都指湖南一带。诗人离湘东下，目的地可能是吴门。可是离开湘地已有些日子了，而距吴门却还有千里之遥，什么时候才能到呢？这一意思，诗人却偏偏倒过来写，表达了诗人怨旅途阻隔、舟行缓慢的焦急烦躁的心情。因此颔联紧承首联，感叹时光之倏忽："只见风师常占路，不知青帝已行春。"风师即风神，青帝为春神。一路上北风不断，如今又被风所阻不能前行，可不知不觉春天已经来了，今天就是立春呀，时间过得可真快！其实"青帝行春"原本就是在不知不觉中进行的，可一旦入诗，且与"风师占路"相对照，便有了特殊含义。这里既有对春之来临的喜悦——因为"青帝"可以挤走"风师"，诗人好顺利到达目的地，又有时间易逝、光阴不再的感喟。此联出语自然，对仗工整，含义丰厚，见出是大家手笔。

但时间易逝，却又是永恒的。天地万物、一切的一切在时间老人面前又显得那么渺小，这残垣断堞不正是时间老人留下的陈迹？目之所见，诗人很是伤感，于是吟道"危怜坏堞犹遮水"，发抒了思古之幽情。堞，城上如齿状的矮墙。古时以土筑城，上加砖墙，为射孔以伺非常，即曰堞。诗人登临之城，为三国吴黄武二年（223）所筑，故诗人称之为"孙权城"。其实城叫"夏口"，因与夏口相对，故名。城在今湖北武汉黄鹄山上，背山临江，形势险要，历为争战要地，想当年，这里也曾经金戈铁马，如今却是这般破败；但破败垣墙仍在此忠于职守（"犹遮水"），也确实难得！故而不必太过伤感，何况这里还有令人赏心悦目的美景。怒放的梅花，直扑人面，似故意逗人，着实招人喜爱："狂爱寒梅欲傍人"，诗人赏之不尽、爱之欲狂，刚才的不快被冲淡了。通过这一悲一喜，诗人似乎悟出了什么，于是议论风生、感慨淋漓！

尾联"事往时移何足问，且凭村酒暖精神。"往事悠悠，时过境迁，朝代更替，世殊时异，时间无情、天地不老，这一切何必去管他。鲜花、美酒足以适情遣怀，放开喝罢，把一切的不快都"浇"走，从而振作精神、面对未来！表达了诗人旷达、向上的情怀，这与他的"今朝有酒今朝醉"倒反一调，此时的饮酒并不是为了"醉"，而是要"暖精神"，诗人不甘沉沦，勇于向上的思想在这里得到了很好的表现。中唐大诗人刘禹锡曾有诗云："今日听君歌一曲，暂凭杯酒长精神。"（《酬乐天扬州初逢席上见赠》）二者最后一句，字词几近，但意思有别，罗隐绝无抄袭之嫌。罗诗的"村"字、"暖"字，突出了写诗的时间、地点、境遇以及作者自饮自乐的心态，准确精当。诗人善于化用古人，拟而不古，了无痕迹。他若像刘禹锡那样有知己相酬答，定当写出别样的诗来。

此诗题为"登孙权城"，似乎是登临怀古、发思古之幽情，可是诗的前四句尽写自身事、眼前景，好像离题万里，直到第五句才贴近标题，又仅只点到，便马上宕开，生发新意，收束有力。全诗错落有致、开合自然，登临而不以怀古为主，这在诗人所有览古诗中，又别算一类。（韩爱平）

【原文】

春日独游禅智寺

树远连天水接空，几年行乐旧隋宫。

花开花谢还如此，人去人来自不同。

鸾凤调高何处酒⁽¹⁾，吴牛蹄健满车风⁽²⁾。

思量只合腾腾醉⁽³⁾，煮海平陈一梦中⁽⁴⁾。

【毛泽东圈评等情况 】

毛泽东读罗隐诗集《甲乙集》或《罗昭谏集》卷二时圈阅了这首诗。

[参考] 张贻玖：《毛泽东评点、圈阅的中国古典诗词》，

中国工人出版社 1992 年版，第 240 页。

【注释 】

（1）鸾凤调高，指美妙的音乐。因鸾与凤都是传说中的神鸟。鸾，一本作"楚"。

（2）吴牛，吴地的水牛。隋炀帝杨广第三次出游江都曾使牛御车。

（3）腾腾，形容某种情状达到厉害的程度。

（4）煮海，煮沸海水。神话传说，秀才张羽同龙女相约为夫妇，受阻，张羽借得宝物，煮沸大海，制服龙王，二人终于成婚。此用以比喻平陈不易。一说煮海水为盐。《汉书·晁错传》："吴王即山铸钱，煮海为盐。"平陈，杨广为晋王时受父命参与平陈。一，《罗昭谏集》作"尽"。

【赏析 】

这首七言律诗为吊古抒怀之作。诗题即点明时间、地点、人物、事件。禅智寺，"旧在江都北五里，本隋炀帝故宫。"（《宝祐志》）既是炀帝故宫，诗人又是独游，吊古伤今、讥刺炀帝，在所难免。

"树远连天水接空"，突兀而起，交代周围自然环境，为下文渲染气氛；"几年行乐旧隋宫"，缓缓道出，这里却原来是隋炀帝杨广的故宫。想当年，杨广曾几度幸此寻欢作乐。那时，这里宫殿楼阁，鳞次栉比，杨广一来，宫女如云，笙歌连天，可如今呢，只有这一座孤零零的寺院，"雨过一蝉噪，飘萧松桂秋。青苔满阶砌，白鸟故迟留。暮霭生深树，斜阳下小楼。谁知竹西路，歌吹是扬州。"（唐杜牧《题扬州禅智寺》）这该是"远"和"空"的最好注脚吧。杜牧笔下的禅智寺尚且如此，诗人所见则更荒凉萧条、冷清孤寂。颔联就具体描绘其冷寂景象："花开花谢长如此，人去人来自不同。"花儿不问世事更迭，一到春天，仍争奇斗艳，装点春色，自开自谢，年年如此。可是，来过这里的人又是多么不同，当年杨广是这

里的常客，而如今只有像诗人者才来此凭吊！古今盛衰，对比何其鲜明！

颈联由以上的"花开花谢"自然引出隋炀帝的寻欢作乐："鸾凤调高何处酒，吴牛蹄健满车风。"鸾，也是凤凰之类的神鸟。鸾凤调高，指美妙的音乐，此谓杨广纵情声色、醉生梦死、荒淫无度。史书记载：公元606年，隋炀帝召集周、齐、梁、陈乐家子弟，都编为乐户，又六品官以下至于民庶，有擅长音乐倡优百戏的人都到太常寺当差。全国乐人和散乐（又称百戏，即杂技）大集东京。隋炀帝自制艳诗多篇，令乐官造成新声，教乐人演奏。乐人、舞人逐年增加到三万余人，都穿锦绣色彩的衣服，东京、西京所有锦彩几乎全部给他们做了衣服（范文澜《中国通史》第三册）。炀帝沉湎声色确是到了无以复加的地步，而他为到江都（扬州）巡游更是不顾一切。杨广生前曾三次游幸江都，一次比一次规模大，穷奢极侈，耗竭天下民力，李商隐有诗讥刺道："乘兴南游不戒严，九重谁省谏书函？春风举国裁宫锦，半作障泥半作帆。"（《隋宫》）诗之第二句讲的是杨广第三次游江都事。隋炀帝大业十二年（616），杨广决意再游江都，崔民象、王爱仁等先后因谏阻被杀。这也充分说明他的南游不得人心，可他仍一意孤行，"离都旬日，幸宋何妥所进牛车。车前双轮高广，疏钉为刃，后车轮库下，以柔榆为之，使滑劲不滞，使牛御车焉。"（唐颜师古《隋遗录》上）"吴牛蹄健满车风"当指此事。吴牛，即吴地的水牛，很强壮，唐刘商《秋夜听严绅巴童唱竹枝歌》云："身骑吴牛不畏虎，手提蓑笠欺风雨。"这里泛指健壮的牛。此句意谓，杨广乘豪华牛车，快牛更加鞭，风驰电掣，急急忙忙赶往江都去寻欢作乐，其实是赶着去送死！

杨广这次到江都后，"愈益荒淫无度。宫中立百余房，各居美女多人，每日一房轮流做主人，隋炀帝与萧后等率侍女千余人就房饮酒，杯不离口，昼夜昏醉。他心里发慌，常对萧后说：'外面大有人图侬（我），且不管他，快乐饮酒吧！'"（范文澜《中国通史》第三册）因此，诗人最后吟道："思量只合腾腾醉，煮海平陈一梦中。"合，应当。腾腾，形容某种情状达到厉害的程度。唐李绅《忆汉月》诗云："燕子不藏雷不蛰，烛烟昏雾暗腾腾。"这里指纵酒无度，烂醉不醒。煮海，煮沸海水，神话传说，秀才张羽同龙女相约为夫妇，后受阻，张羽借得宝物，煮沸大海，制服龙王，才得以成婚。这里比喻平陈不易。平陈，《隋书·高祖纪》载：隋文帝开皇八年（588）冬，"命晋王广、秦王俊、清河公杨素并为行军元帅，以伐陈。于是晋王广出六合，秦王俊出襄阳……合总管九十，兵五十一万八千，皆受晋王节度。东接沧海，西据巴、蜀，旌旗舟楫，横亘数千里。"九年春正月平陈。平陈确实是大动干戈，不那么容易。可这一切杨广早已忘得一干二净，醉生梦死，荒淫无度，以致亡国丧命，"君王忍把平陈业，只换雷塘数亩田。"（罗隐《炀帝陵》）尾联，诗人揣拟炀帝心理，讥刺尖刻！

对隋炀帝，诗人不止一次地冷嘲热讽，《炀帝陵》《隋堤柳》《江北》等从不同角度为这个暴虐无道昏君画了像，此诗则又别开生面，以炀帝故宫的荒凉寂寞比衬他当年的笙歌宴饮、奢侈腐化，对比鲜明，寓讽刺嘲弄于客观的描写和轻松的调侃之中，见出作者讽刺艺术的高妙。

（孙学士　韩爱平）

【原文】

后土庙

四海干戈尚未宁，始于云外学仪形[(1)]。

九天玄女犹无圣[(2)]，后土夫人岂有灵。

一带好云侵鬓绿，两层危岫拂眉青。

韦郎年少知何在[(3)]，端坐思量《太白经》[(4)]。

【毛泽东圈评等情况】

毛泽东读罗隐《甲乙集》或《罗昭谏集》卷二时圈阅了这首诗。

［参考］张贻玖：《毛泽东评点、圈阅的中国古典诗词》，

中国工人出版社 1992 年版，第 240 页。

【注释】

（1）云外，犹言天外、仙界。仪形，指典范、楷模。"始于云外学"，

《罗昭谏集》作"谩劳淮海写"。外，《甲乙集》作"水"。

（2）九天玄女，古代传说中的女神名。"帝伐蚩尤，玄女为帝制夔牛鼓八十面。"（《黄帝内经传》）圣，无事不通。

（3）韦郎，泛指有情男子。唐人有《后土夫人传》，记述了夫人访嫁韦郎的故事。

（4）《太白经》，即《太白阴经》，兵书名，唐李筌撰。端坐思量，《罗昭谏集》作"案上休看"。

【赏析】

此乃直刺现实之作。据《十国春秋》本传记载："隐与顾云等谒淮南高骈，隐见骈酷好仙术，潜题《后土庙》刺之，连夕挂帆而返。巫者告骈，骈怒，发急棹追之不及。后骈遇害，隐著《妖乱志》以非之。"《妖乱志》即《广陵妖乱志》，关于高骈修"后土庙"事，此"志"记述得很详细："高骈末年惑于神仙之说。吕用之、张守一、诸葛殷等皆言能役使鬼神，变化黄白，骈酷信之，遂委以政事……用之公然与上仙来往。每对骈，或叱咄风云，顾揖空中，谓见群仙来往，过于外，骈随而拜之。用之指画纷纭，略无愧色，左右稍有异论，则死不旋踵矣。见者莫测其由，但附膺不敢出口。用之忽云：'后土夫人灵仇，遣使就某借兵马，并李筌所撰《太白阴经》。'骈遂下两县，萃百姓苇席数千领，画作甲马之状，遣用之于庙庭烧之。又以五彩笺写《太白阴经》十道，置于神座之侧。又于夫人帐中，塑一绿衣少年，谓之韦郎。庙成，有人于西庑栋上，题一长句，诗云云（即此诗），好事者竞相传诵。"由此可见高骈的不得人心以及此诗在当时的影响。

"后土"，古时称"地神"或"土神"为"后土"，也就是土地神，而这里的"后土庙"奉祀的乃是"后土夫人"。所以诗一落笔便一针见血："四海干戈尚未宁，始于云外学仪形。""云外"，犹言"天外""仙界"。"仪形"指典范、楷模。这两句是说：如今天下干戈不息，战事频仍，你却迷信于仙术，神仙果真可以依赖吗？否！"九天玄女犹无圣，后土夫人岂有灵。""九天玄女"，古代传说中的女神名。《黄帝内经传》载："帝伐蚩尤，玄女为帝制夔牛鼓八十面。"传说归传说，谁见过"九天玄女"显圣！"九天玄女"尚且没有"圣"可显，"后土夫人"哪里有什么灵呢？对神之不敬如此，唯罗昭谏道得出。

"一带好云侵鬓绿，两层危岫拂眉青。"岫，峰峦。此二句以夸张手法描绘"后土夫人"的容仪。"好云侵鬓""危岫拂眉""眉青""鬓绿"，见出塑此神像者的良苦用心。可这又有什么用呢？"韦郎年少知何在，端坐思量《太白经》。""韦郎"，泛指有情男子。《太白经》即《太白阴经》。唐人有《后土夫人传》，其中记述了夫人访嫁韦郎的故事。高骈、吕用之等可能据此塑韦郎像于夫人帐中，目的是"巴结"夫人，可这个少年郎太不谙人事，全不顾自己的"使命"，对夫人的美姿艳色好像无动于衷，而对《太白阴经》倒是蛮有兴趣，只管在那正襟危坐，细细揣摩、研究呢。这大概是高骈、吕用之们始料不及的！由此也见出他们所作所为的荒唐可笑。这最后两句为拟想之词，融谐谑、嘲讽、讥刺、挖苦于一体，看后令人忍俊不禁，诗人的讽刺艺术实在高妙、超绝。高骈读后怒不可遏也在情理之中，这正说明了此诗触到了高骈的痛处！

此诗语言浅畅明白，几乎全是叙述、描写，但字里行间充满着批判精神，讥刺辛辣犀利，嘲讽毫不留情。揭露、批判的锋芒直指有权有势的高骈，这体现了作者一贯的敢于批判现实的斗争精神，而这正是此诗受人传诵的重要原因。（韩爱平）

【原文】

扬州开元寺阁上作

满槛山川漾落晖，槛前前事出如飞(1)。
云中鸡犬刘安过(2)，月里笙歌炀帝归(3)。
江蹙海门帆散去(4)，地吞淮口树相依(5)。
红楼翠幕知多少，长向东风有是非。

【毛泽东圈评等情况】

毛泽东读罗隐《罗昭谏集》卷二时圈阅了这首诗。

[参考] 张贻玖：《毛泽东评点、圈阅的中国古典诗词》，

中国工人出版社1992年版，第240页。

【注释】

（1）出，一本作"去"。

（2）云中鸡犬，神话传说。淮南王刘安得道升天，鸡犬吃了剩下的仙药，也随之飞升（见葛洪《神仙传·刘安》）。

（3）炀帝归，隋炀帝杨广曾三次游幸扬州，最后为羽林军所逼，自缢于扬州宫内。

（4）麋，接近，迫近。《周礼·考工记·弓人》："夫角之本，麋于脑而休于气，是故柔。"郑玄注："麋，近也。"江门，海口。内河通江之处，在今江苏镇江、扬州之间。唐韦应物《赋得暮雨李曹》："海门深不见，浦树远含滋。"

（5）淮口，即古淮河入长江之口，在今江苏江都三江营。

【赏析】

此诗乃登临感怀之作。扬州，即今江苏扬州，自古为东南都会。这里的名胜古迹、历史掌故俯拾即是。诗人在此地登临送目，思古、感怀、抒情在所难免。

这是一首七言律诗。首联描写夕阳西下，落日的余晖铺满大地，诗人登上扬州开元寺的阁楼，凭槛远眺，目之所见，山川景色全沐浴在落日的余晖之中、金灿灿一片；而这金辉之下的都市，曾发生过多少令人难忘的事情，此槛可以作证。人世沧桑，世事如白驹过隙，一切的一切都成了过眼云烟，但登临骋目，一切的一切又都似乎在眼前。诗人仿佛看到："云中鸡犬刘安过。"刘安（前179—前122），西汉思想家、文学家。汉高祖之孙，袭父封为淮南王。好读书鼓琴，善为文辞，才思敏捷，奉武帝命作《离骚赋》，又招宾客方术之士撰成《淮南子》一书。汉武帝元狩元年

（前122），有人告其谋反，下狱自杀。但神话传说，言刘安学道得道，"随八仙白日升天。去时，将药器置于中庭，鸡犬食之，尽得升天。"（葛洪《神仙传·刘安》）"犬吠于天上，鸡鸣于云中。"（汉王充《论衡·道虚》）诗人据此而言。对刘安的得道升天，诗人曾不无羡慕："却羡淮南好鸡犬，也能终始逐刘安。"（《东归别所知》）言自己尚不如刘安的鸡犬。当然，诗人并不相信此道，多次引用，只不过是借题发挥而已。这里举刘安，盖因刘安曾王扬州，以其得道升天来与隋炀帝的死无葬所相对照，从鲜明的对比中加强对炀帝的批判。隋炀帝荒淫无度，专事享乐。在扬州修宫建苑，专供游玩淫乐。他曾三次游幸扬州，规模之大、气势之盛，无以绘描。最后被羽林军所逼，自缢于扬州行宫内。所以诗人言道："月里笙歌炀帝归。"隋炀帝沉湎声色，于歌乐声中归去，此褒兮？贬兮？似褒实贬也。揶揄、讽刺之意尽在言外！此一联，描绘了两幅图画，各臻其妙，栩栩如生，一褒一贬，鲜明地表达了作者的爱憎。古人评谓："作诗有描画法，如罗隐诗：'云中鸡犬刘安过，月里笙歌炀帝归。'张祜诗：'窗间谢女青娥敛，门外萧郎白马嘶。'杜牧诗：'风随玉辇笙歌迥，云卷珠帘剑佩高。'古人所谓诗有声画是也。"（明王昌会《诗话类编》卷三）由此可见，此一联的描画技法早为世人所称赏。

颈联由历史回到现实，再写登临所见："江蹙海门帆散去，地吞淮口树相依。"此描画扬州一带山川胜景，气势恢弘。这里有实景、有虚拟，有实有虚，虚实结合，相得益彰，远远近近、高高低低尽收作者笔端。由此，诗人又生感喟："红楼翠幕知多少，长向东风有是非。"正是有如此山川胜景，才有许许多多宫殿苑囿、亭台楼阁遍布其间，也才繁衍出许多是是非非、一幕幕活剧，这"红楼翠幕"实在应引起注意！是非由此而生，炀帝沉湎于此而死于非命，前车之鉴，尤应记取！

此诗登临览胜，写所见、抒所感、吊往怀古，笔致极为灵活：忽而目前，忽而往古，忽而绘景，忽而抒情；古今交汇、情景交融，挥洒自如，时空上跳跃性极大，但主题又凝练集中，诗人高超的运思、谋篇能力由此可见一斑。（韩爱平）

【原文】

早春巴陵道中

远雪亭亭望未销⁽¹⁾，岳阳春浅似相饶⁽²⁾。

短芦冒土初生笋，高柳偷风已弄条。

波泛洞庭猿獭健⁽³⁾，谷连荆楚鬼神妖⁽⁴⁾。

中流菱唱泊何处？一只画船兰作桡。

【毛泽东圈评等情况】

毛泽东读罗隐《甲乙集》或《罗昭谏集》卷二时圈阅了这首诗。

[参考] 张贻玖：《毛泽东评点、圈阅的中国古典诗词》，

中国工人出版社 1992 年版，第 240 页。

【注释】

（1）亭亭，遥远之状。《文选·司马相如〈长门赋〉》："澹偃寒而待曙兮，荒亭亭而复明。"李善注："亭亭，远貌。"

（2）岳阳，今湖南岳阳。

（3）猿（bīn），小水獭，半水栖兽类。獭（tǎ），兽名，哺乳动物，栖息水边，善游泳，捕鱼为食。

（4）荆楚，荆为楚之旧号，略当古荆州地区，在今湖南、湖北一带。《诗经·商颂·殷武》："挞彼殷武，奋伐荆楚。"

（5）中流，河流中央，水中。《史记·周本纪》："武王渡河，中流，白鱼跃入王舟中。"菱唱，采菱人的歌唱。泊（bó），停船靠岸。

（6）画船，装饰华美的游船。兰，木兰，一种名贵的树木。桡，船桨。

【赏析】

早春时节，诗人往游岳阳（即巴陵），泛舟洞庭，有感于湖光春景，写下了这首如画诗章。

这首七言律诗，首联用一因果倒装句，突出一个"早"字，照应标

題。"远雪亭亭望未销",亭亭,耸立貌、高貌。三国魏曹丕《杂诗》云:"西北有浮云,亭亭如车盖。"销,同消,消散、消失、融化。诗人泛舟湖上,骋目远望,大大小小的山峰仍被白雪覆盖着,白皑皑一片,煞是壮观,这可是早春的"恩赐"?"岳阳春浅似相饶。"饶,丰饶、丰富。唐韩愈《次同冠峡》诗云:"今日是何朝,天晴物相饶。"此句交待雪未消失之原因。盖因早春之赐予,也因早春景物不多,而雪不失为一景观,故不忍使之融化也。此一联,视野开阔,诗人通过想象,运用拟人手法,把平平常常的自然现象写得活极、妙极,点出时令,一为应题,一为下文渲染气氛。颔联写近观。诗人收回视线,近观眼前,又有了惊喜的发现:当此春寒料峭之时,"短芦冒土初生笋,高柳偷风已弄条。"芦笋不怕寒冷、破土而出,一个"冒"字表现了笋之顽强的生命力;而柳树也抽枝发芽,嫩绿的枝条在春风中翩翩起舞,一个"偷"字活化了柳树为享受春风、装扮春色而不顾一切、急不可耐的神态。此联绘低画高,高低相间,错落有致;芦笋初冒土,柳条弄春风,一派生机勃勃的早春景象跃然纸上。

以上四句,首联写远望,颔联写近观,远远近近、高高低低尽收眼底,尽绘"陆"上景色。至此,诗人再收视线,回观船前身后,湖面之上"波泛洞庭猵獭健,谷连荆楚鬼神妖。"猵,小水獭。獭,即水獭,《说文》:"獭,如小狗,水居食鱼。"荆楚,即楚地,这里泛指洞庭湖及其周围地区。八百里洞庭,波光粼粼,各种水族肥胖可爱,争相在船前船后追逐嬉戏,煞是逗人。此只举"猵獭健",便可知其他水族,特别是龟类则更健、也更多,因为獭食鱼,若没鱼,獭也不可能健。诗人由此联想开去,洞庭湖衔远山,吞长江,浩浩荡荡,横无际涯,云遮雾障,正是藏龙卧虎之所,此地的鬼神也会更妖媚。这实际上是写人,鬼神尚且如此,而况人乎?物华天宝,地杰人更灵,诗人的赞美之情溢于言表。面对如此美景,诗人流连忘返,不知所往。"中流菱唱泊何处",菱唱即唱菱歌,唐卢照邻《七夕泛舟》诗云:"日晚菱歌唱,风烟满夕楼。"诗人泛舟湖上,置身于美丽如画的湖光山色之中,赏心悦目、心旷神怡,竟情不自禁地唱起菱歌来,一任船在"中流"漂游,不知泊向何处?而此船又非一般之船:"一只画船兰作桡。"桡,即船桨。本就是"画船",复以"兰"作桨,船之华

2196

美可以想见。难怪诗人无处可泊，原来是不想泊——乘如画之船，观如画美景，哪里还想泊岸？

此诗题为"巴陵道中"，实则是赞美洞庭之早春景色。全诗形象鲜明逼真，色彩亮丽，语言明快，音韵和谐，处处流露着诗人的欢欣、喜悦、赞美之情，此中情调在诗人所有诗作中是很少见的。（韩爱平）

【原文】

送淮南李司空朝觐

圣君宵旰望时雍⁽¹⁾，丹诏西来雨露浓。
宣父道高休叹凤⁽²⁾，武侯才大本吟龙⁽³⁾。
九州似鼎终须负，万物为铜只待熔。
腊后春前更何事⁽⁴⁾，便看经度奏东封⁽⁵⁾。

【毛泽东圈评等情况】

毛泽东读罗隐诗集《甲乙集》或《罗昭谏集》卷二时圈阅了这首诗。

[参考]张贻玖：《毛泽东评点、圈阅的中国古典诗词》，
中国工人出版社1992年版，第240页。

【注释】

（1）宵旰（gàn），即宵衣旰食，勤于政事。时雍，此指国家太平。《晋书·张协传》："六合时雍，巍巍荡荡。"雍，和好。

（2）宣父，即孔子。唐太宗贞观十一年（637）诏尊孔子为宣父。叹凤，感叹生不逢时。孔子曰："凤鸟不至，河不出图，吾已矣夫！"（见《论语·子罕》）

（3）武侯，诸葛亮死后谥号忠武侯，后世称为武侯，此指诸葛亮。吟龙，诸葛亮出任前隐居南阳时被时人称作"卧龙"，此喻李司空。

（4）腊后春前，指封禅时间。

（5）便看经度，指观察天象，经营筹划。奏东封，登泰山封禅。司马相如临终前作《封禅书》，感颂汉德宏大，请汉武帝东幸封泰山、禅父，

以彰功业。武帝从其言，东至泰山封禅。后以"东封"谓帝王行封禅事，昭告天下太平。

【赏析】

这是一首送行诗。时罗隐游淮南（治所在今江苏扬州），值李司空镇淮南受诏回朝，罗隐作诗送之。今考李司空，疑为李蔚。李蔚（820—879），字茂林，陇西人。唐文宗开成五年（840）举进士第，唐懿宗咸通六年（865）拜礼部侍郎知贡举，十一年镇淮南为扬州大都督府长史、淮南节度副大使知节度事。唐僖宗乾符二年（875）入相，四年迁检校司空、东都留守、东畿汝都防御使。《新唐书》卷一八一引《旧唐书》卷一七八并有传。观其诗意，此诗当作于李蔚入相前，否则不当称"李司空"，或后为追改，也未可知。但自咸通至乾符中或以后镇淮南者，未有李姓官司空者。而罗隐又颇为李蔚所知，《旧五代史》二四《罗隐本传》说，罗隐"诗名于天下，尤长于咏史，然多所讥讽，以故不中第，大为唐宰相郑畋、李蔚所知"。大概远在咸通六年李蔚知贡举时，罗隐举进士虽未及第，两人已相熟知。罗隐另有《和淮南李司空同转运卢员外赐绯》等诗，亦是与李蔚的交游之作。据此推知，这首送行诗当作于唐僖宗乾符二年"六月，吏部尚书李蔚为中书侍郎、同中书门下平章事"（《新唐书·宰相表》）之前。朝觐，谓外臣入朝拜见天子，此指李蔚赴京朝见唐帝。

皇帝为国泰民安计，下令招纳贤才进京治国，这便是"圣君宵旰望时雍，丹诏西来雨露浓"。宵旰，即宵衣旰食，旧时用以美化帝王勤于政事。雍，和好，此指国家太平。此谓皇帝有衣食不宁之忧，故有"丹诏西来"之举，以选将相之材，使国家有所转机。"望时雍""雨露浓"，意谓盼望国家太平，人民安乐、如遇雨露之泽。那么，谁能负此重任呢？颔联则以孔丘、诸葛二圣为喻，作出肯定回答。宣父，唐代尊孔子为宣父；武侯，是诸葛亮死后之谥号。此二圣均为未遇明君而事业未济。所谓"叹凤""吟龙"，盖为叹时之语。孔子曾说："凤鸟不至，河不出图，吾已矣夫！"（《论语·子罕》）言无祥瑞出现，伤不遇时。诸葛亮"躬耕陇亩，好为梁父吟。每自比于管仲、乐毅，时人莫之许也"（《三国志·诸葛亮传》）。当今却有如宣父、武侯之德才者，又遇到明君的重用，当不须再"叹凤"、感时不遇了。此联用典，起承转作用，以引发出所赋之正事。

颈联正道出宰相之责任重大、李司空正具秉权重臣之器度。"九州似鼎终须负"，言其鼎负大任，国内政事任务繁重犹似传国之重器担负在身。"鼎"字用得很恰切。鼎有三足两耳，向为古时传国之重器，是皇权的象征。以此比喻李司空才德之望。若"九州"句是比喻其权力神圣，李司空才当其任的话，那么"万物"句则为想象之词，是对其到任后具体施展才能的前景瞻望。海内万物皆是财宝，问题是如何开发、如何利用。古时以铜为赤金，视为财宝，可铸鼎、可铸钱，也可铸为兵器，就看怎样"熔"了。这里喻指李司空协理国家政务，定不负重望，从而使民富国强。接下来诗人继续想象："腊后春前更何事，便看经度奏东封。"以此作结，预祝李司空治国成功，拥戴君王东封泰山。"腊后春前"言封禅时间；"便看经度"则指观察天象。古时历代帝王功成始定，便登封泰山，告成功于天，并视其璿玑玉衡以齐七政，即观察玑衡以齐同日月五星之政，度合天意。秦皇、汉武皆有此举。诗人以此收束全篇，含不尽祝福于言外，表达了诗人对国事的关心。

罗隐见知于李蔚，故对李蔚非常敬重，于是借送别之机，表达了赞美之情。但又不同于一般的歌功颂德，这里情不直抒，而是通过多种比喻款款表达，从而塑造了一位德才兼备、堪当大任的良宰形象，作者的希冀、赞颂尽在不言中。（孙方　韩爱平）

【原文】

春日湘中题岳麓寺僧舍

蟾宫虎穴两皆休⁽¹⁾，来凭危栏送远愁。
多事林莺还谩语，薄情边雁不回头。
春融只恐乾坤醉，水阔深知世界浮。
欲共高僧话心迹，野花荒草奈相尤⁽²⁾。

【毛泽东圈评等情况】

毛泽东读罗隐《甲乙集》或《罗昭谏集》卷二时圈阅了这首诗。

[参考]张贻玖：《毛泽东评点、圈阅的中国古典诗词》，

中国工人出版社1992年版，第240页。

【注释】

（1）蟾宫，即月宫。《晋书·郤诜传》："武帝于东堂会送，问诜曰："卿自以为何如？"诜对曰："臣举贤良对策，为天下第一，犹桂林之一枝，昆山之片玉。""相传蟾宫中有桂树，唐以来牵合两事，遂以"蟾宫折桂"为意科举应试及第。虎穴，比喻极险之地。《后汉书·班超传》："不入虎穴，不得虎子。"此指武功。

（2）尤，打扰的意思。荒，《全唐诗》作"花"。

【赏析】

岳麓寺，在湖南长沙西郊的岳麓山上。始建于晋代，即古麓苑，一名慧光寺，又叫万寿寺，寺内有唐李邕所书碑。俗话说，天下名山僧占多。岳麓山名不虚传。这里林木葱郁、流水潺潺，风景秀美，历来为游览胜地。正值春日盛景，诗人置身于寺景山光之中，骋情适怀，于是写下了这首浸透着浓浓春意的七言律诗。

首联"蟾宫虎穴两皆休，来凭危栏送远愁。"蟾宫，即月宫，传说月中有蟾蜍，故名。科举时代称登科为蟾宫折桂，这里诗人暗用此意，是指要放弃科举。虎穴，比喻危险的境地，这里指诗人生活道路上的种种坎坷、磨难。危，高的意思。诗人置身岳麓寺前，凭栏远眺，居高临下，无限风光尽收眼底，顿觉心旷神怡，于是便有"两皆休"这物我两忘的心理体验。诗人沉浸在美妙的境界中，决心把人生的忧愁烦恼、名利地位等统统送走忘掉，尽情地享受这无限春光。

颔联"多事林莺还漫语，薄情边雁不回头"。莺啼似人语，边雁不回头，都是春意盎然的标志。春日融融，惠风和畅，小鸟们也在欢乐地享受春意，叽叽喳喳，比赛似的，此唱彼和，美妙动听。可诗人却称之为"多

事"，正话反说，益见可爱，而大雁此时正抓紧回归北方，赶着去开始新生活。可诗人却怨它"薄情"，这仍是正话反说。大雁在此贪恋美景，耽误了行期，故而才"不回头"。不回头，其实是不忍回头，不敢回头也！只此两句，便渲染出浓浓的春意，绝美的景色，诗人醉了，天地万物都沉醉在这无边春景之中了！

颈联"春融只恐乾坤醉，水阔深知世界浮。"以极其夸张的手法，从侧面进一步渲染春的无穷魅力，想象奇特，气魄阔大，充分显示了春给予诗人的那种荡魂涤魄的感受，此更证明了他的"两皆休"确是发自肺腑之言！诗人陶醉在美景之中，心情愉悦，感触良多，于是就有尾联首句"欲共高僧话心迹"，想和高僧讲讲心里话，谈谈感受，让他也分享自己的快乐，可是"野花荒草奈相尤"。"尤"这里有"打扰"的意思。那不知名的野花，点缀在碧绿碧绿的草丛里，鲜艳夺目，且散发着缕缕清香，着实招人喜欢，令人观赏不足、不忍舍去。一个"奈"字，突出了"野花芳草"的美艳动人，遇之便被勾魂摄魄，哪还有心思去"话心迹"呀？这里又是正话反说，大大增强了表达效果，读来如见其景，如嗅其香；花香依依，不绝如缕。

此诗首联写游览目的，突兀而起，笔势不凡；颔联写所见所闻，绘景图形，声形并茂；在此基础上，颈联写所感，极尽夸张，气势雄峻。可是，读完前六句，总觉得少了点什么，原来只有鸟语，却少了花香。诗人不紧不慢，直到最后，才浓浓地涂上一笔，回应上文，使花香扑鼻、沁人心脾，一幅醉人的、完美的"鸟语花香春日盛景图"才算最后完成。尾联抒情复兼绘景，把诗人的"快意忘形"表达得淋漓尽致。此诗结构严谨，层次清晰；照应得法，首尾圆合，该说时欲言又止，伏而不露、逗人情绪；最后才亮出谜底，让人恍然，分外惊喜。尤其是比喻、夸张、反语等修辞手法的妙用，使得此诗情景交融，景美情溢，主题思想鲜明突出，读之如品美醪，醇香悠长，味之无穷！（韩爱平）

【原文】

西 施

家国兴亡自有时⁽¹⁾，吴人何苦怨西施⁽²⁾。

西施若解倾吴国⁽³⁾，越国亡来又是谁⁽⁴⁾？

【毛泽东圈评等情况】

毛泽东读罗隐诗集《甲乙集》或《罗昭谏集》卷一时圈阅了这首诗，在此诗的标题上画了两个大圈，全诗都加了密圈。

[参考]张贻玖：《毛泽东评点、圈阅的中国古典诗词》，

中国工人出版社 1992 年版，第 157 页。

【注释】

（1）时，时运，《左传·文公十三年》："死之短长，时也。"又时势，时局。南朝宋鲍照《代出自蓟门行》："时危见臣节，世乱识忠良。"

（2）吴，古国名，也叫句吴、攻吴，姬姓，建都于吴（今江苏苏州），曾战胜越国，并北上与晋争霸，公元前 473 年为越国所灭。进，一作"怒"。

（3）倾，倾覆，覆亡。《诗经·大雅·荡》："曾是莫听，大命是倾。"

（4）越国，亦称于越，姒姓，建都会稽（今浙江绍兴），公元前 494年为吴所败，后又灭吴，并向北扩张，称为霸主。约在公元前 306 年为楚所灭。

【赏析】

这是一首闪耀着新的思想光辉的七言绝句。诗人一反"女人是祸水"的陈词滥调，提出了自己的鲜明观点——国亡不能归罪于女人。

"家国兴亡自有时，吴人何苦怨西施。"西施是春秋时越国美女，亦称西子，春秋末年越国苎萝（今浙江诸暨南）人。越王勾践败于会稽，范蠡取西施献吴王夫差，使其迷惑忘政。越遂亡吴。后西施归范蠡，同泛五

湖。事见《吴越春秋·勾践阴谋外传》。历来写西施的诗篇多把吴国灭亡的根由归之于女色，这客观上为封建统治者开脱或减轻了罪责。而罗隐则鲜明地提出了自己的看法，坚决反对将亡国的责任强加在西施的身上。所以诗一开始就强调"时"，这里的"时"是指时势，包括促成家国兴亡成败的各种复杂因素。"自有时"表示吴国灭亡自有其深刻的原因，而不该归咎于西施个人。这无疑是正确的观点。"何苦"，劝解的口吻中含有冷冷的嘲讽：你们自己误了国家大事，却想要归罪于进献的一个柔弱女子，这是何必呢？还是自己好好查找失败的原因吧！这里讥讽的不是一般的"吴人"，而是当时吴国的统治者。

"西施若解倾吴国，越国亡来又是谁？"这两句更巧妙地运用了一个事理上的推论：如果说，西施是颠覆吴国的罪魁祸首，那么，越王并不宠幸女色，后来越国的灭亡又能怪罪于谁呢？尖锐的批驳通过委婉的发问语气表述出来，丝毫也不显得剑拔弩张，而由于铁的事实本身具有坚强的逻辑力量，读来仍觉锋芒逼人。如有当时的"吴人"在场，当被问得张口结舌，无地自容。诗人反对嫁罪妇女的态度和立场是一贯的。他还写过一首著名的《帝幸蜀》："马嵬山色翠依依，又见銮舆幸蜀归。泉下阿蛮应有语，这回休更怨杨妃。"讥刺的是黄巢起义军攻入长安，僖宗皇帝仓皇出逃四川的事。诗中"阿蛮"即"阿瞒"，玄宗的小名。前一回玄宗避安史之乱入蜀，于马嵬坡缢杀杨妃以堵塞天下人之口。这一次僖宗再次酿成祸乱奔亡，可找不到新的替罪羊了。诗人故意让九泉之下的玄宗来现身说法，告诫后来的帝王不要诿过于人，讽刺辛辣。以此诗与《西施》比照，一咏史，一感时，题材不同，而精神实质并无二致。由此看来，诗人写《西施》的意义又何止为历史翻案。鲁迅先生非常赞同罗隐的立场和态度，说他"一向不相信妲己亡殷、西施治吴的那些古老话"（《且介亭杂文集·阿金》）。诗人的这一立场观点，可以说具有划时代的意义。

（孙学士）

【原文】

鹦 鹉

莫恨雕笼翠羽残⁽¹⁾，江南地暖陇西寒⁽²⁾。

劝君不用分明语⁽³⁾，语得分明出转难。

【毛泽东圈评等情况】

毛泽东读罗隐《甲乙集》或《罗昭谏集》卷二时圈阅了这首诗。

[参考] 张贻玖：《毛泽东评点、圈阅的中国古典诗词》，

中国工人出版社 1992 年版，第 238 页。

【注释】

（1）雕笼，雕刻精致的鸟笼。汉祢衡《鹦鹉赋》："闭以雕笼，翦其翅羽。"翠羽，绿色的羽毛。

（2）陇西，古代郡名。《汉书·地理志下》："陇西郡。秦置。"颜师古注："此郡在陇之西，故曰陇西。"陇，甘肃的别称。

（3）君，指鹦鹉。分明，明确，清楚。

【赏析】

古人咏物多有寄托。三国时名士祢衡就有一篇《鹦鹉赋》，是假借鹦鹉以抒述自己托身事人的遭遇和忧谗畏讥的心理。罗隐的这首七言绝句，命意亦相类似。

"莫恨雕笼翠羽残，江南地暖陇西寒。"这两句虚写见到笼中鹦鹉的感慨，实写诗人坎坷流离的生活遭遇。罗隐生不逢时，处于唐末纷乱的年代，虽然有匡时救世之才，怀有宏图大志，但科举制度黑暗、屡试不第，流浪无遇，到 55 岁投奔割据江浙一带的钱镠，才算有了安身之所。他当时的处境，跟这雕笼中的鹦鹉很有些相似。"陇西"，指陇山（六盘山南段别称，延伸于陕西、甘肃边境）以西，旧说为鹦鹉产地，故鹦鹉又称"陇客"。"翠羽残"，是说这只鹦鹉已被剪了翅膀。"莫恨"其实是有"恨"，

细心人不难听出弦外之音，尽管现在身在江南，暖于陇西，雕笼之内不愁温饱，但不能奋翅高飞，还得趋人学舌，供人耍弄，终不免令人遗憾。可见，这两句诗分明写了罗隐当时既自慰而又自嘲的矛盾心理。

鹦鹉之所以受人宠爱，就在于她不仅外表美丽，而且善于学人言语。诗人正是抓住鹦鹉学舌的本事生发开去。"劝君不用分明语，语得分明出转难。"以告诫的口吻劝说鹦鹉：你还是不要把话说得过于明白了，说得太明白的话语就难以改口啊！言语不慎，足以招祸，为求免祸，必须慎言。这是诗人颠沛流离、饱经风霜的经验写照。据传罗隐在江浙很受钱镠礼遇，但诗人很清楚，祢衡当年也备受恩宠，可终因忤触江夏太守黄祖被杀。由此可见，寄人篱下的罗隐当时对钱镠还是有疑惧的。诗人有宏图大志，但因怀才不遇养成了愤世嫉俗的习惯，往往因事好为讥讽，这确实是在权贵身边生活的大忌。诗人已认识到了这一点并加以注意，这样，他在钱镠处才立下身并得到了重用。这首诗咏物，非同一般的托物比兴，而是假用向鹦鹉劝说的形式来吐露心曲，劝鹦鹉实是劝自己，劝自己实是抒泄内心的悲慨，颇为耐人品味。（孙学士）

【原文】

九华山费征君所居

草堂何处试徘徊？见说遗踪向此开。

蟾树自归三径后[1]，鹤书曾降九天来[2]。

白云事迹依前在[3]，青琐光阴竟不回[4]。

尽夕为君思囊昔[5]，野泉鸣咽路莓苔。

【毛泽东圈评等情况】

毛泽东读罗隐《甲乙集》或《罗昭谏集》卷三时圈阅了这首诗。

[参考] 张贻玖：《毛泽东评点、圈阅的中国古典诗词》，

中国工人出版社 1992 年版，第 239 页。

【注释】

（1）蟾树，作"蟾桂"，蟾宫折桂的略语，指旧时科举及第。归，一作"啼"。三径，西汉末年，王莽专权，兖州刺史蒋诩告病辞官，隐居乡里，院中设三径，唯与羊仲、求仲来往（见《三辅决录·逃命》）。后遂用"三径"称归隐者之家园。

（2）鹤书，又名鹤头书、鹄头书，古时用于征辟贤士的诏书。九天，旧指皇宫。

（3）白云事迹，指费隐居事。南朝梁陶弘景《诏问山中何所有赋诗以答》："山中何所有？岭上多白云。只可自怡悦，不堪持寄君。"前，《罗昭谏集》作"然"。

（4）青琐，古代宫门上的一种装饰，此借指宫门。

（5）曩（nǎng），以往，从前。夕，一作"日"。

【赏析】

九华山，在安徽清阳西南四十里，旧名九子山，因有九峰，形似莲花，故名。这里风景优美，且有多处名胜，与峨眉、五台、普陀等山合称中国佛教四大名山，在此隐居，也算"居"得其所。费征君即费冠卿。征君，指曾经朝廷征聘而不肯受职的隐士。据《唐诗纪事》卷六〇记载："费冠卿，字子军，池州人，登元和二年（807）第，母卒，既葬而归，叹曰：'干禄养亲耳，得禄而亲丧，何以禄为！'遂隐池州九华山。长庆中，殿院李行修举其孝节，拜右拾遗。""冠卿竟不应命。"所以人称"征君"。

费征君在九华山筑草堂而居，如今人去堂空，只留下这么个"遗踪"供人凭吊。诗人在草堂前徘徊，自然而然便忆起草堂主人的生前事："蟾树自归三径后，鹤书曾降九天来。"蟾树，传说月中有蟾蜍、桂树，月宫又叫蟾宫；旧时以蟾宫折桂喻科举中第、仕进做官。三径，旧指归隐后所住的田园。东汉赵岐《三辅决录》卷一载：西汉末，王莽专权，兖州刺史"蒋羽归乡时，荆棘塞门，舍中有三径，不出，唯求仲、羊仲从游之"。鹤书，古时用于征辟贤士的诏书。九天，比喻皇宫。费冠卿无意仕途，归隐田园，可经人推荐，皇帝亲自下了诏书，"冠卿竟不应命"，寄情山水，仍然过他的隐居生活："白云事迹依前在，青琐光阴竟不回。"白云事迹，指费征君隐居事。盛唐诗人刘长卿《酬秦系》诗云："鹤书犹未至，那出白云来！""不出白云"，即继续隐居。青琐，指古代宫门上的一种装饰，后亦借指宫门。尽管诏书自九天而降，可费征君始终没有跨进宫门，在这里随处可见他生活的踪迹："草堂芜没后，来往问樵翁。断石荒林外，孤坟晚照中。数溪分大野，九子立寒空。烟壁曾行处，青云路不通。"（唐张乔《经九华山费征君故居》）山林树木、草堂断石都可以作证，他们与隐士朝夕相伴、生死相守，将永远向人们昭示"白云事迹"！

"尽夕为君思曩昔，野泉呜咽路莓苔。"曩，从前、以往。莓苔，青苔。尾联回应首联。诗人一直在草堂前徘徊，由旦而暮，追忆草堂主人的生平事迹，想了很多很多：隐士身后，凄凉寂寞，他走过的路长满了青苔，这说明人迹罕至；寥落如此，就连山泉也为之"呜咽"，何况诗人！

诗人一生常常为"仕进""隐居"这一对矛盾所困惑，但由于用世思想一直占上风，"平生四方志，此夜五湖心"（罗隐《思故人》），所以最终未能摆脱"尘念"，报国无门而又不甘隐居。而费征君有官却不做，诗人不无嫉妒、羡慕之心；可他身后如此凄凉，诗人又不免深深同情。诗人心里充满了矛盾，也就使得此诗的主题思想扑朔迷离，必须深长思之，思之愈深，见之愈真，而后自得之。（韩爱平）

【原文】

登夏州城楼

寒声猎猎戍旗风⁽¹⁾，独倚危楼怅望中。
万里山河唐土地⁽²⁾，千年魂魄晋英雄⁽³⁾。
离心不忍听边马，往事应须问塞鸿⁽⁴⁾。
好脱儒冠从校尉⁽⁵⁾，一枝长戟六钧弓⁽⁶⁾。

【毛泽东圈评等情况】

毛泽东曾手书此诗。

[参考]中央档案馆编：《毛泽东手书选集·古诗词（下）》，

北京出版社 1996 年版，第 51 页。

【注释】

（1）寒声，一作"寒城"。猎猎，象声词。

（2）山河，《甲乙集》作"山川"。

（3）晋英雄，晋朝与大夏国的赫连勃勃作战，有不少将士死于边塞。实际上指历代在此捐躯的将士。

（4）塞鸿，相传苏武被拘于匈奴，汉使者求释时，匈奴诡称苏武已死。有人教汉使者诈言得到苏武系在雁足上的亲笔信，匈奴不得已释苏武归汉（见《汉书·苏武传》）。后遂用"塞鸿"指信使。

（5）校尉，官名。隋唐为武教官，略次于将军。

（6）钧，三十斤。六钧弓，指拉力一百八十斤的强弓，泛指强弓。《左传·定公八年》："颜高之弓六钧。"

【赏析】

在罗隐诗中，写边塞的不多，写他要弃文从武、报效朝廷的更少。这首七言律诗则兼而有之，写得意境高远，慷慨苍劲，尤其值得一读。

夏州，古时地名，城在无定河支流清水东岸，紧倚长城，向以险隘著称。其故址在今陕西横山境内，晋朝时为夏王赫连勃勃建都的统万城，后魏灭夏改名夏州。隋时梁师据此称帝，后降唐，属于唐时西北部朔方郡治所在地。观此诗，当是诗人早期作品，大概是他下第后游览西北边塞时所作。尽管考场失意，可诗人正当血气方刚，满怀建功立业的豪情壮志，此时、此地、此景，他凭栏远望，一腔报效朝廷的热血骤然沸腾，脱口便吟唱出这慷慨激昂、立志报国的壮怀诗篇。

"寒声猎猎戍旗风，独倚危楼怅望中。"首句寥寥数字，将这一边塞戍城写得苍凉雄伟，孤高拔世，煞是壮观。诗人在《夏州胡常侍》中也对此地赞叹道："百尺高台勃勃州，大刀长戟汉诸侯。"寒城，指寒天的城池。《文选》卷三〇载谢朓《郡内登望》诗："寒城一以眺，平楚正苍然。"猎猎，指风声，又指旌旗在风中飘动之声。李太白《永王东巡歌》："雷鼓嘈嘈喧武昌，云旗猎猎过浔阳。"此处诗人故意将"戍旗"与"猎猎"顺序颠倒，以突出渲染夏州地势险绝、戟戈映日、戍垒森严之气氛。后句是写诗人登楼后的惆怅之情。危楼，谓高耸之楼。怅望，意指怅然怀想。杜甫《咏怀古迹》诗有："怅望千秋一洒泪，萧条异代不同时。"这两句叙写了诗人登楼时的见闻和怅望之情。这个见闻，是"猎猎戍旗"的"寒城"；这个怅望，是"独倚危（高）楼"的"怅望"，为下面进一步抒写惆怅情怀，抒发豪情壮志，作了有力的铺垫。

　　颔联赞美大唐万里山河，缅怀为国牺牲的英雄壮士。"万里山河唐土地"，这是诗人登楼后，居高临下，遥望眼前这大唐山河的赞叹之情。"千年魂魄晋英雄"，是抒写的怀古之情。此处历来为争战要地，为了国家的和平安宁，古往今来，有多少将士在此捐躯，他们都是晋朝的英雄。晋英雄，指晋刘琨，愍帝时任大将军，都督并、冀、幽三州诸军事，抗御刘渊割据势力的侵袭。晋室南渡，琨长期坚守并州，与石勒对抗，有志收复中原。后遭忌被杀，时人称琨"英雄失路"。品读此二句，应特别注意，诗人这里不仅抒发了对眼前大唐河山的热爱，也表达了对殉国将士忠魂的凭吊、慰勉、敬仰之情。其中，诗人采用了画面交错的表现手法。眼前景，是大好河山之画面，而想象之景是古代疆场争杀鏖战之画面，二画面交错相映，表现了诗人对大唐河山的珍爱和忠诚。

　　颈联则进一步抒写了诗人热爱边塞的缠绵之情。"离心不忍听边马，往事应须问塞鸿。"诗人到夏州是为游历饱览西北边塞的壮丽风光而来，原本无从军之意图。可他一到此地竟深深地爱上了这片热土，故云："离心不忍听边马。"边马，此指奔驰嘶鸣的战马。当听到鼓角齐鸣、战马长嘶之声，诗人在楼上扪心自问：这样壮观的场面，怎叫我忍心离去呢？塞鸿，相传汉苏武被拘于匈奴，曾借鸿雁传书；后又有唐王仙客苍头塞鸿传情的故事，因常以"塞鸿"指代信使。此句当是诗人以历史为镜，借汉苏武故事自勉，决心在边疆干一番事业。

"好脱儒冠从校尉，一枝长戟六钧弓。"这是诗人决心弃文就武、投笔从戎的豪情抒写，是此诗的精华所在。"好脱儒冠"，写得何等的豪爽！此处"好"字，有快、速意。诗人似乎已随手抛弃儒冠，换上了戎装。校尉，汉时军职之称，略次于将军。唐折冲府以三百人为团，团有校尉。"一枝长戟六钧弓"，写得更是飒爽英姿！此时的诗人，似乎已身着盔甲、手持长戟进入戍垒待命作战。"六钧弓"，《左传·定公八年》："颜高之弓六钧。""钧"，三十斤，六钧拉力达一百八十斤，可谓强弓矣！诗读至此，不禁使我们联想到初唐时杨炯"宁为百夫长，不作一书生"（《从军行》）的豪迈诗章，李贺"男儿何不带吴钩"（《南园十三首》其五）的壮怀诗句。以身报国的一腔赤胆，可谓炽烈炙人！同时写于夏州的另一首诗中，诗人也曾慷慨地吟咏道："国计已推肝胆许，家财不为子孙谋。"（《夏州胡常侍》）可见，热爱边塞，投笔从戎，献身边塞是此诗的主旋律，读之如闻深沉而高昂的战鼓，甚为激越感人。

此诗艺术上也颇值得称道。首先是意境壮阔，雄浑苍凉。如首句七字，即描绘出了地势孤绝、旌旗森严的戍城景象，给人以雄阔苍凉之感，可与"一片孤城万仞山"之意境媲美。另如，"万里山河""千年魂魄"，皆有气吞山河、雄视万古之意象，读之如在巨峰之巅阅沧桑变化，倍觉意气非凡。其次是格调高昂，壮怀激烈。此诗字里行间洋溢着诗人热爱国家、报效朝廷的豪情壮志。如尾联的神来之笔，诗人将弃文从武、投笔请缨的豪情写得活灵活现，鼓舞人心。再次是脉络清楚，步步深入。这是指诗人的表现手法高超。如首联渲染气氛恰到好处，颔联、颈联慨叹万里山河，缅怀殉国将士，以苏武精神自勉等，尾联则更明确地写出了"脱儒冠"、"从校尉"、把长戟、杀敌人的决心，可谓层层铺设，渐入佳境，引人入胜。清诗论家沈德潜在《唐诗别裁集》此诗末批注云："唐末昭谏诗，犹稜稜有骨。"（孙学士）

【原文】

水边偶题

野水无情去不回⁽¹⁾，水边花好为谁开？

只知事逐眼前去，不觉老从头上来。

穷似丘轲休叹息⁽²⁾，达如周召亦尘埃⁽³⁾。

思量此理何人会⁽⁴⁾，蒙邑先生最有才⁽⁵⁾。

【毛泽东圈评等情况】

毛泽东读罗隐《甲乙集》或《罗昭谏集》卷三时圈阅了这首诗。

[参考] 张贻玖：《毛泽东评点、圈阅的中国古典诗词》，

中国工人出版社 1992 年版，第 239 页。

【注释】

（1）去，《罗昭谏集》作"过"。

（2）丘轲，即孔子、孟子。孔子名丘，字仲尼，儒家之祖；孟子名轲，字子舆，战国中期儒家的代表人物。二人都不见用于当世。

（3）周召，周成王时，周公、召公共同辅政，史称"周召"。

（4）会，理会。

（5）蒙邑先生，即庄子（约公元前 369—前 286），名周，战国时哲学家，宋国蒙（今河南商丘东北）人，因称蒙叟、蒙庄。蒙，《甲乙集》作"家"。

【赏析】

这是一首七言律诗。所谓"偶题"者，盖为触景生情、偶有所得、借景抒情也。"水边偶题"者，临水有感即发而为吟也。《罗昭谏集》无"偶题"二字。

诗人于野外河边（自然不是游览胜地），看着河水滚滚向前、一去不回，忽然怜悯起岸边的鲜花来："水边花好为谁开"？如此娇艳美丽的鲜花

开给谁看呢？这里少有人至，河水又那么无情！野水一去不回，花好却自开自落，由此诗人联想到人生之旅，不免生发议论："只知事逐跟前去，不觉老从头上来。"日日、月月、年年，许许多多事情纷至沓来，目有所见，耳有所闻，但又都匆匆逝去，一如过眼云烟，而自己不知不觉鬓已染霜，人已经老了，时间过得可真快！光阴如流水，人生也如流水，一去不复回！因此，鲜花的不问有无欣赏，年年仍吐芬芳倒值得借鉴，人生也应洒脱一些，一切都不必过于认真，"穷似丘轲休叹息，达如周召亦尘埃。"古之圣贤那么多，于今又何在？丘轲，即孔子、孟子。孔子（前551—前479），名丘，字仲尼，鲁国陬邑（今山东曲阜）人，春秋末期思想家、政治家、教育家，儒家学派的创始者，他曾周游列国，宣传自己的政治主张，自称"如有用我者，吾其为东周乎？"终不见用，归鲁从事著书和讲学。孟子（前372—前289），名轲，字子舆，邹（今山东邹县东）人，战国时期政治家、思想家、教育家，是孔子后儒家的主要代表，也曾周游列国，不为诸侯所用，退而与弟子万章等著书立说。周召，周成王时，周公召公共同辅政，史称周召。周公，姓姬名旦，周文王子，辅助武王灭纣，封于鲁。武王死后，成王年幼，周公摄政。平武庚之乱，七年，建成周洛邑。周代的礼乐制度相传都是周公所制定。召（shào）公，姓姬名奭（shì），周的支族，周武王之臣（或为文王子），因封地在召，故称召公或召伯。成王时，与周公旦分陕而治。此联由颔联而来，是说即使像孔子孟子那么困顿也不必叹息，因为人终归要老要死的，显达如周召者，还不同样是化作了尘埃，与丘轲又有何区别？因此，贫亦不足悲，达亦不足喜，一切须应顺乎自然，贵得适志耳！

可是，这个极为普通的道理又有谁肯理会呢？"思量此理何人会"，言外之意是说，人们都在追名逐利，汲汲以求，古往今来有几个洒脱、通达者？细究之，只有"蒙邑先生最有才"。蒙邑先生，即庄子，庄子为蒙人，故又被称为蒙叟、蒙庄。庄子（约公元前369—前286）名周，战国哲学家，宋国蒙（今河南商丘东北）人，做过蒙地方的漆园吏。家贫，曾借粟于监河侯（官名），但拒绝了楚成王的厚币礼聘。他继承了老子道法自然的观点，主张齐物我、齐是非、齐生死、齐贵贱，幻想一种"天地与我并生，万物与我为一”的主观精神境界，从而安时处顺，逍遥自得。当然这种境界是不存在的。但诗人对此颇为赞同，在他看来，孔孟的叹息、周召的贵达都不如庄子的超脱，只有庄子的所作所为才值得肯定，也只有庄子才称得上是才干。这其实是诗人为残酷的社会现实所逼、失意落泊之时所形成的一种观点，他的“得即高歌失即休，多愁多恨亦悠悠。今朝有酒今朝醉，明日愁来明日愁”（《自遣》）等，都是带泪的无可奈何的吟唱，这些也应看作是对现实的抗议，只不过变变方式而已。

此诗缘物起兴，语言通俗而蕴藉颇深。通篇多为议论，论据精确而议理深刻。尤其颔联，古人论及此诗，特别提及：“罗隐诗云：‘只知事逐眼前过，不觉老从头上来。’此诗殊有味。”（《许彦周诗话》）盖其味就在于诗人善于化平常为神奇，于人们司空见惯的寻常事物中归纳出高人一筹的道理，达意深婉，令人思之而后得，不愧大家手笔。（韩爱平）

【原文】

商於驿楼东望有感

山川去接汉江东，曾伴隋侯醉此中[1]。

歌绕夜梁珠宛转[2]，舞娇春席雪朦胧。

《棠》遗善政阴犹在[3]，《薤》送哀声事已空[4]。

惆怅知音竟难得，两行清泪白杨风[5]。

【毛泽东圈评等情况】

毛泽东读罗隐《甲乙集》或《罗昭谏集》卷三时圈阅了这首诗。

[参考]张贻玖：《毛泽东评点、圈阅的中国古典诗词》，

中国工人出版社1992年版，第240页。

【注释】

（1）隋侯，汉东之国，姬姓诸侯也。传说隋侯见大蛇伤断，用药敷治，蛇伤愈后从江中衔来大珍珠以报恩（见《淮南子·览冥训》）。此以隋

侯借指随州李侍郎。

（2）歌绕夜梁，传说韩娥过雍门卖唱寄食，歌声的余音绕梁三日，经久不绝（见《列子·汤问》）。此用以形容歌舞席上歌声婉转动听。

（3）《棠》遗善政，见《史记·召燕世家》。此借以称颂已故李侍郎留有政绩。阴，同"荫"。

（4）《薤》（xiè），即《薤露》，为送殡的挽歌。意在感叹人生短促，有如薤（植物名）叶上的露水，转瞬即干。

（5）白杨风，树名，又名毛白杨，俗称大叶杨。晋陶潜《挽歌诗》："荒草何茫茫，白杨亦萧萧。"此用以表达作者对李侍郎的哀挽之情。

【赏析】

商於，古地区名，在今河南淅川西南。公元前313年，秦国遣张仪诱使楚怀王与齐国绝交，诈以割让商於之地六百里，即此。商於驿楼应为位于豫、陕、鄂三省交界处荆紫关，为三省重要通道，重要商埠。据作者另一首诗《重过随州忆故兵部李侍郎恩知因抒长句》可知，当距随州（今湖北随州）不远。此诗为怀念李侍郎而作。李侍郎，名未详，曾有恩于作者。

这是一首七律。"山川去接汉江东，曾伴隋侯醉此中。"首联描写兼叙事。首句写诗人立于商於驿楼东望所见。荆紫关下有滔河，下游即是丹江，丹江南去至今湖北丹江与汉江会合，所以说"去接汉江东"。诗人看到此景，便回忆起隋侯（即李侍郎，李为随州人）从前曾与诗人在此驿楼饮酒大醉。

"歌绕夜梁珠宛转，舞娇春席雪朦胧。"颔联写二人当时醉饮时歌舞之感。上句用典，《列子·汤问》："昔韩娥东之齐，匮粮，过雍门，鬻歌假食。既去，而余音绕梁，三日不绝。"歌绕夜梁，比喻歌声高亢回旋，久久不息。下句描写，说在初春雪夜之时美人的舞蹈婀娜多姿。以上四句回忆诗人与李侍郎过去在驿楼欢饮的情况，至今还快意非常。

可是现在物是人非，风光不再。所以作者接着写道："《棠》遗善政阴犹在，《薤》送哀声事已空。"颈联用典，追忆李侍郎的"善政"并致悼意。《甘》即《诗经·召南·甘棠》。典出《史记·燕召公世家》："周武王之灭纣，封召公于北燕……召公巡行乡邑，有棠树，决狱政事其下，自侯伯至庶人各得其所，无失职者。召公卒，而民人思召公之政，怀棠树不敢伐，歌咏之，作《甘棠》之诗。"后遂以"甘棠"称颂循吏的善政和遗爱。这里是以李侍郎比召公，歌赞其善政。《薤》，即《薤露》，乐府《相和曲》名，是古代的挽歌。典出战国楚宋玉《对楚王问》："其为《阳阿》《薤露》，国中属而和者数百人。"晋崔豹《古今注》卷中："《薤露》《蒿里》，并丧歌也。出田横门人，横自杀，门人伤之，为之悲歌。言人命如薤上之露，易晞灭也，亦谓人民，魂魄归乎蒿里……至孝武中，李延年分为二曲，《薤露》送王公贵人，《蒿里》送士大夫庶人，使挽柩者歌之，世呼为挽歌。"这句说挽歌《薤露》送走了李侍郎，万事成空。

"惆怅知音竟难得，两行清泪白杨风。"末联抒情，感慨知音难得，悼念李侍郎。二句亦是用典。知音，典出《列子·汤问》："伯牙善鼓琴，钟子期善听琴。伯牙琴音志在高山，子期说：'峨峨兮若泰山'；琴音意在流水，子期说：'洋洋兮若江河。'伯牙所念，钟子期必得之。"后世遂以知音比喻知己、同志。诗人视李侍郎为"四海"可共"言近事"的知音。可见两人志同道合，这样的朋友当然不易得到，而失去这样一位挚友，就难怪"两行清泪白杨风"了，沉痛悼念之情跃然纸上。（毕桂发）

【原文】

谒文宣王庙

晚来乘兴谒先师[1]，松柏凄凄人不知。

九仞萧墙堆瓦砾[2]，三间茅殿走狐狸。

雨淋状似悲麟泣[3]，露滴还同叹凤悲[4]。

倘使小儒名稍立[5]，岂教吾道受栖迟[6]。

【毛泽东圈评等情况】

毛泽东读罗隐《甲乙集》或《罗昭谏集》卷三时圈阅了这首诗。

[参考] 张贻玖：《毛泽东评点、圈阅的中国古典诗词》，

中国工人出版社1992年版，第239页。

【注释】

（1）先师，前辈老师，此指孔子。

（2）仞，七尺为仞，九仞，极言其高。《论语·子张》："夫子之墙数仞。"萧墙，古代宫室内作为屏障之墙。《论语·季氏》："吾恐季孙忧，不在须臾，而在萧墙之内也。"郑玄注："萧之言肃也，墙谓屏也。君臣相见之礼，至屏而加肃敬焉，是以谓之萧墙。"

（3）叹凤悲，《论语·子罕》："子曰：'凤鸟不至，河不出图，吾已矣夫！'"意谓生不逢时。

（4）麟泣，孔子见仁兽麒麟在西狩时被获，想及自己的政治主张不得实现，因而流泪悲歌："唐虞世兮麟凤游，今非其时来何求？麟兮麟兮我心忧。"（见《孔丛子·记问》）后遂以麟泣、凤悲等感叹生不逢时。此用以悲叹儒学被冷落。

（5）小儒，作者自称。

（6）吾道，即儒教。

【赏析】

此乃针砭时弊之作。晚唐社会，政治腐败，社会动乱，佛教道教盛行，到处广修寺院、道观。和尚道士不必劳动而受十方供奉，生活要比一般人民富裕得多。所以，男女人众都争着出家；而儒教衰歇，社会不重知识，不重人才，特别是像诗人这样的中下层知识分子，更是遭遇坎坷。很多孔庙断了香火，破败不堪，对此，诗人痛心疾首，于是写下《谒文宣王庙》并《代文宣王答》二诗，以抒愤慨。

文宣王，即孔子。自汉以后，孔子学说成为封建文化的正统，影响极大。封建统治者一直把他尊为"圣人"，历代均有封号。唐玄宗开元二十七

年（739）追谥为"文宣王"。而"文宣王庙"即孔庙（奉祀孔子的庙），各地都有，尤以孔子故里山东曲阜的孔庙规模为最大。这里诗人所谒之庙并不是曲阜孔庙。

由于孔子学说为封建文化的正统，所以历代读书人都以"小儒"自称，而奉孔子为先师，罗隐也不例外。所以诗一开始便写道："晚来乘兴谒先师"，说明他是兴致勃勃去拜谒孔子的。可是"先师"所在地是什么样子呢？"松柏凄凄人不知"。只有松树柏树悲伤、凄苦地立在风雨之中而少有人迹。近前观之，更是惨不忍睹："九仞萧墙堆瓦砾，三间茅殿走狐狸。雨淋状似悲麟泣，露滴还同叹凤悲。"四句两联，两两对仗，严整工稳，极写庙之破败、荒凉，虽不无夸张，但更见出诗人的愤激。高高的萧墙（门屏）里面，都堆有破砖烂瓦，而覆之以茅且只有三间的庙殿倒成了野兽出没的场所。"悲麟"，言夫子道穷，事见《春秋》哀公十四年"西狩获麟"。《公羊传》："孔子曰：吾道穷矣。""叹凤"，伤不遇时，事见《论语·子罕》："子曰：'凤鸟不至，河不出图，吾已矣夫。'"此四句绘景抒情紧密结合，有实写，有想象，虚实相生，情景交融。第四句"茅殿"一词，极具讽刺意味：覆之以茅且只有三间却以"殿"名之，这是含泪的幽默！而麟、凤典故的运用，更表达了诗人极其复杂的思想感情，丰富了诗的内涵。麟泣、凤悲，形象生动，与诗的凄凉气氛和谐统一，更增强了诗的艺术效果。

所以，诗人最后直抒怀抱："倘使小儒名稍立，岂教吾道受栖迟。"意思是说，如果自己稍稍有些名位，就不会让儒教、先师受冷落如此。诗人自称"小儒"，并称儒教为"吾道"，在儒教衰歇之时，他怎么可能立身扬名呢？所以，他的"倘使"只能是"倘使"而已，聊以自慰，也慰先师，不啻于自欺欺人，如此而已，徒唤奈何！诗以此作结，沉痛至极。

此诗八句，欲抑先扬，除第一句外，都是悲切之语，乘兴而来沉痛而返，字里行间充满了悲愤、痛惜之情。诗人感时伤世，更是自伤，读之令人伤情。（韩爱平）

【原文】

代文宣王答

三教之中儒最尊⁽¹⁾，止戈为武武尊文。

吾今尚自披蓑笠，你等何须读典坟⁽²⁾。

释氏宝楼侵碧汉⁽³⁾，道家宫殿拂青云。

若教颜闵英灵在⁽⁴⁾，终不羞他李老君⁽⁵⁾。

【毛泽东圈评等情况】

毛泽东读罗隐《甲乙集》或《罗昭谏集》卷三时圈阅了这首诗。

[参考] 张贻玖：《毛泽东评点、圈阅的中国古典诗词》，

中国工人出版社 1992 年版，第 239 页。

【注释】

（1）三教，即儒教、道教、佛教。《北史·周本纪下》："十二月癸巳，集群官及沙门道士等，帝升高座，辨三教先后，以儒教为先，道教次之，佛教为后。"

（2）典坟，《五典》《三坟》的省称。《五典》指少昊、颛顼、高辛、尧、舜五帝之书，《三坟》指伏羲、神农、黄帝三皇之书。后世用来泛指各种古代文籍。你，《罗昭谏集》作"尔"。

（3）释氏，即佛教的始祖释迦牟尼。碧汉，指天河。

（4）颜闵，指孔子弟子颜渊、闵损（子骞）。二人贫而不仕，在孔门皆以德行著称。颜渊还被后世儒家尊为"复圣"。

（5）李老君，即道家创始人老子。老子姓李名耳，故谓之李老君或太上老君。《后汉书·孔融传》："融（谓李膺）曰：'然。先君孔子与君先人李老君同德比义，而相师友。'"

【赏析】

此诗当与《谒文宣王庙》作于同时。《谒文宣王庙》之后，诗人言犹未尽，就请出孔子作答。此诗针对现实、痛切时弊、语多激愤，并用反语

诘问，较之《谒文宣王庙》诗，更具批判精神。向以谦恭、敦厚著称的孔子，说出如许话来，也实在是气极、恨极了。

这是一首七言律诗。诗的首联是平缓的："三教之中儒最尊，止戈为武武尊文。"这是讲历史，不无自豪。"三教"，即儒教、道教、佛教。自东汉佛教传入我国后，就与儒、道并称。但三教之中，以儒为最尊。《北史·周本纪下》："帝升高座，辨三教先后，以儒教为先，道教次之，佛教为后。"儒教政治思想的核心是"仁"，"仁者爱人"，"武"字本身就是止、戈二字合成，本义也就是要"止戈"，也就是不要战争，要"文"，以德教化天下，所以"武"也尊"文"，也就是说，天下都尊奉儒教，奉之为封建文化的正统。作为儒教的创始人，孔子被历代帝王尊崇，"文宣王"的封号就是唐玄宗追谥的，对此，孔子当然引为自豪！

可是如今怎么样呢？离唐玄宗时代不过才一百多年，孔子却被冷落了："吾今尚且披蓑笠，你等何须读典坟。"颔联中的"典坟"，即《五典》《三坟》。《五典》是指少昊、颛顼、高辛、唐尧、虞舜五帝之书，《三坟》是指伏羲、神农、黄帝三皇之书，后世用来泛指古代文籍。此二句由过去回到眼前，以前的繁盛与今天的破败形成鲜明对照，即使是圣人也不得不怨声载道：看看这庙破像毁，香火已断，我的下场尚且如此，你们还读什么圣贤书啊！这其实是反语，无可奈何之语，也是与世抗争之语。作为教育家的孔子，他曾首创私人教学，号称弟子三千、贤者七十，他怎么能说"不须读书"呢？无比愤慨力透纸背，见于言外！

儒教被冷落至此，原因何在？颈联"释氏宝楼侵碧汉，道家宫殿拂青云。"原来如此！"释氏"即佛教的始祖释迦牟尼。佛教、道教的宝楼、宫殿高入云霄，香火之盛可以想见。众人都争着信佛入道，谁还会"光顾"这"三间茅殿"（《谒文宣王庙》）？此两句和三四句形成鲜明对照：本来在先的儒教备受冷落，在后的佛教、道教却如此盛行、风兴，孔子怎不愤怒！这才是"何须读典坟"的真正原因，何必读呢？只要入道、入佛就什么都有了。当时的寺院、道观一个比一个规模大，和尚、道士不必劳动而受十方供养；如诗人者，学富五车，却"十不上第"，生活无着，读书何用！

世风如此,何以补救?尾联"若教颜闵英灵在,终不羞他李老君。""颜闵",即孔子的得意门生颜渊和闵子骞。二人好学,乐道安贫,在孔门中皆以德行著称,颜渊还被后世儒家尊为"复圣"。李老君,即道家创始人老子。老子姓李名耳,故谓之李老君。这最后两句是说,若是颜闵英灵再世,儒教绝不会如此衰歇、绝不会被佛道所羞辱!这实际上也是自慰、自欺之语。社会动乱,政治腐败,即使颜闵再生,也于事无补。

此诗写法上很有特色,主要就是对比手法的妙用,既有纵比,又有横比:额联既与首联形成纵比,又与颈联形成横比,正是在这纵横鲜明的对比中,诗的主题思想得到深刻阐发,具有极强的讽刺批判力量。(韩爱平)

【原文】

炀帝陵

入郭登桥出郭船,红楼日日柳年年[(1)]。

君王忍把平陈业[(2)],只换雷塘数亩田。

【毛泽东圈评等情况】

毛泽东读罗隐《甲乙集》或《罗昭谏集》卷三时圈阅了这首诗。

[参考] 张贻玖:《毛泽东评点、圈阅的中国古典诗词》,

中国工人出版社 1992 年版,第 239 页。

【注释】

(1)红楼,红色的楼,泛指华丽的楼房。此指炀帝为淫乐所建造的宫殿。柳,指隋堤之柳。

(2)平陈业,指隋炀帝父子灭陈而平定江南、统一中国的大业。

【赏析】

罗昭谏"诗文凡以讥刺为主,虽荒祠木偶,莫能免也。"(《唐才子传》卷九)隋炀帝杨广是历史上有名的无道昏君,面对他的坟墓,诗人绝不会放过对他的嘲讽，于是写下了此诗。

炀帝始葬吴公台下，即今江苏扬州北。唐武德五年，改葬隋炀帝于雷陂南平岗上。杜牧《扬州》诗云："炀帝雷塘土，迷藏有旧楼。"雷塘又名雷陂，位于今扬州江都区北。

隋炀帝，名杨广，弘农华阴（今陕西华阴）人，隋文帝杨坚次子。先封晋王，后以阴谋废太子勇，仁寿四年（604）弑父自立。在位14年，对外用兵，广兴土木，营造东都洛阳，修建西苑，开掘运河，修筑长城，建造离宫40余座，荒淫暴虐，赋重役繁，民不堪命。各地农民起义，前后相接。大业十二年（616）南巡江都，无意北归，十四年被禁军将领宇文化及等缢杀。

罗隐这首七言绝句题为《炀帝陵》，却又不从"陵"写起，而是描绘了炀帝生前的一个具体生活画面："入郭登桥出郭船。""郭"，指外城，此句是说炀帝出入不是登桥便是坐船，见出桥之多、河之多，而这都是他即位后为了游乐方便而修造、开掘的。他曾三次游幸江都。第一次在大业元年（605），动用各种豪华船只"数千艘"，"舳舻相接二百余里"，"共用挽船士（纤夫）八万余人"（《资治通鉴》卷一八〇）。如此兴师动众、劳民伤财，比之秦始皇有过之而无不及，而这还是在他即位之初。其后的两次巡游更是变本加厉，规模、场面更大。这里诗人以其高度的概括力，仅用七个字就揭露了炀帝不顾人民死活，修桥开河，专事享乐的罪恶行径。

第二句紧承上句而来："红楼日日柳年年。""红楼"泛指华丽的楼房，这里当指炀帝为淫乐所造的宫殿；"柳"应指隋堤之柳，唐白居易《隋堤柳》诗云："隋堤柳，岁久年深尽衰朽，风飘飘兮雨潇潇，三株两株汴河口。……大业年中炀天子，种柳成行夹流水，西自黄河东至淮，绿影一千三百里。"千里绿色长廊，遮天蔽日，乘船游乐其间，真是"超水平"的享受！在享乐方面，杨广真是"术业有专攻"！"桥""船""红楼""绿柳"，这四件专供炀帝寻欢作乐的典型事物被依次点出，一个沉湎酒色、荒淫无道的暴君形象便跃然纸上。他的亡国，他的死于非命则是历史必然。所以诗的后两句的吟出顺理成章："君王忍把平陈业，只换雷塘数亩田。""平陈业"指的是炀帝的父亲文帝灭陈而平定江南，统一了中国。文帝在位 24 年，躬耕节俭，平徭赋，仓廪实，法令行。炀帝弑父自立，当了太平皇帝，却不承父业，暴虐无道，蹂躏百姓，以致亡国丧命，只换来雷塘荒土一堆，那桥、那船、那红楼、那绿柳，一切的一切全都换了主人，炀帝怎忍心？可诗人偏用"忍把"，这"忍把"二字颇具讽刺意味，把炀帝的无可奈何写了出来。更说明了多行不义必自毙，他的下场是罪有应得。

此诗四句，述事直切而下语通俗，对炀帝的揭露、批判一针见血；讥刺、嘲讽毫不留情，这可以说是诗人所有讽刺诗的共同特点，此诗尤其突出，当和《始皇陵》视为同调。（韩爱平）

【原文】

马嵬坡

佛屋前头野草春，贵妃香骨此为尘。

从来绝色知难得⁽¹⁾，不破中原未是人⁽²⁾。

【毛泽东圈评等情况】

毛泽东读罗隐《甲乙集》或《罗昭谏集》卷三时圈阅了这首诗。

[参考]张贻玖：《毛泽东评点、圈阅的中国古典诗词》，

中国工人出版社 1992 年版，第 239 页。

【注释】

（1）绝色，指极其美丽的女子容色，亦借指绝顶美貌的女子。晋王嘉《拾遗记·吴》："（孙亮）常与爱姬四人，皆振古绝色。"此指杨贵妃。

（2）中原，地区名。广义指整个黄河流域，狭义指今河南一带，泛指称中国。

【赏析】

马嵬坡即马嵬驿，在今陕西兴平西。唐玄宗天宝十五年（756）六月，安禄山叛军攻破潼关，危及长安，玄宗仓皇出逃。经过马嵬坡时，禁军将

士因怨愤而哗变，自行处死奸相杨国忠，并要求玄宗处死杨贵妃。玄宗不忍割爱但又欲救不得，为了"皇帝"的安危，只好赐贵妃死。贵妃死后，就草草葬在马嵬坡，这就是历史上有名的"马嵬事变"。马嵬坡也因此而知名。历来咏马嵬坡的诗很多，罗隐则有高人一筹的见识。

"佛屋前头野草春，贵妃香骨此为尘。"诗人缓缓起笔，先描写马嵬坡的景色：正值春暖花开时节，这里却是荒草一片；可这里又是一代美人的死葬之地——贵妃娘娘于此香消玉碎，化为尘埃，年年月月只有这"佛尾""野草"为伴，好不凄凉！抚今追昔，诗人能不感慨万端！

"从来绝色知难得"，模拟玄宗口吻，如异峰突起，包容了无比丰富的内容，是忏悔、是惋惜，是……杨贵妃名玉环，本是寿王李瑁的妃子、玄宗的儿媳妇。玄宗看中了她，便先让她当了女道士，后封为贵妃。这时的贵妃 27 岁，而唐玄宗已 60 岁了。变儿媳为妃子，也实在是"难得"。也正因为"难得"，所以玄宗高兴极了，曾对宫人说："我得到杨贵妃，如获至宝。"于是专门制了乐曲《得宝子》，便和贵妃"芙蓉帐暖度春宵，春宵苦短日高起，从此君王不早朝。承欢侍宴无闲暇，春从春游夜专夜"（唐白居易《长恨歌》）。玄宗迷恋贵妃，荒淫无度，专事玩乐，不问政事。他自认为有国舅杨国忠处理朝政、干儿子安禄山（安禄山自请为贵妃干儿子）镇守重镇，自己乐得做太平天子，安享清福，万没想到安禄山会反叛，会破中原；更想不到中原破了会危及贵妃！原来只把她当作一个"绝色"、一个"尤物"，没想到关键时刻她却"成"了"人"，身家性命竟系于她一身！为了自己的性命，玄宗只好忍痛割爱，贵妃不得不替皇帝就死而谢天下，"不破中原未是人"，一语中的！想不到这一死却成全了她，不仅"名声大振"，而且又因为她是个"替罪羊"，倒博得了人们的同情："今日不关妃妾事，始知辜负马嵬人。"（唐韦庄《立春日作》）"此日六军同驻马，当时七夕笑牵牛。"（唐李商隐《马嵬》）明知绝色难得，当初还曾密誓相约世世为夫妇，但到头来却亲自赐死："如何四纪为天子，不及卢家有莫愁。"（唐李商隐《马嵬》）这些诗深刻揭露了玄宗的自私、虚伪本性，而对贵妃的冤死则深表同情。但相比之下，罗隐的表达确是棋高一着。

诗人同情贵妃，批判锋芒直指最高统治者，这是诗人的一贯思想。在《华清宫》里他让玄宗"自我开脱"："争奈杨妃解笑何"；在《帝幸蜀》里，他又让玄宗现身说法："这回休更怨杨妃"。怨谁呢？当然是怨皇帝自己！敢于对最高统治者如此揭露、批判、讥刺、嘲讽，正表现了诗人的刚正、无畏，这是他的咏史诗能够高人一筹的根本原因。（韩爱平）

【原文】

柳

灞岸晴来送别频⁽¹⁾，相偎相倚不胜春。
自家飞絮犹无定⁽²⁾，争把垂丝绊得人⁽³⁾？

【毛泽东圈评等情况】

毛泽东读清沈德潜《唐诗别裁集》卷二十时圈阅了这首诗。

[参考] 张贻玖：《毛泽东评点、圈阅的中国古典诗词》，
中国工人出版社 1992 年版，第 238 页。

【注释】

（1）灞，水名，渭河支流。在陕西中部，流经西安东，过灞桥北流入渭河。跨灞水作桥称灞桥。古人送客至此，常折柳赠别。

（2）飞絮，飘飞的柳絮，比喻娼女不能掌握自己的命运。

（3）争，怎。路人，指狎客。此句《罗昭谏集》作"争把长条绊得人"，《才调集》作"争解垂丝绊得人"，《甲乙集》作"争解垂丝绊路人"。

【赏析】

宋阮阅辑《诗话总龟》前集卷二一据《续本事诗》录此诗作顾云诗，误。这首七言绝句题面吟咏春柳，骨里却唱叹离别。通篇用赋，托物比兴，通过叙写春柳的形象，活灵活现地描绘了娼妓送别狎客的情景。

首句即景兴起，赋而兴，以送别带出柳：晴和的春日，灞水桥边，一

批又一批的离人折柳送别。次句写柳条依拂，相偎相倚，比喻显豁，又兴起后两句的感慨。"相偎相倚"，写出春风中垂柳的婀娜姿态，更使人想见青年男女临别时亲昵难舍的情景。他们别情依依，不胜春意缠绵，然而他们不像亲友，更不类夫妻，似乎是热恋的情侣，还仿佛彼此明白别后再无相会之期，要享尽这临别前的每一刻春光。明眼人一看便知，这是娼女送别相好的客人。

后二句，感慨飞絮无定和柳条缠人，赋柳而喻人，点出暮春季节，点破送别双方的身份。诗人以"飞絮无定"暗喻这娼女自身命运归宿都掌握不了，又以"垂丝绊路人"，指出她们不能、也不懂得那些过路客人的心情，用缠绵的情丝是留不住的，"争"通"怎"。末句，《文苑英华》卷三二三载此诗作"争把长条绊得人"，语意略同，更直截地点出她们是青楼娼女。

总起来说，诗意是在调侃这些身不由己的娼女，可怜她们徒然卖弄风情。诗人的态度是同情而委婉的，同时还有一种无可名状的叹喟写在其中。

在唐代，士子和娼女是繁华都市中两个比较活跃的阶层。尽管他们之间的等级地位迥别，却有种种联系和许多韵事，更有某种共同命运和类似的遭遇。《琵琶行》里那位"老大嫁作商人妇"的长安名妓和身为"江州司马"的长安才子白居易，有着"同是天涯沦落人"的类似遭遇和命运。诗人在有意无意嘲弄他人邂逅离别之中，也流露了一种自我解嘲的苦涩情调。诗人虽然感慨娼女身不由己，但他也懂得自己的命运同样不由自主。诗人在抒写那飞絮无定、柳丝缠人的意象中，寄托的不只是娼女的命运遭遇，也包括诗人在内的所有"天涯沦落人"的不幸，可谓是对人生甘苦的深沉的咏叹调。

这首诗字字写柳，而字字喻人，笔到意随，表情生动。赋柳，喻人，描写，议论，抒情，读之兴味悠然无穷，表现出诗人高妙的艺术才能。

（孙学士）

【原文】

隋堤柳

夹路依依千里遥⁽¹⁾，路人回首认隋朝。

春风未惜宣华意⁽²⁾，犹费工夫长绿条。

【毛泽东圈评等情况】

毛泽东读罗隐《甲乙集》或《罗昭谏集》卷三时圈阅了这首诗。

[参考] 张贻玖：《毛泽东评点、圈阅的中国古典诗词》，中国工人出版社 1992 年版，第 239 页。

【注释】

（1）岸，一本作"路"。千，一本作"十"。依依，轻柔披拂之状。《诗经·小雅·采薇》："昔我往矣，杨柳依依；今我来思，雨雪霏霏。"

（2）宣华，为陈宣帝女，姿貌绝美，隋文帝召为宫嫔，封为宣华夫人。炀帝继位，又召入宫，岁余而终。

【赏析】

此为凭吊古迹之作。

据《隋书》记载：隋炀帝大业元年（605），开掘名为通济渠的大运河，自洛阳西苑引谷、洛二水入黄河；自板渚（古津渡名，在今河南荥阳汜水东北黄河侧）引黄河入汴水，经泗水达黄河；又开邗（hán）沟（古运河名，春秋时吴王夫差开凿），自山阳（江苏淮安）至扬子（江苏仪征）入长江。通济渠广四十步，两岸都筑御道，并种柳树，是为隋堤柳。中唐大诗人白居易曾咏过此柳："大业年中炀天子，种柳成行夹流水。西自黄河东至淮，绿影一千三百里。大业年中春暮月，柳色如烟絮如雪。南幸江都（即扬州）恣佚游，应将此柳系龙舟。紫髯郎将护锦缆，青娥御史直迷楼。海内财力此时竭，舟中歌舞何日休？"（《隋堤柳》）由此可见，炀帝开渠种柳完全是为了游乐、享受；炀帝当年游乐之盛、运河两岸的繁华景象由此可见一斑。炀帝生前曾三次游幸江都，一次比一次规模大，"舳舻千里泛归舟，言旋旧镇下扬州"（杨广《泛龙舟》）。隋堤柳，作为历史的见证，曾目睹了当年的盛况，也曾风光过。可是隋亡以后，特别至于中晚唐，"隋堤柳，岁久年深尽衰朽。风飘飘兮雨萧萧，三株两株汴河口"（白居易《隋堤柳》），往昔的繁华已不复见。因此，罗隐起笔便写道："夹岸依依千里遥，路人回首认隋朝。"千里长堤之上，柳树夹岸，依依不舍，这不是隋炀帝种下的柳树吗？"认隋朝"三字言简而意丰：隋朝已成为历史，看到这柳树，人们才会想到它，而隋朝之灭亡，又和这柳树有关："后王何以鉴前王？请看隋堤亡国树！"（白居易《隋堤柳》）看到隋堤之柳树，人们便会想到隋炀帝的游幸，他的荒淫暴虐、他的奢侈腐化以及他的不可避免的灭亡……物是人非，今人孰可鉴也！

　　"春风未惜宣华意，犹费工夫长绿条。"三、四句紧承一、二句而来，继续发出感慨。据《隋书》记载：宣华夫人为陈宣帝女，姿貌无双，隋文帝召为宫嫔，后封宣华夫人。炀帝继位又召入宫，岁余而终，为制《神伤赋》。诗人举出宣华夫人这个与有隋两代皇帝关系密切的绝代佳人，举斑窥豹，具有典型意义。想当年，春风曾为隋炀帝及其嫔妃吹绿了柳条，以助他们的游兴，如今隋朝早已灭亡，而隋之灭亡，宣华夫人们肯定无比痛惜，可春风却并不怜惜，不管不顾，冬去春来，仍遣柳条青！看着长长的、随风摆动的柳条，诗人借物寄慨在所必然。"梁苑隋堤事已空，万条犹舞旧春风。"（唐韩琮《咏柳》）炀帝何在？龙舟何在？皇帝的威风何在？统统成了过眼云烟，还不及这柔柔的柳条！不尽之意，见于言外，令人深长思之。

　　此诗以景语起，又以景语结。诗人写来似不经意，但细细品味，却味之无穷：堂堂一个朝代，只能从柔柔的柳树上去追忆，庶可悲也！诗人托物寓意，寄慨遥深。当朝的统治者若能从"亡国树"上得到些启发，就不致重蹈隋亡复辙，诗人用心可谓良苦。（韩爱平）

【原文】

孟浩然墓

数步荒榛接旧蹊，寒江漠漠草萋萋⁽¹⁾。

鹿门黄土无多少⁽²⁾，恰到书生冢便低⁽³⁾。

【毛泽东圈评等情况】

毛泽东读罗隐《甲乙集》或《罗昭谏集》卷三时圈阅了这首诗。

[参考] 张贻玖：《毛泽东评点、圈阅的中国古典诗词》，

中国工人出版社 1992 年版，第 239 页。

【注释】

（1）漠漠，迷蒙之状。汉王逸《九思·疾世》："时眒眒兮旦旦，尘漠漠兮未晞。"萋萋，茂盛之状。一作"凄凄"。草，《罗昭谏集》作"雨"。

（2）鹿门，即鹿门山，在今湖北襄阳东南。原名苏岭山。汉建武中，襄阳侯习郁立神庙于山，刻二石鹿，夹神道口，称鹿门庙，因以名山。孟浩然曾隐居于此。无多少，不多。

（3）书生，指孟浩然。书，一本作"先"。冢，坟墓。

【赏析】

此乃怀古伤情之作，为七言绝句。

孟浩然，襄州襄阳（今属湖北）人。早年隐居家乡鹿门山，读书作诗，漫游吴越。年四十，游长安，应进士不第。张九龄镇荆州，引为从事，后病疽而卒。他是盛唐时期著名的山水诗人，诗与王维齐名，世称"王孟"。诗仙李白曾有诗赞美他："吾爱孟夫子，风流天下闻。红颜弃轩冕，白首卧松云。醉月频中圣，迷花不事君。高山安可抑，徒比揖清芬。"（《赠孟浩然》）可以想见李白对孟浩然的仰慕。只是这首诗只说中了孟浩然思想的一个方面，其实孟浩然也有用世之心，因为得不到仕进的机会也曾苦恼过，

并常常因'仕进'和"退隐"的矛盾而苦闷，这一点和罗隐十分相似。正因为身世的相仿、思想的相近、遭遇的相似，所以罗隐过孟浩然墓，凭吊抒怀，以寄哀思，就是十分自然的了，也可以说是同病相怜吧。

"数步荒榛接旧蹊，寒郊漠漠草萋萋。"榛，指丛生的荆棘。蹊，小路。诗人在荆棘丛生的荒郊野外，于野草丛中辨识着旧时的小路，满目荒芜，野草也为之叹息。这是怎样一种景象啊！路小而且旧，足见人迹罕至。这就是一代著名诗人的墓地吗？诗人生前虽不曾宦达，但风流倜傥，名满天下，身后却被冷落如此，怎能不令人痛心疾首！作者义愤填膺，接下来几近大声疾呼！

"鹿门黄土无多少，恰到书生冢便低。"鹿门黄土是不多，可为什么偏偏就少了书生坟上的土呢？反诘有力！原来"黄土无多"只不过是反语、愤激语，一个"恰"字便给予全盘否定。冢之高低和黄土的多少并没有内在联系。"书生冢低"并不是黄土无多，而是人情使然，那些达官贵人的坟墓绝不会如此"低"！世态炎凉，诗人早已参透，孟夫子的现在，便是自己的将来，而且只会更糟。诗人为孟夫子而愤慨、而伤感，又何尝不是自伤！这不平之鸣其实是所有不得志文人的共鸣！

鹿门山也算是名胜古迹，在湖北襄阳境内，原名苏岭山。汉建武中，襄阳侯习郁立神庙于山，刻二石鹿，夹神道口，称鹿门庙，因以名山。汉末庞德公携妻登鹿门山，采药未返。孟夫子生前隐居于此，死后又葬于此，也算"葬得其所"。但是，葬于名胜，墓地仍如此寥落荒凉，书生之不被世重由此可见一斑。而政治腐败、社会动乱、世风不古便是这种现象的直接根源，罗隐有着切肤之痛！看眼前，想身后，只有长歌当哭，伤古人，也自伤！

此诗前两句主要是绘景，写得悲凉凄清，荒芜寥落，极力渲染气氛，为后二句蓄势，以致势满情溢；后二句似水到渠成，议论兼抒情，感慨淋漓，笔力沉痛健举。联系诗人以及墓主人身世细读之，令人思之无穷、味之不已。（韩爱平）

【原文】

秦 纪

长策东鞭极海隅(1)，鼋鼍奔走鬼神趋(2)。

怜君未到沙丘日(3)，肯信人间有死无(4)？

【毛泽东圈评等情况】

毛泽东对此诗前两句加了曲线，后两句加了密圈。

[参考] 张贻玖：《毛泽东评点、圈阅的中国古典诗词》，

中国工人出版社 1992 年版，第 157 页。

【注释】

（1）长策东鞭，秦始皇三十七年（前210），为求长生不老之药，听信方士之言，御驾亲征，直至海滨。作石桥，欲渡海，看日出处，时有神人，驱石下海，石去不速，神辄鞭之，皆流血。极，《全唐诗》作"及"。

（2）鼋（yuán），大鳖；鼍（tuó），即鼍龙。传说周穆王大起九师，东之于九江，叱鼋鼍以为桥梁，遂伐越（《竹书纪年》）。后世诗文中用以指帝王行驾之盛。此以"鼋鼍""鬼神"指大大小小的官僚贵族为求神药，趋之若鹜。

（3）君，指秦始皇。沙丘，在今河北广宗西北大平台。三十七年七月，秦始皇没求到神药，病死在沙丘平台。

（4）肯信，怎肯相信。

【赏析】

《秦纪》即《史记·秦始皇本纪》的简称。诗人读史，愤而有感，发而为吟，对秦始皇听信方士之言，不得而死所作了尖锐的嘲讽。

据《史记·秦始皇本纪》载：秦始皇，名嬴政，秦庄襄王之子，即位时年仅十三岁，吕不韦和太后宠信的宦官嫪毐（lào ǎi）专权用事。九年，杀嫪毐，迁太后于雍，废吕不韦，自亲政。先后灭六国，建立了中国历史

上第一个中央集权的封建国家，称始皇帝。分全国为三十六郡，统一法度，车同轨，书同文；修筑长城，开辟驰道，听信方士之官，拜神求药，数度巡幸，侈修宫室，以供游观，卒于求药途中。秦始皇对国家的统一和发展有一定的历史功绩，他也算是个英雄，毛泽东同志有词云："江山如此多娇，引无数英雄竞折腰。惜秦皇汉武，略输文采"。（《沁园春·雪》）只可惜缺少文学才华，这里实际上是指他为帝在"文治"方面的欠缺。当初，灭群雄、平六国，何其威武；可是一旦得了天下，便奢侈腐化，修宫建苑，到处巡幸，而每次都是浩浩荡荡、兴师动众、劳民伤财，致使役重赋繁，民怨沸腾，他死后一年便爆发了中国历史上第一次全国性的农民大起义，"万世"之江山顷刻土崩瓦解。罗隐此诗写的就是他最后一次也是致他死命的一次游幸，而这次游幸的目的非常明确——寻求长生不老之药。

"长策东鞭及海隅"，诗一开始就给人一种急迫感，诵之，似闻马蹄得得，鞭声脆亮，大有不达目的誓不罢休之势。目的地在哪里？东海之滨！秦始皇二十八年，"齐人徐市等人上书，言海中有三神山，曰蓬莱、方丈、瀛州，仙人居之，请得斋戒，与童男女求之。于是遣徐市发童男女数千人，入海求仙人。""徐市等入海求神药，数岁不得。"（《史记·秦始皇本纪》）于是，三十七年，秦始皇便"御驾亲征"，志在必得。

如果说第一句是写出游的目的，那么第二句则主要是写"声势"："鼋鼍奔走鬼神趋。"鼋，大鳖，鼍龙，爬行动物，俗叫"猪婆龙"。传说，周穆王大起九师，东之于九江，叱鼋鼍以为桥梁，遂伐越（《竹书纪年》）。后来诗文中用此事指帝王行驾之盛。诗人这里由"鼋鼍奔走"到"鬼神趋"，由讥刺进而嘲骂，痛快淋漓！秦始皇迷信鬼神，兴师动众去求取长生不老之药，他的属下——大大小小的官僚贵族便蜂拥而上，趋之若鹜，都想求长生。但是，结果如何呢？

结果是身死沙丘，后悔莫及！"怜君未到沙丘日，肯信人间有死无？"《史记·秦始皇本纪》载：徐市等求神药而不得，"费多，恐谴，乃诈曰：'蓬莱药可得，然常为大鲛鱼所苦，故不得之。愿请善射与俱，见则以连弩射之。'始皇梦与海神战，如人状。问占梦，博士曰：'水神不可见，以大鱼蛟龙为候。今上祷祠备谨，而有此恶神，当除去，而善神可致。'

乃令入海者，赍捕巨鱼具，而自以连弩候大鱼出射之，自琅玡北至荣成山，弗见。至之罘，见巨鱼，射杀一鱼。遂并海西。至平原津而病。始皇恶言死，群莫敢言死事。上病益甚，……七月丙寅，始皇崩于沙丘平台。丞相斯为上崩在外，恐诸公子及天下有变，乃秘之，不发丧，棺载辒凉车中。……会暑，上辒车臭，乃诏从官令车载一石鲍鱼，以乱其臭。行从直道至咸阳发丧。太子胡亥袭位，为二世皇帝，九月葬始皇郦山。"诗人以高度凝练概括的语言，讥刺秦始皇为求神药，执迷不悟，一错再错，不到死地就不死心，就不相信"人主"也会死！这里的"怜"字，极具讽刺意味：一代帝王，为方士所惑，暑伏天，毙命沙丘；死后仍受制于人：七月死，九月葬，为求长生，到头来却骨臭尸腐，也实在"可怜"！

毛泽东同志读此诗，对前两句加了曲线，后两句加了密圈，他老人家是什么意思呢？我们不妨"演义"一下：此诗四句，前两句叙述兼描写，极尽夸张，"长策东鞭"，何其威风，何等气魄，可如此轰轰烈烈却是急急忙忙去就死，后两句写结果，通过叙事说理：欲求长生反致速死，至死方悟！前后两种情形，反差如此之大，形成鲜明对照，极具讽刺效果。与《始皇陵》比照观之，这里的揭露、批判更直接，也更有力。（韩爱平）

【原文】

咏　月

湖上风高动白蘋⁽¹⁾，暂延清景此逡巡⁽²⁾。

隔年违别成何事，半夜相看似故人。

蟾向静中矜爪距⁽³⁾，兔隈明处弄精神⁽⁴⁾。

嫦娥老大应惆怅⁽⁵⁾，倚泣苍苍桂一轮⁽⁶⁾。

【毛泽东圈评等情况】

毛泽东读罗隐《甲乙集》或《罗昭谏集》卷四时圈阅了这首诗。

[参考] 张贻玖：《毛泽东评点、圈阅的中国古典诗词》，中国工人出版社 1992 年版，第 241 页。

【注释】

（1）白蘋，亦作"白萍"，水中浮草。

（2）清景，清光。三国魏曹植《公宴》："明月澄清景，列宿正参差。"逡巡，欲进不进、迟疑不决的样子。

（3）"蟾向"句，相传月中有蟾蜍。《后汉书·天文志上》："言其时星辰之变。"刘昭注："羿请无死之药于西王母，姮娥窃之以奔月……遂托身于月，是为蟾蜍。"

（4）兔，晋傅玄《拟天问》："月中何有？白兔捣药。"（《太平御览》卷四）古代传说，月中有白兔捣药，后因用作咏月的典故。隈（wēi），角落，一作"偎"。

（5）惆怅，因失意或失望而伤感、懊恼。《楚辞·九辩》："廓落兮，羁旅而无友生，惆怅兮而私自怜。"

（6）桂，传说月中有桂树。唐段成式《酉阳杂俎·天咫》："旧言月中有桂，有蟾蜍，故异书言，月桂高五百丈，下有一人常斫之，树创随合。人姓吴名刚，西河人，学仙有过，谪令伐树。"倚泣，《罗昭谏集》作"独倚"。

【赏析】

罗隐的诗写景咏物，意境都非同一般。表面上写的是很美的景物，实际上却蕴藉着他深厚的思想感情。这首七言律诗即其一例。

首句首联"湖上风高动白蘋"，寥寥七字，诗人便勾勒出一幅美丽的画面：一轮银月高挂，湖面上波光粼粼，秋风送爽，白蘋婆娑，好一幅动人的湖光月夜图！次句"暂延清景此逡巡"，逡巡，欲进不进、迟疑不决、流连不前的样子。这样的清爽夜景实在难得啊！"暂延清景"，诗人是希望这可人的夜景长此永驻！是啊，只有这样的清景爽风才是诗人所需要的，也只有在这时，他才能忘却白日那喧嚣繁杂的世界，忘却那令人厌恶的现实生活。

尽管诗人想竭尽全力地在这月色清景里享受一番，可眼前的景致不自觉地随着思想感情的变化而变化。额联"隔年违别成何事，半夜相看似故人。"这月色清景是可以经常看到的，可今天怎么感到像违别一年似的。到底是何事何原因呢？诗人明知故问，欲擒故纵。他十上不中第的不平遭遇，对社会上各种丑恶现象不能无动于衷，可又无能为力，这怎么不使诗人如坐针毡、度日如年呢？这些使他望月思忖良久，似乎通过月亮看到了故乡，看到了家人。这就更使他心神不宁：离开故人，肩负重托，而今却贫穷潦倒，一事无成，怎不愁煞人！

颈联"蟾向静中矜爪距，兔隈明处弄精神。"这是十分工整传神的诗句！尽管诗人心怀愁绪，但美景如此，他又是那么热爱大自然，热爱生活。仰望明月，他似乎看到月宫蟾蜍恬静矜持，玉兔抖擞精神，多么美丽引人的神话世界啊！这不禁使他心头一亮：向往光明、蟾宫折桂。诗人尽管在生活中波折重重，十分地不尽如人意，可他奋力向上的精神却是一贯的，尤其是他积极用世的态度一直是十分明朗的。

但，此时残酷的现实与诗人的向往相距太大了。诗人望月又十分感慨地想到了嫦娥。尾联"嫦娥老大应惆怅，倚泣苍苍桂一轮。"在独处异乡、形影相吊的主人公眼里，这孤居广寒宫殿，寂寞无伴的嫦娥，其处境和心情不正和自己相似吗？于是，不禁从心底涌出这样的意念：嫦娥想必也是十分惆怅的，年年夜夜，幽居月宫，独倚桂树，凄凄潜潜，其寂寥清冷之情是难以想象的。"应惆怅"是揣度之词，这揣度正表现出一种同病相怜、同心相应的感情。这两句与其说是对嫦娥处境心情的深切体贴，不如说是诗人独处异乡、怀才不遇心境的自我写照！

这首诗题作《咏月》，实则是借物抒情，抒写他的愤世嫉俗之情，抒写他思念故乡、思念家人的孤独之情，抒写他不甘沉沦、向往光明的向上之情，更抒写他怀才不遇、壮志难酬的悲愤之情。本诗艺术上最大的特点是即景寓情，波澜跌宕，可以说是一篇随物赋形、因象寄兴的成功之作。

（孙学士）

【原文】

送人赴职褒中

物态时情难重陈，夫君此去莫伤春。

男儿只要有知己，才子何堪更问津[1]。

万转江山通蜀国⁽²⁾，两行珠翠见褒人⁽³⁾。

海棠花谢东风老，应念京都共苦辛⁽⁴⁾。

【毛泽东圈评等情况】

毛泽东读罗隐《罗昭谏集》卷四时圈阅了这首诗。

[参考] 张贻玖：《毛泽东评点、圈阅的中国古典诗词》，
中国工人出版社 1992 年版，第 239 页。

【注释】

（1）问津，询问渡口，也指问路，引申为请求指引做学问的门径。津，渡口，《论语·微子》："长沮桀溺耦而耕，孔子过之，使子路问津焉。"

（2）万转江山，指路途遥远，江山阻隔。通蜀国，喻蜀道之难。蜀国，商至战国时方国，曾随从周武王伐纣，后都于成都（今四川成都）。公元前 316 年为秦惠王所灭。

（3）珠翠，女子头上的装饰品，因用以代指女子。褒人，指夫君。

（4）京都，指唐都城长安（今陕西西安）。

【赏析】

这是一首闺情诗。罗隐集中，此种题材颇为罕见。但仅以此首七律观之，罗隐在描绘女性形象、刻画女性心理方面，却有独到之处。此诗描绘了一个夫妻话别场面。通篇托为女子口吻，表现了她对丈夫的深情厚爱。而她的识大体、明大义、卓有见识，堪为女性之模范。诗题一本有"任"字。

褒中，汉置县，属汉中郡，唐属山南西道梁州兴元府治，唐太宗贞观五年改为褒城，在今陕西汉中西北褒城东。城北有褒斜谷，谷有栈道，为陕川交通之要道。诗中女主人公的夫君可能在京城朝内任职，忽然命赴褒中，这位夫君可能有情绪，所以女主人公便娓娓开导："物态时情难重陈"，这种突然变化是意料中事，进而劝说"夫君此去莫伤春"，凡事要想开，不要为此次离别太过伤感。颔联则鼓励、慰勉丈夫："男儿只要有知己，才子何堪更问津。"男儿、才子是对夫君的称谓。"问津"，津乃渡口，询问渡口，也指问路，引申为请求指引学问的门径。此二句是说，仕

宦之路不易，出门在外，处事要寻得知己朋友，有了问题和困难好有个商量、有人帮助，事情就好办了；但也不能全靠别人，遇事还要靠自己独立思考，用自己的智慧去解决，因为你是男儿，是才子，是大丈夫！

以上四句，是女子对夫君的劝慰、勉励，颇有丈夫气，以下四句则从双方着墨，写离情、言相思、表决心，情意缠绵，女性的忠贞、温柔、体贴表现得淋漓尽致。"万转江山通蜀国，两行珠翠见褒人。""万转江山"，指路途遥远，江山阻隔。"蜀国"以蜀道之难喻两地相思之阻。"珠翠"谓妇女头上的装饰品，此以自指。"褒人"谓夫君。此联是说这里与褒地尽管江山阻隔，但毕竟没有通往蜀国那样难，我等着你回来，到时，我要打扮得漂漂亮亮的迎接你。此暗含"女为悦己者容"，你走之后便不饰"珠翠"之意。末联，总叙两人情长意深，两地长相思、共相忆，誓不相负。"海棠"句言暮春东风催花谢去，喻夫妻分离，己之青春易逝，透出别离之苦；"应念"句则言别后要常忆往日在京都共同度过的艰难岁月，"长相思、永不离"！

丈夫要到外地做官，夫妻长期分离，自然悲哀、伤心，"悲莫悲兮生别离"（屈原《九歌·少司命》）。可这位妻子爱夫情笃，设身处地，为丈夫分忧，不拘于儿女之情，"男子只要有知己，才子何堪更问津。"鼓励夫君不要依赖别人，要自立、自强，靠自己奋斗干出一番事业来，自己则在家耐心相待，这是一位多么有见识的女性呀！此与"无为在歧路，儿女共沾巾"（唐王勃《送杜少府之任蜀州》）有异曲同工之妙。此诗情调健康，思想积极向上，以此推知，当是诗人贡举京师初期的作品。全诗虽通用妻子口吻诉说，但从中不难看出其夫的为人和情操。（孙方　韩爱平）

【原文】

东归途中作

> 松橘苍黄覆钓矶⁽¹⁾，早年生计近相违⁽²⁾。
> 老知风月终堪恨⁽³⁾，贫觉家山不易归。
> 别岸客帆和雁落⁽⁴⁾，晚程霜叶向人飞。
> 买臣严助精灵在⁽⁵⁾，应笑无成一布衣⁽⁶⁾！

【毛泽东圈评等情况】

毛泽东读罗隐《罗昭谏集》或《甲乙集》卷四时曾圈阅了这首诗。

[参考] 张贻玖：《毛泽东评点、圈阅的中国古典诗词》，中国工人出版社 1992 年版，第 239 页。

【注释】

（1）松，《甲乙集》作"村"。苍黄，黄而发青，暗黄色。钓矶，钓鱼时坐的岩石，此或指码头。

（2）早年生计，指赴京应试。近相违，指屡试屡败。近相，一本作"近年"。

（3）风月，指男女情爱的事，此喻科举。

（4）岸，《甲乙集》作"雁"。和雁，《甲乙集》作"知岸"。

（5）买臣，即朱买臣（？—前115），字翁子，西汉吴（今江苏吴县）人。少家贫，至五十岁拜为会稽太守，为大器晚成者。严助（？—前122），西汉吴（今江苏吴县）人，辞赋家。武帝初即位，郡举贤良对策，擢为中大夫。后迁会稽太守。曾荐朱买臣于武帝。复归长安，为侍中。

（6）布衣，即平民，后多以称没有做官的读书人。

【赏析】

诗人告别京都，以屡试不第、"布衣"之身回归故里，其心境不难想见。乘舟东下，正值晚秋，落叶遍地，大雁南飞，此情此景，恰如雪上加霜，诗人凄凉之心境更增哀楚，举笔命意，便有是作。

这首七言律诗首联绘景应题、交待东归之原因。"松橘苍黄覆钓矶，早年生计近相违。"苍黄，指青和黄色，为偏义复合词，这里只取其苍意。松树、橘树都是长绿乔木，故此时仍"苍黄"。钓矶，钓鱼时所坐的岩石，这里或指码头。码头上，松树、橘树苍青繁茂，亭亭如盖，它们是在为诗人送行吧？可诗人却无心欣赏，因为他的东归是不得已而为之，是违背初衷之举。早年的诗人，意气风发、雄心勃勃，京师赴试、志在必中，以期衣锦还乡，光祖耀宗，一展雄才、报效国家。但事与愿违，京师应试，"一第落落"，屡试屡败，青年举子成了老年布衣，诗人怎不怨恨："老知风月终堪恨，贫觉家山不易归。"颔联中的风月，指男女情爱的事。人到老年，才会悟出青年时期的风流放荡实在是荒唐可恨。诗人以此为喻，言自己早年不该对科举仕进抱那么大的希望，以致愈陷愈深，不能自拔。如今彻悟了，可也太晚了，怎不让人恨极！现在落魄如此，有家"不易"归，难堪至甚！"不易"即"难"也，诗人深感愧疚，无颜见家乡父老，正所谓"五湖归后耻交亲"（罗隐《东归》）啊！

但行船却不管客意，照行不误。颈联就具体描绘舟行所见："别岸客帆和雁落，晚程霜叶向人飞。"日暮时分，雁落随帆，霜叶逐人，一派凄冷的晚秋气氛；况且大雁尚能追暖避寒，来去自由；霜叶红透便落，无拘无束，任意飘舞，可诗人常常身不由己、违心而行，尚不如自然界物，其凄凉愁苦之状难以言表，诗人借景抒情，可谓高手。尾联以议论作结："买臣严助精灵在，应笑无成一布衣。"此处举出两位曾经有过功名的同乡作比，其自我揶揄、调侃之意溢于言表，也是"不易归"的最好注脚。"江东子弟多才俊"（唐杜牧《题乌江亭》），可偏偏自己终无功名，能不惹人耻笑？买臣，即朱买臣，西汉会稽吴（今江苏吴县）人，字翁子，少家贫，至五十岁拜为会稽太守，为大器晚成者，严助，西汉辞赋家，会稽吴（今江苏吴县）人。武帝初即位，郡举贤良对策，擢为中大夫。后迁会稽太守，曾荐朱买臣于武帝，归长安，为侍中。布衣，即平民，后来多以称没有做官的读书人。此联是说，买臣、严助若在天有灵，一定会讥笑我这个一事无成的老布衣。诗以此作结，个中酸辛，不难体味。

此诗语言通俗明白，绘景、叙事、抒情、议论紧密结合，达意深婉。人在归途，却仍言"不易归"，其矛盾愁苦之状常人是难以想象的。此诗的深刻、感人处也正在此。（韩爱平）

【原文】

湘中赠范郎

丹桂无心彼此谙⁽¹⁾，二年疏懒共江潭⁽²⁾。

愁知酒盏终难舍，老觉人情转不堪。

云外鹓鸾非故旧⁽³⁾，眼前胶漆是烟岚⁽⁴⁾。

劳歌一奏霜风暮⁽⁵⁾，击折湘妃白玉簪。

【毛泽东圈评等情况】

毛泽东读罗隐《甲乙集》或《罗昭谏集》卷四时圈阅了这首诗。

[参考]张贻玖：《毛泽东评点、圈阅的中国古典诗词》，

中国工人出版社1992年版，第239页。

【注释】

（1）丹桂，旧时称科举及第为折桂，因以丹桂比喻科举。谙，经历，经受。唐白居易《忆江南》之一："江南好，风景旧曾谙。"

（2）江潭，江边，此为偏义复词，意即"江"，指曲江池，唐时京都长安名胜之地，新科士子往往于此聚会。

（3）鹓、鸾，都是凤凰一类的鸟，此比喻京城的朝官。

（4）胶漆，比喻情意相投，亲密无间。烟岚，山林间蒸腾的雾气。唐宋之问《江亭晚望》："浩渺浸云根，烟岚岁运村。"

（5）劳歌，忧伤、惜别之歌。唐骆宾王《送吴七游蜀》："劳歌徒欲奏，赠别竟无言。"

【赏析】

这是一首饯别时的留赠诗。地点是湘中，指今湖南湘江流域中部长沙及其附近地区。范郧（yún），生平事迹不详，当是一位士子。据《五代史补》："罗隐在科场，恃才傲物，尤为公卿所恶，故六举不第。"又据《十国春秋》本传云："隐由是从事湖南，历淮、润诸镇，复多龃龉不合。"此后，于唐懿宗咸通十一年（870）夏，隐得衡阳县主簿，同年冬十月即去任东归。由此可知，这首七言律诗是罗隐离开湖南东归以前的作品。

诗的前四句抒写饯别时的心绪，是作者对自己政治感受和仕途境遇的艺术概括。"丹桂"，指及第登科。"谙"，熟悉之意。"疏懒"，懒散不受拘束。"江潭"，江边，此指曲江池附近。"彼此"和"共"相呼应，说明二人的思想和境遇是相同相通的。二人友情之深不言自明。第一句是写多

次科举不第的深沉烦闷和不满。第二句是对怀才不遇、处境沦落的慨叹。第三句"愁知酒盏终难舍"，语意双关，实际是说自己的秉性不愿更改。第四句是说，总是觉得世情的卑俗不能承受。这三、四句是对自己与世俗不合的慨叹。

后四句写饯别场面氛围，点明诗题，歌颂二人的深厚友情。

"鹓鸾"，鹓雏和鸾鸟。鹓雏，鸟名，凤凰类，也叫凤子。鸾，凤凰一类的鸟。"鹓鸾"用来比喻高贵之士或朝官的班列。"故旧"，旧友，老朋友。这一句是说，远在京城的朝官都不是老朋友。"胶漆"，比喻交情深厚。"烟岚"，山中蒸润的烟霭云气。这一句是说，和眼前的友人情意深厚。这一联连用比喻，抒发诗人和友人的深厚情意。最后一联具体描写送别的场面、氛围，进一步表达离别挚情。"劳歌"，忧伤，惜别之歌。"霜风"，即是风霜严酷的季节。"暮"是傍晚。"霜风暮"，既是描写送别的具体气候和时间，又和上句"是烟岚"相照应，用来烘托气氛，抒发离别前的沉重郁闷心情。"湘妃白玉簪"指珍贵的带美丽斑点的白玉簪。"簪"，用来绾住头发的一种首饰。"湘妃"，指舜的二妃娥皇和女英。传说舜南巡，死于湖南九嶷山一带，二妃寻于湘江边恸哭，眼泪洒在竹子上，竹子也变得斑斑点点的了，此竹后人称作湘妃竹。这里是说，由于感情激动，在唱送别歌的时候，竟把临时用来打拍子的珍贵的白玉簪都给敲断了，十分传神地展示了不忍离别的场面，既凝练又形象生动。

这首诗是忧时叹己，抒写和友人的志同道合与知己情笃，抑塞郁结的文气，极形象地表达了作者忧愤之深广，心绪之烦乱，精神之苦闷，使全诗意境悲凉、感伤。（东民）

【原文】

夏州胡常侍

百尺高台勃勃州⁽¹⁾，大刀长戟汉诸侯⁽²⁾。
征鸿过尽边云阔⁽³⁾，战马闲来塞草秋⁽⁴⁾。

国计已推肝胆许，家财不为子孙谋。

仍闻陇蜀犹多事⁽⁵⁾，深喜将军未白头。

【毛泽东圈评等情况】

　　毛泽东读罗隐《甲乙集》或《罗昭谏集》卷四时圈阅了这首诗。

　　　　　[参考] 张贻玖：《毛泽东评点、圈阅的中国古典诗词》，

中国工人出版社 1992 年版，第 234 页。

【注释】

　　（1）百尺高台，为夏国的遗址。夏州城原为夏王赫连勃勃所都之地，称统万城。赫连勃勃（375？—425），匈奴右贤王去卑之后。东晋安帝义熙三年（407）在此建立夏国，曾拥兵侵入长安。后为魏所灭。"勃勃州"盖指此。

　　（2）戟，古代兵器。将戈、矛合成一体，既能直刺，又能横击。汉，汉朝。诸侯，古代帝王所分封的各国君王。后亦喻指掌握军政大权的地方长官。三国蜀诸葛亮《出师表》："臣本布衣，躬耕于南阳，苟全性命于乱世，不求闻达于诸侯。"

　　（3）征鸿，征雁。南朝梁江淹《赤亭渚》："远心何所类，云边有征鸿。"

　　（4）塞（sài），险要之处，亦指边界。

　　（5）陇，指陇右，泛指陇山以西地区，约当今甘肃六盘山以西、黄河以东一带。蜀，西蜀，今四川一带。《后汉书·岑彭传》："人心不知足，既平陇，复望蜀。"犹，此据《罗昭谏集》改，一本作"由"。

【赏析】

　　罗隐于唐宣宗大中末即在贡籍中，至唐懿宗咸通十一年（870），一十二年应举长安、"看人变化"，其间或有因游历夏州（今内蒙古乌蒙旗南白城子），集中另有《登夏州城楼》诗可证。这首七言律诗便是游夏州时写给夏绥节度使胡常侍的。胡常侍，名未详。据此诗推测，这位胡姓长官，任夏绥节度观察处置等使、夏州刺史并检校左（右）散骑常侍（隶属门下或

中书省，正三品下），故诗题云"夏州胡常侍"。

此诗以边关和平无战事，赞颂胡常侍戍边有功、有方、威震敌胆，从而刻画了一位披肝沥胆、以身许国的边将形象。首联言夏州乃边关重地，历来常有异族侵犯，是汉将施展武力才能、建立功业的地方。"百尺高台"当为夏国的遗址，据《晋书》一三〇载，大约在南北朝十六国时期，此夏州城原为夏王赫连勃勃所都之地，称统万城。赫连勃勃（375年？—公元425），匈奴右贤王去卑之后，东晋安帝义熙三年（407）在此建立夏国，始掠战后秦姚兴诸地，及刘宋伐后秦入长安灭姚泓之际，赫连勃勃又一度拥兵侵入长安，退兵后仍都统万城，后为魏所灭。"勃勃州"盖指此。此二句交代背景，为下文渲染气氛。首联刀枪戟剑，似有战事；颔联突然一转："征鸿过尽边云阔，战马闲来塞草秋。"描绘了一幅天高地阔、望断征鸿、草肥马壮的边塞秋景图。夏州城地域辽阔宽广，正值秋高气爽，了无战事。人们才有闲情逸致看征鸿过尽；这里秋草茂盛，又是驯养战马的好地方，此时一匹匹战马悠闲自得，在草丛里嬉戏、撒欢……好一幅安宁祥和的图画！此联极力渲染和平气氛，与首联对举，为人物出场再作铺垫，使人物呼之欲出，先声夺人了。

以上两联，先交代夏州为军事重镇，而后极写和平景象，那么镇守此地、保卫和平的胡将军确实了得！不写人物而人物自见，颈联的直接刻画便是水到渠成："国计已推肝胆许，家财不为子孙谋。"胡常侍忠勇无私，以身许国，从不为子孙谋取家财，再加上他治理有方，所以边关安宁，其政绩卓然可见。尾联宕开一笔，由西北转而西南："仍闻陇蜀犹多事，深喜将军未白头。"听说我国西南一带尚有军情，不安宁，而胡将军尚在壮年，自不必担忧。胡将军又有用武之地了。由此见出，胡将军确是足堪仰仗的固国之重将，诗人的赞美之情溢于言表。

诗末写战事，而戍边将军形象跃然纸上。盖以和平的边塞风光为背景，烘托渲染得法矣。由于从不同角度反复点染，尽管正面着墨不多，人物形象却十分鲜明。胡常侍确是一位重国轻己、治军有方的爱国将军，有他镇守夏州，夏州便能平安无事。这在当时藩镇割据的形势下，是难能可贵的。尤其是尾联，重重一笔，点出其他地方的战事也需这位胡将军去处理，见出他勇略过人，影响所及，堪为边防一屏障。惜其人史无载记。

（孙方　韩爱平）

【原文】

东　归

仙桂高高似有神⁽¹⁾，貂裘敝尽取无因⁽²⁾。

唯将白发期公道，不觉丹枝属别人。

双阙往来惭请谒⁽³⁾，五湖归后耻交亲⁽⁴⁾。

盈盘紫蟹千卮酒⁽⁵⁾，添得临歧泪满巾⁽⁶⁾。

【毛泽东圈评等情况】

毛泽东读罗隐《甲乙集》或《罗昭谏集》卷四时圈阅了这首诗。

[参考] 张贻玖：《毛泽东评点、圈阅的中国古典诗词》，
中国工人出版社 1992 年版，第 239 页。

【注释】

（1）仙桂，及下文的"丹枝"，均用以喻科举及第，谋求功名。

（2）貂裘敝尽，用战国苏秦的典故。苏秦，洛阳（今河南洛阳）人，师鬼谷子，纵横家。出游数载，"黑貂之裘敝，黄金百镒尽"，回到家后，妻不下衽，嫂不为炊，父母不与言。后又出游诸侯，倡连横之术，佩六国相印，秦兵十五年不敢出函谷关。

（3）双阙，古代宫殿、陵墓前两边高台上的楼观，此指京都。请，《文苑英华》作"聘"。

（4）五湖，太湖的别名，此指作者家乡。

（5）卮（zhī），古代的一种圆形酒器。

（6）临歧，"杨朱见歧路而哭"（见《太平御览》），此用以比喻自己误入歧途太久。

【赏析】

诗人屡举不第，以绝仕途之望，决意东归——回归故乡。但困居京师，艰辛备尝，却落得如此下场，他痛苦、悲愤、无奈，感喟良多，发而为吟，写下了很多失意诗，此为其一。

"仙桂高高似有神"，仙桂，科举及第的一种象征。它真的有"神"吗？否！若果有"神"，才学如诗人者早已高中。何至于落泊如此！而况它又那么高，高得可望不可即。那么，这里的"有神"只能是反语、讥刺语！次句便具体说明这"神"之真伪："貂裘敝尽取无因。"这里且不说诗人有没有貂裘，盖取"仙桂"还须"貂裘"，则"仙桂"之"神"在何处便不言自明。"貂裘敝尽"是夸张语，也是调侃语。"貂裘"本是贵者之服，极贵重，若诗人果有"貂裘""仙桂"也许就"取有因"了。同时"貂裘敝尽"虽属夸张，但诗人为取"仙桂"艰辛备尝、几近穷愁潦倒确是事实。他久居京师，一次次地抱着幻想，想以自己之才学而名题金榜；可一次次地名落孙山，不知不觉已两鬓染霜，但仍继续应试："唯将白发期公道"，只望自己的才学能得到朝廷的承认，讨个公道，以不负这多年的辛勤劳苦，对自己、对别人，特别是对家乡父老也好有个交代。可是这也不行，仍然是失败："不觉丹枝属别人"。"丹枝"总与自己无缘，眼睁睁看别人折取，诗人怎不平添白发，这根根白发其实是愁白的！

由于"丹枝"总属别人，而自己"年年模样一般般"（《下第作》），以致于"生涯牢落鬓萧疏"（《寄黔中王从事》），因此，"双阙往来惭请谒，五湖归后耻交亲。"双阙，即京师。屡试不第，困居京师，羞与亲朋好友来往，更羞于请谒权门，真是举步维艰；仕途已经无望，但回归故乡，又耻于见父老乡亲，进亦难退亦难！天地之大，诗人竟走投无路，其愁苦无奈、忧伤愤懑不难想见。所以诗人只能借酒浇愁、以泄愤懑："盈盘紫蟹千卮酒，添得临歧泪满巾。"紫蟹，当泛指好菜。卮，古代盛酒的器皿。临歧，《淮南子·说林训》："杨子见逵（四通八达的大道）路而哭之，为其可以南，可以北。"后因用哭歧道、临歧叹等表达对迷失方向的感伤，对误入歧途、不能归复的忧虑，或描写离情别绪。唐王勃《送杜少府之任蜀州》："无为在歧路，儿女共沾巾。"又高适《别韦参军》诗云："丈夫不作儿女别，临歧涕泪沾衣巾。"诗人这里用"临歧"，是后悔自己误入歧途太久，拟或离情别绪太深——毕竟自己在京师时间不短了，可这又是怎样的一种离开啊！千种愁绪、万般忧思无以排遣，好酒好菜只能更添愁思，正所谓"愁心似火烧离鬓，别泪非珠漫落盘"（罗隐《东归别所知》），以致痛哭流涕，泪湿衣巾。诗以此哀痛欲绝作结，令人不忍卒读。

此诗语言通俗朴实、明白如话；而感情浓郁，抒情强烈，一唱三叹，寄慨遥深，尤其是颈联，乃作者失意时万般无奈、矛盾愁苦之复杂心态的高度概括，真实自然，形象逼真，读来确能赚人一洒同情之泪。盖诗人之不幸遭遇实在令人同情，人同此心，心同此理，诗人若有知，或许不再"泪满巾"了。（韩爱平）

【原文】

泪

逼脸横颐咽复匀[(1)]，也曾谗毁也伤神。

自从鲁国潸然后，不是奸人即妇人[(2)]。

【毛泽东圈评等情况】

毛泽东读罗隐《甲乙集》或《罗昭谏集》卷四时圈阅了这首诗。

［参考］张贻玖：《毛泽东评点、圈阅的中国古典诗词》，

中国工人出版社 1992 年版，第 239 页。

【注释】

（1）逼脸横颐，即泪流满面。咽复匀，抽泣哽咽不止。

（2）后二句用典，出自《孔丛子·儒服篇》：战国时鲁人孔穿，字子高，孔子后代。曾游赵，离去时，友人洒泪送行，子高不以为然。他认为男子汉大丈夫应有四方之志，不能轻易流泪。喜欢流泪的只有两种人：一种是奸人，以流泪来赢得别人对自己的信任；一种是女人（包括懦夫），以流泪表示爱也为换取别人的爱。

【赏析】

罗隐写下了很多通俗明晓的诗句，可也时有似乎艰僻晦涩的句子。但当我们弄清其出处和寓意时，又深叹其深刻独到的见解。这首七言绝句的后二句即是一例。

诗的前二句写得颇为通俗生动。首句一个"逼"字，一个"横"字，较为准确地描绘了泪流如泉、以泪洗面的伤感情景。再一个"咽复匀"，则更生动地写出了人们遇到伤心事时抽泣不止的形象。然而，诗人对这些伤心形象不冷不热，还有点漫不经心："也曾谗毁也伤神"，款款道出了诗人对伤心流泪的看法：流泪，本是常人真实感情的自然表露，或遭到诽谤、诬陷而委屈，或身处逆境、事不顺心而伤神，皆能使人落泪。但这种表现实际感情的泪又有什么价值和意义呢？更何况用泪表现出的感情又有真伪之别，故泪不得轻弹，更需慎重对待。

至此，诗人笔锋一翻，以典喻理，又写出了一番境界。原来，后二句写的是一段鲜为人知的故事。《孔丛子·儒服篇》载："子高游赵，平原君客有邹文、季节者，与子高相善，及将还鲁，诸故人诀，既毕，文、节送行，三宿临别，文、节流涕交颐，子高徒抗手而已。……子高曰：'始焉，谓此二子丈夫尔，乃今知其妇人也。……大奸之人以泣自信，妇人懦夫以泣著爱。'"很显然，故事中子高后面说的两句话即是此诗的主旨。"大奸之人以泣自信"是说，那些邪恶诈伪之人以眼泪骗取人们的信任，以增强他狡诈的险恶自信心；"妇人懦夫以泣著爱"是说，一些凡夫俗子以眼泪表达他们的爱怜之情。一句话，面对流泪之人要细加明察，决不可感情用事。对那些奸诈之人的眼泪尤其要提高警惕，对一些凡夫俗子的眼泪也不可一概伤感同情。

这首诗貌似艰涩，细细咀嚼还颇有点味道呢。略早于诗人的李商隐也有一首《泪》诗："永巷长年怨绮罗，离情终日思风波。湘江竹上痕无限，岘首碑前洒几多。人去紫台秋入塞，兵残楚帐夜闻歌。朝来灞水桥边问，未抵青袍送玉珂。"极写千古伤心人之泪，别情悲深，令人伤感，可称悲诗的上品。但拿来与罗隐的《泪》相比，李诗就显得缺乏一些内在感人的东西。这也正是罗隐诗言简意赅的成功之处。（孙学士）

【原文】

王濬墓

男儿未必尽英雄，但到时来命即通⁽¹⁾。

若使吴都有王气⁽²⁾，将军何处立殊功⁽³⁾？

【毛泽东圈评等情况】

毛泽东在此诗的标题前画着两个大圈，在头两句旁还画着密圈。

[参考]张贻玖：《毛泽东评点、圈阅的中国古典诗词》，
中国工人出版社1992年版，第157页。

【注释】

（1）但，《甲乙集》作"俱"。命即，《罗昭谏集》作"命制"。

（2）有，《甲乙集》作"由"。王，《罗昭谏集》作"旺"。吴都，指建业（今江苏南京）。

（3）立，《甲乙集》作"事"。

【赏析】

王濬，西晋大将。《晋书·王濬传》载："濬字士治，弘农湖人也。拜益州刺史，武帝谋伐吴，诏濬修舟舰。濬乃作大船连舫，方百二十步，受二千余人。以木为城，起楼橹，开四出门，其上皆得驰马来往。太康元年（280）正月，濬发自成都（攻吴）。兵无血刃，攻无城坚，夏口、武昌，无相支抗，于是顺流鼓棹，径造三山。入于石头（南京城）。"由于破吴有功，官至抚军大将军。唐代大诗人刘禹锡有诗赞他："王濬楼船下益州，金陵王气黯然收。"（《西塞山怀古》）由此可见出王濬军那种摧枯拉朽的气势。诗人过王濬墓，凭吊先贤，缅怀伟业，相与比较，自伤身世，写下了这首寄慨遥深之作。

"男儿未必尽英雄，但到时来命即通。"男儿并不都是英雄，只要生逢其时，便大有用武之地，正所谓时势造英雄也。此二句是对王濬生逢其

时的歆羡，更是对自己怀才不遇的感慨。

诗人这里说的"时"，并不是唯心主义的命运，而是指社会发展的客观形势，这种客观形势是不以人的意志为转移的。诗人生不逢时，他生活的时代，唐王朝已经由盛转衰，藩镇之间不断发生战争，少数民族政权经常扰边，兵连祸结，中央政权更加腐败。罗隐生于斯时，他的才气，曾被誉为"黄河信有澄清日，后世应难继此才"（《吴越备史·罗隐本传》）、"昭谏亦有军谋"（毛泽东读《通鉴纪事本末》批注），但由于不满现实，好议论时政，嘲讽豪贵，得罪了许多权势者，因而十次应进士不第。《唐才子传》说他："恃才忽睨，众颇憎忌。自以当得大用，而一第落落，传食诸侯，因人成事，深怨唐室。"这就是他的所作所为，他怎么会"命通"呢？这一点他自己非常清楚！所以面对生逢其时、建立了赫赫武功的王濬，他便感慨不已、一诉愤懑！毛泽东同志读此诗，曾在这两句旁画了密圈，想必对罗隐的感怀是赞同的。能博一代伟人之同情，罗隐有知，定当吟出别样的诗作了。

三、四句紧承一、二句而来："若使吴都有王气，将军何处立殊功？"如果前两句是论点的话，那么这后两句就是证明论点的事实论据：英雄必须生当其时，必须有用武之地。传说古金陵多"王气"。诸葛亮看到金陵形势之雄，曾说"钟山龙蟠，石城虎踞，帝王之宅也"。关于这"王气"，刘禹锡说是由于王濬下益州，金陵才没了"王气"；而罗隐又反其意而用之，其实意思是一样的，它们是互为因果的。因为有没有"王气"全在人——国之存亡，在人杰不在地灵，因为国家的统一是历史的必然。吴国到了孙皓手里已是江河日下，再加上孙皓昏聩无能，亡国已是在所难免。所以诗人才说"没王气"。王濬恰逢此时，顺应历史潮流，才建立了"殊功"。假如吴主英明，回天有术，历史将是另外一个样子，王濬的建功立业也要另当别论。诗人这里并不是对古人的唐突，而是别有寓意，是不是可以这样理解：如果诗人生于斯时，也会立大功的。言在此而意在彼，对自己生不逢时的感喟全在言外。难怪毛泽东同志在此诗的标题前还画着两个大圈，诗人借咏史以抒怀，毛泽东他老人家也是深深理解的吧？

诗人常常以议论入诗，此诗当为典范：论点鲜明，论据有力，同时又富含寓意，言外见旨，这在议论诗中是很少见的。（韩爱平）

秋日怀贾随进士

边寇日骚动⁽¹⁾，故人音信稀。
长缨惭贾谊⁽²⁾，孤愤忆韩非⁽³⁾。
晓匣鱼肠冷⁽⁴⁾，春园鸭掌肥⁽⁵⁾。
知君安未得⁽⁶⁾，聊且示忘机⁽⁷⁾。

【毛泽东圈评等情况】

毛泽东读罗隐《甲乙集》或《罗昭谏集》卷五时圈阅了这首诗。

[参考] 张贻玖：《毛泽东评点、圈阅的中国古典诗词》，
中国工人出版社 1992 年版，第 239 页。

【注释】

（1）边寇，指黄巢军队。

（2）长缨，出自《汉书·终军传》："军自请：'愿受长缨，必羁南越王而致之阙下。'"

（3）孤愤，行径孤直、愤世嫉俗，也指韩非的《孤愤》篇。《史记·老子韩非列传》："（韩非）悲廉直不容于邪枉之臣，观往者得失之变，故作《孤愤》。"韩非（约公元前 280—前 233），战国末期哲学家，法家的主要代表人物。出身韩国贵族。曾建议韩王变法图强，不见用。著《孤愤》《五蠹》《说难》等十余万言，受到秦王政的重视，被邀出使秦国。不久因李斯、姚贾陷害，自杀于狱中。

（4）鱼肠，古宝剑名，为欧冶所造。

（5）鸭掌，即鸭脚葵，因形似鸭掌而得名，草本植物，菜的一种。《园葵赋》："白茎紫蒂，豚耳鸭掌。"

（6）安未得，未能得到安定生活。

（7）聊且，姑且。忘机，忘却计较或巧诈之心，指自甘恬淡、与世无争。

【赏析】

此诗约作于唐僖宗广明元年（880）左右。贾随和罗隐同是屡次参加应试而不中者，但文章在当时却很有名。"进士"，在唐代举进士而未第者曰进士，贾随未及第，故称进士。这首诗是怀念贾随，抒写贾随怀才不遇，生不逢时，并安慰贾随。实际上，贾随和作者是好友，心胸和境遇几乎完全一样，因此这首五言律诗，也可以说是作者的自我抒写和安慰。

"边寇日骚动"，据《旧唐书·列传·黄巢》，唐僖宗乾符五年（878），黄巢军"南陷湖、湘，遂据交、广"。"又自表乞安南都护，广州节度，亦不允。然巢以士众乌合，欲据南海之地，永为窠穴，坐邀朝命。是岁自春及夏，其众大疫，死者十二三。众劝请北归，以图大利。巢不得已，广明元年，北踰五岭，犯湖、湘、江、浙，进逼广陵……"又据《唐才子传·罗隐》，罗隐"广明中，遇乱归乡里（钱塘）……"此诗大约写于诗人归乡后不久。罗隐是钱塘人，身在东南，故称盘踞交、广数年后，又犯湖、湘、江、浙的黄巢军为"边寇"。"故人"，旧交，老朋友，具体指他在归乡以前，在京城参加考试和从事湖南期间结识的友人，当然包括贾随在内。首联写对友人的思念。越是在动乱的年代越是特别思念知心朋友，这是人之常情。这样开头，为下文写贾随作了铺垫，也道出了二人友谊之深。

长缨，指"终军请受长缨羁南越王"事。《汉书·终军传》："南越王与汉和亲，乃遣（终）军使南越，说其王，欲令入朝，比内诸侯。军自请：'愿受长缨，必羁南越王而致之阙下。'军遂往说越王，越王听许，请举国内属。天子大说（悦）。"惭，惭愧，羞愧。贾谊，西汉政论家、辞赋家。十八岁时，即以能诵诗书、善写文章闻名。当时，汉家天下草创初定，北方匈奴强盗，屡犯边界，朝廷制度不健全，各诸侯王国超过规制，自比天子，扩大地盘，淮南王、济北王都因谋反被杀。贾谊几次上书陈述自己的政治主张，想有所匡正建树。正因为如此，贾谊受到当时权臣的排挤，被远遣至长沙任长沙王太傅，不久改梁怀王太傅。梁怀王堕马死，谊亦忧伤而死，年仅33岁。这里是以怀才不遇的贾谊来喻贾随。这一句是说，终军建立了长缨羁南越王的大功，使生不逢时、怀才不遇的贾谊感到惭愧。"孤愤"，这里一语双关，既有行径孤直、愤世嫉俗的意思，又是指韩非子著有《孤愤》篇。韩非（约前280—前233），战国末期思想家，为韩国的公子，有口吃的毛病，而善著书。曾屡次书谏韩王而不见用，于是发愤著书，有《孤愤》《五蠹》《说难》等十余万言，受到秦王政的重视，被邀出使秦国，不久因李斯、姚贾陷害，自杀于狱中。这句是说，行径孤直，愤世嫉俗，要想想著《孤愤》的韩非的不幸遭遇。颔联是以"贾谊""韩非"来喻贾随的怀才不遇，生不逢时，也是劝慰友人：怀才不遇的人，自古有之。

晓，天明，天亮时。匣，藏物的小箱子，此处指藏有宝剑的小匣子。鱼肠，古代宝剑名，为欧冶所造。

《越绝书·越绝外传记宝剑》：欧冶乃因天之精神，悉其伎巧，造为大刑（型）三、小刑（型）二：一曰湛卢，二曰纯钧，三曰胜邪，四曰鱼肠，五曰巨阙。"这句是说，清晨，藏在剑匣里的鱼肠剑格外清冷。这里用鱼肠剑藏于清晨的剑匣，来比喻友人的怀才不遇。春园，春天的园子。鸭掌，也叫鸭脚，草类，葵的一种，因叶形似鸭掌而得名。肥，肥硕，硕大。这句是说，即使是无用的鸭掌葵，由于生长在春天的园子里，也长得很肥硕。

颈联用正反两方面的例子，作强烈鲜明的对照，说明生不逢时，境遇不好，才能就不能得到施展、发挥。

安，平静、安定、稳定。未得，未能得到。聊且，姑且。示，表现，显示。忘机，忘却计较或巧诈之心，指自甘恬淡与世无争。这两句是说，知道您还没有得到安定的生活，写此诗姑且让它显示我们与世无争、心地纯朴吧！

尾联是诗人对友人的安慰，实际上也是诗人的自我安慰。这也是写此诗的主要目的。

这首怀念友人之作，并不叙述以往和友人相聚的情形，也不直接抒发二人的深厚友情，而只是写对友人的理解和宽慰，从而表达了二人的深厚情谊，以及诗人旷达的胸怀。（东民）

【原文】

雪

尽道丰年瑞，丰年事若何⁽¹⁾？
长安有贫者⁽²⁾，为瑞不宜多！

【毛泽东圈评等情况】

毛泽东曾手书此诗。

[参考] 中央档案馆编：《毛泽东手书古诗词选》，文物出版
社、中国档案出版社1984年版，第153页。

【注释】

（1）事，《罗昭谏集》作"瑞"。

（2）长安，唐都城长安（今陕西西安）。

【赏析】

一般说来，绝句长于抒情而难于议论，五绝篇幅短小，尤忌议论。而此诗，诗人却就其难，似乎用意非同一般。

瑞雪兆丰年，这是一般的常识。田野的老农看到纷纷扬扬的白雪，便联想到丰收的喜悦，这是自然之理。而眼前是繁华的帝都长安，这"尽道丰年瑞"的声音就要让人思忖一番。

"尽道"二字，其中蕴含讥讽。联系下文，可揣知"尽道丰年瑞"者是和"贫者"不同的另一阶层的人物。他们是安居深院华屋、锦衣玉食、走马簪缨的富贵者。在这大雪纷飞的时候，他们身穿裘皮大衣，拥着热烘烘的火炉，口饮玉液琼浆，眉飞色舞地连声发出"丰年瑞"的慨叹，以此而显示他们是悲天悯人、关心民生疾苦的善者仁人。

诗人抓住这些"尽道"者的慨叹，笔锋一转，冷冷地反问："丰年事若何？"丰收了又怎么样呢？当时的事实足以使"尽道"者们无言以对。唐代末叶，苛重的赋税和高额地租剥削，使农民无论丰歉都处于一样悲惨

的境地。"二月卖新丝，五月粜新谷"，"六月禾米秀，官家已修仓"，是当时农民生活的真实写照。可诗里仅说到"若何"为止。"此时无声胜有声"，好像给"尽道"者们当头一大闷棍，使他们面面相觑，张口结舌。

因此，接下来三、四句就没有顺着"丰年事若何"进行抒慨发微，而是回到雪是否"为瑞"的问题上来。因诗人写诗的目的，并不尽是抒写对贫者丰年仍不免冻馁的同情，而是更进一层地向那些"尽道"者们送一震耳欲聋的警告："长安有贫者，为瑞不宜多。"让"尽道"者们不要忘记，京都里还有不少衣不蔽体、食不果腹、在寒风大雪之中抖抖索索的"贫者"啊！他们盼不到"丰年瑞"带来的好处，却会被饥寒交迫致死。"为瑞不宜多"，仿佛轻描淡写，略作诙谐幽默之语，却蕴含着诗人对"尽道"者们深沉的愤斥和对"贫者"炽烈的同情。

此诗题为"雪"，却并未描写雪，而是借题发挥，别寓深意。平缓从容的议论和犀利透骨的揭露讽刺，产生了发人深省的艺术魅力，不愧是一首典型的"议论"诗精品。

毛泽东曾手书过首诗，说明他对此诗十分喜爱。（孙学士）

【原文】

九江早秋

雨过晚凉生，楼中枕簟清⁽¹⁾。

海风吹乱木⁽²⁾，岩磬落孤城⁽³⁾。

百岁几多日，四蹄无限程⁽⁴⁾。

西邻莫高唱，俱是别离情。

【毛泽东圈评等情况】

毛泽东读罗隐《甲乙集》或《罗昭谏集》卷五时圈阅了这首诗。

[参考]张贻玖：《毛泽东评点、圈阅的中国古典诗词》，中国工人出版社1992年版，第239页。

【注释】

（1）枕簟（diàn），枕席。

（2）海风，此指江风、秋风。

（3）磬，古代乐器，用石、玉或金属制成，悬挂于架上，击之而鸣。

（4）四蹄无限程，比喻时光之易逝。《庄子·知北游》："人生天地间，如白驹之过隙，忽然而已。"四蹄，指马。程，一本作"尘"。

【赏析】

九江，即今江西九江，位于江西北部，北临长江，南接庐山，风景秀美。早秋时节，诗人旅居九江，"自古逢秋悲寂寥"（刘禹锡《秋词二首》其一），异地逢秋，更为悲伤。景美无感知，触景尽生愁，于是写下了这篇愁情悱恻的五言律诗。

首联以赋起，直言其事，点明时间、地点、人物、事件。"雨过晚凉生，楼中枕簟清。"枕簟，即竹席。一阵秋雨过后，夜幕降临，凉意顿生，楼中竹席也显得清冷，诗人躺在上边翻来覆去睡不着，窗外"海风吹乱木，岩磬落孤城"，耳听心感，更添忧思。海风，其实是江风、秋风，而用一"海"字，盖为突出风之凉意威势也。磬，古代乐器，用石、玉或金属雕成，悬挂于架上，击之而鸣。颔联是说，一阵阵秋风吹得树林互相撞击、拍打，瑟瑟有声；秋风吹击着岩石，其声如磬鸣，远远传来，落在"孤城"的每一个角落、落入诗人的耳鼓……这一切，都使秋之夜更显得清冷、幽远、难熬！此二句看似写景，实为抒情，一个"乱"字，一个"孤"字，就把诗人那种百无聊赖、凄凉孤寂之情表达得淋漓尽致。这正如古人所论："情景名为二，而实不可离。神与诗者，妙合无垠。巧者则有情中景，景中情。"（清王夫之《薑斋诗话》卷下）

颈联则直抒感喟："百岁几多日，四蹄无限程。"诗人有感于时令的更替，叹时光之倏忽，"人生天地之间，如白驹之过隙，忽然而已。"（《庄子·知北游》）白驹之四蹄不舍昼夜，奔腾向前；自己却蹉跎岁月，虚度光阴，至今一事无成，漂泊无定数，前途更渺茫，实在让人忧思感伤，愁肠百结，无法入眠。这时，偏又传来西邻的歌声，那一声声的吟唱，在远离家乡的诗人听来，句句都在诉说离情别绪！人在异乡，复听离别之音，徒增哀愁，所以诗人不忍听，并希望他们不要唱了。但这只是诗人的一厢情愿，西邻不会因此而"罢唱"，诗人也只能继续听下去、愁下去。唱者自唱，听者不愿听也得听，或至永夜……诗就此打住，愁情萦绕，不尽依依。令人思之、忧之，诗人之境况实在令人同情。

此诗即景抒情，感物命意，语言浅畅自然而意蕴得之天籁，借叶梦得的话来说，此诗之妙"正在无所用意，猝然与景相遇，借以成章，不假绳削，故非常情所能到"（《石林诗话》卷中）。（韩爱平）

【原文】

寄西华黄炼师

西华有路入中华⁽¹⁾，依约山川认永嘉⁽²⁾。

羽客昔时留篠荡⁽³⁾，故人今又种烟霞。

坛高已降三清鹤⁽⁴⁾，海近应通八月槎⁽⁵⁾。

盛事两般君揔得⁽⁶⁾，老莱衣服戴颙家⁽⁷⁾。

【毛泽东圈评等情况】

毛泽东《甲乙集》或《罗昭谏集》时圈阅了这首诗。

[参考] 张贻玖：《毛泽东评点、圈阅的中国古典诗词》，中国工人出版社 1992 年版，第 239 页。

【注释】

（1）中华，指中原地区。

（2）永嘉，古郡名、县名，今浙江温州。

（3）羽客，道士的别称，犹言羽人、羽士。羽，含有"飞升"之意。旧时因道士多求成仙飞升，故称。篠（xiǎo），小竹。荡（dàng），大竹。

（4）三清，道教所尊的三位神，即玉清元始天尊、上清灵宝道君、太清太上老君。道书说此三神居天外仙境，即玉清、上清、太清三清境。

坛，此指僧道活动的场所。鹤，即鹤驾，谓仙人的车驾。

（5）槎（chá），木筏。传说海边人见年年八月海上木筏按期往来，便带粮乘筏，泛游至天河，见到了牛郎织女（见晋张华《博物志》）。此用以指游仙、升天所乘的仙舟。

（6）揔，同"总"。

（7）老莱，即老莱子，春秋末年楚国隐士。《艺文类聚》卷二十引《列女传》："老莱子孝养二亲，行年七十，婴儿自娱，著五色彩衣。尝取浆上堂，趺仆，因卧地为小儿啼，或弄乌乌于亲侧。"后因用老莱衣服为孝养父母之词。戴颙（378—441），字仲若，谯郡（治所在今安徽亳州）人，与父兄并隐遁，有高名。世居会稽剡县，迁桐庐、吴县。太祖元嘉初，征散骑常侍，不就（见《太平御览·逸民四》）。乃述庄周大旨，著《逍遥论》。

【赏析】

这是一首赠人诗，赠送的对象是西华黄炼师。西华，为道教仙宫名，对东华而言。东华为男仙所居，以东顷公领；西华为女仙所居，以西王母领。故女仙名籍称《西华仙箓》。《云笈七签》卷七："《八素经》云，西华宫有琅简蕊书，当为真人者，乃得此文。"炼师是对某些懂得"养生""炼丹"之术的道士的尊称。由此可知，黄炼师是一位女道士，名未详。这首七律通过赠诗黄炼师，抒发了作者隐居不仕的情感。

"西华有路入中华，依约山川认永嘉。"首联叙事，写西华教派在中国境内的广泛传播。道教是我国主要宗教之一，东汉张道陵根据传统的民间信仰而创立，到南北朝时盛行起来。奉元始天尊、太上老君为教祖。其中又分为东华、西华二派。西华派为女道士，由西王母管领。西王母为中国古代神话中的女仙人，旧时以其为长生不老的象征。《山海经·西山经》："西王母，其状如人，豹尾虎齿而善啸。"西王母居于昆仑，所以首句"西华有路入中华"，是说西华教派由我国西北传入中原地区。它很快风靡全国，传到了东南海隅的永嘉（今浙江温州）一带。这便是"依约山川认永嘉"之意。首联写出了西华教派之盛。

"羽客昔时留篆荡，故人今又种烟霞。"颔联叙事，由西华教派写到黄炼师。羽客，指神仙或方士，此指道士。故人，老友，指黄炼师。烟霞，烟雾，云霞。唐玄奘《大唐西域记·伊烂拿钵伐多国》："含吐烟霞，蔽亏日月；古今仙圣，继踵栖神。""种烟霞"，谓炼丹。二句是说，从前的道士早已仙去，只留下他们种植的竹子。如今老朋友黄炼师又在炼丹。

"坛高已降三清鹤，海近应通八月槎。"颈联用典，写黄炼师炼丹之灵。上句说，道坛高筑，烟霞四起，早已惊动道教的三位尊神的车驾下降；下句说，道坛近海（永嘉在海边），每年八月应有天上仙人乘槎而至。二句写出了黄炼师炼丹之术的高明，影响极大。

"盛事两般君揔得，老莱衣服戴颙家。"尾联用典，抒写归隐山林之意。"盛事两般"紧承上联而来，三清乘鹤和天上仙人乘槎而至，想是观看黄炼师炼丹吧！这两种难得的盛事你都得到了，还有什么不满足呢？末句用二典，为黄炼师今后生活指出两点：一要像老莱子一样着彩娱亲，孝敬老人；二是如戴颙一般，不去做官，隐居修道，著书立说，光大西华教派。这是诗人对于遁入空门的女道士黄炼师的箴言忠告，也流露出诗人自己意欲归隐山林之意，揭出此诗题旨。（毕桂发）

【原文】

偶 兴

逐队随行二十春(1)，曲江池畔避车尘。
如今赢得将衰老(2)，闲看人间得意人(3)。

【毛泽东圈评等情况】

毛泽东对此诗后二句逐句加了密圈。

[参考] 张贻玖：《毛泽东评点、圈阅的中国古典诗词》，
中国工人出版社 1992 年版，第 159 页。

【注释】

（1）二十春，指次数多。罗隐困居京师前后长达十几年，曾多次到曲江池畔春游。

（2）赢，《甲乙集》作"梦"。

（3）得意人，指新科进士们。

【赏析】

罗隐屡试不第，失意诗很多，此为其一。诗题作"偶兴"，看下面内容，原是诗人在曲江池畔的即景抒怀之作。

晚唐的长安，虽经安史战乱破坏，但城市规模仍然很是壮阔宏伟。在当时都城的东南角，有一组游览胜地，这里地势起伏较大，低处为一形似长葫芦的小湖泊。因其水面弯曲，故名曲江池。每年春季，长安城里上自皇帝、大臣、贵戚，下至普通百姓，都纷纷到曲江池一带来踏青游赏。尤其在阴历三月初三，根据古时的习俗，人们要到水边清洗尘垢，除去不祥。诗人困居长安多年，屡次在科场失意，本想到一清静之地"避车尘"，可这里依然游人如织，车马喧嚣，陌尘扑面。前两句写诗人久不得志，展望前景渺茫，无所适从。"逐队随行二十春"，是指多次到曲江池畔游览，但都是跟随别人，亦步亦趋，"二十春"，可谓次数多矣。字里行间蕴含了诗人久不得意的郁愤之情。

后二句，则更进一步叙写了诗人怀才不遇、抱负难施的辛酸感受。据罗隐《湘南应用文集序》："隐大中末即在贡籍中，自己卯（859）至于庚寅（870），一十二年，看人变化。"诗人志大才高，性好讥讽，对当时的黑暗现实进行过有力的讽刺和揭露，因此，"尤为公卿所恶"（《五代史补》卷一），故累试不第。一次又一次的打击降临到诗人身上，他备尝艰辛，不觉老之将至。诗人在《长安秋夜》中也曾沉痛地吟咏道："归计未知身已老，九衢双阙夜苍苍。"此诗中"闲看人间得意人"，是暗蕴对比手法叙写诗人的难言之隐。唐时曲江池西面，有个花木茂盛的杏园，按当时习俗，新考中的进士们要在这里举行宴会。新科进士们春风得意，对酒当歌，高谈阔论，互勉前程远大。诗人到此触景生情，难免有不平之声。

一个"闲"字，初看似不经意，而又绝非等闲之笔。诗人寓愤慨于调侃之中，写出了一个愤世嫉俗者的满腔悲愤，写出了一个有才华、关心国家命运的人备受压抑的血泪控诉。

此诗虽题作"偶兴"，但决非诗人偶然的一时兴起之作，而是诗人长期受到压抑、摧残后突然勃发的愤怒抗争，是诗人笑在脸上、哭在心头的真实写照。因而，读之有郁郁顿挫、铮铮深沉之慨。另外，此诗表现手法上也很有特点。全诗字字句句平实无华，道家常语，说平常话，可抒写的却是较深层次的真情实感。虽未写一"怨""愤"之词，可"怨""愤"之情弥漫渗透在字里行间，颇有蕴藉丰厚、独具机杼之妙。（孙学士）

【原文】

览晋史

齐王僚属好男儿⁽¹⁾，偶觅东归便得归。
满目路歧抛似梦⁽²⁾，一船风雨去如飞。
盘擎紫线莼初熟，箸拨红丝脍正肥。
惆怅中途无限事⁽³⁾，与君千载两忘机⁽⁴⁾。

【毛泽东圈评等情况】

毛泽东读罗隐《罗昭谏集》或《甲乙集》卷六时圈阅了这首诗。

[参考] 张贻玖：《毛泽东评点、圈阅的中国古典诗词》，中国工人出版社 1992 年版，第 240 页。

【注释】

（1）齐王僚属，指张翰。西晋文学家，字季鹰，吴（今江苏苏州）人。齐王司马冏执政，任大司马东曹掾。时政事混乱，知冏将败，翰为避祸，急欲南归，乃托辞见秋风起，思念故乡莼菜、莼羹、鲈鱼脍，遂辞官归吴。后来诗文中常用作退休的典故。

（2）路歧，本指大道上分出的小路，用以比喻生活中的逆境、波折。

（3）中途，《全唐诗》作"途中"，据《罗昭谏集》《甲乙集》改。

（4）忘机，清除机巧之心，常用以指甘于淡泊，与世无争。唐王勃《江曲孤凫赋》："尔乃忘机绝虑，怀声弄影。"

【赏析】

《全唐诗》此诗题下注："张翰思吴中鲈脍莼羹。"可见此诗是因张翰而作。张翰，西晋文学家，字季鹰。"齐王冏辟为大司马东曹掾，……因见秋风起，乃思吴中菰菜、莼羹、鲈鱼脍，曰：'人生贵得适志，何能羁宦数千里以要名爵乎！'遂命驾而归。"（《晋书·张翰传》）诗的前四句写的就是这件事。诗人称张翰为"好男儿"，对他不汲汲于名利、激流勇退、落叶归根表示赞赏，而对他能够"适志""偶觅东归便得归"又不无羡慕，因为诗人自己常常处于矛盾之中，常常不能"适志"。"满目路歧抛似梦，一船风雨去如飞。"路歧，本指大道上分出的小路，用以比喻生活中的逆境、波折，这里可视为张翰为官时的林林总总。既然已经辞官，什么功名利禄、荣华富贵以及官场的明争暗斗、尔虞我诈，一概是过眼云烟，全部抛却，无官一身轻。此时顺水顺风，舟行如飞，何其快哉！至此，一个不求荣名、旷达适情的高士形象便跃然纸上。

五、六句紧承上文而来，具体描绘张翰到家之后的情形："盘擎紫线莼初熟，箸拨红丝脍正肥。"好香好美哟，馋得人要流口水了。张翰多年为官在外，一旦回乡，亲友们少不得摆宴庆贺，为其接风洗尘，而宴席上更少不了"游子"喜欢的莼羹鲈鱼脍。此二句绘形绘色，把家乡亲友的热情纯朴、宴席热闹欢快的气氛表现得淋漓尽致，张翰此时的情景、心绪自不待言。

面对如此欢乐的场面，诗人岂能无动于衷？于是便思接千载，和古人攀谈起来："惆怅途中无限事，与君千载两忘机。"忘机，指忘却机巧之心，而自甘恬淡、与世无争。据《世说新语·任诞》记载："张季鹰纵任不拘，时人号为江东步兵。或谓之曰：'卿可纵适一时，独不为身后名也？'答曰：'使我有身后名，不如即时一杯酒。'"这可称得上是"忘机"的最好注脚。面对把名利看得如此淡漠的古人，诗人决意向他学习，和他一起

"忘机"，把一切一切的烦恼、惆怅统统抛却，像张季鹰一样，与世无争，乐得逍遥。这是诗人思想的又一面：适性旷达，得过且过。他另有诗云："今朝有酒今朝醉，明日愁来明日愁。"此可与张季鹰视为同调。

这首诗看似咏怀古人，实际上也是诗人自己矛盾复杂心情的发抒。诗人一直怀着用世思想，却又报国无门，进退维谷；面对进退裕如的古人，他怎能不发慨抒怀呢？诗共八句，前六句都是关于张翰的客观叙述、描绘，诗人的情感渗透于字里行间，最后两句直接抒慨，揭示了此诗的题旨。（韩爱平）

【原文】

绵谷回寄蔡氏昆仲

一年两度锦江游⁽¹⁾，前值东风后值秋⁽²⁾。

芳草有情皆碍马，好云无处不遮楼。

山将别恨和心断，水带离声入梦流。

今日因君试回首⁽³⁾，淡烟乔木隔绵州⁽⁴⁾。

【毛泽东圈评等情况】

毛泽东曾手书过这首《绵谷回寄蔡氏昆仲》。

[参考]中央档案馆编：《毛泽东手书选集·古诗词（下）》，

北京出版社1996年版，第52页。

1958年，成都会议期间，毛泽东圈阅的《诗词若干首》（唐宋明朝诗人写的有关四川的一些诗和词）中选录了罗隐这首诗，题作《魏城逢故人》。

[参考]刘开扬注释：《诗词若干首》（唐宋明朝诗人咏四川），

四川人民出版社1979年版，第112页。

【注释】

（1）锦江，在今四川成都南门外，一名流江。一作"锦州"，则指成都。

（2）东风，春风。

隋唐五代诗

（3）因君试回首，《才调集》作"不堪回首望"。

（4）绵州，州名，以绵水得名，治所在巴西（今四川绵阳东）。淡烟乔木，《才调集》作"古烟高木"。

【赏析】

此诗最早载《才调集》卷八，《甲乙集》卷六载此诗题作《魏城逢故人》。绵谷，在今四川广元。这首诗是一首追忆昔游的怀人之作。原来，诗人在锦江（四川成都南面）游览时结识了蔡氏兄弟，之后诗人又从成都到了绵州、绵谷。尽管时隔不久，诗人却写诗回寄这两位朋友，可见其友情非同一般。昆仲，称人兄弟，长曰昆，次曰仲。

首联"一年两度锦江游，前值东风后值秋。"一腔的喜悦之情跃然纸上！锦江乃名胜之地，能游览一次实属幸事，何况是"一年两度"，又是在极宜游的季节。两个"值"字，蕴含着春秋皆佳时之意，饱含深情，直灌注全篇。颔联"芳草有情皆碍马，好云无处不遮楼。"极写锦江美景的神韵。这两句承前两句，具体写锦江游踪，写所见胜景，写对锦江风物人情的留恋。上句写春，下句写秋，明明是诗人多情，沉醉于大自然的迷人景色，却偏将人的感情赋予那碧草白云。春游时，锦江两畔春草芊芊，诗人流连忘返，诗中却说连绵不尽的芳草好像友人一样，对自己依依有情，似乎有意绊住马蹄，不让离去。秋游时，秋云舒卷，云与楼相映衬而景色更美。诗人为之目摇神移，诗里却说，是那美丽的云彩富有情感，为能殷切地挽留诗人，有意把楼台层层遮掩。这两句诗深得锦江美景之神韵，是诗中最富有诗意的句子。

颈联"山将别恨和心断，水带离声入梦流。"真是乐极生悲！诗人笔锋一转，极写告别锦江山水的离愁别恨。在离人的眼里，锦江的山好像亦拥有别恨，锦江的水也似乎发出了咽泣的离别之声。"和心断""入梦流"，更是表达了诗人的一腔离情：美丽多情的锦江啊，真使人魂牵梦绕、肝肠寸断！

尾联"今日因君试回首，淡烟乔木隔绵州。"诗人再次向友人表达了对锦江的留恋之情。他把那"芳草""好云""断山""流水"的缠绵情意，都归落到对友人的怀念上，说今天因为怀念您，回头远望锦城，只见远树朦胧，云遮雾绕。最后以乔木高耸、淡烟迷茫的画面寄写自己的情思，显得情韵悠长，余味无穷。

罗隐的诗多以平白如话，构思奇特见长。可这首诗却写得精雕细琢，平整工巧，情景交融，含蓄有味。如中间二联分别通过写锦江地上芳草、空中好云、山脉、河流的可爱和多情，以表达对蔡氏兄弟的友情，寄托对他们的怀念。作者善于以情取景，以景写情，为答谢友人的一片盛情，只说锦江的草、云、山、水的美好多情，而不直说蔡氏兄弟的热心多情，深得"不著一字，尽得风流"之妙。

毛泽东圈点并手书过这首诗，1958 年，成都会议期间，还推荐给与会代表阅读，说明他对此诗十分欣赏。（孙学士）

【原文】

黄鹤驿寓题

野云芳草绕篱边(1)，敢对青楼依少年(2)？
秋色未催榆塞雁(3)，人心先下洞庭船(4)。
高歌酒市非狂者(5)，大嚼屠门亦偶然(6)。
车马同归莫同恨，古人头白尽林泉(7)。

【毛泽东圈评等情况】

毛泽东读罗隐《罗昭谏集》或《甲乙集》卷六时圈阅了这首诗。

[参考] 张贻玖：《毛泽东评点、圈阅的中国古典诗词》，
中国工人出版社 1992 年版，第 240 页。

【注释】

（1）野云芳草，暗用崔颢《黄鹤楼》诗"芳草萋萋鹦鹉洲"句意，也暗指歌女。篱边，据《罗昭谏集》，《全唐诗》作"离鞍"。

（2）青楼，青漆涂饰的豪华精致的楼房，此指歌伎所居之处，代指美女。

（3）榆塞，即榆林塞，此泛指北方边塞。

（4）洞庭，即洞庭湖，在今湖南北部。

（5）高歌酒市，用荆轲事。战国时人荆轲在燕国爱与狂徒及善击筑者高渐离日饮燕市。

（6）大嚼屠门，比喻艳羡而不能得到，姑凭设想以自慰（见汉桓谭《新论》）。屠门，肉铺，宰牲的地方。

（7）尽林泉，指归隐山林。

【赏析】

湖北武汉蛇山的黄鹄矶头，旧有黄鹤楼，传说有仙人子安尝乘黄鹤过此，故名。黄鹤驿或在此附近。诗人欲南下洞庭，暂寓黄鹤驿，于是有是作。

首联"野云芳草绕篱边，敢对青楼倚少年。"盛唐诗人崔颢《黄鹤楼》诗有"芳草萋萋鹦鹉洲"句，诗人暗用其意。联系下文，"野云芳草"也暗指歌女。青楼，指歌伎所居之处，代指美女。诗人要离此南下，可这里的"野云芳草"紧紧缠绕着"篱边"，苦苦挽留，诗人便不忍弃去，权居青楼，"逍遥"一回！可是人虽住下，心早已飞走。

颔联"秋色未催榆塞雁，人心先下洞庭船。"榆塞，古代北方边塞植榆，故称边塞为"榆塞"。洞庭即洞庭湖，在湖南北部。时值初秋，天气尚暖，大雁还未从北方南飞，可诗人的心却早已飞到了洞庭湖的船上。欲走却被留下，可心又飞走了，事情往往就是这样，身不由己。想干的事情往往不能干，不想干的事又偏偏必须干，其实干也无妨，偶尔为之也无大碍。

颈联"高歌酒市非狂者，大嚼屠门亦偶然。"屠门，肉铺、宰牲的地方。大嚼屠门，比喻艳羡而不能得到，姑凭设想以自慰。汉桓谭《新论》："人闻长安乐，则出门向西而笑；人知肉味美，则对屠门而大嚼。"三国魏曹植《与吴季重书》："过屠门而大嚼，虽不得肉，贵且快意。"诗人以为，有些人并非酒徒，亦非狂者，有时醉酒也可能在酒市上高歌狂舞；有时不妨对屠门而大嚼，聊以自慰，也无不可。正像"敢对青楼"一样，都是偶尔为之。这里表现了诗人任情放性、狂放不羁的性格。他另有诗云：

"但愿我开素袍，倾绿蚁，陶陶兀兀大醉于清宵白昼间，任他上是天下是地"（《芳树》），此可看作"敢对青楼""高歌酒市""大嚼屠门"的最好注脚。

尾联"车马同归莫同恨，古人头白尽林泉。"不管是"敢对青楼"，还是"高歌酒市""大嚼屠门"，对正直人来说，都不过是为遣愁释恨而已，尽管愁有千条，恨有千种，最终会"车马同归"、归隐山林、终其一生。古之贤人，尤其是怀才不遇之人，大都如此。诗人对此也不无羡慕，也常动归隐之意，可又斩不断俗念，"抛掷红尘应有恨"（《西京崇德里居》），他一直想用世，想报国，只能羡慕古人的超脱。这种矛盾、苦恼的心情在他不少诗篇里都有反映："年年模样一般般，何似东归把钓竿。"（《下第作》）"归计未知身已老，九衢双阙夜苍苍。"（《长安秋夜》）写得沉郁顿挫，感慨苍凉，而此诗却以狂放不羁出之，则比较突出。此诗前六句写得豪放纵恣、气势不凡，最后一联笔势一跌，又跌出了新意、深意：古人能归"林泉"，自己呢？就此"偶然"下去？抑或也去归隐？"洞庭船"是不是好的去处？暗暗照应上文，点出"人心先下洞庭船"的原因所在，把诗人那种欲进不能、欲退不忍却又不甘放纵沉沦的痛苦矛盾心情表现得淋漓尽致。"罗隐诗篇篇皆有喜怒哀乐心志去就之语，而卒不离乎一身。"（宋胡仔《苕溪渔隐丛话》前集卷二四引《桐江诗话》）此又一例也。（韩爱平）

【原文】

中秋夜不见月

阴云薄暮上空虚，此夕清光共破除[1]。
只恐异时开霁后[2]，玉轮依旧养蟾蜍[3]。

【毛泽东圈评等情况】

毛泽东在此诗的每句末都圈了双圈，并在后两句旁圈了密圈。

[参考] 张贻玖：《毛泽东评点、圈阅的中国古典诗词》，
中国工人出版社 1992 年版，第 158 页。

【注释】

（1）共，据《甲乙集》。《全唐诗》作"已"。

（2）霁（jì），雨止天晴，泛指风霜雨雪停止，天气晴好。此处指云消雾散。

（3）玉轮，月的别名。蟾蜍（chán chú），两栖动物，俗称癞蛤蟆。古代神话传说云、月中有蟾蜍。《后汉书·天文志上》南朝梁刘昭注引张衡《灵宪》："姮娥遂托身于月，是为蟾蜍。"

【赏析】

中秋之夜，当是"今夜月明人尽望"的赏月良宵，可诗人此夜恰遇上了"阴云薄暮上空虚，此夕清光共破除"。那万里的清光银辉被阴云遮掩，实在叫人扫兴！诗人常有的愁思怨情，又罩上了一层阴影。他一生怀才不遇，屡次在科场失意，生活颠沛流离，十分潦倒。试想，在这样的境况下，秋风瑟瑟，望月无辉，眼前一团漆黑，前途是何等的昏暗！心境该当是何样的凄凉！值得注意的是，诗人写中秋无月，竟也写得十分的轻松、自然。如"薄暮"上空，"清光""破除"，让人读了似无沉闷压抑之感。这真是潇洒的诗人，洒脱的诗句！

诗人的文才韬略在当时已名满天下，唐昭宗欲批以甲科进士。因一位大臣说：罗隐虽有才，然多轻易，明皇圣德，犹横遭讥谤，将相臣僚，岂能幸免。所以被搁置不予重用。尽管如此，诗人以天下为己任的抱负仍然有增无减，期望有朝一日能大展宏图。后二句即是写了他不甘沉沦的进取精神。

"只恐异时开霁后，玉轮依旧养蟾蜍。"霁，指云雾消散。玉轮、蟾蜍，皆指代月亮。古代神话传说月中有桂树，另有吴刚、嫦娥。吴刚常砍桂树，树创后随合。嫦娥是羿的妻子，她偷吃了长生不老之药，奔向月宫，变为蟾蜍仙子。科举时代，人们常以"月中折桂"或"蟾宫折桂"指代应试高中。如唐诗人许浑有《下第贻友人》："人心高下月中桂，客思往来波上萍。"可见，此诗当是诗人落第后的感慨之作。可喜的是，诗人对落第看得是如此的洒脱，委婉地写了他不甘沉沦、向往光明的积极心态。

诗人对此十分自信：恐怕不久阴云会自行消散的，总有一天，我是可以月中折桂的。一副不卑不亢的傲岸情态！没有奇才大志的人，绝对是写不出如此潇洒的诗句的。

此诗的可贵之处，就在于诗人写了"阴云薄暮"之后，并未说一个"怨"字，可见，他对"落第"似乎已不屑一顾。诗人总是坚信这一点：黑暗只是暂时的，光明不久就会到来。这是此诗积极的思想性。诗的艺术性也值得称道。全诗字里行间写的都是"中秋夜不见月"的情景，而实际上却是在写他不屈不挠、向往光明的思想，抒发他不甘沉沦、奋力进取的情怀。本诗特点是含而不露，蕴藉丰厚，读之可以咏叹再三，愈是细品愈足有味。

从毛泽东的圈点来看，他非常喜读这首诗。（孙学士）

【原文】

赠无相禅师

人人尽道事空王[(1)]，心里忙于市井忙[(2)]。
惟有马当山上客[(3)]，死门生路两相忘[(4)]。

【毛泽东圈评等情况】

毛泽东读罗隐《甲乙集》或《罗昭谏集》卷七时圈阅了这首诗。

[参考] 张贻玖：《毛泽东评点、圈阅的中国古典诗词》，
中国工人出版社 1992 年版，第 241 页。

【注释】

（1）空王，佛家语，对佛之尊称。佛说世界一切皆空，故称"空王"。"佛为万法之王，又曰空王。"（见《圆觉经》）

（2）市井，古代城邑中集中买卖货物的场所。其得名之由，见于《汉书·货殖传序》："商相与语财利于市井。"颜师古注曰："凡言市井者，市，交易处；井，共汲之所，故总而言之也。"其他尚有多说。此指街头、街市。

（3）马当山，在江西彭泽东北四十里，山形似马，横枕大江，为无相禅师修身之地。故称其为"马当山上客"。

（4）死门，又曰死关，以死为自此世至他世之门关也。两相忘，指无相禅师专心事佛，置生死之念于身外，到了物我两忘的境地。

【赏析】

这是写给浮屠无相禅师的诗。无相，禅师（648—724），唐代高僧，人称"金和尚"，朝鲜人，住成都净众寺。禅师，对僧侣之尊称。罗隐并不信佛，但与这位无相禅师交情颇深，另有《寄无相禅师》诗云："老住西峰第几层？为师回首忆南能。有缘有相应非佛，无我无人始是僧。烂椹作袍名复利，铄金为讲爱兼憎。何如一衲尘埃外，日日香烟夜夜灯。"极赞其佛事活动，也见出罗隐对他的推重。此七绝则是称颂其修身不凡，赞美之情溢于言表。

"人人尽道事空王，心里忙于市井忙。"空王，佛家语，佛之尊称。佛说世界一切皆空，其法曰空法，故称空王。《圆觉经》曰："佛为万法之王，又曰空王。"此与下句"市井"相对言。市井，本指众人进行买卖的地方，因此也指商贾。此二句是说，很多人都参禅事佛，可内心却不清静，甚至比尘世上商贾的心事还多——云空未必空。相比之下，无相禅师则是真心诚意事"空王"，诗人不禁赞道："惟有马当山上客，死门生路两相忘。"马当山，在江西彭泽东北四十里，山形似马，横枕大江，此为无相禅师修身之地，故称其为"马当山上客"。死门，又曰死关，以死为自此世至他世之门关也。《心戒文中》曰："入死门后，共相誓愿为向弥勒。"此"死门""生路"，在佛家看来，一切众生，惑业所招，生者死，死者生。《楞严经》云："生死、死生，生生死死，如旋火轮。"生、死无差别，故云"两相忘"。这里主要是称赞无相禅师修身得法，专心事佛，生死之念早置于身外，已经到了物我两忘的境地。这才是真正的禅师。

此诗运用通俗明白的语言，鲜明的对比手法，刻画了一位修身不凡的浮屠形象，短小精悍，言简意明。诗人的褒贬、爱憎尽在不言中。（孙方　韩爱平）

夜泊义兴戏呈邑宰

溪畔维舟问戴星⁽¹⁾，此中三害在图经⁽²⁾。

长桥可避南山远⁽³⁾，却恐难防是最灵⁽⁴⁾。

【毛泽东圈评等情况】

毛泽东读罗隐《甲乙集》或《罗昭谏集》卷八时圈阅了这首诗。

[参考] 张贻玖：《毛泽东评点、圈阅的中国古典诗词》，

中国工人出版社 1992 年版，第 241 页。

【注释】

（1）维，系。戴星，比喻勤于政事的县令。典出《吕氏春秋·察贤》："巫马期治单父，以星出，以星入。日夜不居，以身亲之，而单父亦治。"此指义兴县令。

（2）三害，指晋朝时发生在义兴县的故事：义兴周处，少孤。未弱冠，膂力过人，好驰骋田猎，横行乡里，当地人把他与南山虎、长桥蛟并称为"三害"。后来，周处改过自新，杀蛟射虎，"三害"并除，乡里相庆（见《晋书·周处传》）。图经，附有图画、地图的书籍或地理志。在，此据《甲乙集》，一有作"有"。

（3）长桥，指长桥下蛟。南山，指南山中白额虎。

（4）最灵，指人，人为万物之灵。妨，《全唐诗》作"防"，《甲乙集》作"妨"。最，《罗昭谏集》作"醉"。

【赏析】

诗人乘舟往游，泊舟义兴，有感于"义兴三害"的传说，戏作此诗，进呈县令，于不经意中谈了为官、治邑的大道理。义兴，即今江苏宜兴。汉置阳羡县，隋开皇九年以阳羡县改，唐因之，属江南东道常州，北宋初改为宜兴。邑宰，即县令。

"溪畔维舟问戴星，此中三害在图经。"首二句，直言其事，言乘舟

到了义兴，便系船河岸去县府访问县令。早从图书上得知此地"三害"的故事，不妨和县令叙谈叙谈。维，即系的意思。戴星，是对政绩显著的县令的称呼。《吕氏春秋·察贤》说：巫马期治单父，"以星出，以星入，日夜不居，以身亲之，而单父亦治"，这是"任力"的治法，比较辛苦。而宓子贱治单父县则"弹鸣琴，身不下堂，而单父治"，这是"任人"的治法，比较省力。后来遂以"戴星"比喻勤于政事的县令，此指义兴县令。"三害"，指晋朝时发生在义兴县的故事。据《晋书》卷五八《周处传》记载：义兴周处，少孤，未弱冠，膂力过人，好驰骋田猎，不修细行，纵情肆欲，州曲患之。并南山白额猛兽、长桥下蛟，父老视为"义兴三害"。后来周处改过自新，乃入山射杀猛兽、投水杀蛟，"三害"并除，乡里相庆。图经，犹言图书，此指史书、地志之类。言图书经籍已载有"义兴三害"的故事。正因如此，诗人用"戴星"来称义兴县令，就有特殊的意义，与其说是恭维，倒不如说是暗示，暗示什么呢？三四句作了明确交代：

"长桥可避南山远，却恐难防是最灵。"出语比较含蓄，但义理颇深，点出"三害"中治人是第一等要事，也是难事。"长桥"下的蛟可以避开，"南山"猛兽因远而好防，但是最"难防"的"却恐"怕是"最灵"者。人为万物之灵，人是最难治的，比若"三害"，人之一害"除"而"三害"并除，所以治人才是一县之长最主要的工作。"任力而治"是有限的，需要"任人而治"。"任人而治"才能使一县甚至一邦真正得到治理。

本诗语言简洁朴实，又含蓄蕴藉，向人们揭示了一个理政以治人为本的深刻道理，言简意赅，发人深思。（孙方　韩爱平）

【原文】

经耒阳杜工部墓

紫菊馨香覆楚醪，奠君江畔雨萧骚。

旅魂自是才相累，闲骨何妨冢更高。

骐骥丧来空蹇蹶[1]，芝兰衰后长蓬蒿。

屈原宋玉怜君处[2]，几驾青螭缓郁陶[3]。

【毛泽东圈评等情况】

毛泽东读罗隐《甲乙集》或《罗昭谏集》卷八时圈阅了这首诗。

[参考] 张贻玖：《毛泽东评点、圈阅的中国古典诗词》，

中国工人出版社 1992 年版，第 240 页。

【注释】

（1）骤（lù）骥，良马名，喻杜甫。蹇，跛，行动迟缓。蹶（jué），跌倒，此指驽马行动迟缓。骤骥，《甲乙集》作"骥骤"。空，《罗昭谏集》作"轻"。

（2）怜君，《文苑英华》作"怜居"，《全唐诗》作"邻居"。

（3）螭，传说中的无角龙。屈原有诗云"驾青虬兮骖白螭"（《九章·涉江》）。郁陶，忧思郁积貌。《孟子·万章上》："郁陶思君尔。"

【赏析】

杜工部，即杜甫，祖籍襄阳（今属湖北），生于巩义（今属河南）。西川节度使严武曾任为节度参谋、检校工部员外郎，故世称"杜工部"。杜甫是我国古代最伟大的现实主义诗人，被誉为"诗圣"。他生活在唐王朝由兴盛走向衰落的时代，写下了大量忧国忧民、反映民生疾苦之作，深刻反映了安史之乱前后的社会现实，因此，他的诗被称为"诗史"。就是这样一位大诗人，一生却郁郁不得志，两次应进士举，均未中第，颠沛流离，辗转无定所。晚年游荆楚，贫病交加，卒于耒阳（今属湖南），并草葬于此，杜甫"子宗武流落湖湘而卒，元和中宗武子嗣业自耒阳迁甫之枢，归葬于偃师（今属河南）西北首阳山之前"（刘昫《旧唐书·杜甫传》）。由此可见，罗隐所凭吊的"耒阳杜工部墓"只是杜甫的衣冠冢。但这又有何妨，照样可以寄托哀思，表达怀念、敬仰之情。

这是一首七言律诗。"紫菊馨香覆楚醪，奠君江畔雨萧骚。"醪（láo），醇酒。萧骚，象声词，指雨声。诗人摆上紫菊和楚地的醇酒，在江边祭奠一代诗尊。紫菊、醇酒，馨香馥郁，以此为祭，见出诗人的郑重其事以及对所祭之人的无比敬仰。老天也似知人意，特来替人垂泪，以助哀思，真

是天人共悲！当然还是人更哀："旅魂自是才相累，闲骨何妨冢更高。"一代大诗人，生前困窘，死后又不得葬所，这都是因为太有才了，那么如今我们应该把他的冢添得高高的，以与他的才相称，也让后世学子不那么寒心！接下来诗人继续抒怀："骤骥丧来空蹇蹶，芝兰蓑后长蓬蒿。"骤骥，良马名；芝兰，香草名；蹇蹶，蹇，跛，行动迟缓，蹶，跌倒，此用来形容驽马行动迟缓。这两句叙写的是自然现象，但言在此而意在彼，用两个恰切的比喻来盛赞杜甫，称他是诗坛上的"良马""香草"，他的确是当之无愧！而"蹇蹶""蓬蒿"之喻，虽然言过其实（暗含自抑之意），但不无道理：杜甫代表着现实主义诗歌创作的一个巅峰，"李杜文章在，光焰万丈长"（韩愈《调张籍》）。只有李白才能和他相提并论，所以诗人怎么比喻都不为过。

按说祭罢、奠罢、赞扬罢，诗也该结束了，可是诗人言犹未尽，又翻出新意。他深知杜甫一生忧国忧民，"忧端齐终南，澒洞不可辍"（杜甫《自京赴奉先咏怀五百字》）。于是便展开想象的翅膀，请出屈原、宋玉，让他们"几驾青螭缓郁陶"。螭，传说中无角的龙。屈原曾"驾青虬兮骖白螭，吾与重华游兮瑶之圃"（屈原《九章·涉江》）。"郁陶"，忧思郁积貌。屈原、宋玉是历史上有名的文学家，又都是楚国人，杜甫得到他们的同情，也算不幸中之大幸；而他们更爱杜甫之才、同情杜甫之遭遇，于是几次驾着"青螭"来为杜甫排解忧思，几个大文豪聚会一起，绝不会尽谈伤心事，也肯定会谈诗论文，切磋学问……最后两句，想象奇特，把诗人对杜甫的敬仰、同情、关切之情表达得淋漓尽致，语完意足，感人至深。

此诗八句，除一、二句叙事、绘景外，其余全是抒情、议论，但情、景、理结合紧密，景中有情，情景相生：情理互见，合理合情。尤其是比喻、想象手法的运用，使此诗语言生动、感情真挚、形象鲜明，实在是凭吊作品之上乘。（韩爱平）

莲塘驿

莲塘馆东初日明，莲塘馆西行人行[1]。

隔林啼鸟似相应，当路好花疑有情。

一梦不须追往事，数杯犹可慰劳生[2]。

莫言来去只如此，君看鬓边霜几茎[3]。

【毛泽东圈评等情况】

毛泽东读罗隐《甲乙集》或《罗昭谏集》卷八时圈阅了这首诗。

[参考] 张贻玖：《毛泽东评点、圈阅的中国古典诗词》，

中国工人出版社1992年版，第240页。

【注释】

（1）西，乃与首句"东"相对而言，并非实指。行人行，言行人开始赶路。行人，出行的人，出征的人。

（2）劳生，语出《庄子·大宗师》："夫大块载我以形，劳我以上，佚我以老，息我以死。"后以"劳生"指辛苦劳累的生活。

（3）霜，指白发。茎，根。

【赏析】

莲塘驿，古驿名，在今江苏盱眙境内。此地鸟语花香，林木葱郁，景色秀美，中唐诗人李益有同题诗曰："菱花覆碧水，黄鸟双飞时。"诗人也感于这秀色美景，于是写下了这首七言律诗《莲塘驿》。

此诗八句，前四句写目之所见：清晨，诗人一觉醒来，太阳刚刚露面，大地已光明一片，路上行人开始多起来，来往不断。"莲塘馆西行人行"是说，临近馆西的大道上行人开始趁早赶路。路上行人不断，树林里的小鸟似知人意，特为早起的人们助兴，比赛似的亮起歌喉，鸣声婉转，此起彼伏，更为这大好晨光平添几分雅致。路边鲜花簇簇，带露绽放，几

挡去路，送往迎来，饱人眼福，确是迷人、醉人！诗人写景，绘声绘形，形象鲜明，色彩亮丽，读来使人如历其境。

如此美景，诗人沉醉了，于是吟出颈联："一梦不须追往事，数杯犹可慰劳生。"他夜里可能做了个不太"美"的梦，但当此美景，一切不快、一切往事都应忘却，再饮上几杯美酒，人生的烦恼便会一扫而光，正是酒不醉人人自醉，简直飘飘欲仙了！既赏美景复饮美酒，本是惬意事，是人生一大乐事，但乐极生悲，诗的最后一联，突然一转，似异峰突起，翻出别意："莫言来去只如此，君看鬓边霜几茎。"你们不要以为我一向如此快乐，这里的"乐"只是暂时的，是聊以享受，我生活的大部并不是"乐"，而是哀、是愁、是矛盾、是烦恼。如若不信，就请看看我这越来越斑白的双鬓吧！抒写感喟，沉郁顿挫，与上文构成了鲜明的对比，发人深思。

诗人览胜，多有怀古寄慨之作，此诗却只写眼前景，抒心中情，毫无怀古之意，这在此类诗中是比较突出的。诗人写作不拘一格，不法常规，意到笔随，由此可见一斑。此诗以绘景抒情起，以议论骋怀结，起得自然，结得突兀，以乐景写哀情，渲染得法，诗人感情的变化，表现在诗的结构上，便使之曲折跌宕、摇曳生姿，哀乐对比，十分鲜明。（韩爱平）

【原文】

题润州妙善前石羊

紫髯桑盖此沉吟⁽¹⁾，狠石犹存事可寻⁽²⁾。

汉鼎未安聊把手⁽³⁾，楚醪虽满肯同心？

英雄已往时难问，苔藓何知日渐深。

还有市廛沽酒客⁽⁴⁾，雀喧鸠聚话蹄涔⁽⁵⁾。

【毛泽东圈评等情况】

毛泽东读罗隐《甲乙集》或《罗昭谏集》卷八时圈阅了这首诗。

[参考] 张贻玖：《毛泽东评点、圈阅的中国古典诗词》，中国工人出版社1992年版，第240页。

（1）紫髯，指吴主孙权，人称紫髯将军。桑盖，指蜀主刘备。《三国志·蜀书·先生传》载："先主（刘备）少孤，与母贩履织席为业。舍东南角篱上有桑树，生高五丈余，遥望见童童如小车盖。往来者皆怪此树非凡，或谓当出贵人。先主少时，与宗中诸小儿于树下戏，言：'吾必当乘此羽葆盖车！'"后因此借指刘备。

（2）狼，据《罗昭谏集》，《甲乙集》作"银"，《全唐诗》作"很"。

（3）鼎，为古代传国重器，政权的象征，安鼎即安国。聊，姑且。把手，握手。

（4）市廛（chán），集市。

（5）鸠聚，聚集。蹄涔（cén），兽蹄迹中的积水，比喻容量很小。此指孙权、刘备气量不大，最终不能成大事，而徒为后人笑。

【赏析】

此诗题下原注云："传云：吴主孙权与蜀主刘备尝与此置会云。""此"即润州甘露寺。润州，古地名，即今江苏镇江。镇江北固山上有甘露寺，相传为三国吴甘露年间所建，故名。据胡仔《苕溪渔隐丛话》前集卷二四引《蔡宽夫诗话》记载："润州甘露寺有块石，状如伏羊，行制略具，号狼石。相传孙权尝据其上，与刘备论曹公。壁间旧有罗隐诗板云：'紫髯桑盖……'时钱镠、高骈、徐温鼎立三方，润州介处其间；隐此诗比平时所作，亦差婉而有味也。元符末，寺经大火，诗板不复存，而石亦毁剥矣。"由此可见，此诗所作，有极强的针对性，盖为借古喻今，意在言外也。

"紫髯桑盖此沉吟，狼石犹存事可寻。""紫髯"，指吴主孙权，人称紫髯将军（见《三国志》）。桑盖，指蜀主刘备。《三国志·蜀书·先主传》载："先主（刘备）……舍东南角篱上有桑树生，高五丈余，遥望见童童如小车盖。……先主少时，与宗中诸小儿于树下戏，言：'吾必当乘此羽葆盖车！'"后因以借指刘备。诗一开始便紧扣史迹，描绘了当年的情景，吴主孙权和蜀主刘备曾在这里谈论"军国大事"，而且还不是一般的谈，是"沉吟"，见出其认真严肃、劳神费心。当年的石羊还在，它可是历史的见证。但是，作为割据一方的两个霸主为什么"沉吟"呢？颔联作了回答，交代他们"置会"的原因以及彼此的心情："汉鼎未安聊把手，楚醪虽满肯同心。""鼎"，为古代传国重器，政权的象征，安鼎即安国。"醪"，醇酒。这一联是说，汉鼎，即汉朝的天下归谁尚不得而知，为了谋汉，他们必须联合起来，可只不过是"聊把手"，权宜之计，而谋汉的目的又都是想自己取而代之。因此他们各怀二心，满斟的美酒也无法消弭彼此的芥蒂，只能心照不宣，难怪他们要"沉吟"了，这样的"谈判"实在劳神费心！也正因如此，他们都不可能代汉自立，而只能和魏三分天下，最终又都被魏所灭，这悲剧便是他们"沉吟"的结果。

颈联从历史回到眼前，总收一笔："英雄已往时难问，苔藓何知日渐深。"当年曾经割据一方的英雄随着时光的流逝而早已成为历史，英雄当年"沉吟"之地也早被苔藓浸没，英雄也有时，而时光无穷，想想当年他们的沉吟有什么意义呢？只不过给后人留下些酒足饭饱之余的谈资罢了："还有市廛沽酒客，雀喧鸠聚话蹄涔。"市廛，集市；鸠聚，聚集；蹄涔，兽蹄迹中的积水，比喻容量很小。"夫牛蹄之涔，不能生鳝鲔。"（《淮南子·氾论训》）这里是形容孙权、刘备都缺少君子风度，气量不大，最终不能成大事，而徒为后人笑也！集市上的市民百姓在酒肆茶楼还议论他们，真替他们耳热脸红！钱镠们看过此诗该作何想？孙刘们尚且如此，尔等又能怎样？诗的言外之意非常明确。

此诗的写作目的在于借古喻今，给执迷的当事者以前车之鉴；但诗又紧扣史迹，含而不露，确是"差婉而有味也"。（韩爱平）

【原文】

董仲舒

灾变儒生不合闻⁽¹⁾，谩将刀笔指乾坤⁽²⁾。
偶然留得阴阳术⁽³⁾，闭却南门又北门⁽⁴⁾。

【毛泽东圈评等情况】

毛泽东对此诗一路密圈到底。

[参考]张贻玖：《毛泽东评点、圈阅的中国古典诗词》，中国工人出版社1992年版，第157—158页。

【注释】

（1）灾变，指董仲舒所说："国家将有失道之败，而天乃先出灾害以谴告之。不知自省，又出怪异以警惧之。尚不知变，而伤败乃至。"（见《贤良对策一》）

（2）谩，欺骗，蒙蔽。刀笔，古代书写工具。古代书写于竹简，有误则用刀削去重写，所以"刀笔"连称。此处借指文章。南朝梁刘勰《文心雕龙·论说》："夫说贵抚会，弛张相随，不专缓颊，亦在刀笔。"指，指点。乾坤，天下，国家。

（3）阴阳术，董仲舒认为，天旱或多雨，乃阴阳失调所致。雨是阴，旱是阳。若要求雨就关南门（南为阳），开北门（北为阴）；禁止举火（火为阳），用水洒人（水是阴）（见《汉书·董仲舒传》）。

【赏析】

董仲舒为西汉哲学家（前179—前104），今文经学大师，广州（今河北枣强东）人，专治《春秋公羊传》。曾任博士、江都相和胶西王相。其学以儒学宗法思想为中心，杂以阴阳五行说，把神权、君权、父权、夫权贯串在一起，形成封建社会的神学体系。他认为，"天"对地上统治者经常用符瑞、灾异分别表示希望和谴责。他将天道和人事牵强比附，为君权神授制造理论。在《春秋繁露·必仁且知》里他说："灾者，天谴也；异者，天之威也。谴之而不知，乃畏之以威。"董仲舒意在以天的灾异压制皇权，要皇帝有所戒惧，不要为非作歹。这有一定的积极作用。但其理论的核心却是蒙骗所有的人，所以罗隐以犀利的笔锋予以揭露和讽刺。

这首七言绝句的前两句，诗人无情地批判了董仲舒的"灾变"理论。董仲舒在《贤良策对一》里说："国家将有失道之败，而天乃先出灾害以谴告之。不知自省，又出怪异以警惧之。尚不知变，而伤败乃至。"这是地地道道的唯心论。以这种奇谈怪论来限制皇权，制约封建帝王的行动，完全是不可能的，其实质则是为君权神授制造舆论。因此，诗人说董仲舒是"灾变儒生"，其理论"不合闻"。"谩"，欺骗，蒙蔽。诗人在此亦有轻蔑之意。这两句是说，灾变的理论不值得相信，岂能以这样的谬论蒙骗天下呢？

后两句亦有来历。《汉书·董仲舒传》："仲舒治国（侯国），以《春秋》灾异之变，推阴阳所以错行，故求雨闭诸阳，纵诸阴，其止雨反是。行止一国，未尝不得所欲。"师古曰："谓若闭南门，禁举火，及开北门，水洒人之类是也。"这里说，董仲舒认为天旱或多雨，是阴阳失调所造成的。认为雨是阴，旱是阳；求雨要把阳关闭，放开阴。因为南门是阳，所以要关闭，北门是阴，所以要开。火是阳，所以禁止举火。水是阴，所以用水洒人。诗人在此指斥董仲舒用调整阴阳的方法来求雨，把南门关了，到雨水过多日子，又关北门再开南门。

对这种阴阳术，《汉书·董仲舒传》里作了揭发："先是辽东高庙、长陵高园殿灾。仲舒居家，推说其意，草稿未上。主父偃候仲舒，私见，嫉之，窃其书而奏焉。上召视诸儒。仲舒弟子吕步舒不知其师书，以为大愚，于是下仲舒吏，当死。诏赦之。仲舒遂不敢复言灾异。"这是讲他言灾异碰壁，从此不敢再讲灾异的事。诗人在当时，敢于对如此"大儒"进行批判，确实是令人称道的。

此诗艺术上也有值得称道之处。诗人首先指出董仲舒灾变理论的荒谬，又以董仲舒的荒谬行径来驳斥他理论的荒谬，从而彻底否定他的灾变理论。这在写作手法上称为"以子之矛，攻子之盾"，具有很强的批驳力量。（孙学士）

【原文】

献尚父大王

数年铁甲定东瓯⁽¹⁾，夜渡江山瞻斗牛⁽²⁾。
今日朱方平殄后⁽²⁾，虎符龙节十三州⁽⁴⁾。

【毛泽东圈评等情况】

毛泽东读罗隐《甲乙集》或《罗昭谏集》卷八时圈阅了这首诗。

[参考] 张贻玖：《毛泽东评点、圈阅的中国古典诗词》，中国工人出版社 1992 年版，第 240 页。

【注释】

（1）数年，钱镠于乾符二年（875）二十四岁起兵乡里，至乾宁三年（896）平息董昌之乱，共历 21 年。东瓯，本古越族越王勾践的后裔东海王摇的都城（故址在今浙江永嘉西南），汉惠帝三年（前 192）封。此代指吴越国。

（2）此句讲钱之"定东瓯"乃天意。据《新五代史·吴越世家》载：豫章人有善术者，望牛斗间有王气。斗牛钱塘分也，因游钱塘。占之，在临安。乃之临安，以相法隐市中，阴求其人。因县录事钟起得见钱镠，大惊曰："此真贵人也。"乃慰镠曰："子骨非常，愿自爱。"此乃"瞻斗牛"之谓也。江山，吴越时改须江县为江山县，属衢州。善术者从豫章（江西南昌）赴钱塘要经过此县，故云"夜渡江山"。斗牛，吴越分野。

（3）朱方，春秋时吴地名（今江苏丹徒东南），薛朗占据朱方，烧杀抢掠，危害百姓，钱镠用兵一举歼灭之。《左传·襄公二十八年》："（齐庆封）奔吴，吴句余予之朱方。"此泛指吴越一带。

（4）虎符，兵符，古代帝王授予臣下兵权和调发军队的信物，为虎形。龙节，龙形符节。泛指奉王命出使者所持之节。十三州，指当时吴越国辖境。此句指钱镠平乱后皇帝遣使封赐事。

【赏析】

尚父大王，即吴越国王钱镠。钱镠（852—932），字具美，杭州临安（今浙江临安）人。少任侠，善射与槊，骁勇绝伦，率乡兵镇压黄巢起义军，归董昌为裨将。后昌反，镠执之，唐昭宗拜镠镇海镇东军节度使，赐铁券，拥兵两浙，旋封越王，又封吴王。唐亡，受后梁朱温（太祖）之封，称吴越国王、尚父。卒谥武肃。《旧五代史》《十国春秋》等史书皆有传。钱镠对罗隐有知遇之恩。

罗隐大半生仕途坎坷，"十上不中第"，漂泊无定所，最后回归乡里，以55岁之身，投奔钱镠幕下，颇受器重，《吴越备史》本传载钱镠"复命简书辟之"，书中说："钟宜远托刘荆州，都缘乱世；夫子辟为鲁司寇，只为故乡。"把罗隐比若王粲、孔子，累官钱塘县令、镇海军掌书记、节度判官、盐铁发运副使、著作佐郎、给事中等职。罗隐对钱镠的知遇之恩感激莫名："深恩重德无言处"（《病中上钱尚父》），多次献诗，或歌功颂德，或感恩戴德。现存罗隐诗中写给钱镠的有十余首，此乃其一，是为称颂其武功伟业之作。这首七言绝句当作于乾宁四年（897）或稍后不长的时间。是时已在钱镠部下任职十余年，对军幕中掌故颇为熟悉，所以写起来如数家珍。

"数年铁甲定东瓯"，突兀而起，言钱镠经过数年的征战拼杀，方得据有东瓯，建立了吴越国，成为"十国"时期十大国主之一，雄踞东南一方。"数年"当指从唐僖宗乾符二年（875）钱镠24岁起兵乡里、历经征战、屡建战功，至唐昭宗乾宁三年（896）平息董昌之乱共经21年，才稳定了吴越国主的地位。"东瓯"，本古越族越王勾践的后裔东海王摇的都城（故址在今浙江永嘉西南境），汉惠帝三年（前192）封。此代指吴越国。首句寥寥七字，以极其概括的语言高屋建瓴，使一位叱咤风云的武将形象呼之欲出，栩栩如生。

"夜渡"句则是对首句的补充，言其"定东瓯"乃是天意，钱镠顺天意而行，故无往而不胜。据《新五代史》卷六七《吴越世家》载：豫章人有善术者，望牛斗间有王气。斗牛钱塘分也，因游钱塘。占之，在临安。乃之临安，以相法隐市中，阴求其人。因县录事钟起得见钱镠，大惊曰："此真贵人也。"乃慰镠曰："子骨非常，愿自爱。"此乃"瞻斗牛"之谓也。江山，吴越时改须江县为江山县，属衢州。善术者从豫章（江西南昌）赴钱塘要经过此县，故云"夜渡江山"。此句借谶纬之说，言镠称霸吴越是有天命，更见其为"得道"之主，称王称霸势在必然。这虽属迷信宣传，但在当时却是对吴越王的最高赞誉。天意若此，更兼武功，能不正欤？

以上言武功、言天意，都是从大处落笔，三句则具体述事；"今日朱方平殄后"，乃指平朱方之战也。朱方，春秋时吴地名，秦汉魏晋六朝为丹徒，隋唐五代为润州治所，即今江苏镇江。据皮光业《吴越国武肃王庙碑文》记载："薛朗逐出周宝，自据朱方，南袭毗陵（今江苏常州），西侵建邺（今江苏南京），恣其剽掠，务在杀伤，将中国之危，拟扼长江之险。王乃命二麾上将，期一月报功，指其山川，授以韬略。蹄穀并举，水陆兼行，曾不旬时，讨平窟穴。"见出其"韬略"之超绝。殄，即尽、绝的意思。这里举"朱方"一战而代多战，指薛朗而代董昌等多人，是为省笔之法，收到了窥斑知豹的功效。同时，举"朱方"之一役，突出其武功，照应首句"铁甲"之语，暗含"定东瓯"之不易，从而逗出落句："虎符龙节十三州。""虎符龙节"是指在平董吕之乱后，唐昭宗乾宁四年（897）八月，昭宗遣使焦楚锽赏铁券事。券文谓："皇帝若曰：咨尔镇海、镇东等军节度、浙江东西等道观察处置营田招讨等使、兼两浙盐铁制置发运等使、开府仪同三司、检校太尉、兼中书令、持节润等州刺史、上柱国、彭城郡王、食邑五千户实封一百户钱镠。""永将延祚子孙，使卿长袭宠荣，克保富贵。卿恕九死，子孙三死。""宣付史馆，颁示天下。"皇帝有如此之封赐，足证钱镠功莫大焉；平定东瓯，实在是意义重大。"十三州"，即指当时吴越国辖境。罗隐《春日投钱塘元帅尚父二首》之二谓："征东慕府十三州，敢望非才忝上游。"钱尚父以其武功统领十三州，才当其任，故而诗人歌之、颂之，充分表达了敬佩、赞颂之情！

　　此诗四句，言简意丰。既有概括叙述，又有具体交代，有点有面，点面结合，交相辉映，仅以 28 个字就概括了钱镠从戎 20 余年的军功伟绩，形象鲜明，确是大家手笔。（孙方　韩爱平）

【原文】

忆九华故居

九华巉崒荫柴扉[1]，长忆前时此息机[2]。
黄菊倚风村酒熟，绿蒲低雨钓船归[3]。
干戈已是三年别[4]，尘土那堪万事违[5]？
回首佳期恨多少[6]，夜阑霜露又沾衣[7]。

【毛泽东圈评等情况】

毛泽东曾手书这首《忆九华故居》，有两幅手迹。

[参考] 中央档案馆编：《毛泽东手书选集·古诗词（下）》，

北京出版社 1996 年版，第 56—57 页。

【注释】

（1）巉崒（chán zú），高峻而危险。巉，险峻陡峭。崒，高，险峻。荫，覆盖。柴扉，用木柴做的门，代指贫寒之家，陋室。

（2）息机，息灭机心，指淡泊功名。语出《楞严经》卷六："息机归寂然，诸幻成无性。"唐杜甫《将赴成都草堂途中有作先寄严郑公》之五："侧身天地更怀古，回首风尘甘息机。"

（3）钓船，此据《唐诗别裁集》，《甲乙集》作"钓鱼"。

（4）干戈，干和戈都是古代常用武器，因以干戈用作兵器的通称，指代战争。《史记·儒林列传》："然尚有干戈，平定四海，亦未暇遑庠序之事也。"

（5）尘土，细小的灰土，指代尘世、尘事。唐沈亚之《送文颖上人游天台》："莫说人间事，崎岖尘土中。"

（6）佳期，《楚辞·九歌·湘夫人》："登白蘋兮骋望，与佳期兮夕张。"王逸注："佳谓湘夫人也……与夫人期歆飨之也。"后用以指男女约会的日期，亦指美好的时光，包括亲友会晤和故地重游之期。南朝齐谢朓《晚登三山还望京邑》："佳期怅何许，泪下如流霰。"

（7）夜阑，夜残，夜将尽时。

【赏析】

九华，即九华山，在今安徽青阳西南四十里，旧名九子山，李白以九峰如莲花削成，改为九华山。九华山与黄山同为皖南名山，中隔青衣江，并峙而立。据说，九华山有九十九座山峰，其中以九峰最为突出，奇峰险境，松竹争荣。诗人于黄巢起义初年（875）起，先在安徽贵池住了六七年（《别池阳所居》："黄尘初起此留连，火耨刀耕六七年"），后移居九华山，写这首诗时，"干戈已是三年别"。干戈，指代战争，这里是指黄巢起义。黄巢起义于唐僖宗中和四年（884）失败，再过"三年"，当是唐僖宗光启三年（887），这当是此诗写作的确切时间。这首七言律诗回忆作者在九华山的隐居生活，抒发了思亲怀乡的感情。

"九华巉崒荫柴扉，长忆前时此息机。"首联描写而兼叙事，是说高峻险要的九华山的阴影笼罩着诗人居住的朴陋小院，经常回忆起前些年在此的隐居生活。息机，息灭机心，指淡泊功名，即隐居之意。起首二句点题，开启下文。

接下来诗人便回忆起那时的隐居生活："黄菊倚风村酒熟，绿蒲低雨钓船归。"颔联描写，是说黄菊被风吹动时村酒已经酿成，云低天雨之时诗人驾着小船穿过浮着绿蒲的江面归来。上句说诗人平日养花酿酒，下句说披蓑打鱼，过着有酒喝有鱼吃的生活，倒也清闲自在，所以令人"长忆"。

"干戈已是三年别，尘土那堪万事违？"颈联叙事兼议论，抒发感慨。干戈，指黄巢起义。尘土，指尘世。二句是说黄巢起义已经结束三年了，哪能尘世万事都不遂心如意呢？言外之意，黄巢起义已被平定，动乱局面已经结束三年之久，世事为什么还没有很大好转？对统治者的谴责用反诘语出之，启人深思。

"回首佳期恨多少，夜阑霜露又沾衣。"尾联抒情，写思亲怀乡之情。上联着眼于关注国事，这联则着眼于个人感受。诗人半生颠沛流离，耽误了不知多少亲人朋友聚首的机会，留下了太多的遗憾，回想起这些艰辛生涯，便夜不能寐，伫立中庭已久，又寒又凉的霜露沾湿了衣裳，深沉的思亲怀乡之情溢于言表。（毕桂发）

【原文】

定远楼

前年上将定妖氛⁽¹⁾，曾筑严城驻大军⁽²⁾。
近日关防虽弛柝⁽³⁾，旧时栏槛尚侵云。
蛮兵绩盛人皆伏⁽⁴⁾，坐石名高世共闻⁽⁵⁾。
唯恐乱来良吏少，不知谁解叙功勋？

【毛泽东圈评等情况】

毛泽东读罗隐《甲乙集》或《罗昭谏集》卷九时圈阅了这首诗。

[参考]张贻玖：《毛泽东评点、圈阅的中国古典诗词》，

中国工人出版社1992年版，第240页。

【注释】

（1）前年，指唐玄宗先天元年（712），郭元振迁凉州都督，陇右诸军州大使。年，《罗昭谏集》作"朝"。上将，指郭元振。妖氛，指突厥。

（2）严，《罗昭谏集》《甲乙集》俱作"岩"，《全唐诗》作"严"。

（3）柝（tuò），即金柝，古代军中司夜所击之器。此句是说关防军务松弛。

（4）缋盛，依然强盛，谓气焰嚣张。

（5）坐石，郭元振坐石上筹划军机。

【赏析】

罗隐一生十分坎坷潦倒，可他并没有沉溺在自伤怀抱、感叹不遇的哀怨之中。他时时刻刻都在关注着国家的兴衰盛亡，关心着民生的离乱疾苦。因此，他每次登临胜迹，访古探幽，都会抒发忧国忧民的感慨。此篇即为登临感怀之作。

此诗题作《定远楼》。定远楼，在今宁夏平罗东南，唐代名将郭元振所建。郭元振是怎样一个人呢？他为什么要建定远楼呢？据旧、新《唐书》本传载：郭元振（一说名震，字元振），魏州贵乡（今河北大名北）人。少有大志，年十八，举进士，授通泉尉。武则天闻其名，召见与语，授右武卫铠曹，充使聘于吐蕃。大足元年，迁凉州都督，陇右诸军州大使，神龙中迁安西大都护。时西突厥不久内侵，以元振为金山道行军大总管，睿宗立，征拜太仆卿，加银青光禄大夫。唐睿宗景云二年（711），同中书门下三品，代宋璟为吏部尚书，转兵部尚书，封馆陶县男。玄宗先天元年（712），为朔方军大总管，始筑定远城，以为行军计集之所。明年，复同中书门下三品。玄宗诛太平公主，元振率兵卫之，进封代国公，兼御史大

夫，持节为朔方军大总管。后玄宗讲武骊山，因军容不整，流配新州。开元初起为饶州司马，道病卒。总之，郭元振是一位长期在西北边防前线率军与吐蕃、突厥作战的将领，卓有战功。他之所以筑定远城，是仿效班超故事。东汉军司马班超以经营西域二十二年之功，被封为定远侯，食邑千户。这首七言律诗赞扬了郭元振抗击突厥入侵、安定边疆的功勋。

"前年上将定妖氛，曾筑严城驻大军。"首联叙事，点出题目。前年，指玄宗先天元年（712）。《罗昭谏集》作"朝"，则指东汉。大将，指郭元振，如依"前朝"解，则上将指班超。严城，一作"岩城"，指定远楼。二句是说，前年大将郭元振率军安定突厥，修筑了威震西域的定远楼。

"近日关防虽弛柝，旧时栏槛尚侵云。"这是一联对仗十分工整而意蕴对比又极其鲜明的诗句。晚唐时期，由于形成了严重的藩镇割据的局面，中央统辖地方的能力已十分弱小。当时，骄兵横行，弱兵、虚兵遍地，军务设防极其松弛。诗人看在眼里，急在心头。当他拾级瞻仰"定远"胜迹时，不禁抚今追昔，自是一阵感叹：威严高矗、栏槛入云的定远楼啊，怎忍看眼下这军务松弛、毫无战斗力的大唐边防！

接下来，诗人又写道："蛮兵绩盛人皆伏，坐石名高世共闻。"古时称南方少数民族为蛮，此处乃粗野、横蛮之意，实指突厥军队。"绩盛"，仍然强盛，谓气焰嚣张。二句是说，突厥军队气焰仍很嚣张，唐军其他军队都隐藏起来不敢出战，只有大将郭元振坐在石块上指挥大军，大败突厥，举世闻名。这两句热情地赞扬了郭元振率军抗战立功。

"唯恐乱来良吏少，不知谁解叙功勋。"这是诗人咏叹"定远楼"的主旨，这是诗人忧国忧民的心声。诗人目睹耳闻饱经战乱的人民的痛苦生活，在《送王使君赴苏台》中深沉地咏叹道："两地干戈连越绝，数年麋鹿卧姑苏。疲甿赋重全家尽，旧族兵侵太半无。"对战乱中人民的疾苦颇为关怀和担忧，劝慰自己的朋友要时刻体察民情，多为老百姓办好事。诗人深知，人民在患难深重之时，是多么地需要清官"良吏"啊！像郭元振这样的"上将""良吏"，人民会永远铭记他们的功勋。"唯恐"二字表达了他盼望"良吏"治天下的殷切之情。"不知谁解"是正话反说，意谓谁都能知道。是说"良吏""上将"的功勋将永远铭记在人民心中。

此诗虽以"定远楼"为题，却句句赞扬"上将"之功勋，担心军防松弛，殷盼"良吏"治国，表现了诗人深厚的忧国忧民的思想感情。全诗感情真挚、憎爱分明，风格沉郁顿挫，颇有盛唐诗风，是一首思想性极强的感怀诗篇。（孙学士）

【原文】

息夫人庙

百雉摧残连野青[(1)]，庙门犹见昔朝廷[(2)]。

一生虽抱楚王恨，千载终为息地灵[(3)]。

虫网翠鬟终缥缈[(4)]，风吹宝瑟助微冥[(5)]。

玉颜浑似羞来客，依旧无言照画屏。

【毛泽东圈评等情况】

毛泽东读罗隐《甲乙集》或《罗昭谏集》卷九时圈阅了这首诗。

[参考] 张贻玖：《毛泽东评点、圈阅的中国古典诗词》，

中国工人出版社 1992 年版，第 238 页。

【注释】

（1）百雉，即三百丈的城墙。雉为古代计算城墙面积的单位。此指庙的院墙。摧残，指破败、倒塌。

（2）廷，《甲乙集》原作"庭"，据《全唐诗》改。

（3）息地灵，指此地因息夫人而流芳百世。

（4）翠鬟，妇女环形的发式。唐高蟾《华清宫》："何事全舆不再游，翠鬟丹脸岂胜愁？"

（5）宝瑟，瑟的美称。瑟，拨弦乐器，形似古琴，但无徽位，有五十弦、二十五弦、十五弦等种，今瑟有二十五弦、十六弦两种，每弦有一柱，上下移动，以定声音。《诗经·唐风·山有枢》："子有酒食，何不日鼓瑟。"

【赏析】

这是一首咏怀古迹的七言律诗。

息夫人,即息妫,春秋时息侯夫人。据《左传》庄公十四年(前680)记载:楚文王灭了息国(在今河南息县),将她据为己有。她在楚宫里生了两个孩子,但默默无言,始终不和楚王说一句话。盛唐诗人王维有诗咏之:"莫以今日宠,能忘旧时恩。看花满眼泪,不共楚王言。"(《息夫人》)王维塑造了一个身受屈辱,但又极不甘心,一直在沉默中反抗的女性形象,赞美了息夫人的忠贞。罗隐不写生而写死,集中赞美息夫人对息国、对息侯至死不渝的感情,塑造了一个更丰满、更感人,也更令人同情、敬佩的贞妇形象。

首联"百雉摧残连野青,庙门犹见昔朝廷。""百雉",谓三百丈的城墙。雉为度名,古代计算城墙面积的单位:方丈曰堵,三堵曰雉,一雉之墙,长三丈、高一丈。这里应指庙的院墙。院墙破败、倒塌,视野却开阔了,可以骋目远望,望到很远很远……透过庙门,息夫人似乎可以看到家乡,看到昔日的宫殿。这里表现了息夫人对家乡刻骨铭心的思念。

颔联"一生虽抱楚王恨,千载终为息地灵"。息夫人以国亡夫死之痛屈辱地生活在楚宫,一直"不共楚王言",死后终于以"息夫人"流芳百世,成为息地的骄傲!按说息夫人也应该宽慰释怀了。但是死异乡、葬异地终是憾事,诗人便由此展开联想,生发开去,写下了颈联和尾联。

颈联和尾联:"虫网翠鬟终缥缈,风吹宝瑟助微冥。玉颜浑似羞来客,依旧无言照画屏。"翠鬟,女人发式的美称。缥缈,高远隐约貌。冥,封建迷信所谓的阴间。玉颜,美好如玉的容貌。画屏,有画饰的屏风。诗人想象,息夫人生也饮恨,死也怀愁,整日不事梳妆、发鬟零乱、蛛网尘封;可又有谁同情她呢?只有那风吹瑟鸣以慰幽灵。如今看到来客,好像还是那么害羞,仍然默默不语、顾影自怜!她什么时候才能开颜呢?诗人联想丰富,细腻入微,表达了对息夫人的深深同情。

息夫人是个受屈辱的形象,但也是一位刚烈的女性。她当时欲死不能,可生比死更难受,"千古艰难唯一死,伤心岂独息夫人。"(清郑汉仪《题息夫人庙》)所以她的忧愁、她的怨恨也就天长地久、生死不息!诗人敬佩她的坚贞不屈，故咏之、赞之，而对女性的毫无偏见，尤其是对弱者的同情，在这里表露无遗，从而使息夫人成了文学画廊里的不朽典型。

（韩爱平）

【原文】

漂母冢

寂寂荒坟一水滨，芦洲绝岛自相亲。

青娥已落淮边月⁽¹⁾，白骨甘为泉下尘。

原上荻花飘素发，道旁菰叶碎罗巾。

虽然寂寞千秋魄，犹是韩侯旧主人⁽²⁾。

【毛泽东圈评等情况】

毛泽东读罗隐《甲乙集》或《罗昭谏集》卷九时圈阅了这首诗。

[参考] 张贻玖：《毛泽东评点、圈阅的中国古典诗词》，

中国工人出版社 1992 年版，第 240 页。

【注释】

（1）青娥，指少女，亦指美好的容貌。

（2）韩侯，即韩信，曾封淮阴侯。

【赏析】

漂母，指在水边漂洗衣物的妇女，冢即坟墓。这里的漂母专指饭韩信者。据《史记·淮阴侯列传》记载：韩信少时，钓于城下。诸母漂。有一母见信饥，饭信，竟漂数十日。信喜，谓漂母曰："吾必有以重报母。"母怒曰："大丈夫不能自食，吾哀王孙而进食，岂望报乎？"后信为楚王，召漂母，赐千金。后因以借指馈食之人。晋陶渊明《乞食诗》云："感子漂母惠，愧我非韩才。"唐李白《宿五松山下媪家》诗云："令人惭漂母，三谢不能餐。"漂母的慷慨无私、影响之大，由此可见一斑。

《唐才子传》说罗隐"诗文凡以讥刺为主，虽荒祠木偶，莫能免也"。他曾讥刺韩信："灭秦谋项是何人"（《书淮阴侯传》）。但对于这位因事韩信而名垂史册的普通妇人，面对她的荒坟，诗人一改讥刺笔调，代之以同情、敬重、赞扬："寂寂荒坟一水滨"，孤零零一座荒坟立在水边。诗人一起笔就沉痛地描绘了一幅悲凉画面，目之令人伤感。但"芦洲绝岛自相亲"，幸有芦洲、有绝岛朝夕相处，相依相伴，可以聊慰孤寂。这是对漂母的慰藉，其实也是自慰，诗人不愿意漂母太寂寞、太孤独！如果说诗的一、二句写出了漂母冢的地理位置、周围环境，写出了诗人的同情，那么三、四句则是对漂母的高度赞扬："青娥已落淮边月，白骨甘为泉下尘。""青娥"，指少女，亦指美好的容貌。杜审言《戏赠赵使君美人诗》云："红粉青娥映楚云，桃花马上石榴裙。"这里诗人以青娥称漂母，拟想漂母生前劳作辛苦，岁岁年年在河边漂洗，美好容貌，青春年华随着月出月落、时光流逝而一去不返；死后默默无闻，甘愿化作泥土，毫无所求。一个"甘"字把漂母的人格、品德全写出来了。自甘寂寞，不为名累，这可以说是中国老百姓的共同美德，何况漂母！她当初饭韩信，根本没想着日后图报。没想着图报，却得到了厚报——名垂青史，这也应了中国老百姓的俗话："善有善报。"漂母有知，自当含笑九泉。

"原上荻花飘素发，道旁菰叶碎罗巾。"虽然漂母"甘为泉下尘"，诗人却不甘心，面对荒冢，他展开了想象的翅膀：原上的荻花好像漂母的白发随风飘动，而道旁的菰叶又多么像漂母的丝带罗巾。这里，诗人描绘了一幅美丽的画面，与一、四句形成鲜明对照，对漂母的敬重、赞美溢于言表。

最后两句，诗人由想象回到现实，照应开头："虽然寂寞千秋魄，犹是韩侯旧主人。"荒坟一座，千秋万代立于水边，自是孤寂。但她对韩信的恩情是不会随时光的流逝而流逝的，韩信的成功有她的功劳，她对韩信付出了慈母般的爱，她是一位伟大的女性，这一点千秋万代都不会变，她是和韩信同在的！而作为一种行为的化身，她的美德、她的善良、她的乐善好施、她的影响，犹非韩信所能比，这才是诗人写此诗的真意所在。

此诗语言平白如话，绘景抒情紧密结合，情从景出，景以情显，情景相生，对漂母的敬爱、赞扬流泻于字里行间，这是诗人同情劳动人民思想

的自然流露，也是诗人人民性世界观的具体体现。（韩爱平）

【原文】

书 怀

钓船抛却异乡来⁽¹⁾，拟向何门用不才⁽²⁾。

日晚独登楼上望，马蹄车辙满尘埃⁽³⁾。

【毛泽东圈评等情况】

　　毛泽东读罗隐《甲乙集》或《罗昭谏集》卷九时圈阅了这首诗。

　　　　［参考］张贻玖：《毛泽东评点、圈阅的中国古典诗词》，

　　　　　　　　中国工人出版社 1992 年版，第 241 页。

【注释】

　　（1）钓船抛却，喻指不再隐居，离开故乡。

　　（2）不才，没有才能，此是对自己的谦称。拟，打算，准备。

　　（3）此句指大路之上，人马杂沓，尘土弥漫。此喻指无路可走，前途渺茫。

【赏析】

　　此乃诗人旅游抒怀之作。

　　罗隐"少英敏，善属文，诗笔尤俊"（元辛文房《唐才子传》卷九），他"龆年夙慧，稚齿能文。建木初萌，迥是干霄之干；玞圭在璞，已彰揭玺之光。泉涌辞源，云横笔阵"（沈松《罗给事墓志》）。他本想凭自己之才学，蟾宫折桂，一展宏图。但由于他"缘情必务于刺时，体物无忘于谏猎；冥鸿凌厉，宁将燕雀同群；天骥腾骧，肯与驽骀并驾？"（同上）因此得罪了权贵，屡试屡北，"十上不中第"。诗人心灰意冷："年年模样一般般，何似东归把钓竿"（《下第作》），"一船明月一竿竹，家住五湖归去来"（《曲江春感》）。他于是回归故乡，学范蠡泛舟五湖，把竿垂钓，

乐得逍遥。可诗人却又享受不了这"逍遥"之福。他的用世思想、进取精神一直"困扰"着他，驱不走，甩不掉，他"身在江湖之上，心居乎魏阙之下"（《庄子·让王》），实不愿终老江湖，故而只好"罢隐"："钓船抛却异乡来"，扔开钓竿，辞别故乡，再到异乡闯荡。可是，到哪里去呢？"拟向何门用不才。"不才，诗人自谦之词，其实是激愤语，是对屡试不第的委婉抗议。诗人总想有所作为，"佐国是以惠残黎"（袁英《重刻罗昭谏集跋言》）。然而有谁会用自己这样的"不才"！自己该投效何门？茫茫然不知所往。诗人不免惘然而惆怅……

以上二句，叙事兼抒情，留下了无限的想象空间，不言愁情而愁情自见。为了排愁遣恨，傍晚时分，诗人便独自登楼远眺，以便骋目释怀。但扑入眼帘的却是"马蹄车辙满尘埃"。大路之上，车来人往，马蹄杂沓，尘土弥漫，前方一片混暗。此暗喻诗人无路可走，不知所归，前途渺茫。茫茫人海，风急浪险，诗人这一叶小舟该泊向何处？登楼望远，本为排遣愁思，但目之所见，更添忧伤，正是触景添愁，睹物生恨！诗人归宿无所，报国无门，前景暗淡，忧心忡忡，哪是一望而能排遣的！

此诗四句，语言平直，但涵意丰厚。两重转捩，一波三折，跌宕有致。特别是"不才"一词，饱含了极其复杂、无比沉痛的思想感情，蕴藉含蓄，有神无迹。弦外之音、言外之意，任人领味，真高唱也。（韩爱平）

【原文】

七 夕

月帐星房次第开，两情惟恐曙光催。
时人不用穿针待，没得心情送巧来[1]。

【毛泽东圈评等情况】

对此诗的后两句，毛泽东圈了密圈，最后还画着一个大圈套两个小圈。

[参考] 张贻玖：《毛泽东评点、圈阅的中国古典诗词》，中国工人出版社1992年版，第158页。

【注释】

（1）送巧，古代风俗。南朝梁宗懔《荆楚岁时记》："七月七日为牵牛织女聚会之夜，是夕，人家妇女结彩楼，穿七孔针，或以金银瑜石为针，陈瓜果于庭中以乞巧。"

【赏析】

这首平白如话的小诗，细致入微地刻画了牛郎织女久别重逢时的心情，表现了诗人对牛郎织女的深切同情。

牛郎织女的神话故事，是历代文人喜欢歌咏的题材。据《荆楚岁时记》载：织女是天帝的女儿，心灵手巧，终年织作，织出的云锦天衣如云霞般轻盈绚丽，天帝很喜欢她，把她许配给天河对岸的牛郎。婚后的织女，沉溺于爱情之中，荒废了织锦，惹怒了天帝。天帝便把她接回了天河东岸，一年只许七夕（即农历七月七日夜）渡河与牛郎相会。牛郎、织女整年隔河相望，期盼七夕的到来。人间也很同情他们，敬仰织女高超的织锦技艺，形成"七夕乞巧"的风俗。即，每至七夕，家家妇女结彩楼，穿七孔针，或以金银石为针，陈供瓜果于庭中，以向织女乞巧。有时织女"显灵"送巧，金针便会自动穿线。罗隐的这首七言绝句写的就是这件事。

"月帐星房次第开，两情惟恐曙光催。"西天的月儿撑起了帐子，众多的星星簇集成为房子，牛郎织女就相会在这月淡星寒的初秋之夜。"次第"，依次，这里指刚刚或不久。牛郎织女一年只此一夕相会，尽管刚刚重逢，还有一夜的时间互诉衷情，可总怕时光走得太快，有一种"度年如日"的恐慌感。诗人抓住了"两情"的焦点，一个"惟恐"，鲜明准确地描绘了他们相会时极为珍惜光阴的心理。"曙光"太可怕了，天一亮，他们就要离别，这真是一刻值千金啊！

"时人不用穿针待，没得心情送巧来。"诗人更进一笔，设身处地，代织女说了一句颇富情味的心里话：人间的姐妹啊，请不要等着让我给你们穿针引线了，我哪有心情给你们送巧啊！此二句的美妙动人，就在于它的真实、率直。试想，三百六十五日只许此夕相会，那一腔的相思之情，一腔的离愁别恨，一腔的情意缠绵，一夜光景怎能诉尽道完！因此，织女惜时如金，哪还会有心思向人间"穿针""送巧"呢？后来，宋人便有化解其意的词句："倘豪今夜为情忙，那得功夫送巧。"（宋刘克庄《后村诗话》后集卷一）由此可见，其诗意之美早已引起了人们的喜爱。

此诗四句，语言浅畅自然，感情真切朴实，表达了诗人对织女的深切同情。诗人善于从古老题材中发掘出新意，其体贴入微、善解人意是其他同题材诗不曾有过的，此诗的意趣也正在此，读来确实令人耳目一新。

从毛泽东圈点的情况来看，他对这首诗是颇感兴趣的。（孙学士）

【原文】

京中正月七日立春

一二三四五六七，万木生芽是今日⁽¹⁾。
远天归雁拂云飞，近水游鱼迸冰出。

【毛泽东圈评等情况】

毛泽东对此诗句加了圈点，标题前还画着两个大圈。

[参考]张贻玖：《毛泽东评点、圈阅的中国古典诗词》，
中国工人出版社 1992 年版，第 158 页。

【注释】

（1）芽，《甲乙集》作"涯"，据《全唐诗》改。

【赏析】

诗人性好讥讽公卿朝政，痛恨社会政治的黑暗，常发而为诗为文，引起达官显贵的忌恨。因此，他尽管多次参加科举考试，却一直榜上无名，滞留长安多年。冬去春来，诗人大概想起隋代著名诗人薛道衡的《人日思归》，于是举笔命意，慨然而写下他的《京中正月七日立春》。

据载，薛道衡聘陈，南陈的君臣都知道薛是著名的诗人，因而希望他能当场作诗。于是他在"人日"（正月初七），便挥笔而作。当他写了

首句"入春才七日"时，人们掩口而笑，并窃窃私语，觉得这实在不像诗句；而他写下"离家已二年"时，人们便都不敢轻视了！当他写完"人归落雁后，思发在花前"时，君臣便大加称赞，觉得南陈文人实在无人可与匹敌。

罗隐此诗，似乎比薛道衡的诗更怪诞，一上来便是"一二三四五六七"，读起来简直有点开玩笑！这哪像诗呢？但仔细一想，却比薛诗写得更好。薛诗是屈指一算，虽"入春才七日"，但已是"离家已二年"了，隐隐透出思归之情。而罗隐诗的七个数字，却表明他是一日一日地数，一天一天地算，着实写了他羁留异地、痛苦孤寂的愁情别绪，给人以度日如年之感。而次句的"万木生芽是今日"，不仅包罗了薛诗的"思发在花前"之意，且比薛"思归"更早，早到了万木刚刚生芽之时！薛诗的"人归落雁后"，写出了"人不如雁"之意，的确写得不错，而罗诗却写作"远天归雁拂云飞"，不仅写出了群雁同归的得意扬扬之状，也有力地反衬出自己无翅可展的痛苦衷肠。这就显得比薛诗的意韵更浓，也更加形象化。末句的"近水游鱼迸冰出"，则离开薛诗而另辟新径，更是即景生情的佳句，表现出诗人急不可待的归隐之意。诗人在《下第作》中，早就说过："年年模样一般般，何似东归把钓竿。"在《曲江春感》中，他要"一船明月一竿竹，家住五湖归去来"。读了末句"游鱼迸冰出"之情景，使人感到诗人归隐情切，简直要马上抛却京师到五湖"自由潜底"去了。

此诗初看语言浅近，情态皆露，似乎过于"峭直"。而当我们掩卷拂思，细细品味，却感到蕴意颇深，不易明察，可谓是"峭直"与"蕴藉"浑然统一的上乘诗篇。（孙学士）

【原文】

贵 游

馆陶园外雨初晴[1]，绣毂香车入凤城[2]。

八尺家僮三尺箠[3]，何知高祖要苍生[4]！

毛泽东读罗隐《甲乙集》或《罗昭谏集》卷九时圈阅了这首诗。

[参考] 张贻玖：《毛泽东评点、圈阅的中国古典诗词》，
中国工人出版社 1992 年版，第 241 页。

【注释】

（1）馆陶园，汉武帝姑、汉文帝馆陶公主，号窦太主，有园在长门，称长门园，世亦称"馆陶园"。见《汉书·东方朔传》。后泛指显贵之家的园林。唐杜牧《忆游朱坡四韵》："猎逢韩嫣骑，树识馆陶园。"园在长安城东南。

（2）毂，车轮的代称。凤城，旧时京都的别称，为帝王所居之城。相传秦穆公之女弄玉善吹箫，引来凤凰降于京城，因曰京城为丹凤城，或谓凤城。

（3）八尺家僮，指随从男仆身材高大，此有蛮横强悍意。家僮，本是对男女奴仆的统称，此特指男仆。箠（chuí），鞭子。

（4）高祖，泛指开国帝王的庙号，此代指汉朝开国皇帝刘邦。

【赏析】

诗题《贵游》，指无官职的王公贵族，亦泛指显贵者。《周礼·地官·师氏》："掌国中失之事以教国子弟，凡国之贵游子弟学焉。"郑玄注："贵游子弟，王公之子弟。游，无官司者。"

此为讽刺诗。诗人以幽默冷峻、尖刻犀利之笔法，描写了一个贵族人家出游京城的场面。在略带夸张的描写之中，透出了辛辣的嘲讽，鲜明地表现了作者的憎恶之情。

"馆陶园外雨初晴"，诗人以寥寥七字，写出了"贵游"的背景和时间。"馆陶园"，指馆陶公主事。馆陶公主号窦太主，有园在长门，号长门园，世亦称馆陶园，后泛指显贵之家的园林，此喻指皇亲贵戚之游乐事。雨过初晴，天朗气清，确是出游之大好时光也。首句虽语气平缓，初看似漫不经心，却为下面作了有力的铺垫。

"绣毂香车入凤城"，游人确实华贵无比——"绣毂香车"，可不是一

般官僚士族能够享用的，车轮子上面都绣有精美华丽的图案，那宝马香帐亦不用说了。"凤城"，相传秦穆公之女弄玉，吹箫引凤，凤凰降于京城，故曰丹凤城，后因称京都为凤城。原来这"绣毂香车"是要到京城去的，这更是点出游人的非同寻常。

"八尺家僮三尺箠"，此谓游人非但华贵无比，而且骄奢恣纵！古时达官贵族家中都养有男女奴仆，"家僮"，是对男女奴仆的统称，此特指男仆。"八尺家僮"，指随从男仆身材高大，此有蛮横强悍意。这些随从家僮不仅侍奉主子生活，而且又是可靠的保镖。"箠"，鞭子，此亦有鞭打意。瞧，这些家僮们耀武扬威，神气十足，骄悍地扬鞭催马、吆喝开道，真正是小人得志！奴仆就如此骄横、不可一世，其主子是何等威跋，自由人们去猜想了。

以上三句，诗人写了出游的衬景、游车的华贵、家僮的骄恣。最后，诗人笔锋一转："何知高祖要苍生。"诗人是在大声质问，又是在大声斥责：你们这些骄奢成性的达官贵人，简直"糟蹋"了这一派清新之景！你们如此地奢靡骄横、作威作福，哪里还想到开国创业的艰辛，哪里还想到芸芸众生！"高祖"，泛指开国帝王的庙号，这里指代汉朝开国皇帝刘邦。"苍生"，本指生草木之处。《书·益稷》："帝光天之下，至于海隅苍生。"孔颖达疏："旁至四海之隅苍苍然生草木之处，皆是帝德所及。"旧时借指百姓、众民。晚唐的社会风气十分腐败，封建官僚士大夫骄奢淫逸，贪婪成性。他们一旦显达，便拼命地享受，竞相攀比阔气，追求奢侈的生活。诗人早已目睹了当时社会上的许多腐败现象，对这种有恃无恐、恣情享乐的"败家子"十分愤恨。"何知"二字，正是饱含了诗人对"贵游"者的一腔怒火！

此诗不仅思想性很强，讽刺艺术尤为高超。一是避实就虚，尽得风流。诗人在前三句中，采取了避实就虚的写作手法，极力渲染富丽堂皇的衬景，描写"香车"的华贵，刻画"家僮"的骄横。至于"贵游"主人是何样衣着、何种面目、如何骄跋，却未写一字，给读者留下了大片的想象空间，颇具"不着一字，尽得风流"之妙。二是冷嘲热讽，笔锋犀利。诗中第三句，仅用七字，就把"贵游"者蛮横霸道的面目暴露无遗。尤其在第四句，诗人笔锋突兀一转，突发"何知高祖要苍生"之间，如匕首，似投枪，直刺这伙鱼肉百姓的"贵游"者的痛处。可谓鞭辟入里，击中要害。（孙学士）

【原文】

重过三衢哭孙员外

烂柯山下忍重到⁽¹⁾，双桧楼前日欲残⁽²⁾。
华屋未移春照灼⁽³⁾，故侯何在泪汍澜⁽⁴⁾。
不唯济物工夫大⁽⁵⁾，长忆容才尺度宽⁽⁶⁾。
一恸旁人莫相笑，知音衰尽路行难。

【毛泽东圈评等情况】

毛泽东读罗隐《甲乙集》或《罗昭谏集》卷十时圈阅了这首诗。

[参考] 张贻玖：《毛泽东评点、圈阅的中国古典诗词》，中国工人出版社1992年版，第240页。

【注释】

（1）烂柯山，即传说中的晋王质伐木遇仙之山，在浙江衢州南。此以烂柯山代指衢州，喻指孙员外仙逝后也必遇仙人而成仙。

（2）双桧楼，或指州内古刹名胜，与烂柯山对举。

（3）华屋，指孙员外生前寓居之处。三国魏曹植《箜篌引》："感时不可再，百年忽我遒。生在华屋处，零落归山丘。"

（4）故侯，指孙员外。汍澜，《甲乙集》作"澜汍"。

（5）济物，济人，指助人或为官事。工夫大，指尽心竭力。

（6）容才，指容纳有才能的人。

【赏析】

这是一首悼亡的七言律诗。题言"重过"者，谓又一次哀悼也。诗人原已有悼诗,诗云"直将尘外三生命,未敌君侯一日恩"(《三衢哭孙员外》)。足见孙员外对诗人恩重如山,诗人对孙员外感激莫名,故一哭而再哭矣。

三衢,即衢州,"以州有三衢山,因取为名"(唐李吉甫《元和郡县志》卷二六),今为浙江衢州。孙员外,即孙玉汝(820—880),唐武宗会昌四年(844)进士第,唐宣宗大中年间官侍御史,为御史大夫李景让劾免。历尚书员外郎。唐懿宗咸通中出为衢州刺史,卒于任所(《新唐书》卷一七七《李景让传》、宋洪迈《容斋续笔》卷一一)。罗隐于咸通、乾符间贡举京师,曾得到孙玉汝许多帮助,罗隐对他感激不尽,视他为长者、恩人和知音。"小敷文伯见何时?南望三衢渴复饥"(《寄三衢孙员外》)。多次写诗寄赠,表达敬慕和感激之情。因此,孙玉汝卒后,诗人悲痛不已,一哭再哭,绵绵哀思,不尽依依。

首联首句"烂柯山下忍重到",出语便悲痛欲绝,不忍重来衢州,但为寄哀思,还是忍痛含悲而来,一唱三叹,令人为之酸鼻。烂柯山,一名石室山,在衢州南,相传为樵子遇仙处。据梁任昉《述异记》卷上记载:"信安郡石室山,晋时王质伐木至,见童子数人棋而歌,质因所之。童子以一物与质,如枣核,质食之,不觉饥。俄顷,童子曰:'何不去!'质起,视斧柯尽烂。既归,无复时人。"此以烂柯山代指三衢,寓意孙员外仙逝而去,必遇仙人也便成仙。二句"双桧楼",或指州内古刹名胜,与烂柯山对举,又以佛事寓死者升天,故云"日欲残"。太阳都为之暗淡无光,一派悲凉气氛。颔联承首联而来:"华屋未移春照灼,故侯何在泪汍澜。"华屋,指死者生前寓居之处。魏曹子建《箜篌引》诗云:"生在华屋处,零落归山丘。"言生居于华屋、死归葬山丘,后人因之对死者生前所居之处谓华屋。汍澜,流泪貌。此二句是说,"华屋"在此,无任何变化,依然被春光所笼罩;但人去屋空,睹"屋"思人,禁不住泪流满面,恸煞人也!

颈联又承颔联,由屋而忆人:"不唯济物工夫大,长忆容才尺度宽。"济物,犹言助人或为官事;工夫大,言其尽心竭力。容才,指容纳有才能的人,与"妒才"正好相反,言其宽宏大量。孙玉汝为官正直无私、尽心尽责,待人真诚友善、胸怀宽广,这些崇高品德怎不令人"长忆"。"长忆"长悲哀，诗人恸哭失声，并希望别人能够理解个中情由，因为"知音衰尽路行难"。哀痛欲绝，令人不忍卒读。诗以此终篇，与首句遥相呼应，加浓了诗的悲剧气氛，效果极佳。（孙方　韩爱平）

【原文】

韦公子

击柱狂歌惨别颜[(1)]，百年人事梦魂间。

李将军自嘉声在[(2)]，不得封侯亦是闲[(3)]。

【毛泽东圈评等情况】

毛泽东读罗隐《甲乙集》或《罗昭谏集》卷十时圈阅了这首诗。

[参考] 张贻玖：《毛泽东评点、圈阅的中国古典诗词》，

中国工人出版社 1992 年版，第 240 页。

【注释】

（1）柱，一作"箸"。

（2）李将军，指汉名将李广，人称飞将军。一直镇守边塞，与匈奴前后七十余战，匈奴不敢犯境，然未得封侯。嘉声，指美好的声誉。嘉，一作"家"。

（3）是，此据《甲乙集》，一本作"自"。

【赏析】

这首七言绝句题作《韦公子》，韦姓公子，未详何人。公子，原是古代对诸侯儿子的称谓。《仪礼·丧服》云："诸侯之子称公子。"诸侯之女则称为如公子。后来用作称呼官员的儿子，也作为对别人儿子的敬称。唐代韦姓是世家之族，从诗中所写来看，这位韦姓公子立有战功而却没有得应有的封赏，因此，作者赋诗为其鸣不平。

"击柱狂歌惨别颜，百年人事梦魂间。"击柱，刺柱。《汉书·叔孙通

传》："群臣饮，争功，醉或妄呼，拔剑击柱。"南朝梁江淹《恨赋》："拔剑击柱，吊影惭魂。"后亦用以指臣下争功无礼。《隋书·经籍志一》："汉氏诛除秦项，未及下东，先命叔孙通草緜蕝之仪，救击柱之弊。"从首句所用之典看韦公子立有军功而没有得到应有的赏赐，因此击柱狂歌，争功不得，愤然离开赏赐场所，脸色十分难看，心想人生百年原是南柯一梦。人事，即人情事理，或谓人世间的事情。人间世事不过是做梦一般，即所谓人生若梦。次句议论明理，是对韦公子的宽慰和同情。

"李将军自嘉声在，不得封侯亦是闲。"三、四两句用典。汉代抗击匈奴的名将李广，战功赫赫，然而终生未得到封侯之赏，李广却能泰然处之，不以为意，却能悠闲自得。言外之意，韦公子战功未必能赶上李广，虽遭遇不分，更不应愤恨不已，不能释怀，进一步援引古人事迹，意仍在劝解韦公子释去怨愤，善待自己，乃是本诗题旨。（毕桂发）

【原文】

王夷甫

把得闲书坐水滨，读来前事亦酸辛。
莫言麈尾清谭柄⁽¹⁾，坏却淳风是此人⁽²⁾！

【毛泽东圈评等情况】

毛泽东读罗隐《甲乙集》或《罗昭谏集》卷十时圈阅了这首诗。

[参考] 张贻玖：《毛泽东评点、圈阅的中国古典诗词》，中国工人出版社 1992 年版，第 245 页。

【注释】

（1）麈（zhǔ）尾，即拂尘。魏晋时人清谈时常执的一种拂子，用麈（兽名，似鹿而大，其尾避尘）的尾毛制成。"王夷甫容貌整丽，妙于玄谈。恒捉白玉柄麈尾，与手都无分别。"（见《世说新语·容止》）谭，此据《甲乙集》，《全唐诗》作"淡"，通"谈"。

（2）淳风，敦厚古朴的风俗。晋葛洪《抱朴子·逸风》："淳风足以濯百代之秽，高操足以激将来之浊。"

【赏析】

王夷甫，即王衍（256—311），字夷甫，西晋大臣，琅玡临沂（今山东临沂）人。出身士族，官至尚书令、太尉。衍有盛才，名倾一时，又善玄言，以谈老庄为事，所论议理，随时更改，时人称为"口中雌黄"。衍居宰辅之位，周旋诸王间，唯求自保。东海王司马越死，众推衍为元帅，全军为石勒所破，衍被俘，劝勒称帝，以图苟活，为勒所杀（见《晋书·王戎传》附王衍）。这《晋书》可是诗人所读之"闲书"？起码内容差不多。所以诗人才"读来前事亦酸辛"，怎么能不"酸辛"呢？西晋司马氏集团，以杀夺手段建立晋朝，极度腐朽，拥戴他的也很少有正直忠实之人。当时风俗淫邪，是非颠倒。士人学的是老庄，谈的是虚无，做人以行同禽兽为通达，仕进以无耻苟得为才能，当官以照例署名为高尚。如王衍者"口中雌黄"却官高位显，实在令人痛心！故而诗人接着吟道："莫言麈尾清谭柄，坏却淳风是此人。"麈尾，即拂尘。魏晋时人清谈时常执的一种拂子，用麈兽名。《埤雅·释兽》："麈似鹿而大，其尾辟尘。"《世说新语·容止》称："王夷甫容貌整丽，妙于玄谈。恒捉白玉柄麈尾，与手都无分别。"淳风，指敦厚朴实的风俗。此二句是说，不要以为王衍甩甩拂尘，说道谈玄没什么，敦厚朴实的世风就是让他这样给破坏了。一锤定音，王夷甫罪莫大焉！"清谈"的确是危害社会的"祸水"。它是魏晋时期崇尚虚无、空谈名理的一种风气。开始于魏何晏等，上承汉末清议，从品评人物转向以清谈为主；他们多用老庄思想解释儒家经义，摈弃世务，专谈玄理，士人争相慕效，到王衍辈，清谈之风大盛，延及齐梁不衰。""清谈家"们热衷名利、贪鄙无耻，口谈虚无，主张任情极性，穷欢尽娱，虽近期促年，且得尽当生之乐。如王衍者平时夸夸其谈、"口中雌黄"，关键时刻却屈膝求生，毫无人格可言，令人不耻！唐末另一位诗人周昙有同题诗云："六合谁为辅弼臣，八风昏处尽胡尘。是知济弱扶倾术，不属高谈虚论人。"（《全唐诗》卷七二九）诗人所见略同，评说皆一针见血！

罗隐这首诗以疏缓、平直起，以冷峻、峭厉结，表达了对王夷甫的无比憎恶，体现了诗人刚正、务实、敢说敢为的一贯风格。唐至末造，儒教衰歇而佛道盛行，世风不古，诗人曾作《谒文宣王庙》《代文宣王答》二诗，给予尖刻讥刺。那么此诗也应看作是对王夷甫的批判，借古喻今，影射、批判当代的"清谈家"该是此诗的另一创意。这样看来，此诗的主题不但深刻、尖锐，而且具有强烈的战斗性。（韩爱平）

【原文】

东归别常修

六载辛勤九陌中⁽¹⁾，却寻归路五湖东⁽²⁾。

名惭桂苑一枝绿⁽³⁾，鲙忆松江两箸红⁽⁴⁾。

浮世到头须适性⁽⁵⁾，男儿何必尽成功。

唯惭鲍叔深知我⁽⁶⁾，他日蒲帆百尺风⁽⁷⁾。

【毛泽东圈评等情况】

毛泽东对此诗每句都加了圈，并在天头上画着大的圈记。

[参考] 张贻玖：《毛泽东评点、圈阅的中国古典诗词》，中国工人出版社 1992 年版，第 158 页。

【注释】

（1）六载，作者唐懿宗大中末己卯年（859）即在贡籍中，到咸通五年（864）再次落第，正好六年。九陌，《三辅黄图》："长安城中，八街九陌。"也称"九衢"，此指代京都长安。

（2）五湖东，指作者家乡。

（3）桂花一枝，指科举及第。

（4）"鲙忆"句，用张翰思鲈鱼典。

（5）浮世，即人间、人世。

（6）鲍叔，即鲍叔牙，春秋时齐人，推荐管仲给齐桓公，齐遂九合诸侯而成霸业。管仲感激说:"生我者父母,知我者鲍叔也。"(见《左传·庄公九年》)此用以指常修。

(7)蒲帆,蒲编之帆。李肇《国史补》:"扬子、钱塘两江,乘两潮发棹,舟船之盛,尽于江西。编蒲为帆,大者或数十幅。"此句谓驾船归隐之意。

【赏析】

罗隐《谗书·迷楼赋》云:"岁在甲申,余不幸于春官兮,凭羸车以东驱。"言在甲申年亦即唐懿宗咸通五年(864),不幸于春官即礼部举进士落第,便驾车东归,在京都长安与常修告别,因有是作。

常修,三峡人,家在江陵,咸通六年登科,座主司空李蔚也(见《太平广记》卷二七一"关图妹"条)。常修能诗,驰名于时。罗隐与之交游颇深,另一首诗《广陵秋夜读进士常修三篇因题》云:"入蜀归吴三首诗,藏于笥箧重于师。剑关夜读相如听,瓜步秋吟炀帝悲。"对常修诗倍加推崇,并尊为师长。其诗又云:"景物亦知输健笔,时情谁不许高枝。明年二月春风里,江岛闲人慰所思。"此时常修未及第,故题云"进士常修",对此表示不平。但又加安慰,寄希望于明年,愿他得中。这与先于此的《东归别常修》,思想基本一致。但"东归"诗,作于京师落第不久,所以语多激愤:"六载辛勤九陌中,却寻归路五湖东。"出语便不寻常。九陌,长安城中有八街九陌。罗隐集载《湘南应用集序》称:"隐大中末即在贡籍中,命薄地卑,自己卯至庚寅,一十二年看人变化。"己卯年即唐宣宗大中十三年(859),也即大中末,至懿宗咸通五年甲申(864),正是六个年头。这六年,诗人不舍昼夜、发奋苦读,并四处请托,奔走于长安八街九陌之中,艰辛备尝。但结果却是"一第落落",弄得走投无路,不得不动归隐之念,回归"五湖东"(指诗人故里)。春秋末越国大夫范蠡辅佐越王勾践,灭亡吴国,功成身退,便乘轻舟浮于五湖,事见《国语·越语下》。韦昭注:"五湖,今太湖。"诗以五湖东代指乡里,以自己走投无路归五湖与范大夫功成身退浮五湖暗相比较,其酸辛无奈、矛盾痛苦尽在不言中。因为罗隐并非有归隐思想,实在是仕路艰难,时势所逼,万般无奈也！其愤懑之情又溢于言表。

颔联重申归隐的原因，自是应举不第，用了两个典故：一是"桂苑一枝"。郤诜谓晋武帝曰："臣举贤良对策，为天下第一，犹桂林之一枝、昆山之片玉。"事见《晋书》五二《郤诜本传》。后人亦以"桂林一枝""桂苑一枝"为登科及第之称。诗人未及第，故言"名惭"。下句"鲙忆"则用晋时吴人张翰见秋风起思故乡鲈鲙辞官东归事，事见《晋书》九二《张翰本传》。"两箸红"言其乡俗以鲈鲙为盛馔之做法。因其欲归乡里自有"鲙忆"之语。

颈联直抒情怀："浮世到头须适性，男儿何必尽成功。"六年的"辛勤"、磨难，作者已认识到自己"受性介辟，不能方圆，既不与人合，而又视之如仇雠"（《谗书·答贺兰友书》）的为当权者所不容的性格，他又不想变通，言生活在人世间须固守自己的本性，既不为当政所容，又何必汲汲以求呢？大丈夫也不一定事事都得成功！这自然是在处处碰壁的环境中所迸发出的愤懑之语，充分表现了诗人的卓荦不羁、洒脱任诞而又洁身自好的性格特点。此与"得即高歌失即休，多愁多恨亦悠悠"（罗隐《自遣》）可谓异曲同工。

尾联则是告别常修的话语。此以鲍叔比常修，视作自己的知心朋友。鲍叔，即鲍叔牙，春秋时齐人，推荐管仲给齐桓公，九合诸侯而成霸业。管仲感激说："生我者父母，知我者鲍叔也。"（《左传·庄公九年》）常修深知自己，为知己好友，而自己落魄如此，则愧对知己，故云"唯惭"。落句则祝愿常修早日及第，以展英才，为此诗重重地涂上一笔亮色，表现了诗人一贯的积极向上精神。此用"蒲帆百尺风"作比，指以蒲草编织的船帆，帆船再加上百尺疾风，前途自然是一帆风顺了。常修次年果然得中，可见诗人的祝愿并非随便恭维之语。

此篇以写离别为名，却少有离情别绪，实为伤时感怀之作。诗的一、二、三联尽抒落第归隐之怀。长安六载辛勤困顿的生活教育了他，使他不得不在严酷的社会现实面前呼喊出"男儿何必尽成功"的悲愤之声。但在尾联，虽是祝福常修"他日蒲帆百尺风"，何尝不是他自己不甘心失败、仍要继续奋斗下去的心理呼唤。直至咸通十一年，罗隐"在长安一十二年看人变化"，才不得不退出举场。但他的奋斗不息、顽强进取精神是直至生命最后的。这可能是他得到一代伟人同情的主要原因。

毛泽东同志特别看重此诗，不仅对全诗每句都画了圈，而且还在天头上画着大圈，可能就在于此诗言归隐而不颓废、表现出的身处逆境却仍思进取的追求精神罢！（孙方　韩爱平）

【原文】

华清宫

楼殿层层佳气多[1]，开元时节好笙歌[2]。
也知道德胜尧舜，争奈杨妃解笑何[3]！

【毛泽东圈评等情况】

毛泽东读罗隐《甲乙集》或《罗昭谏集》卷十时圈阅了这首诗。

[参考]张贻玖：《毛泽东评点、圈阅的中国古典诗词》，
中国工人出版社1992年版，第238页。

【注释】

（1）佳气，美好的云气，古代以为是吉祥、兴隆的象征。汉班固《白虎通·封禅》："德至八方则祥风至，佳气时喜。"

（2）开元（713—741），唐玄宗年号。笙歌，含笙之歌，亦谓吹笙之歌。《礼记·檀弓上》："孔子既祥，五日弹琴而不成声，十日而成笙歌。"

（3）争，怎。解笑何，指善解人意、迷人、可人。唐杜牧《过华清宫》："一骑红尘妃子笑，无人知是荔枝来。"

【赏析】

华清宫，故址在今陕西临潼东南骊山上。山有温泉，唐贞观十八年（644）建汤泉宫，咸亨二年（671）改名温泉宫。唐玄宗天宝六年（747）大加扩建，更名为华清宫。宫治汤井为池，环山筑宫室，又筑会昌罗城及公卿邸第。池称华清池，冬日和暖如春。天宝年间，唐玄宗和杨贵妃每年

冬季都移住这里，而且每次去都要带上杨氏兄弟姐妹，浩浩荡荡，无比的威风、显赫。华清宫的热闹、繁盛可以想见。据此，罗隐写下了这首七言绝句。

"楼殿层层佳气多"，这是华清宫的盛景：整个骊山上，楼阁、宫殿层层叠叠，金碧辉煌；更有花草繁茂、林木葱茏，到处都是瑞气祥云。而那悠扬的乐曲、动听的歌声更为这美景平添许多"佳气"。"开元时节好笙歌"，如此美丽的地方，怎么能少了"笙歌"呢？不过，这里的开元，实际上应指开元天宝间，而且主要是指天宝年间，但贵妃死于天宝年间，诗人大概是避讳吧。

华丽的宫殿、美妙的音乐、动听的歌声，好一派迷人景象！正是在这迷人的歌乐声中，诗人请出了宫殿的主人："也知道德胜尧舜，争奈杨妃解笑何！"他好像仍沉迷于醉人的音乐声中，一出场就为自己的行为寻找托词，可托词又是如此软绵无力：我唐玄宗并不比尧舜差，我一直想和他们比一比，使大唐帝国胜过尧舜时代，可是杨妃实在是太可人意、太迷人了。这托词也实在是醉人梦语，不堪一击！玄宗纳杨贵妃——父娶子妇，是一件多么荒唐的事情，这是"争奈"？自贵妃进宫，他便"春宵苦短日高起，从此君王不早朝。承欢侍宴无闲暇，春从春游夜专夜。后宫佳丽三千人，三千宠爱在一身"（唐白居易《长恨歌》），这又是"争奈"？"太平天子无愁思，内殿唯闻打子（下棋）声。"（清郑燮《肃宗》）直至后来"霓裳一曲千峰上，舞破中原始下来。"（唐杜牧《过华清宫绝句三首》其二）这"舞破中原"便是他"争奈"的结果。一个"争奈"，不仅不能开脱其罪责，反而更见其执迷不悟。好一个"争奈"，诗人用词可谓精当绝妙！

以华清宫为题的咏史诗，历来不少，而罗隐这首诗则别具一格：截取一个场景、一段心理独白，欲抑反扬，以极其委婉的语言进行着十分深刻的讽刺，可谓匠心独运。特别是模拟玄宗口吻，于不经意中进行了辛辣的嘲弄：因为玄宗的丑闻人所共知，这里偏要遮掩，结果只能是欲盖弥彰，所以极具讽刺效果。正因如此，此诗毁了他一次"仕进"的机会。据《唐诗纪事》卷六九记载："昭宗欲以甲科处之，有大臣奏曰：'隐虽有才，然多轻易，明皇圣德，犹横遭讥谤，将相臣僚岂能免乎凌轹。'帝问讥谤之

词，对曰：'楼殿层……'其事遂寝。"由此可见此诗在当时的影响。它的无所顾忌的讥刺是显而易见的。（韩爱平）

【原文】

韩信庙

蒯项移秦势自雄[(1)]，布衣还是负深功[(2)]。

懦夫女子俱堪恨[(3)]，却把余杯奠蒯通[(4)]。

【毛泽东圈评等情况】

毛泽东读罗隐《甲乙集》或《罗昭谏集》卷十时圈阅了这首诗。

[参考] 张贻玖：《毛泽东评点、圈阅的中国古典诗词》，

中国工人出版社 1992 年版，第 239 页。

【注释】

（1）势自雄，指势力很大。当时韩信手下兵多将广，史称"与汉汉重，归楚楚安"，完全可以和楚汉三分天下。移，《罗昭谏集》作"夷"，自，《罗昭谏集》作"已"。

（2）布衣，韩信"始为布衣，时贫无行……常从人寄食饮，人多厌之"（见《史记·淮阴侯列传》）。负，败的意思。深功，大功。

（3）懦夫，指韩信不听蒯通背汉自立之计。女子，指吕后。韩信临死前云："吾悔不听蒯通之计，乃为女子所诈，岂非天哉？"（见《史记·淮阴侯列传》懦夫女子，此据《罗昭谏集》，《甲乙集》作"寡妻稚女"。

（4）蒯通，汉范阳人，本名彻，因避汉武帝刘彻讳，《史记》《汉书》均作"通"。以善辩著名，且有权变。武臣（武信君）用其策，降燕、赵三十座城。韩信用其计，遂定齐地。后劝韩叛汉，信不用，乃佯狂遁去。汉高祖欲烹之，以辩得免。他当初劝韩信：当断即断，并提醒道："勇略震主者身危，功盖天下者不赏。"可惜韩信不听，终成千古冤魂。却，《甲乙集》作"休"。

【赏析】

淮阴侯韩信，曾是诗人讥刺的对象，"莫恨高皇不终始，灭秦谋项是何人"（《淮阴侯传》），对他的不重名节，诗人不无愤慨。可是，凭吊韩信庙，诗人再也恨不起来，而代之以赞叹、同情、惋惜，抒发了无限的感愤，寄慨遥深。

"翦项移秦势自雄"，这是写韩信的丰功伟绩的。他为刘邦一统天下、建立汉朝，东征西讨，出生入死，功不可没。据《史记·淮阴侯列传》记载：淮阴侯韩信，秦末淮阴人。初从项羽，后归刘邦，拜为大将，伐魏、举赵、降燕，破楚将龙且于潍水，定齐地。汉五年与汉师会围项羽于垓下，羽走自杀，信封楚王。与萧何、张良称兴汉三杰，可谓一人之下、万人之上，势力范围相当大。他手下兵多将广，史称"与汉汉重，归楚楚安"，当初完全可以和楚、汉三分天下。可是，汉六年，有人告信谋反，执之，降为淮阴侯，十一年，为吕后所杀。所以，诗人接着吟道："布衣还是负深功。"正所谓"勇略震主者身危，功高盖世者不赏"（《史记·淮阴列传》）。布衣，即平民，这里指韩信。韩信"始为布衣，时贫无行……常从人寄食饮，人多厌之"。"负"这里是"败"的意思。此句是说，正因为韩信功高势大，才招致杀身之祸——为大功所"害"，流露着诗人深深的惋惜、同情。

韩信自恃功高，不知进退，偏又遇着奸诈的汉高祖，岂有不"败"之理！诗人由惋惜而怨恨，感情转为激愤，于是吟出："懦夫女子俱堪恨，却把余杯奠蒯通。""懦夫"，当指韩信，怨愤语；"女子"，当指吕后，韩信就死前有言："吾悔不听蒯通之计，乃为女子所诈，岂非天哉？"（《史记·淮阴侯列传》）诗人"恨"韩信优柔寡断，死得太冤枉；更恨吕后、刘邦之流阴险毒辣，残害忠良。所以在诗人看来，只有蒯通是个明白人，祭奠完韩信后，不能把他忘了，他才值得一祭呢！蒯通，汉范阳人，本名彻，因避武帝刘彻讳，故《史记》《汉书》作"通"。楚汉时以善辩著名，有权变，武臣（武信君，秦末农民起义军将领）用其策，降燕、赵三十余城；韩信用其计，遂定齐地。后劝信叛汉，信不用，乃佯狂遁去。汉高祖欲烹之，以辩得免。他当初劝韩信背汉自立，可谓苦口婆心，援古论今，广征博引，好多话在今天看来仍不失为"至理名言"。比如他说："贵贱在于骨法，忧喜在于容色，成败在于决断。"他劝韩信当断即断，并以范蠡功成身死之事，引出"野兽已尽而猎狗烹"的结论，再三提醒韩信："勇略震主者身危，功盖天下者不赏。""功者难成而易败，时者难得而易失也。时乎，时不再来，愿足下详察之。""韩信犹豫，不忍背汉。又自以为功多，汉终不夺我齐，遂谢蒯通。"（《史记·淮阴侯列传》）于是韩信自导自演了一场悲剧，成为千古冤魂。当初他若用蒯通计，中国的历史可能是另外一种样子。诗人"骂"他是"懦夫"，他确实"当之无愧"。

对同一个韩信，在《书淮阴侯传》里，诗人给予无情的讽刺，而这里却又赞扬又惋惜，有恨也是怨极而致，何其相差天壤！矛盾吗？大不然！这正体现了诗人对兴亡治乱的认识很有见地，评历史、论古人，功是功，过是过，实事求是。他的览古诗大都如此。（韩爱平）

【原文】

书淮阴侯传

寒灯挑尽见遗尘，试沥椒浆合有神(1)。
莫恨高皇不终始(2)，灭秦谋项是何人(3)！

【毛泽东圈评等情况】

毛泽东读罗隐《甲乙集》或《罗昭谏集》卷十时圈阅了这首诗。

[参考] 张贻玖：《毛泽东评点、圈阅的中国古典诗词》，
中国工人出版社 1992 年版，第 239 页。

【注释】

（1）沥，滤。椒浆，就是以椒浸制的酒，古代多用于祭神。

（2）高皇，即汉高祖刘邦。不终始，不始终如一。

（3）灭秦谋项，韩信原为秦的子民，先投项羽，后投刘邦，并帮刘邦灭了项羽。因此，诗人认为他的下场是咎由自取。

【赏析】

诗人夜读史书，专心致志，于是便走进了历史，有了新的发现，他把酒祭古人，却又毫不留情地讽刺古人，感慨系之，于是便写下了这首《书淮阴侯传》。《淮阴侯传》指司马迁《史记·淮阴侯列传》。

淮阴侯，即韩信（前？—公元前 196），秦末淮阴人。初从项羽，后归刘邦，拜为大将。伐魏，举赵，降燕，破楚将龙且于潍水，定齐地。汉五年与汉师会围项籍（羽）于垓下，籍走自杀，信封楚王。与萧何、张良称兴汉三杰。六年，有人告信谋反，执之，降为淮阴侯，十一年，为吕后所杀。《史记》《汉书》皆有传。其实在定齐之后，韩信就自封为假齐王，迫使刘邦封他做了真齐王，这件事为他日后的不测已埋下了芥蒂。他明知"勇略震主者身危，功盖天下者不赏"（《史记·淮阴侯列传》），却又居功自恃，对刘邦一直抱着幻想，并一味要报刘邦的知遇之恩，谋士蒯通曾劝他和刘邦、项羽三分天下，他则认为不义；功成之后，又不愿激流勇退，待到就戮之日，方想起蒯通的箴言"狡兔死，良狗烹；高鸟尽，良弓藏；敌国破，谋臣亡"（《史记·淮阴侯列传》），但悔之晚矣。给帝王效力的人，事成后往往会被抛弃甚至杀害，这已是普遍的历史现象，可惜韩信到死才明白。在《史记》里，司马迁对韩信的死是同情的，以致后人都觉得韩信冤屈、含恨九泉。

罗隐读史，不囿于史家的定论，不苟合世俗的共识，而是"寒灯挑尽"，细钻精研，终于发现了不被人注意的"遗尘"。于是他便"试沥椒浆合有神"，把酒祭古人，以求古人显灵。椒浆，就是以椒浸制的酒浆，古代多用于祭神。《楚辞·九歌·东皇太一》："奠桂酒兮椒浆。"诗人也拿"椒浆"作祭，见出他的郑重其事。按说下面应该是对古人的慰藉，可他却笔锋一转，换以谐谑口吻说"莫恨高皇不终始"，如果说这里还有商量的余地的话，那么最后一句则是异峰突起、咄咄逼人："灭秦谋项是何人。"韩信若地下有知，定不敢再喊冤叫屈！"高皇"的"不终始"、反复无常，人所共知，你韩信当然也知道，你没有防范于前，再恨何益？徒增烦恼。倒是应该反省反省你自己：当初你曾是秦国的子民，先投项羽，后投刘邦，并帮助刘邦灭了项羽，刘邦只不过是以其人之道还治其人之身罢了，谁叫你棋低一着呢？你的死可以说是咎由自取，自食其果！

此诗可以看作是一篇读后感，它的独到之处就在于"感"的不同一般，见人所未见，发人所未发。其实这是诗人自己世界观的自然流露。诗人很重名节，他曾劝说吴王镠举兵讨梁，而不要"交臂事贼"（事见《资治通鉴》卷二六六），所以对变节之人则嗤之以鼻，连古人也不能幸免。由此见出他性格的耿直、孤高，这也是他一生坎坷、不得志的重要原因。

此诗起笔疏缓、平直，娓娓道来，不露痕迹，洒洒作祭，似慰古人，看完结句，始明作者真意。欲擒故纵，令读者言外思之，回味无穷。（韩爱平）

【原文】

青山庙

市箫声咽迹崎岖 [1]，雪耻酬恩此丈夫 [2]。
霸主两亡时亦异 [3]，不知魂魄更归无 [4]？

【毛泽东圈评等情况】

毛泽东读罗隐《甲乙集》或《罗昭谏集》卷十时圈阅了这首诗。

[参考] 张贻玖：《毛泽东评点、圈阅的中国古典诗词》，中国工人出版社 1992 年版，第 239 页。

【注释】

（1）市箫声咽，史传伍员奔吴，曾吹箫于市。迹，道路。

（2）雪耻酬恩，指伐楚鞭楚平王尸报父兄之仇，扶助吴王。此丈夫，"方子胥窘于江上，道乞食，志岂尝须臾忘郢邪？故隐忍就功名，非烈丈夫孰能致此哉！"（见《史记·伍子胥列传》）

（3）霸主，指吴王阖闾与夫差。两亡，指阖闾、夫差两人都死了。霸，《罗昭谏集》作"伯"。主，《甲乙集》作"王"。亡，据《甲乙集》，《全唐诗》作"忘"。

（4）归无，据《罗昭谏第》《甲乙集》，《全唐诗》作"无归"。

【赏析】

诗题《青山庙》，《全唐诗》本题下注云："子胥庙。"青山庙，即伍子胥庙。伍子胥，名员，春秋时楚国人，楚大夫伍奢次子。据《史记·伍子胥列传》记载：楚平王七年（前522），员父奢、兄尚被楚平王杀害，他历经宋、郑等国入吴，帮助吴王阖闾夺取王位，后伐楚，五战而入郢（楚国都城），掘平王墓，鞭尸三百。吴王夫差时，因劝夫差拒绝越国求和并停止伐齐，渐被疏远。夫差又听信伯嚭谗言，赐子胥剑令他自杀，子胥临死对家人说："……抉吾眼悬吴东门之上，以观越寇之入灭吴也。"乃自刭死。吴王闻之大怒，乃取子胥尸盛以鸱夷革，浮之江中，吴人怜之，为立祠于江上。越军攻吴之日，于苏州东南三十里三江口又向下三里临江北岸立坛，杀白马，祭子胥，杯动酒尽，后因立庙于此江上。至晋，会稽太守糜豹移庙吴郭东门内道南。这或许就是诗人所写之庙。被老百姓爱戴之人，史不鲜见；但是能被敌人敬重，并为之修庙，这在历史上并不多见，伍员的人格力量由此可见一斑！而那个贪财卖国、陷害忠良的谗臣伯嚭，恰又被越军正法，遗臭万年！诗人过子胥庙，有感于史，对伍员的遭遇寄予同情，对他的作为予以赞扬，对他的含冤而死深表哀痛。这首七言绝句写得沉郁顿挫，令人感慨系之。

"市箫声咽迹崎岖"，史传伍员会吹箫，元人李寿卿曾作杂剧《说鱄诸伍员吹箫》。首句由"箫声咽"点出伍员家破人亡、惨遭横祸，不得不亡命他乡，道路崎岖，前途未卜。但为了报仇雪恨，他忍辱含垢，历尽千辛万苦，终于如愿以偿，而掘墓鞭尸，则是恨大仇深、不得已而为之也。用他自己的话说就是："吾日暮途远，吾故倒行而逆施之。""志在复仇，常恐且死，不遂本心，今幸而报，岂论道理乎？"（《史记·伍子胥列传》）大丈夫做事，敢作敢当，敢于承认自己"倒行逆施""违常理"，这就不失为一个堂堂正正的大丈夫。而当有恩于他的吴国潜藏危机之时，他则一谏再谏，不惜一死，死后仍谏，"抉眼"之举更表现了他的大丈夫气概，故诗人赞叹道："雪耻酬恩此丈夫。"这也正是《史记》的观点："向令伍子胥从奢俱死，何异蝼蚁？弃小义，雪大耻，名垂后世，悲夫！方子胥窘于江上，道乞食，志岂尝须臾忘郢邪？故隐忍就功名，非烈丈夫孰能致此哉？"（《史记·伍子胥列传》）恰恰也正是因为他太烈太刚，又一味"酬恩"，才使他成了千古冤魂。正值吴国强盛、吴王夫差得意之时，他却一而再、再而三地提些"不合时宜"的建议，加上伯嚭的谗言，所以便酿成了"霸主两亡时亦异，不知魂魄更归无"的悲剧。这里诗人对吴王夫差的不记前情、忘恩负义予以辛辣的嘲讽。因为吴王夫差的即位全得力于伍子胥："谗臣嚭为乱矣，王乃反诛我。我令若父霸。自若未立时，诸公子争立，我以死争之，于先王几不得立。若既得立，欲分吴国予我，我顾不敢望也。然今若听谀臣言以杀长者。"（《史记·伍子胥列传》）伍员临死时的这段话，一针见血指出了夫差的忘恩负义，也后悔自己认错了人，死不足惜！其结果是吴国被越国灭亡，阖闾与夫差两位霸主也都死无葬身之地，他们的灵魂还能够回归故国吗？诗人讽刺之辛辣，溢于言表！

此诗短短四句，概括力极强，用事用典似不经意，但又紧扣历史故事，围绕抒情主题，写事抒情结合得天衣无缝，不是大手笔难如此。（韩爱平）

【原文】

淮口军葬

一阵孤军不复回⁽¹⁾，更无分别只荒堆。
莫言赋分须如此⁽²⁾，曾作文皇赤子来⁽³⁾！

【毛泽东圈评等情况】

毛泽东读罗隐《甲乙集》或《罗昭谏集》卷十一时圈阅了这首诗。

［参考］张贻玖：《毛泽东评点、圈阅的中国古典诗词》，
中国工人出版社 1992 年版，第 239 页。

【注释】

（1）一阵孤军，指戴可师军。
（2）赋分，天赋，命定。

（3）文皇赤子，因戴为羽林将军，故称其及其部下为"文皇赤子"。文皇本指唐太宗，唐太宗谥文武大圣皇帝，故称。此借指懿宗。来，语助词，用在句末，表示祈使语气。

【赏析】

淮口，泗水入淮之口，即今江苏淮安。"淮口军葬"，盖指戴可师将兵三万围都梁城至遭全军覆没事。据《资治通鉴》卷二五一记载：唐懿宗咸通九年（868）戍守桂林的徐州、泗州兵起义，拥庞勋为首北归，十月攻克宿州，继又克淮口、都梁等州县多处。"官军"告急。懿宗封羽林将军戴可师为徐州南面行营招讨使，将兵三万渡淮。可师"欲先夺淮口，遂救泗州，十二月十三日，迟明，围贼于都梁山下，贼已就降，而可师自恃兵强，不为备。贼将王弘立者，将兵数万人，捷径赴救，奔突而前，官军溃乱，遂为所败。可师并监使、将校已下咸没于阵。于是庞勋自谓前无强敌矣。"诗人过淮口，凭吊战争留下的"杰作"，伤痛不已，感慨万端，遂有此诗。

"一阵孤军不复回，更无分别只荒堆。"戴可师自恃兵强人众，孤军深入，轻敌妄为，致使全军覆没。来自天子身边的羽林军将领，却"出师未捷身先死"，不啻大长了"贼军"的威风，更是给朝廷重重一击！三万大军，战死无算，沟埋路葬，不管是将军、士卒都是荒土一堆，一律平等，绝没有高低贵贱之分！诗人以冷峻的口吻，描述了一个惊心动魄的大事件。它告诉人们：战争是残酷的。诗人反对战争、渴望和平的思想暗暗透出。

三、四句针对一、二句生发议论，就事论理："莫言赋分须如此，曾作文皇赤子来。"文皇本指唐太宗，这里借指唐懿宗。因为戴可师为"羽林将军"，所以称他及他的部下为"文皇赤子"。此二句是说，不要以为战死的将士命该如此，他们曾经在皇帝身边，出入皇宫，风光着呢。若不是战争，何至于此！诗人深深的痛悼、惋惜、厌战情绪尽在不言之中。战争残酷无情，即使"文皇赤子"也难逃死数，更何况一般士卒百姓！"文皇赤子"已经战死，那么"文皇"作何考虑，又有何打算？笔锋凌厉，直逼最高统治者，实在是大胆、无畏之举！

罗隐生活的唐朝末年，政治腐败，藩镇之间不断发生战争，少数民族经常扰边，农民起义，士卒造反，兵连祸结，民不聊生。罗隐同情人民疾苦、反对战争，写下了不少诗文。如"乾坤垫裂三分在，井邑摧残一半空"（《江亭别裴饶》），"两地干戈连越绝，数年麋鹿卧姑苏"（《送王使军赴苏台》），战争留下的创伤真是惨不忍睹！而《淮口军葬》不光表现战争的残酷，同时把批判锋芒指向了战争的制造者，这就是此诗的深刻处。因此李慈铭说："昭谏诗虽未醇雅，然峭直可喜，晚唐之铮铮者。"（《越缦堂读书录》八《文学》）所论极是。然铮铮之诗格出自铮铮之人格，敢对当朝统治者如此不恭，昭谏不愧"铮铮"也！（韩爱平）

【原文】

江　北

废宫荒苑莫闲愁，成败终须要彻头。
一种风流一种死，朝歌争得似扬州[(1)]。

【毛泽东圈评等情况】

毛泽东读罗隐《甲乙集》或《罗昭谏集》时圈阅了这首诗。

[参考] 张贻玖：《毛泽东评点、圈阅的中国古典诗词》，
中国工人出版社 1992 年版，第 239 页。

【注释】

（1）朝歌，殷代都城，商代末帝殷纣王淫乱虐政亡国的地方。周武王伐纣，纣兵败，纣王登鹿台自焚而死。故址在今河南淇县。扬州，隋炀帝死于扬州。故址在今江苏扬州。

【赏析】

江北，和江南（金陵）对举，这里应指扬州。诗人同时作了《江南》《江北》两首诗，这里不妨先看看《江南》："玉树歌声泽国春，累累辎重忆亡陈。垂衣端拱浑闲事，忍把江山乞与人。"这首亦题作《夜泊金陵》，

或题作《夜泊江南》，是指斥亡国昏君陈后主的。陈后主之所以"忍把江山乞与人"，就在于他耽于声色、不理朝政。这些，隋炀帝是知道的，因为陈就是被他们父子所灭。可他却不吸取教训，反而一意奢靡腐化，荒淫暴虐，纵情声色，比之陈后主有过之而无不及，结果身死国破，比陈后主的下场更惨！陈后主亡国后，被俘虏，病死洛阳；而隋炀帝则是被逼自杀！他生前为享乐所修的豪华宫苑，如今都成了废墟，然而这废墟不正是他罪恶历史的见证吗？所以诗人开篇便写道："废宫荒苑莫闲愁，成败终须要彻头。"隋炀帝弑父自立，即位后即大兴土木，营建东都洛阳，建造西苑，开通济渠，自长安至江都（扬州），沿途建筑离宫四十余座，江都宫尤为壮丽。他三次游幸江都，一次比一次规模大，兴师动众，浩浩荡荡、劳民伤财，天下百姓苦不堪言。宫苑越建越多，离他的彻底灭亡也就越来越近，他不顾人民死活修宫建苑，正是不顾死活地走向灭亡！如今这"废宫荒苑"的存在倒是很有价值，它们似在诉说一代王朝的盛衰史，给后世帝王以借鉴！

"一种风流一种死，朝歌争得似扬州"。隋炀帝第三次游幸江都，隋朝已是危机四伏、风雨飘摇，他不听劝阻，杀死几个劝谏的官吏，一意孤行欺嫂奸妹，淫乱不止，结果在江都宫里被禁军将领宇文化及等缢杀。朝歌，殷代都城。商代末帝殷纣王宠爱妲己，淫荒无度，周武王伐之，纣王战败被砍头示众。争，犹"怎"。炀帝要享乐、要游玩、要风流，结果一下子"风流"到头了，诗人的嘲弄辛辣尖刻。

对于隋炀帝这个历史上有名的昏君，诗人曾不止一次地嘲讽、挖苦：《炀帝陵》《隋堤柳》，批判炀帝奢靡无度、误国害民都一针见血；而此诗在揭露炀帝专事享乐、"风流"致死上更深入一层，批判讥刺也更有力，笔锋凌厉，严于斧钺。（韩爱平）

【原文】

许由庙

高挂风瓢濯汉滨(1)，土阶三尺愧清尘(2)。
可怜比屋堪封日(3)，若到人间是众人。

【毛泽东圈评等情况】

毛泽东读罗隐《甲乙集》或《罗昭谏集》卷十时圈阅了这首诗。

[参考]张贻玖：《毛泽东评点、圈阅的中国古典诗词》，

中国工人出版社1992年版，第239页。

【注释】

（1）高挂风飘，许由常用手捧水喝，别人给他瓢，他用过后就挂在树上，后嫌风吹有声，就扔了（见《太平御览》引《古今乐录》）。后用以借指隐居生活。高挂风飘，《罗昭谏集》作"高挂风飘"。汉滨，应是颍水之滨。

（2）土阶，土台阶，指居室简陋。清尘，清轻的尘埃，比喻清高的遗风，高尚的品德。南朝宋谢灵运《述祖德诗》之二："苕苕历千载，遥遥播清尘。"

（3）比屋堪封，谓上古之世教化遍及四海，家家都有德行，人人可以旌表。"尧舜之民，可比屋而封。"（见汉陆贾《新语·无为》）唐刘知几《史通·疑古》："尧舜之人，比屋可封。"

【赏析】

此乃咏怀古迹之作。

许由，字武仲，颍川人。尧闻致天下而让焉，乃退而遁于中岳颍水（出于河南登封西境颍谷，东南流，入于淮）之阳、箕山之下，隐。尧又召为九州长，由不欲闻之，洗耳于颍水滨。时有巢父牵犊欲饮，见由洗耳，问其故，对曰："尧欲召我为九州长，恶闻其声，是故洗耳。"巢父曰："子若处高岸深谷，人道不通，谁能见子？子故浮游，欲闻求名誉。污吾犊口。"牵犊上流饮之（晋皇甫谧《高士传》）。如此看来，许由的退隐、洗耳，在当时就有人非之。到了魏，更有糜元以《讥许由》刺之："夫道不虚行，士不徒生。生则于时，为国之桢。""何得逃位，矫世绝踪。丹朱（尧之子）不肖，朝有四凶，尧放求贤，逊位于子。度才处分，不能则已。何所感激，临河洗耳。山居巢处，执心不倾。辞君之禄，忘君之荣。居君之地，避君之庭。立身若此，非子之贞。欲言子志，则不仕圣君；欲

言子高，则鸟兽同群。无功可记，无事可论。"（《艺文类聚》卷三六）这篇《讥》真够尖刻的，简直把许由说得一无是处；而罗隐的诗，则又辟蹊径，从另一方面撕下了许由"高士"的假面具。

"高挂风瓢濯汉滨"，诗一上来就以七个字交代了两个故事："高挂风瓢"，是说许由隐居箕山，"夏则巢居，冬则穴处，无有杯器，常以手掬水而饮之。人有见其饮无杯，以瓢遗之，由操饮，饮毕，挂瓢于树。风吹树，瓢摇动，历历有声，由以为繁扰，遂取而弃之。"（《太平御览》卷五七一引《古今乐录》）清高乎？怪诞乎？不可思议！"濯汉滨"，则指"洗耳"事。"濯"，洗去污垢；"汉滨"当是颍水之滨。恶闻其声而洗耳，得否声之入耳后能洗掉邪？这不是沽名钓誉又是什么！诗人举出这两个最能反映许由个性的事件，虽不着一字议论，但通过看似潇洒清高，实则怪诞荒唐的行为举止，便把他隐居的实质揭示得一清二楚了，用巢父的话说就是："子故浮游，欲闻求其名誉。"如此而已，岂有他哉！

接下来诗人由历史回到现实，面对许由的庙，诗人则以戏谑的口吻吟道："土阶三尺愧清尘。"想当初，那么清高，与青山秀水为伴，悠游自在；如今呢，却是与三尺土阶为伍，不是腌臜了一世清名？许由地下有知，当羞极、愧极！但后悔何益？想当年，尧治天下，天下太平，"比屋堪封"——家家都有德行，人人可以旌表。"尧舜之民，可比屋而封；桀纣之民，可比屋而诛者，教化使然也。"（汉陆贾《新语·无为》）遇明主而却避世，算什么高士？其实醉翁之意不在酒，也不在乎山水之间，而在于"名"，他害怕的是"若到人间是众人"。既然大家都有德行，尧又那么圣明，深感自愧弗如："子治天下，天下既已治也；而我犹代子，吾将为名乎？名者，实之宾也，吾将为宾乎？"（《庄子·逍遥游》）原来如此！他是怕没了名而成为一种附属品，和芸芸众生混为一体，于是便坚不出仕。但"故浮游"，并"高挂风瓢"，又"临河洗耳"，可谓用心良苦，不是为扬名又为什么？诗人讥刺一语中的！

此诗四句，看似通俗明白，实则几用典故，言简意丰，清算了一笔历史旧账，骇人耳目。所谓的"高士"，所谓的"洗耳翁"，也不过如此！同时诗的字里行间也寄寓诗人自己的怀抱：诗人遭逢乱世尚思报国，却又报国无门，英雄无用武之地；可许由生逢盛世却隐居山野、遇明主而不仕，相比之下，他的行为实在没法恭维，只能讥而刺之。（韩爱平）

【原文】

湘妃庙

刘表荒碑断水滨[1]，庙前幽草闭残春。

已将怨泪流斑竹[2]，又感悲风入白蘋。

八族未来谁北拱[3]，四凶犹在莫南巡[4]。

九峰相似堪疑处[5]，望见苍梧不见人[6]。

【毛泽东圈评等情况】

毛泽东读罗隐《甲乙集》或《罗昭谏集》卷十一时圈阅了这首诗。

[参考] 张贻玖：《毛泽东评点、圈阅的中国古典诗词》，

中国工人出版社 1992 年版，第 239 页。

【注释】

（1）刘表，东汉山阳高平人，献帝初平元年（190）任荆州刺史，据有今湖北、湖南的大部分地区。

（2）斑竹，亦称湘妃竹。相传舜南巡死后，娥皇、女英思舜不已，泪下沾竹，竹皆成斑。

（3）八族，指舜擢用的贤人。

（4）四凶，指舜流放的四个部族首领，此代指恶人。

（5）九峰，即九嶷山的山峰。

（6）苍梧，即苍梧山，九嶷山之别名，在今湖南宁远南。

【赏析】

此诗又见《全唐诗》卷六七二，作唐彦谦诗。检《甲乙集》卷十一载有此诗，《文苑英华》卷三二〇载作罗隐诗，姑从之。

此为凭吊古迹之作。

湘妃，即舜妃。据晋张华《博物志》记载：尧有二女，名娥皇、女英，后嫁给舜。及即位，封娥皇为后，女英为妃。后来舜南巡不返，葬于苍梧。二女寻夫奔丧，泪下沾竹，竹即成斑。北魏郦道元《水经注》卷三八湘水注：湘水北经黄陵亭西，"经二妃庙南，世谓之黄陵庙也。"又引晋罗合撰《湘中记》曰："湘川清照五、六丈下，见底石如樗蒲矣，五色鲜明，白沙如霜雪，赤崖若朝霞，是纳潇湘之名矣。故民为立祠于水侧焉。荆州牧刘表刊石立碑，树之于庙，以旌不朽之传矣。"但诗人所见已是满目荒凉。首联"刘表荒碑断水滨，庙前幽草闭残春。""水滨"，即湘水之滨。时值暮春，湘妃庙前荒草一片，刘表题的庙碑断裂了，掩没在河边荒草丛中。正是："肃肃湘妃庙，空墙碧水春。虫书玉佩藓，燕舞翠帷尘。晚泊登汀树，微香借渚蘋。"（唐杜甫《湘夫人祠》）湘妃曾是爱情坚贞的象征，供奉她们的祠庙却如此破败不堪，一代诗圣曾为之哀泣，诗人能不痛心？但更悲痛的还是庙的主人！于是诗人便退到"幕后"，把二妃推出，让她们发而为吟。

颔联"已将怨恨流斑竹，又感悲风入白蘋。""白蘋"，多年生水草。此二句是说：我们的泪水都流在竹子上，已经流干，把竹子都染成斑竹了，如今欲哭无泪，只有长年累月地面对着风吹白蘋，真是苦不堪言。这里的"怨"字颇有讲究，应是爱极之怨，思极之怨，杜甫《湘夫人祠》最后两句也说："苍梧恨不尽，染泪在丛筠（竹子）。"可见，她们确是既怨又恨，但究竟怨恨什么？

颈联"八族未来谁北拱，四凶犹在莫南巡。""八族"，是指舜所擢用的贤人。《史记·五帝本纪》载："于是尧乃试舜，五典百官皆治。昔高阳氏有才子八人，世得其利，谓之八恺；高辛氏有才子八人，世谓之八元。此十六族者，世济其美，不陨其名。至于尧，尧未能举，舜举八恺使主后土，以揆百事，莫不时序；举八元，使布五教于四方，父义、母慈、兄友、弟恭、子孝，内平、外成。"舜所举贤臣八恺、八元，合称十六族，八族即共十六族的分称，后因以喻指贤臣。"四凶"，即舜流放的四个部族首领。《左传·文公十八年》：舜"流四凶族，浑敦、穷奇、梼杌、饕餮，投诸四裔，以御螭魅。"由此可见，"窜四凶而进八元"（罗隐《谗书·君子之位》）是舜袭帝位前所为，早于南巡远矣。这里的"八族""四凶"实际上是代指贤人和恶人。此二句是二妃借以劝阻舜南巡的借口，也就是说，如今朝中缺少贤人而仍有坏人，天下并不太平，就不要南巡了。但是舜不听，结果一去不返，那么上文的"怨"就是怨舜不听劝告。舜死之后，二妃悲痛不已，遂奔丧南下，可是舜帝究竟在哪里呢？

尾联"九峰相似堪疑处，望见苍梧不见人。""九峰"，即九嶷山的山峰。九嶷山，在湖南宁远南。《水经注》卷三八湘水注：九嶷山，"盘基苍梧之野，峰秀数郡之间，罗岩九峰，各导一溪，岫壑负阻，异岭同势，游者疑焉，故曰九疑山。"后改为"九嶷山"。九嶷山又叫苍梧山。二妃悲悲啼啼奔到九嶷山，却又不知舜葬在哪座山峰（九峰中最高峰名"舜源峰"，概为最高故，并不一定是葬舜之处），只有望所有山峰而祭拜，日日月月，岁岁年年，以致"怨泪"流尽，见出二妃对舜的忠贞。无怪后世把她们奉为爱情坚贞的象征，她们是当之无愧的！

此诗先写目之所见，通过具体描绘，渲染出一派凄凉孤寂气氛，让人一下子产生同情之感。然后跨越时空，推出作品的主人公，让千年古人现身说法，徐徐道出事情的原委，如怨如诉，柔情似水，读来令人感动不已。先写结果，再交代原因，这便是写作中常用的倒叙手法。此诗正是由于倒叙得法，使得结构圆紧谨严，叙事清晰明白，唱叹有情。

从思想内容来说，此诗主要是对湘妃的礼赞，但湘妃的形象又与以往有所不同：她们不仅有爱，而且也有怨，爱也深，怨也深。这样，人物有血有肉，形象丰满。最后一句点题之笔，悲痛欲绝，令人不忍卒读。（韩爱平）

【原文】

八骏图

穆满当年物外程⁽¹⁾，电腰风脚一何轻⁽²⁾。
如今纵有骅骝在⁽³⁾，不得长鞭不肯行。

【毛泽东圈评等情况】

　　毛泽东读罗隐《甲乙集》或《罗昭谏集》卷十一时圈阅了这首诗。

　　　　　　[参考]张贻玖：《毛泽东评点、圈阅的中国古典诗词》，
　　　　　　　　　　中国工人出版社 1992 年版，第 240 页。

【注释】

　　（1）穆满，即周穆王，姬姓名满，周昭王之子，曾西击犬戎，东征徐戎，周游天下，并西游见西王母。物外，即世外，神仙境界，此指西王母处。一何，多么。唐杜甫《石壕吏》："吏呼一何怒，妇啼一何苦！"
　　（2）电腰风脚，谓骏马之腰奔走时摆动如闪电，四蹄如御风。
　　（3）骅骝，赤色骏马，为"八骏"之一。

【赏析】

　　这是一首题画诗。八骏，相传为周穆王的八匹良马，是后世画家的传统题材。周穆王，西周国王，姬姓，名满，周昭王之子，曾西击犬戎、东征徐戎，周游天下。晋郭璞《穆天子传》演述其事，称王乘八骏见西王母，"吉日甲子，天子宾于西王母，乃执白圭玄璧以见西王母。"西王母为神话中的女神，要去见她，就得"物外程"。物外，即世外、神仙境界，此距凡尘路途遥远，"自群玉之山以西至于西王母之邦三千里"（《穆天子传》卷四）。路途如此遥远，就要借助于好马，穆天子的八骏也确实了得："电腰风脚一何轻。"奔腾如电，疾驰如风，不愧为"骏"也！

　　对此，晋王嘉《拾遗记·周穆王》描绘得更形象、具体："王驭八龙之骏；一名绝地，足不践土；二名翻羽，行若飞禽；三名奔宵，夜行万里；四名超影，逐日而行；五名逾辉，五色炳耀；六名超光，一形二影；七名腾雾，乘云而奔；八名挟翼，身有内翅。"八骏之所以为后人道，就在于它们各有各的特点，同时又努力效命于主人，周穆王东征西讨、周游天下，全得力于它们！诗人也以夸张手笔描绘它们奔驰之迅捷，赞美之情溢于言表。

　　以上二句，紧扣画意，写出了八骏的气势；三、四句本应继续生发，可诗人却就此打住，笔势陡转，由画内转到了画外："如今纵有骅骝在，

不得长鞭不肯行。"骓骦",赤色骏马,亦名枣骦,周穆王八骏之一(八骏名目记载不一,另有赤骥、盗骊、白义、踰轮、山子、渠黄、骓骦、绿耳之名)。此二句是说,如今即使有骓骦那样的良马,不狠狠地用鞭子抽打,也绝不会奔腾驰驱。何以如此?原因在于马的主人驾驭不得法,良马发挥不了良马的作用,有时可能被驽马所欺,它又怎肯前行!驭马如此,那么用人呢?诗人意在言外,发人深思。

这首小小的题画诗,通过驭马暗喻了用人的大道理,对时政,对当权者的讥刺绵里藏针,委婉却尖刻,体现了诗人的一贯风格。(韩爱平)

【原文】

<h1 style="text-align:center">题磻溪垂钓图</h1>

吕望当年展庙谟⁽¹⁾,直钩钓国更谁如⁽²⁾?
若教生在西湖上,也是须供使宅鱼⁽³⁾!

【毛泽东圈评等情况】

毛泽东读罗隐《甲乙集》或《罗昭谏集》卷十一时圈阅了这首诗。

[参考] 张贻玖:《毛泽东评点、圈阅的中国古典诗词》,
中国工人出版社 1992 年版,第 240 页。

【注释】

(1)展,施展。庙谟(mó),旧指朝廷所定的计划、谋略。

(2)直钩钓国,相传吕望当时在渭滨直钩垂钓不设饵以待聘,此指吕望辅佐周武王灭商而建周。更谁如,谁能比得上他?

(3)使宅鱼,《全唐诗》本题下注:"钱氏有国,西湖渔者日纳鱼数斤,谓之使宅鱼。"隐题此图,遂蹴其征。

【赏析】

这是一首题画诗。

　　据《十国春秋》卷八四本传记载："王（指钱镠）待隐日隆。时西湖日纳鱼数斤，号使宅鱼。会王召隐题《磻溪垂钓图》，隐借诗寓意，遂蠲其征。"吴越王钱镠规定杭州西湖上的渔民，每天必须上交一定数额的鲜鱼，供王府食用，称为"使宅鱼"。这是钱镠对渔民的苛酷盘剥，是吴越国的苛政之一。罗隐为渔民鸣不平，借题画之机写了这首讽刺诗，钱镠不得不下令免去"使宅鱼"。

　　《磻溪垂钓图》所画乃是吕望（即姜太公）垂钓于磻而遇周文王事。诗人题此图，起笔紧扣画意："吕望当年展庙谟，直钩钓国更谁知。""庙谟"，旧指朝廷所定的计划谋略。吕望当年为了使他的匡扶社稷的宏图大略得以施展，故意隐居磻溪垂钓，钓竿直钩且不设饵，意谓愿者上钩，终于得遇文王，并辅助武王灭商而建国，"直钩"却钓来了一个国家，有谁能比得上他呢？这是对姜太公的赞美，传达了画面所无法传达的意思。不是大手笔写不出。

　　既然是题画诗，按说下文应该顺着上文的意思生发开去，从而进一步歌颂姜太公的功绩，可是诗人却笔锋陡转，不啻一百八十度："若教生在西湖上，也是须供使宅鱼。"这里似可看见，诗人面对姜太公，以谐谑的口吻说："别看你当年能够'直钩钓国'，假若生在今天的西湖上，也必须天天向王府交鲜鱼。""直钩垂钓"，仍"须供使宅鱼"，可见此项苛政殃及所有渔民，如姜太公者都不能幸免。钱镠读此诗，能不汗颜？因此他便免去了"使宅鱼"。西湖渔民拍手称快，并争相传诵罗隐此诗。辛文房说："罗隐以偏急性成，动必嘲讪，率成谩作，顷刻相传。""夫何齐东野人，猥巷小子，语及讥诮，必以隐为称首。"（《唐才子传》卷九）由此见出罗隐讽刺诗在当时的影响，而以此诗为最，因为它直刺现实，并"立竿见影"，广大渔民得到了好处。

　　不仅如此，此诗的传诵入口，还在于它的讽刺对象不同一般。罗隐"十上不第"，奔走江湖，以55岁之身投靠钱镠，钱镠辟为掌书记，"爱其才，前后赐予无数，陪从不顷刻相背。"（《唐才子传》卷九）由此可见，钱镠对罗隐有知遇之恩，罗隐曾有诗曰："自惭麋鹿无能事，为报深恩鬓已斑。"（《暇日投钱尚父》）可罗隐却借题发挥，直言相讥，不留情面，见出罗隐的直率、眼里不容半点沙子以及对劳动人民的深深同情。关键时候，他敢于仗义执言，为民请命，这是他的讽刺诗切中时弊，受人称道的重要原因，也是诗人人格力量所在。（韩爱平）

【原文】

题新榜

黄土原边狡兔肥，矢如流电马如飞[1]。

灞陵老将无功业[2]，犹忆当时夜猎归[3]。

【毛泽东圈评等情况】

毛泽东读《罗昭谏诗》时圈阅了这首诗。

[参考] 张贻玖：《毛泽东评点、圈阅的中国古典诗词》，中国工人出版社 1992 年版，第 240 页。

【注释】

（1）矢，据《罗昭谏集》，《全唐诗》作"犬"。

（2）灞陵，汉文帝之陵，在陕西西安东北。老将，即指汉名将李广，人称飞将军，一直镇守边塞，与匈奴前后七十余战，匈奴不敢犯境，然未得封侯。无功业，即指未封侯。

（3）夜猎归，据《史记·李将军列传》载：广曾因战败，"当斩，赎为庶人，……在南山中射猎，尝夜从一骑出，从人田间饮，还至灞陵亭。灞陵尉醉，呵止广。骑曰：'故李将军。'尉曰：'今将军尚不得夜行，何乃故也。'止广宿亭下。"夜，据《全唐诗》，《罗昭谏集》作"射"。

【赏析】

"罗隐，光化中（848—901）犹左两浙幕。同院沈嵩得新榜封示隐，隐批一绝于纸尾曰：'黄土原边'云云。"（五代王定保《唐摭言》卷一○）罗隐一生"十上中不第"，"唯将白发期公道，不觉丹枝属别人。双阙往来惭请谒，五湖归后耻交亲。"（《东归》）如此失意诗写下很多，揭露科举制度的弊端、表达自己报国无门的苦闷："漫把文章惊后代，可知荣贵是他人。"（《过废江宁县》）都写得深刻有力，直切时弊。而这首题在"新榜"上的诗作，乍看与"科举"风马牛不相及，其实与其他落第诗同调，仍是揭露科举制度的弊端，只不过这里是借古喻今罢了。此诗借李广故事讥刺现实，影射整个官场的名利争逐：有才者并不一定有名有位，官高位显者未必有才，古往今来，概莫能外。

"黄土原边狡兔肥"，诗一起笔便描绘了西北边塞的祥和景象：边塞常年无战事，人民安居乐业，就连狡兔都无忧无虑、肥胖可爱。边塞何以如此安宁？原来是戍守将士的功劳："矢如流电马如飞。"戍边将士镇守边塞，日夜巡逻，从不懈怠，匈奴更慑于边将的威力而不敢轻举妄动。"广居右北平，匈奴闻之，号曰汉之'飞将军'，避之，数岁不敢入右北平。"（《史记·李将军列传》）"飞将军"李广，汉名将，善骑射，文帝时击匈奴有功，为武骑常侍。武帝时为右北平太守，匈奴不敢犯境；与匈奴前后70余战，然未得封侯，故而诗人吟道"灞陵老将无功业"。"无功业"实指没有封侯。这样一位赫赫有名、令敌人闻风丧胆的大将军，却一直未被封侯，实在是大不公！无怪将军也有怨言："自汉击匈奴而广未尝不在其中，而诸部校尉以下才能不及中人，然以击胡军功，取侯者数十人。而广不为后人（谓不在人后也），然无尺寸之功以得封邑者，何也？岂吾相不当侯也？且固名也？"（《史记·李将军列传》）可见，封不封侯，并不在军功也！

将军不得封侯，心里常常不平，到老还常常忆起令他不快的事：他曾因战败，"当斩，赎为庶人，……在南山中射猎，尝夜从一骑出，从人田间饮，还至灞陵亭。灞陵尉醉，呵止广。骑曰：'故李将军'。尉曰：'今将军尚不得夜行，何乃故也。'止广宿亭下。"（《史记·李将军列传》）"灞陵老将"盖出此。灞陵，汉文帝之陵，在陕西西安东北。正是虎落平川被犬欺！后"广为右北平太守，广即请灞陵尉与俱，至军而斩之。"可见权力、地位实在重要！李广怎能不耿耿于怀。他勇猛善战，赫赫有名，落魄时却被小卒所欺；他又一直未得封侯，才能不及中人者倒位居其上，看来朝廷不能唯才是举，不能任人唯贤，历代皆然！那么这次的新榜上又有几人是名副其实者？诗人表示怀疑！故以李广为喻，意在言外，发抒了心中的不平、郁闷之气，讥刺尖刻，用事恰切，较之其他直接抨击科举弊端的诗作，别具特色。（韩爱平）

【原文】

席上贻歌者

花月楼台近九衢⁽¹⁾，清歌一曲倒金壶⁽²⁾。

坐中亦有江南客，莫向春风唱《鹧鸪》⁽³⁾。

【毛泽东圈评等情况】

毛泽东读清沈德潜编选《唐诗别裁集》卷二十"七言绝句"时圈阅了这首诗。

[参考] 张贻玖：《毛泽东评点、圈阅的中国古典诗词》，
中国工人出版社 1992 年版，第 238 页。

【注释】

（1）九衢（qú），纵横交叉的大道，繁华的街市。《楚辞·天问》："靡萍九衢，枲华安居？"王逸注："九交道曰衢。"

（2）清歌，不用乐器伴奏的歌唱，亦指清亮的歌声。

（3）鹧鸪，指当时流行的《鹧鸪曲》，是一支江南曲。据说鹧鸪有"飞必南翥"的特性。这首曲子曲调哀怨凄婉，曲词多为离愁相思。

【赏析】

诗题《席上贻歌者》，是说在宴席上写诗送给唱歌的人。那么，作者为什么要写诗送给唱歌的人呢？

"花月楼台近九衢，清歌一曲倒金壶。"前两句先交代喝酒听歌的地点、环境。"九衢"，指都市中四通八达的街道。在这个繁华的交通要道

上，楼台相接，在月光的映照下，花影婆娑，酒楼上，灯红酒绿，娇媚的歌女正在演唱，一曲之后，又给客人斟酒、敬酒。"金壶"，指精致名贵的酒器。这两句由远及近、由外及内，把喝酒听歌的环境、气氛交代得清楚明了，描绘得生动形象。

"坐中亦有江南客，莫向春风唱《鹧鸪》。"后两句是揭示诗歌主题的。《鹧鸪》，是指当时流行的《鹧鸪曲》，是一支江南曲。据说鹧鸪有"飞必南翥"的特性，其鸣声像是"行不得也哥哥"。这首曲子曲调哀怨凄婉，歌词多抒离愁相思。酒酣人醉，兴致正高，诗人该尽情听歌，可作者却不让演唱者唱流行的《鹧鸪曲》。因为作者是江南人，客居京都，不愿让浓浓的思乡之情扰乱自己的心境。越是怕听家乡曲，越能看出作者的思乡苦。同时也暗示出演唱者的歌有巨大的感染力，能动人心扉，所以，听过别的曲子之后，不再敢听《鹧鸪曲》了。诗句具有双重的内涵。

这首诗选择的角度较为新颖，在那种喧闹欢快的时候，仍有思乡情，可见其感情之深厚，打动读者也是自然而然的了。（高俊霞）

宫人韩氏

宫人韩氏（生卒年不详），唐僖宗（一说中宗）时宫人。

【原文】

题红叶

流水何太急？深宫尽日闲。

殷勤谢红叶⁽¹⁾，好去到人间。

【毛泽东圈评等情况】

毛泽东读清沈德潜编选《唐诗别裁集》卷十九"五言绝句"时圈阅了这首诗。

[参考] 张贻玖：《毛泽东评点、圈阅的中国古典诗词》，
中国工人出版社1992年版，第242页。

【注释】

（1）谢，告知，语。《战国策·齐策六》："秦始皇尝使使者遗君王后玉连环……君王后引椎椎破之，谢秦使曰：'谨以解矣！'"《汉书·周勃传》："使人称谢：'先帝敬劳将军。'"颜师古注："谢，告也。"

【赏析】

《唐诗别裁集》载此诗，诗后注云："僖宗时，于祐步禁衢，得红叶诗，亦题一叶云：'曾闻叶上题红怨，叶上题诗寄阿谁？'后娶宫人韩氏，见叶惊曰：'此妾所作。妾于水中，亦得一叶。'验之相合。"这的确是一个动人的故事。关于这一传说，《太平广记》《云溪友议》皆有记载，但在朝代、人名、情节上都有出入，而且此事又带有极大的偶然性和巧合

性。这些我们都姑且不论。仅就诗而言，此诗当为宫怨诗。唐代曾出现过大量的宫怨诗，但多出自文人之手。他们或设身处地，代抒怨情；或借题发挥，另有寄托。《题红叶》诗，以内容而言，很像宫人的口吻。以己之笔，抒己之情，这是此诗和其他宫怨诗不同的地方。

诗的前两句"流水何太急？深宫尽日闲。"直写宫中的生活。第一句写眼前之景，第二句点明宫中生活的特点。这两句看似矛盾，但细细品味，则可发现作者构思的巧妙。本来，以流水比喻时光的易逝并不是什么新鲜事，古今诗词中比比皆是。毛泽东同志的《水调歌头·游泳》有"子在川上曰：'逝者如斯夫'"之句，便是化用孔子之语。《题红叶》诗的作者并非简单地以流水喻流年，而是责问流水为什么流得这么急。这么一责问，作者的怨情便巧妙地表达出来了。宫中是与世隔绝的地方，少女进入宫中，便是入了樊笼，在这里，她们只能虚度青春年华，坐等红颜老。世人尚可"有花堪折直须折"，而宫女却只能坐等"无花空折枝"了。面对着光阴的流逝，也只能无可奈何地慨叹了。这是其内心痛苦之一。另一方面，宫中的生活又是单调、寂寞的。在世人眼中，皇宫是"温柔富贵"之乡，许多人甚至羡慕不已。但是，在宫女眼中，这却是一座"囚狱"，这里没有任何自由可言。日复一日单调枯燥的生活，又使得她们觉得度日如年。面对着难遣的如年之日，自然有不堪言之苦。这是其内心痛苦之二。这两种痛苦交织在一起，成为双重苦恨。诗人将两种看似矛盾的事情加以对比映衬，虽不着一个"怨"字，但怨恨之情表达得深沉而强烈。我们不能不佩服诗人构思的巧妙。

诗的后两句"殷勤谢红叶，好去到人间"托物寄情，委婉含蓄地表达了诗人的心意。"红叶"，指枫叶。杜牧有"停车坐爱枫林晚，霜叶红于二月花"诗句可以为证。诗人身陷宫中与世隔绝，朝朝暮暮盼望能回到人间，只有借随波而去的一片红叶表达自己的心声。这里，诗人表达了对幽囚般的宫中生活的无比愤懑以及希望冲破樊笼、憧憬自由生活的强烈愿望。这正是此诗的主题。俞陛云《诗境浅说续编》以"其写怨意，不在表面，而在实际"来评价李白的《玉阶怨》，以此语来评价《题红叶》诗也是十分恰切的。（王宛磬）

太上隐者

太上隐者，不详其名姓。《全唐诗》注引《古今诗话》云："人莫知其本末，好事者从问其姓名，不答，留诗一绝。"有人考证太上隐者为北宋前期人。

【原文】

答　人

偶来松树下，高枕石头眠。
山中无历日⁽¹⁾，寒尽不知年⁽²⁾。

【毛泽东圈评等情况】

毛泽东读清沈德潜编选《唐诗别裁集》卷十九时圈阅了这首诗。

[参考] 张贻玖：《毛泽东评点、圈阅的中国古典诗词》，
中国工人出版社 1992 年版，第 242 页。

【注释】

（1）历日，日历，历书。《周礼·春官·冯相氏》："以会天位。"汉郑玄注："会天位者，合此岁日月星辰宿五者，以为时事之候，若今历日大岁在某月某日某甲朔日直某也。"

（2）寒尽，即岁暮。

【赏析】

太上隐者，不详其名姓。《全唐诗》注引《古今诗话》云："人莫知其本末，好事者从问其姓名，不答，留诗一绝。"即此《答人》一诗。

我国古代历代皆不乏隐者。隐者情况各有不同，大概有几类情况：一

评点中国古代名诗赏析 ⑥

种人隐居是不愿毁其名节，如周武王灭纣后，伯夷、叔齐隐居首阳山，不愿出仕为周王朝效力。一种人隐居是对社会政治现实不满，对仕途经济感到厌倦，希望能过上一种闲适宁静的田园生活，如东晋不愿"为五斗米而折腰"的大诗人陶渊明。一种人隐居是为了高其名节，走终南捷径；说穿了，这种人虽然身处隐居，但心想为官，实际上，这种人还算不上真正的隐者。还有一种人，从内心向往并追求太古时代恬淡无为、清淳古朴的生活，再加上唐朝道教盛行，修道者的理想和行为都更易于走上隐居之途。太上隐者大概当属此类。

"偶来松树下，高枕石头眠"，头二句直写隐者的生活。隐者无不依山为伴，而"松树""石头"皆山中习见之景。诗人随手拈来，恰切地表现了隐者的恬静、闲适的生活和情趣。"偶来"，写其行踪不定、不可追蹑，其生活无拘无束之态已跃然纸上。"高枕"，又写其生活的无忧无虑。古代俗语云"高枕无忧"，恐怕只有那些远离尘世、无人马喧嚣之山间隐者才能真正体味到这句话的真谛。头两句布景设物极为简单，但山间隐逸者的生活情趣却已充盈于字里行间，使人不免产生企羡之心。

"山中无历日，寒尽不知年"，后两句在前两句已写明隐者生活的基础上，更深一层写隐者的心境。隐居山林者已与尘世割断牵挂，正像陶渊明之《桃花源记》中人一样，"不知有汉，无论魏晋"，因而也无须历日。"寒尽"，即岁暮之意。唐人有诗云："山僧不解数甲子，一叶落知天下秋。"山僧不计历日，以山中四时景物之变化来判断四季之更替。隐者则更为超脱，不但无须历日，而且不论今夕何夕、今年何年。可见，隐者不但在空间上如"天马行空，独往独来"，而且在时间上也无拘无碍，过得潇洒自如，悠然自得。诗人以其恬淡闲适的生活，向世人展示了其超凡脱俗的意趣。字里行间，不但显示出诗人对个人高逸、洒脱生活情致的满意和自适，而且还暗含对世人为功名利禄忙碌奔波之态的微微嘲弄。此诗题为《答人》，字字句句虽为言己，但实际上已作了巧妙的回答。刘熙载《艺概》云"五绝无闲字易，有余味难"，此诗用语平淡古朴，无勉强用力之痕迹，但字字无虚设，含义深远，耐人寻味。这是此诗艺术上的重要特点。（王宛磬）

西鄙人

西鄙人，失姓名，约唐玄宗开元、天宝年间（713—756）。鄙，古代边邑。西鄙人，即唐代西部边邑之人。

【原文】

哥舒歌

北斗七星高⁽¹⁾，哥舒夜带刀。

至今窥胡马⁽²⁾，不敢过临洮⁽³⁾。

【毛泽东圈评等情况】

毛泽东读清蘅塘退士原编《注释唐诗三百诗》"五言绝句"中此诗时，在此诗正文上方天头空白处连画三个小圈。

[参考] 中央档案馆编：《毛泽东评点诗词曲精选（上册）》，

中国档案出版社 1998 年版，第 125 页。

【注释】

（1）北斗，指北斗星。《春秋·文公十四年》："秋七月，有星孛入于北斗。"

（2）窥（kuī），暗中偷看。《礼记·少仪》："不窥密，不旁狎，不道旧故。"郑玄注："嫌伺人之私也。"

（3）临洮，指唐朝的临洮郡，其故治在今甘肃临洮西南。

【赏析】

《哥舒歌》的作者署名为西鄙人。西鄙人，失姓名。鄙，古代边邑。西鄙人，即唐代西部边邑之人。这是一首歌颂哥舒翰镇边之功的五言绝句。原诗题下注云：天宝中，哥舒翰为安西节度使，控地数千里，甚著威令，故西鄙人歌此。

首句"北斗七星高"点明了季节和时间。常识告诉我们：夏秋季节，晴朗之夜北斗七星高悬；冬春季节晴朗的夜空，参星高挂。一个"高"字，又点明了是一个晴朗的夜晚。前两句展现了一幅边关大将夜间巡逻的壮丽画面。哥舒，即哥舒翰。父为突厥人，母为胡人，世居安西，剽悍勇猛，武艺高强，名盖军中。玄宗天宝中，以战功擢授右武卫将军、副陇右节度、河源军使，后加开府仪同三司。

据《新唐书》《旧唐书》载，哥舒翰擅长用枪。一般而言，古代战将虽然大都"十八般兵器样样皆能"，但是平时总是使用其惯用的兵器。如关羽用青龙偃月刀，张飞使丈八蛇矛等。但诗中偏言"哥舒夜带刀"也是有一定意义的。在晴朗的夜晚带刀巡视，月光照在大刀上寒光闪闪，更显得威武雄健，因而也更具有威慑力量。卢纶的《塞下曲》云："月黑雁飞高，单于夜遁逃。欲将轻骑逐，大雪满弓刀。"也是写一位带刀将军的英武姿态。这样写不是一种偶然的巧合，而是诗人为突出边将的英武有意而为之。有了以上两句的铺垫，下面两句则是水到渠成之笔了。"至今窥胡马，不敢过临洮"，正是说明有了威镇边关的大将，敌人才望而生畏，不敢轻举妄动。玄宗时，唐王朝已由鼎盛而走向衰落。吐蕃、回纥交相侵扰，政府莫能禁。据《新唐书·哥舒翰传》载："先是，吐蕃候积石军麦熟，岁来取，莫能禁。翰乃使王难得、杨景晖设伏东南谷。吐蕃以五千骑入塞，放马褫甲，将就田。翰自城中驰至鏖斗，虏骇走，追北，伏起，悉杀之，只马无还者。"又据《唐方镇年表》引《册府元龟》云："天宝十三载（754）七月，陇右哥舒翰以前年之役收黄河九曲之地，请分置郡县。于是，新置洮阳郡及神策军于临洮郡之西二百里。"正是由于哥舒翰雄镇边关，才使得敌人闻风丧胆，边关人民才得以安居乐业。也正由于此，边邑之民才会衷心拥戴并讴歌像哥舒翰这样镇边有功的大将。

这首诗语言明白如话，平实之中不乏雄浑之意。沈德潜在《唐诗别裁集》中评此诗曰："与《敕勒歌》同是天籁，不可以工拙求之。"这一评语是十分切当的。（王宛磐）

无名氏

【原文】

杂 诗

无定河边暮角声，赫连台畔旅人情⁽¹⁾。

函关归路千余里⁽²⁾，一夕秋风白发生。

【毛泽东圈评等情况】

毛泽东读清沈德潜编选《唐诗别裁集》卷二十"七言绝句"时圈阅了这首诗。

[参考] 张贻玖：《毛泽东评点、圈阅的中国古典诗词》，
中国工人出版社 1992 年版，第 242 页。

【注释】

（1）赫连台，又名髑（dú）髅台。为东晋末年夏国赫连勃勃所筑，与无定河相距不远。

（2）函关，即函谷关，古关为战国秦置，在今河南灵宝境。因其路在谷中，深险如函，故名。

【赏析】

这是一首写羁旅边塞思乡之情的七言绝句。唐诗中属于此类者有许多。此诗作者虽失其姓名，但由于情真意切，"辞意俱不尽"，故而能深深地打动人们的心，长久流传下来。

"无定河边暮角声，赫连台畔旅人情"，诗的头两句以对句写景，交代了地点和时间。"无定河"，即桑干河。有三源：古黑水、古金河、古奢

延水。三河合流为无定河，东南流入陕西横山，经榆林、米脂、绥德，又东南至清涧入黄河。以溃沙急流，深浅不定，故名。"赫连台"，又名髑髅台。《延安府志》载，延长县有髑髅山，为东晋末年夏国赫连勃勃所筑的另一座髑髅台，与无定河相距不远，诗中当指此。诗人以特定地点"无定河""赫连台"为背景加以描写，意在烘托一种阴森、悲凉、凄苦的气氛。当暮色降临、天色向晚，一阵阵凄厉的号角响声传来之时，诗人立于"无定河边""赫连台畔"，又会有什么心绪呢？除了悲凉哀伤之情外，还会有什么呢？诗人虽未明言"旅人情"，但羁旅哀怨之情已深深地打动了读者的心。

"函关归路千余里，一夕秋风白发生"，诗的后两句为抒发感叹之句。第三句写归乡路途之遥远。诗人为何流落于荒漠的边塞，我们虽不得而知，但其有家而不能归之意我们却不难领会，这才是更为可悲之事。正因为此，诗人的思乡之愁不但是深沉的，而且将是久远的。第四句"秋风"又点明季节特点。古人写秋，常与悲愁相连。清朱筠《古诗十九首说》："大凡时序之凄清，莫过于秋，秋景之凄清，莫过于夜。"这首诗既为秋景，又添暮色，加之特定的环境（无定河边，赫连台畔）和特定的氛围（角声、秋风），就更使得诗人的愁是苦不堪言的。古人写白发多与愁相连，如俗话说"愁一愁，白了头"，史书载"伍子胥过昭关，一夜须发皆白"。古诗中也不乏其例，如李白诗句"白发三千丈，缘愁似个长""君不见高堂明镜悲白发，朝为青丝暮成雪"等。《杂诗》作者以"一夕秋风白发生"状己愁情之重，手法形象夸张又不落窠臼，与李诗有异曲同工之妙。

这首诗含意蕴藉，全诗虽不直言思乡和愁情，但字字句句却又渗透着浓重的思乡和愁情。在唐诗为数众多的描写羁旅思乡之情的诗中，此诗颇耐寻味，当属佳作。（王宛磐）

谭用之

谭用之（生卒年、籍贯皆不详），字藏用。唐末五代时人。因仕途不达，常年流寓他乡。擅七律，工写景。描写细腻，语言工丽流畅。《全唐诗》存其诗一卷。

【原文】

秋宿湘江遇雨

湘上阴云锁梦魂，江边深夜舞刘琨(1)。
秋风万里芙蓉国，暮雨千家薜荔村(2)。
乡思不堪悲橘柚，旅游谁肯重王孙(3)？
渔人相见不相问，长笛一声归岛门。

【毛泽东圈评等情况】

致周世钊

世钊同志：

惠书收到，迟复为歉。很赞成你的意见。你努力奋斗吧。我甚好，无病，堪以告慰。"秋风万里芙蓉国，暮雨朝云薜荔村。""西南云气来衡岳，日夜江声下洞庭。"同志，你处在这样的环境中，岂不妙哉？

毛泽东

一九六一年十二月二十六日

[参考] 中共中央文献研究室编：《毛泽东书信选集》，人民出版社 1983 年版，第 588 页。

二十七，"芙蓉国里尽朝晖"。

"芙蓉国"，指湖南，见谭用之诗"秋风万里芙蓉国"。"芙蓉"，是指木芙蓉，不是水芙蓉，水芙蓉是荷花。谭诗可查《全唐诗》。

二十六，"长岛人歌动地诗"。

"长岛"即水陆洲，也叫橘子洲，长沙因此得名，就像汉口因在汉水之口而得名一样。

[参考]《对〈毛主席诗词〉中若干词句的解释》，《毛泽东诗词集》，
中央文献出版社 1996 年版，第 260—261 页。

七律二首 · 送瘟神
一九五八年七月一日

读六月三十日《人民日报》，余江县消灭了血吸虫。浮想联翩，夜不能寐。微风拂煦，旭日临窗。遥望南天，欣然命笔。

其 一

绿水青山枉自多，华佗无奈小虫何！
千村薜荔人遗矢，万户萧疏鬼唱歌。
坐地日行八万里，巡天遥看一千河。
牛郎欲问瘟神事，一样悲欢逐逝波。

[参考]中共中央文献研究室编：《毛泽东诗词集》，中央文献出版社
1996 年版，第 104—105 页。

毛泽东曾两次手书谭用之这首诗全文，还曾手书"秋风万里芙蓉国，暮雨千家薜荔村"二句。

[参考]中央档案馆编：《毛泽东手书选集·古诗词（下）》，
北京出版社 1996 年版，第 88—90 页。

【注释】

（1）舞刘琨，即刘琨舞剑。刘琨，西晋人。少有志气，与祖逖为友，二人曾同被共寝，夜闻鸡起舞。作者用此典故，表现了他匡时济世的远大抱负。

（2）薜荔，植物名，又称木莲，常绿藤本，蔓生，叶椭圆形，花极小，隐于花托内。果实富胶汁，可制凉，有解暑作用。《楚辞·离骚》："揽木根以结茝兮，贯薜荔之落蕊。"王逸注："薜荔，香草也，缘木而生蕊实也。"

（3）王孙，王的子孙，后泛指贵族子弟。《左传·哀公十六年》："王孙若安靖楚国，匡正王室，而后庇焉，启之愿也。"《楚辞·招隐士》："王孙游兮不归，春草生兮萋萋。"王夫之通释："王孙，隐士也。秦汉以上，士皆王侯之裔，故称王孙。"后也借指游子隐者。这里为作者自指。

【赏析】

谭用之生在天下大乱的唐末五代，他很有才气，抱负不凡。他离乡背井，求取功名，却四处碰壁，得不到赏识和任用，常有怀才不遇之叹。这首七律，借对秋雨中湘江景色的描写抒发其慷慨不平之气，情景交融，意境开阔，感情健朗，是一首自拔于唐末五代卑弱诗风的佳作。

"湘上阴云锁梦魂"，诗的首句既交代了泊船湘江的特定环境，又使羁旅愁闷之状隐乎可见，滚滚湘江，暮雨将临，孤舟受阻。"锁梦魂"，巧妙地点出了一个"宿"字，自己梦回家乡的美好愿望受阻，于是就责怪那笼罩江面的阴沉沉的雨云锁闭了自己的梦魂。对于一个胸怀大志的人来说，"阴云锁梦魂"使他心情郁闷，但滔滔江水激发他的宽广壮怀，所以第二句"江边深夜舞刘琨"由写景转写事，抒写其雄心壮志。"舞刘琨"，即刘琨舞剑。刘琨，西晋人，少有志气，与祖逖为友，二人曾同被共寝，夜闻鸡起舞。诗人选用刘琨舞剑的典故，说自己要效法晋代英雄刘琨，闻鸡起舞，表现了他匡时济世的远大抱负。此句格调高昂，一振首句的怅惘情绪，犹如在舒缓低沉的旋律中，突然奏出高亢激越的乐章，令人振奋。这是首联。

　　豪士必有开阔的心胸和豪壮的诗情，因此在颔联"秋风万里芙蓉国，暮雨千家薜荔村"中，诗人向读者展现了一幅宏伟壮丽的江湘秋景图。它一扫秋景描写衰败哀伤之调，使得意境博大深远，风骨遒劲，颇有盛唐气象，使人读后精神为之一振、心胸为之开阔。"芙蓉"，这里指木芙蓉。木芙蓉高者可达数丈，花繁盛，有白、黄、淡红数色，淡雅素美。"薜荔"，一种蔓生的常绿灌木，多生田野间。湘江沿岸，芙蓉花铺天盖地，原野上到处丛生着薜荔。诗人为这美景所陶醉，用"芙蓉国""薜荔村"言芙蓉之盛，薜荔之多，兼以"万里""千家"极度夸张之词加以渲染，更烘托气象的高远、境界的壮阔。后人称湖南为"芙蓉国"，大概就源于此。

　　诗的颈联着重抒写思乡之情和被冷落、被遗忘的悲愤情怀："乡思不堪悲橘柚，旅游谁肯重王孙？""悲橘柚"，是说橘柚引起了诗人的悲叹。为什么呢？橘、柚是南方特产，湘江一带是其重要产地之一。橘柚之乡虽然丰收，但此地不是自己的故土，"虽信美而非吾土"，联想到自己滞留湘江，不能回归家乡，不觉满腹伤怀，因此说"乡思不堪悲橘柚"。第六句"旅游谁肯重王孙"中"王孙"语出《楚辞·淮南小山》的《招隐士》。此文中云"王孙游兮不归，春草生兮萋萋"。王孙，本指隐者，后也借指游子，这里是作者用以自指。宦游他乡，羁旅湘江，有济世之志，但无人看重，报国无门，诗人自叹"旅游谁肯重王孙"。这一句道出了比上句秋思和乡情更大的哀痛——怀才不遇。壮烈情怀中寄寓的愤慨与忧伤，将此诗的主题思想提高了。

　　诗的末联以景结情，意在言外。《楚辞·渔父》有云："屈原既放，游于江潭，行吟泽畔，颜色憔悴，形象枯槁。渔父见而问之曰；'子非三闾大夫与？'"三闾大夫屈原身处逆境，涉足湘江沿岸时，还有一渔父与之对话，而现在，诗人在寂寞失意中，想寻找一点精神慰藉，看见过路的渔人，希望与之攀谈几句。不料渔人不解诗人之意，与诗人对面而过，连一声问候都没有，只顾吹着长笛回家。诗人慨叹道"渔人相见不相问，长笛一声归岛门"。诗写到这里戛然而止，诗人不被理解的悲愤郁闷和壮志难酬的悲愤，一一包含其中。尾联的侧面描写比上一联的正面言愁更为委婉动人。

毛泽东对唐人描写自己家乡风物的这首佳作，可谓情有独钟。他不仅圈阅并多次手书这首诗。1961 年 12 月，毛泽东在给长沙友人周世钊的一封信中，还引用"秋风万里芙蓉国，暮雨朝云（注：原诗为"千家"）薛荔村"两句，写道："同志，你处在这样的环境中，岂不妙哉？"表达主席对故乡景物的怀念之情。毛泽东还在自己写的七律《送瘟神》二首中化用了它的意境和词藻，作诗曰："千村薛荔人遗矢，万户萧疏鬼唱歌。"这两句精彩的景语影响直到当代，在诗史上应占有重要的一席之地。（毕国民）

隋唐五代诗

韦　庄

韦庄（约公元836—910）字端己，长安杜陵（今陕西西安）人，晚唐五代著名诗人。武后时宰相韦待价之后（一说玄宗时宰相韦见素之后），诗人韦应物四世孙。至韦庄时，其族已衰，父兄早亡，家境寒微。昭宗乾宁元年（894）进士，授著作郎、左补阙等职，后至四川投奔藩将王建，任掌书记。唐亡，王建称帝，前蜀开国，韦庄仕蜀，官终吏部侍郎同平章事。韦庄诗词俱佳。诗学白居易，以清新流畅为宗；词与温庭筠齐名，为"花间派"重要作家。有《浣花集》。

【原文】

柳谷道中作却寄

马前红叶正纷纷，马上离情欲断魂。

晓发独辞残月店，暮程遥宿隔云村。

心如岳色留秦地(1)，梦逐河声出禹门(2)。

莫怪苦吟鞭拂地，有谁倾盖待王孙(3)？

【毛泽东圈评等情况】

毛泽东曾手书这首诗。

[参考] 中央档案馆编：《毛泽东手书选集·古诗词（下）》，北京出版社1996年版，第74页。

【注释】

（1）岳色，山色。秦地，古代秦国之地，即今陕西关中一带，指诗人故乡。

（2）河声，黄河的浪涛声。禹门，禹门渡，即古龙门关，在今山西河津西北二十五里，为山陕要津。

（3）倾盖，盖，车盖，形如伞。停车交盖，两盖稍稍倾斜，形容朋友相遇、亲切交谈之状。王孙，古代贵族子弟的通称，作者自指，其祖父韦见素是宰相，故云。

【赏析】

韦庄出身于没落的贵族官僚家庭，虽才情卓绝，却屡举不第，饱尝飘泊羁旅的苦味。他写了大量表现天涯飘泊生活的诗。韦蔼《浣花集序》说他的诗"流离飘泛，寓目缘情。子期怀旧之辞，王粲伤时之制，或离群轸虑，或反袂兴悲"，对他诗歌创作的概括是很精当的。韦庄曾几次在关内居住、游历。这首七言律诗当是出秦远游时所作，具体时间已不可考。"柳谷"，在今山西夏县中条山内。

首联写远游途中凄惶之行色。首句即以简练的文笔勾勒出一幅情调低沉的远游图。正是深秋时节，秋色凄凉，红叶纷纷。自己久客关中，景况窘穷，为了生活，为了前途，只好再次踏上远游的路途。遍地红叶点明了时节，也烘染出了此时的心境。次句即直抒胸中伤感之情。韦庄是京兆杜陵人，曾长时间在关中居住，在这红叶纷纷的深秋时节里出关远游，已使人无限伤感，再加上此去前途渺茫、吉凶未卜，心情就更黯然了。一句写景，一句抒情，以景衬情，一个失意落魄的形象已初具轮廓。

颔联写旅途艰辛之况味。上句写晨起动身的情景，"晓发独辞残月店"。夜色刚阑，残月斜挂在小店房上，黎明前的山村显得格外静谧沉寂。居民和旅客们尚酣睡在香甜的梦中，诗人便早早动身，踏上了一天的路途。"独"与"残月店"相配合，更见夜色沉静、路上杳无人踪、诗人形只影单之状，形象鲜明，真堪入画，与温庭筠状早行之景的"鸡声茅店月，人迹板桥霜"同妙。"暮程"句写傍晚途中之景。已是黄昏时分，经过一天的跋涉，人疲马乏，然而举头远望，投宿之村尚远在天边。"遥"与"隔云"呼应，皆状投宿之地的遥远。当此之时，伶俜无依之感油然而生，倍加销魂黯然。抓住一朝一暮旅途中的两个片段，鞍马劳顿、风尘仆仆的况味尽现其中了。

颈联则由外部转为内部艰辛的描写，极尽途中思乡之情。"心如岳色"是一个想落天外的妙喻。关中是自己的故乡，那里有自己的亲友，有自己钟爱的山山水水，在窘困穷途之时，只有温馨的乡情能给冰冷的心灵一丝安慰。故人虽不得已而去，而心却永系故园，如关中的壮丽山川留在秦地。"梦逐"句则通过梦境写思乡之情。每天入睡之后，都在梦中回到故乡，以前熟悉的生活、人事、山水又一幕幕浮现。他仿佛看到奔腾的黄河正裹挟着雷霆万钧的气势，从龙门呼啸而出。"禹门"即龙门，在今山西河津西。黄河和龙门是关内最具代表性的景象，故举一以概故乡山水。一句用喻，一句记梦，以鲜明的艺术形象表现了魂牵梦绕的乡情。虽是写思乡之情的，但形象坚挺雄劲，想象雄浑开阔，于此也略可窥见其人胸怀性情之一斑。

旅途的艰辛也罢，思乡的心情也罢，既离家远游，也就势所难免。仅仅如此，倒也可以忍受。更让人生愁的是前途的渺茫。离家远游，无非是为了寻找一条新的人生道路，但几十年的漂泊，几十年来的遭际，却使他有些心灰意冷了。他期冀着会得到援引帮助，又知道这几乎没有可能，这近于绝望的前路将心情压迫得更为沉重了。尾联着重表现的就是这种绝望之情。在马上吟诗，诗中表现着思乡的心情、孤寂的心情。骑马缓行，马鞭低垂到了地上，"鞭垂地"，一个细节已表现了心情的颓唐。何以如此呢？结句直诉内心的苦衷，"有谁倾盖待王孙"？有谁会赏识自己的才能，相待如宾，让自己一展抱负呢？尾联写得很松散，但这种形式上的松散恰能表现颓丧的心绪，最为一篇之重心。

在这首诗中，诗人将羁旅艰辛之情与漂泊坎坷的身世交织在一起加以表现，整个作品笼罩着一层浓重的感伤情绪，情调低沉灰暗，非同一般羁旅之作，徒以客思乡愁为意。整个作品以"离情断魂"为主脑，层层展开。通过途中的景色，旅途的艰辛，对故乡的思念，对前途的忧虑，将自己失意远游的内心世界刻画得深刻而充分。有些描写颇寓画意，比喻和想象也都形象生动。（杨国安）

绥州作

雕阴无树水难流⁽¹⁾，雉堞连云古帝州⁽²⁾。

带雨晚驼鸣远戍，望乡孤客倚高楼。

明妃去日花应笑⁽³⁾，蔡琰归时鬓已秋⁽⁴⁾。

一曲《单于》暮烽起⁽⁵⁾，扶苏城上月如钩⁽⁶⁾。

【毛泽东圈评等情况】

毛泽东手书过这首诗。

[参考] 中央档案馆编：《毛泽东手书选集·古诗词（下）》，

北京出版社 1996 年版，第 70 页。

【注释】

（1）雕阴，即绥州，西魏置雕阴郡，唐代改为绥州，在今陕西绥德。水难流，一作"水南流"。

（2）古帝州，自古以来就是皇帝管辖的州县。

（3）明妃，即王昭君。汉元帝宫人王嫱，字昭君，晋人避司马昭（文帝）讳，改称明君，后人又称明妃。

（4）蔡琰，字文姬（一作昭姬），陈留圉（今河南杞县圉镇）人，汉末女诗人。蔡邕之女。博学有才辩，通音律。初嫁河东卫仲道。夫亡，归母家。汉末大乱，为董卓部将所俘，归南匈奴左贤王，居匈奴十二年。曹操念蔡邕无后，以金璧赎回，再嫁董祀。有《悲愤诗》五言及骚体各一首。琴曲弦辞《胡笳十八拍》，相传亦为她所作。

（5）《单于》，又名《小单于》，唐大角曲调名。《乐府诗集·横吹曲辞四·梅花落》郭茂倩题解："'梅花落'，本笛中曲也。按唐大曲亦有'大单于''小单于''大梅花''小梅花'等曲，今其声犹有存者。"

（6）扶苏城，指绥州城。

【赏析】

这首七言律诗是韦庄在西北寓居漂泊时所作。绥州，郡名，唐代属延安府，即秦太子扶苏监军之处。此诗追怀了绥州历史上的名人事迹，而重点则在于抒发自己天涯漂泊的羁旅愁怀。

开篇先从大处起笔，总写绥州城的概貌环境。首句写绥州的空旷荒凉。"雕阴"，即绥州，西魏置雕阴郡，唐代改为绥州，在今陕西绥德。极目望去，绥州地区看不到一棵高树，入眼的只有一片开阔辽远的黄土地，显得那么空旷凄凉。"水难流"颇费解，《全唐诗》注曰"一作水南流"，或近是。在这空旷的平野上，一条大河滚滚而来，向南奔腾而去，格外醒目。次句即从周围的环境转到绥州城上。"雉堞"，城墙上的墙垛，这里指代绥州城。在空旷的平原上，这座城拔地而起，直插云天，雄镇一方，气概非凡。由于其地势险要，故自古视为军事要地，秦代的太子扶苏就曾监军于此，故曰"古帝州"，特意点出它的这段往事，就在它雄浑的气势上又添上一层苍茫悠远的色彩。首句是宾，次句是主，正因为周围一片空旷，才显得城墙高峻雄伟。开篇写得雄浑开阔，气势壮观。

颔联转写高楼远望的情景。"晚"点时间，"雨"点天气。在傍晚时分，绵绵的细雨笼罩着广漠的旷野，偌大的地平面上，只能依稀见到一支运送粮草的驼队，正向远处的戍楼走去，清脆的驼铃声依稀可闻。荒戍远驼，颇富几分凄凉浪漫的诗意，线条简洁而情景如画。"望乡"句则由远而近，把视线收回到城墙上，收回到感受这空旷荒凉的主体身上。一曰高楼，再曰孤客，三曰望乡，层层深入地展现了自己天涯孤旅的黯然心情。一句写客观之景象，一句写主观之感情，荒戍远驼的景象是触动思乡之情的媒介，故其本身也已融入了作者的孤寂苍茫之感。意境由雄浑开阔一变而为荒凉感伤。

颈联则由己而人，思绪由现实转入历史。身处此境此地，自然勾起他对历史上曾远涉边塞的古人的追忆。汉代的王昭君曾远嫁匈奴，路经此地。一向荒凉空寂的边塞上突然来了一位倾国丽人，顿时有了几分明艳秀丽，山山水水不寂寞矣，故无主之野花也含笑怒放。于山水则可慰寂寞，而昭君之内心又将是何等凄凉呢？蔡文姬为胡人所掳，居于胡地达十二年之久。美好的青春在这荒原野漠中消磨了，花容渐老，白发日多，当其归汉之时，想已两鬓如霜。《胡笳》寄愁，《悲愤》书恨，其痛如何？写王昭君，写蔡文姬，都重在写其远离家乡、漂泊异地的凄凉，是追怀古人，又何尝不是在自慨身世呢？

尾联再用富有感伤意味的景象进行烘染。在这黯然销魂之时，远处的戍楼上又响起哀怨的笛声，笛声吹奏的正是《单于》这支曲子，乡思转而更浓；夜色渐深，一钩新月缓缓升起，将它凄凉的光辉洒在城上。一句写听觉，一句写视觉，抓住极富表现力的两个形象，以有声有色的凄凉景况，将浓重的乡思烘托得无以复加。这种写法与李益《夜上受降城闻笛》"回乐烽前沙似雪，受降城外月如霜。不知何处吹芦管，一夜征人尽望乡"何其相似，作品就在这极高极浓处收住了，而无限乡情，也尽在不言之中了。

这首表现乡思客愁的诗在艺术上颇有特点。晚驼远戍，高楼独倚，情景交融；明妃出塞，文姬归汉，是借古人写自己；黄昏哀笛，新月如钩，是以景物烘衬感情。反复渲染，层层展开，将思乡的心曲推向了高潮。诗中的景物描写，纯用白描，毫不费力，而形象鲜明如画，意境凄清荒凉，读来颇觉情韵悠然。

毛泽东曾圈点并手书这首诗，说明他对此诗很感兴趣。（杨国安）

【原文】

金陵图

江雨霏霏江草齐[(1)]，六朝如梦鸟空啼[(2)]。

无情最是台城柳[(3)]，依旧烟笼十里堤。

【毛泽东圈评等情况】

毛泽东读清蘅塘退士原编《注释唐诗三百首》时在此诗题目上方画了一个大圈。

[参考]中央档案馆整理：《毛泽东评点诗词曲精选（上册）》，
中国档案出版社1998年版，第140页。

【注释】

（1）霏霏，雨雪盛的样子。《诗经·小雅·采薇》："今我来思，雨雪霏霏。"

（2）六朝，指东吴、东晋、宋、齐、梁、陈六个曾在建康建过都的王朝。空，枉然。

（3）台城，古城名。本三国吴国后宛城，东晋成帝时改建，为东晋、南朝台省（中央政府）和宫殿所在地，故名，故址在今江苏南京鸡鸣山南乾河沿北。

【赏析】

这首诗在《全唐诗》及向迪琮校订的《韦庄集》中均题作《台城》。《金陵图》为"君看六幅南朝事，衰木寒云志故城"的另一首七绝。此从清蘅塘退士原编《注释唐诗三百首》作《金陵图》。这是诗人于唐僖宗光启三年（887）路经金陵而作的一首凭吊六朝古迹、抒发兴亡之感的诗。台城在今南京玄武湖边，本为三国时吴国后宛城，东晋成帝时改建。台城是六朝的政治中枢，也是帝王荒淫享乐之所，中唐以后已成为荒芜破败的陈迹。这首七绝吊古伤今，但又不胶着于史事，而是通过景物的描绘寄寓自己的哀愁，从头至尾采取了侧面烘托的手法，造成了一种梦幻式的情调气氛，让读者去体味诗人的感慨。

"江雨霏霏江草齐"，首句不从正面写台城，而从写景入手，着意渲染一种风雨凄迷的氛围。长江之滨，野草萋萋，一望无际，笼罩在风雨之中。诗人并没有描绘江水，却连用了两个"江"字。"江雨霏霏"，描绘出江南春雨细密如丝、长江和金陵一片迷濛的景象。"江草齐"从另一侧面描写了长江之滨绿草如茵、生机盎然的景象。江山依旧，万物常新，但人事兴废却是频繁的。

"六朝如梦鸟空啼"，次句紧接首句抒情。这句是说：曾经繁华一时的六朝，都像梦幻一样过去了，现在只有几只鸟儿空自鸣啼。东吴、东晋、宋、齐、梁、陈一个个地衰败覆亡，本就给人以如梦之感，再加上自然与人事的对照，更加深了"六朝如梦"的感慨。"空"字寄慨很深，表现了诗人惆怅的情怀，从对鸟啼的特殊感受中进一步烘托出了"梦"字，也更加强了物的无情与人的有情。

"无情最是台城柳，依旧烟笼十里堤。"最后两句以柳之无情，反衬人之多情。大地回春，杨柳先绿，含烟锁雾，飞絮轻飘，笼盖十里长堤。这生机勃勃的景色，与野草丛生、瓦砾遍地的台城相对照，结合当时日益残破衰微的现实，诗人怨柳无情而有沉重的兴亡之感。"依旧"两字，深寓历史沧桑之慨。"烟笼"二字，使人感觉到柳树的勃勃生机。"无情""依旧"，通贯全篇写景，兼包江雨、江草、啼鸟与堤柳；"最是"二字，则强调了堤柳的无情和诗人的感伤。

这首诗以写景为主，移步换景而又结构完整。在写景的同时，以物的无情层层深入地反衬出人的有情，在历史感慨之中暗寓伤今之意。这首诗在包蕴丰富、婉转关情的同时也透露出浓重的感怆低回的末世情调。黄裳说："韦庄只因为在关键的地方嵌入了'六朝''台城''十里堤'，才一下子使短诗的内涵增加了汲取不尽的深度。"（《晚春的行旅》）（东民）

【原文】

古离别

晴烟漠漠柳毵毵[1]，不那离情酒半酣[2]。
更把玉鞭云外指，断肠春色在江南。

【毛泽东圈评等情况】

毛泽东读清沈德潜编选《唐诗别裁集》卷二十"七言绝句"时圈阅了这首诗。

[参考] 张贻玖：《毛泽东评点、圈阅的中国古典诗词》，
中国工人出版社1992年版，第241页。

【注释】

（1）漠漠，寂静无声。毵毵（sān），垂拂纷披之状。《诗经·陈风·宛

丘》："值其鹭羽。"三国吴陆机疏："白鹭大小如鸱，青脚高尺七八寸，尾如鹰尾，喙长三寸许，头上有毛数十枚，长尺余，氄氄然与众毛异。"唐施肩吾《春日钱塘杂兴》之一："酒姥溪头桑袅袅，钱塘廓外柳氄氄。"

（2）不那（nuò），不奈，无奈。那，奈。

【赏析】

古别离，乐府杂曲歌辞名。这首离别诗，寓情于景，运用反衬手法，抒发了作者与挚友离别的深情，用优美动人的景色来反衬离愁别绪，别具一格。

首句"晴烟漠漠柳氄氄"是写景。晴朗的春天有着淡淡的薄云，柳枝纷披下垂着。在这样一个初春的风和日丽的日子里，诗人却要与友人离别。这里诗人如实地写出了春天的艳丽，并着意点染了杨柳的风姿，暗示了在这个时候分别的难堪之情。

第二句"不那离情酒半酣"一转，直接抒发了诗人与友人难舍难分的心情，也写出了离别宴筵的情景。"酒半酣"三个字用得好，不但写出了离别宴筵的景色，也巧妙地写出了人物内心的此时心情。若酒没喝，离别者的情绪尚可勉强控制；若喝得太多，感情自然会失控；当酒至半酣时，离情却已无奈，这深厚的离别情绪使美好的春色也黯淡了。"酒半酣"起着深化人物感情的作用。一、二两句以一派初春的美景反衬离别之情，产生了强烈的对比效果，使读者的感受更为深沉。

三、四两句"更把玉鞭云外指，断肠春色在江南"，紧接上二句，感情上更进一层。写临别时诗人用马鞭指着南方，饶有深情地说出了"断肠春色在江南"的话。此地春色明丽，已经使人"不那离情"了；那么此去江南，江南的春色更浓，岂不会使人愁思断肠吗？盛唐常建《送宇文六》诗"花映垂柳汉水清，微风林里一枝轻。即今江北还如此，愁杀江南离别情"，也是结尾时更进一层的写法，前代评论家称之为"厚"。"厚"就是能饱满地表现主题。

这首《古离别》诗，色调鲜明，情景交融，语言质朴，音节和谐，淡中有韵，给人以一种清新的美感。此诗写景由远至近，既写自然景物，又写人物情态，描绘出了一幅初春送别的清秀动人的图画。（东民）

章台夜思

清瑟怨遥夜，绕弦风雨哀。

孤灯闻楚角⁽¹⁾，残月下章台。

芳草已云暮⁽²⁾，故人殊未来。

乡书不可寄，秋雁又南回⁽³⁾。

【毛泽东圈评等情况】

毛泽东读清蘅塘退士原编《注释唐诗三百首》所刊这首诗时在诗题上方天头空白处画了一个大圈。

[参考] 中央档案馆整理：《毛泽东评点诗词曲精选（上册）》，
中国档案出版社 1998 年版，第 97 页。

【注释】

（1）楚角，作楚音调的角声。

（2）芳草，香草，用以比喻有美德的人，此指作者所怀念的人。

（3）"秋雁"句，古人有雁足传书之说（见《汉书·苏武传》）。

【赏析】

章台，即章华台，楚灵王行宫章华台的省称，故址在今湖北潜江西南，古华容县城内。《左传·昭宫七年》："楚于城（筑）章华之台。"诗人另有《楚行吟》一首云："章华台下草如烟，故郢城头月似弦。惆怅楚宫云雨后，露啼花笑一年年。"情调与此诗相近，可以对读。

这是一首秋夜思乡怀亲的五言律诗。当时，正值黄巢起义军攻陷长安，中原丧乱，连年兵燹，作者避乱江南，求官不易，流寓在湖北一带，感时伤怀，无限凄凉。"清瑟怨遥夜，绕弦风雨哀。"首联描写，写诗人长夜难眠，在幽怨的瑟声和悲鸣的风雨声中度过。瑟是一种弦乐器。清瑟，即凄清的瑟音。遥夜，长夜。连下句二句是说，凄清的瑟声，在长夜中发出哀怨的声音，而伴随这哀怨瑟声的，是那秋夜悲鸣的风雨声。该是多么令人伤感啊。

"孤灯闻楚角，残月下章台。"颔联继续描写，点醒题目。角是一种古代乐器，出自西北游牧民族，鸣角以示晨昏，军中多用作军号。《通典·乐一》："蚩尤氏帅魑魅与黄帝战于涿鹿，帝乃命吹角为龙吟以御之。"楚角的作用当也是以示晨昏。由"孤灯""残月"来看，此时楚角之声当是以示黎明（晨），这说明诗人又熬过一个不眠之夜。如此"耿耿星河欲曙天"，该又凝聚了诗人多少思乡的愁绪。

"芳草已云暮，故人殊未来。"颈联描写而兼叙事。芳草，香花。汉班固《西都赋》："竹林果园，芳草甘木。郊野之富。号为近蜀。"芳草又比喻忠贞或贤德之人。《楚辞·离骚》："何昔日之芳草兮，今直为此萧艾也。"王逸注："以言往日明智之士，今皆佯愚，狂惑不顾。"这里"芳草已云暮"，当指诗人谓自己年华老大。故人，含义广泛，既可指旧交、老友，又可指前妻或旧日的情人。《玉台新咏·古诗·上山采蘼芜》："长跪问故夫，'新人复何如？'""新人虽言好，未若故人姝。"这里当指留居原籍的妻子。二句写出诗人年华已逝，而妻子还未来团聚，分居两地，更增思念，把"夜思"题旨更推进一层。

"乡书不可寄，秋雁又南回。"尾联叙事，写家信难寄。家信"不可寄"，是因战乱之故。"秋雁又南回"，雁是候鸟，秋天从北方飞往南方过冬。古时又有雁足寄书的传说。《汉书·苏武传》："昭帝即位，数年，匈奴与汉和亲。汉求武等，匈奴诡言武死。后汉使复至匈奴，常惠请其守者与俱，得夜见汉使。具自陈道。教使者谓单于，言天子射上林中，得雁，足有系帛书，言武等在荒泽中。使者大喜，如惠语以让单于。单于视左右而惊，谢汉使曰：'武等实在。'"诗人的家乡在北方的长安，而今是秋雁南回、无雁可托，所以书信是无法寄回去了。尾联用秋雁南回、乡书难寄点明了时令已秋，而正是在这耿耿秋夜，诗人诉说了对故乡亲人的深深怀念。这里的一个"又"字，说明诗人流寓在外很久了，也表明诗人在思乡中又度过了一年。年年思乡，却年年肠断江南，这是何等的寂寞和凄凉。

（毕桂发）

赠边将

曾因征远向金微⁽¹⁾，马出榆关一鸟飞⁽²⁾。

万里只携孤剑去，十年空逐塞鸿归。

手招都护新降虏⁽³⁾，身著文皇旧赐衣⁽⁴⁾。

只待烟尘报天子⁽⁵⁾，满头霜雪为兵机⁽⁶⁾。

【毛泽东圈评等情况】

毛泽东曾手书这首《赠边将》。

[参考] 中央档案馆编：《毛泽东手书选集·古诗词（下）》，

北京出版社 1996 版，第 75 页。

【注释】

（1）金微，山名，即今我国新疆北部与蒙古人民共和国境内的阿尔泰山。秦汉时称金微山，隋唐时称金山。

（2）榆关，即榆溪塞，一名榆林关，秦置，一说在今内蒙古河套东北岸一带，一说在今陕西东北部。

（3）都护，官名。唐置六大都护府，统辖边远诸国，并护南北道，故号都护。

（4）文皇，指唐太宗李世民，627—640 年在位，因太宗谥文武大圣皇帝，故称。

（5）烟尘，烽烟和战场上扬起的尘土，指战乱。南朝梁萧统《七契》："当朝有仁义之师，边境无烟尘之惊。"

（6）兵机，用兵的机谋。《吴子·图国》："吴起儒服以兵机见魏文侯。"

【赏析】

这是一首赠给在西北边疆戍守的一位将军的七言律诗。诗中热情地赞扬了这位边将数十年如一日、忠于职守、保卫边疆的献身精神。

　　"曾因征远向金微，马出榆关一鸟飞。"首联叙事，写老将曾奉命飞马远征金微。金微，山名，今称阿尔泰山，秦汉时称金微山，隋唐时称金山，在今新疆北部与蒙古国之间，故说"征远"。榆关，即榆溪塞，一名榆林关，其他或说在今内蒙古河套东北岸一带，或说在今陕西东北部，总之，是西北边疆的重要边塞。老将快马加鞭，像鸟飞一样出了榆关，可见其斗志高昂。

　　"万里只携孤剑法，十年空逐塞鸿归。"颔联继续叙事，概写其戍边经过。"万里"把首句"征远"具体化，切题目"边将"。"携孤剑"连上句"马出"言之，写出老将跨马提剑的英姿。"十年"，言老将守边时间之长，"空逐塞鸿归"，写出边将清廉，空手而归。

　　"手招都护新降虏，身着文皇旧赐衣。"颈联叙事兼描写，写边将功高不居，清正廉洁。都护，官名。汉宣帝置西域都护，总监西域各国，并护南北道，为西域地区最高长官，其后废置不常。唐置安东、安西、安南、安北、单于、北庭六大都护，权任与汉同，且为实职。文皇，指唐太宗李世民，因太宗谥号为文武大圣皇帝，故称。这里代指皇帝。此二句是说，边将为边疆最高统帅，指挥有方，不断取胜，俘获敌人是轻而易举，手到擒来，而身上却仍旧穿着出征时皇帝赐给的旧战袍。上句写其战功频立，下句写其廉洁自守，更丰富了边将的形象。

　　"只待烟尘报天子，满头霜雪为兵机。"尾联叙事而兼描写，抒写边将报国之志。烟尘，代指战争。兵机，用兵的机谋。此二句是说这位边将常备不懈，只等着边疆发生战争，他就要立功殊域，以此来报答天子，报效国家，如今虽已满头白发却还整天研究用兵的策略。边将的忠君爱国、保卫边疆的献身精神得到了突出的表现。

　　毛泽东圈点并手书过这首《题边将》。作为一位开国领袖，他是否也希望能有这样的边将保卫国防呢？回答当然是肯定的。（毕桂发）

和同年韦学士华下途中见寄

绿杨城郭雨凄凄，过尽千轮与万蹄。

送我独游三蜀路⁽¹⁾，羡君新上九霄梯⁽²⁾。

马惊门外山如活，花笑尊前客似泥⁽³⁾。

正是清和好时节⁽⁴⁾，不堪离恨剑门西⁽⁵⁾。

【毛泽东圈评等情况】

毛泽东曾手书这首诗。

[参考] 中央档案馆编：《毛泽东手书选集·古诗词（下）》，
北京出版社 1996 年版，第 75 页。

【注释】

（1）三蜀，汉初分蜀郡，置广汉郡，武帝又分置犍为郡，合称三蜀。其地相当于今四川中部、贵州北部的赤水河流域、云南金沙江下游以东及会泽以北地区。

（2）"羡君"句，指韦学士新登翰林学士。九霄梯，天梯。九霄，指天的极高处，此指接近天子之处。唐杜甫《腊日》："口脂面药随恩泽，翠管银罂下九霄。"

（3）客似泥，指醉酒。客，作者自称。似泥，即醉似泥的略语，烂醉之状。《后汉书·周泽传》："一岁三百六十日，三百五十九日斋。"唐李贤注："《汉官仪》此下云：'一日不斋醉如泥。'"

（4）清和，天气清明和暖。三国魏曹丕《魏赋》："天清和而湿润，气恬淡以安治。"

（5）剑门，古县名，唐武则天圣历二年（699）置，治所在今四川剑阁东北，因境内有剑门山得名。

【赏析】

同年，科举制度中称同科考中的人。汉代以同举孝廉为同年，唐代以同举进士为同年。唐昭宗乾宁元年（894）韦庄中进士。据此，此诗是韦庄于乾宁四年（897）奉诏随谏议大夫李询入蜀宣谕时所写。韦学士，生平未详。华下，指华州（今陕西华阴）。学士，官名，唐开元始置学士院，官员称翰林学士，掌起草皇帝诏命。当时，昭宗受李茂贞逼迫出奔华州，韦庄亦随驾任职。其同年韦学士奉诏来华州任要职，他却被派往蜀地宣谕。这一入朝供职，一出朝奉使，使诗人感慨良多。这首收到韦学士赠诗后的回赠诗，抒发了诗人出使途中的失意心情。

"绿杨城郭雨凄凄，过尽千轮与万蹄。"首联描写华下城外所见。绿杨，点出时在春季。城郭，亦作"城廓"。城墙，城指内城的墙，郭指外城的墙。《礼记·礼运》："大人世以为礼，城郭沟池以为固。"孔颖达疏："城，内城；郭，外城也。"凄凄，寒凉。千轮、万蹄，言车马之多。此二句是说，华州城外杨柳依依，风雨凄凄，千辆车、万匹马都走了过去。诗人先总写一笔，营造了诗人离别华州时的氛围。

"送我独游三蜀路，羡君新上九霄梯。"颔联叙事，点醒题意。自己要奉诏赴蜀宣谕，亲友为之送行，同年韦学士新近却调到皇帝身边就任要职，值得羡慕。一外使、一入朝，对比之中写出自己的失意，与对同年韦学士的祝贺。

"马惊门外山如活，花笑尊前客似泥。"颈联描写，写出诗人醉酒之态。"何以解忧？惟有杜康。"（曹操《短歌行》）诗人被派入蜀，心中不快，于亲友城外饯行之际，便多喝了几杯酒，不觉已经沉醉。在花前饮酒时已经醉得像一摊泥，在酒店门外上马时更觉得远处的山就像活动起来一样。二句刻画诗人醉态，生动如画，更衬托出诗人感情的不悦。

"正是清和好时节，不堪离恨剑门西。"尾联抒情，揭出"离恨"题旨。离恨，因离别而产生的愁苦。南朝梁吴均《陌上桑》："故人宁知此，离恨煎人肠。"此二句是说，正是春光明媚的季节，自己却奉诏入蜀，经过"难于上青天"的蜀道，而往剑门之西的成都。长途跋涉的苦辛，更增加了诗人因离别而产生的愁苦。正如南唐李煜《清平乐》所写："离恨恰如春草，更行更远还生。"况且这离恨是由于从诗人随驾在朝任职而奉诏入蜀引起的，便带有一种官场失意的性质，就更加难以排遣了。（毕桂发）

【原文】

秦妇吟

中和癸卯春三月[1]，洛阳城外花如雪。东西南北路人绝，绿杨悄悄香尘灭。路旁忽见如花人，独向绿杨阴下歇。凤侧鸾欹鬓脚斜[2]，红攒黛敛眉心折[3]。借问女郎何处来？含嚬欲语声先咽[4]。回头敛袂谢行人[5]，丧乱漂沦何堪说！三年陷贼留秦地[6]，依稀记得秦中事。君能为妾解金鞍[7]，妾亦与君停玉趾[8]。

前年庚子腊月五[9]，正闭金笼教鹦鹉。斜开鸾镜懒梳头[10]，闲凭雕栏慵不语。忽看门外起红尘，已见街中擂金鼓。居人走出半仓皇，朝士归来尚疑误[11]。是时西面官军入，拟向潼关为警急。皆言博野自相持[12]，尽道贼军来未及。须臾主父乘奔至[13]，下马入门痴似醉。适逢紫盖去蒙尘[14]，已见白旗来匝地。扶赢携幼竟相呼[15]，上屋缘墙不知次。南邻走入北邻藏，东邻走向西邻避。北邻诸妇咸相凑[16]，户外崩腾如走兽[17]。轰轰混混乾坤动[18]，万马雷声从地涌。火进金星上九天，十二天街烟烘炯[19]。日轮西下寒光白，上帝无言空脉脉。阴云晕气若重围，宦者流星如血色。紫气潜随帝座移，妖光暗射台星坼[20]。家家流血如泉沸，处处冤声声动地。舞伎歌姬尽暗损，婴儿稚女皆生弃。东邻有女眉新画，倾国倾城不知价[21]。长戈拥得上戎车[22]，回首香闺泪盈把。旋抽金线学缝旗[23]，才上雕鞍教走马。有时马上见良人[24]，不敢回眸空泪下。西邻有女真仙子，一寸横波翦秋水[25]。妆成只对镜中春，年幼不知门外事。一夫跳跃上金阶，斜袒半肩欲相耻。牵衣不肯出朱门，红粉香脂刀下死。南邻有女不记姓，昨日良媒新纳聘[26]。琉璃帘外不闻声，翡翠楼间空见影[27]。忽看庭际刀刃鸣，身首支离在俄顷[28]。仰天掩面哭一声，女弟女兄同入井。北邻少妇行相促，旋解云鬟拭眉绿。已闻击柝坏高门，不觉攀缘上重屋。须臾四面火光来⁽²⁹⁾，欲下危梯梯又摧。烟中大叫犹求救，梁上悬尸已作灰。妾身幸得全刀锯⁽³⁰⁾，不敢踟蹰久回顾⁽³¹⁾。旋梳蝉鬓逐军行⁽³²⁾，强展蛾眉出门去⁽³³⁾。旧里从兹不得归⁽³⁴⁾，六亲自此无寻处⁽³⁵⁾！

一从陷贼经三载，终日惊忧心胆碎。夜卧千重剑戟围，朝飧一味人肝脍⁽³⁶⁾。鸳帷纵入讵成欢⁽³⁷⁾，宝货虽多非所爱。蓬头面垢眉犹赤⁽³⁸⁾，几转横波看不得。衣裳颠倒语言异，面上夸功雕作字。柏台多士尽狐精⁽³⁹⁾，兰省诸郎皆鼠魅⁽⁴⁰⁾。还将短发戴华簪，不脱朝衣缠绣被。翻持象笏作三公⁽⁴¹⁾，倒佩金鱼为两史⁽⁴²⁾。朝闻奏对入朝堂，暮见喧呼来酒市。

一朝五鼓人惊起，叫啸喧争如窃议。夜来探马入皇城，昨日官军收赤水⁽⁴³⁾。赤水去城一百里，朝若来兮暮应至。凶徒马上暗吞声⁽⁴⁴⁾，女伴闺中潜生喜⁽⁴⁵⁾。皆言冤愤此是销，必谓妖徒今日死⁽⁴⁶⁾。逡巡走马传声急⁽⁴⁷⁾，又道官军前全阵入。大彭小彭相顾忧⁽⁴⁸⁾，二郎四郎抱鞍泣⁽⁴⁹⁾。汛汛数日无消息⁽⁵⁰⁾，必谓军前已衔璧⁽⁵¹⁾。簸旗掉剑却来归⁽⁵²⁾，又道官军悉败绩！

四面从兹多厄束⁽⁵³⁾，一斗黄金一斗粟⁽⁵⁴⁾。尚让营中食木皮⁽⁵⁵⁾，黄巢机上刲人肉⁽⁵⁶⁾。东南断绝无粮道⁽⁵⁷⁾，沟壑渐平人渐少。六军门外倚僵尸⁽⁵⁸⁾，七架营中填饿殍⁽⁵⁹⁾。长安寂寂今何有，废市荒街麦苗秀⁽⁶⁰⁾。采樵斫尽杏园花⁽⁶¹⁾，修寨株残御沟柳⁽⁶²⁾。华轩绣毂皆销散⁽⁶³⁾，甲第朱门无一半⁽⁶⁴⁾。含元殿上狐兔行⁽⁶⁵⁾，花萼楼前荆棘满⁽⁶⁶⁾。昔时繁盛皆埋没，举目凄凉无故物。内库烧为锦绣灰⁽⁶⁷⁾，天街踏尽公卿骨⁽⁶⁸⁾！

来时晓出城东陌⁽⁶⁹⁾，城外风烟如塞色⁽⁷⁰⁾。路旁时见游奕军⁽⁷¹⁾，坡下寂无迎送客⁽⁷²⁾。霸陵东望人烟绝⁽⁷³⁾，树锁骊山金翠灭⁽⁷⁴⁾。大道俱成棘子林⁽⁷⁵⁾，行人夜宿墙匡月⁽⁷⁶⁾。明朝晓至三峰路⁽⁷⁷⁾，百万人家无一户。破落田园但有蒿，摧残竹树皆无主。路旁试问金天神⁽⁷⁸⁾，金天无语愁于人。庙前古柏有残桦⁽⁷⁹⁾，殿上金炉生暗尘。一从狂寇陷中国，天地晦冥风雨黑⁽⁸⁰⁾。案前神水咒不成⁽⁸¹⁾，壁上阴兵驱不得。闲日徒歆奠飨恩⁽⁸²⁾，危时不助神通力。我今愧恧拙为神⁽⁸³⁾，且向山中深避匿。寰中箫管不曾闻[84]，筵上牺牲无处觅[85]。旋教魑鬼傍乡村[86]，诛剥生灵过朝夕。妾闻此语愁更愁，天遣时灾非自由。神在山中犹避难，何须责望东诸侯[87]！

前年又出杨震关，举头云际见荆山[89]。如从地府到人间[90]，顿觉时清天地闲。陕州主帅忠且贞[91]，不动干戈唯守城。蒲津主帅能战兵[92]，千里晏然无弋声[93]。朝携宝货无人问，夜插金钗唯独行。

明朝又过新安东，路上乞浆逢一翁[94]。苍苍面带苔藓色，隐隐身藏蓬荻中。问翁本是何乡曲[95]？底事寒天霜露宿[96]？老翁暂起欲陈词，却坐支颐仰天哭[97]。"乡园本贯东畿县[98]，岁岁耕桑临近甸[99]。岁种良田二百廛[100]，年输户税三千万[101]。小姑惯织褐絁袍[102]，中妇能炊红黍饭[103]。千间仓兮万丝箱，黄巢过后犹残半。自从洛下屯师旅[104]，日夜巡兵入村坞[105]。匣中秋水拔青蛇[106]，旗上高风吹白虎[107]。入门下马若旋风，馨室倾囊如卷土[108]。家财既尽骨肉离，今日垂年一身苦[109]。一身苦兮何足嗟，山中更有千万家。朝饥山上寻蓬子，夜宿霜中卧荻花！"

妾闻此父伤心语，竟日阑干泪如雨[110]。出门唯见乱枭鸣[111]，更欲东奔何处所？仍闻汴路舟车绝[112]，又道彭门自相杀[113]。野宿徒销战士魂，河津半是冤人血。适闻有客金陵至[114]，见说江南风景异。自从大寇犯中原，戎马不曾生四鄙[115]。诛锄窃盗若神功，惠爱生灵如赤子[116]。城壕固护教金汤[117]，赋税如云送军垒。如何四海尽滔滔，堪然一镜平如砥[118]。避难徒为阙下人[119]，怀安却羡江南鬼。愿君举棹东复东，咏此长歌献相公[120]。

【毛泽东圈评等情况】

五代十国时蜀国的韦庄，有一首少年之作，叫《秦妇吟》，是怀念君王的。

[参考]毛泽东1964年8月18日在北戴河同哲学工作者的谈话，转引自陈晋：《毛泽东与文艺传统》，中央文献出版社1992年版，第289页。

【注释】

（1）中和癸卯，中和三年（883）。中和，唐僖宗李儇年号（881—885）。癸卯，中和三年干支纪年为癸卯。

（2）凤侧鸾欹（qī），指秦妇头上凤钗之类的饰物已歪斜。凤与鸾，欹与侧，均为互文。

（3）宋王谠《唐语林》卷六：长庆中，"妇人去眉，以丹紫三四横约于目上下，谓之血晕妆"。攒，聚。黛敛，皱眉。

（4）含颦（pín），皱着眉头，形容哀愁。

（5）敛袂，整整衣袖，做礼拜的准备，古时男女通用，唐以后则指女子。袂（mèi），衣袖。行人，作者自指。

（6）"三年"句，黄巢于唐僖宗广明元年（880）攻下长安，秦妇成为俘虏，已有三年。句中的"贼"是作者对农民起义军的诬蔑性称呼，下同。秦地，指唐都长安（今陕西西安）一带，古为秦王朝疆域。

（7）金鞍，即"征鞍"，马鞍。

（8）玉趾，即玉步，指美女的行步。

（9）庚子腊月，广明元年（880）十二月。庚子为广明元年的干支纪年。

（10）鸾镜，妆镜，典出《太平御览》卷九一六引南宋范太《鸾鸟诗序》："罽宾王结罝峻卯之山，获一鸾鸟。王甚爱之，欲其鸣而不致。乃饰以金樊，飨以珍羞，对之逾戚，三年不鸣。夫人曰：'闻鸾见其类而后鸣，可悬镜以映之！'王从言，鸾观影感起，慨焉悲鸣，哀响冲霄，一奋而绝。"

（11）朝士，朝官。

（12）博野，指博野军，即唐穆宗长庆二年（822）李儇率领的归京的军队，是守卫潼关的主力。

（13）主父，婢妾称主人之词。乘奔，骑马。

（14）紫盖，天子之气，这里借指唐僖宗。蒙尘，天子逃亡叫蒙尘。

（15）羸（léi），瘦弱。

（16）咸，都。相凑，聚集在一起。

（17）崩腾，四处乱窜。

（18）混混，形容人声嘈杂。

（19）十二天街，宋人宋敏求辑《长安志》卷七载："（长安）城中南北七街，东西五街，其间并列台省寺卫。"烘烔（tóng），烟火之状。

（20）"紫气"二句，用星象来暗示黄巢攻占长安，唐僖宗仓皇出奔。紫气，祥瑞之气。台星，三台星。《晋书·天文志上》："三台六星，两两而居，起文昌，列抵太微。一曰天柱，三台之位也。在人曰三公，在天曰三台，主开德宣符也。"因以喻指宰辅。坼，分裂。

（21）倾国倾城，指美女，亦作"倾城倾国"。《汉书·外戚传上·李夫人》："延年侍上起舞，歌曰：'北方有佳人，绝世而独立。一顾倾人城，再顾倾人国。宁不知倾城与倾国，佳人难再得！'"后因以"倾国倾城"或"倾城倾国"形容女子极其美丽。

（22）戎车，兵车。

（23）旋，不久。

（24）良人，古时女子对丈夫的称呼。

（25）"一寸"句，美女的眼睛像水一样清澈明亮。

（26）新纳聘，刚接受聘礼，订了婚约。

（27）翡翠楼，青色的楼。

（28）支离，分离。俄顷，片刻之间。

（29）须臾，顷刻。

（30）妾身，秦妇自称。

（31）踟蹰，徘徊不前之状。

（32）蝉鬓，把鬓发梳成蝉翼的式样。

（33）强展蛾眉，指秦妇强颜欢笑。

（34）旧里，旧时乡里。

（35）六亲，指父、昆弟、从父昆弟、从祖昆弟、曾祖昆弟、族昆弟。

（36）飧（sūn），晚饭。脍（kuài），细切的肉块。

（37）纵，即使。讵，岂。

（38）眉犹赤，赤眉，汉樊崇领导的农民军，这里指黄巢起义军。

（39）柏台，御史台的别称，汉御史府中种柏树，故云。后因以柏台称御史台。多士，众多的官员。

（40）兰省，即兰台，指秘书省。郎，掌管一部分工作的职事官。秘书省有校书郎等。

（41）象笏，象牙制的朝笏。三公，周以太师、太傅、太保为三公，后有变化，均是中央一级官员中最高的职位。

（42）两史，指宰相。金鱼，金鱼袋的简称，袋以金为饰的叫金鱼袋，三品以上官佩金鱼袋。

（43）官军收赤水，据《旧唐书·僖宗本纪》载："（中和）二年二月，泾原大将唐弘夫大败贼将林言于兴平，斩俘万计。"收赤水之战当指此。赤水，赤水镇，在渭南东十五里，距长安一百三十里。下句"赤水去城一百里"是指其成数。

（44）凶徒，与下文"妖徒"，都是对起义军的诬称。

（45）女伴，指与秦妇一同被俘的妇女。潜生喜，一作"潜喜色"。潜，暗暗地。

（46）必谓，必定以为。

（47）逡巡，退却。

（48）大彭小彭，均指黄巢的部下。

（49）二郎四郎，指黄巢、黄揆。一说郎即"郎主"，泛指起义军首脑。

（50）汎汎，一作"沉沉"。

（51）衔璧，指投降。语出《左传·僖公六年》："冬，蔡穆侯将许僖公以见楚子于武城。许南面缚，衔璧。"杜预注："缚手于后，唯见其面，以璧为赘，手缚故衔之。"

（52）簸旗，摇旗。掉剑，舞弄宝剑。

（53）厄束，指长安城受到围困。

（54）一斗粟，一作"一升粟"。粟，小米。

（55）尚让，黄巢起义军的高级将领。

（56）机，同"几"，桌子。刲（kuī），割。

（57）东南，唐时长安的粮饷主要依靠东南江淮地区供给，故云。

（58）六军，北宋宋敏求撰《长安志》卷六载："太和门外从西，第一曰左羽林军，第二曰左龙武军，第三曰左神策军，以上左三军。九仙门外之北从东，第一曰右羽林军，第二曰右龙武军，第三曰右神策军，以上右三军。"

（59）七架营，长安城中并无七架营。现代学者陈寅恪《韦庄〈秦妇吟〉校笺》以为"七架"当是"七萃"之误。七萃即禁军。饿莩，饿死的人。

（60）麦苗秀，语出《史记·宋微子世家》："其后箕子朝周，过故殷墟，感宫室毁坏，生禾黍，箕子伤之……乃作《麦秀》之诗以歌咏之。"这句说长安街道上长满了麦子。

（61）杏园，长安名胜。《长安志》卷九载："（曲江）西即杏园、慈恩寺，花卉周环，烟水明媚，都人游赏，盛于中和、上巳节。"

（62）修寨，《道藏·洞玄部·纪传类》引杜光庭《录异记》卷三谓巧工刘万余说黄巢"自望仙门以北，周玄武、白虎诸门，博筑城池，置楼橹却敌，为御捍之备"。御沟柳，晋崔豹《古今注》卷上："长安御沟，谓之'杨沟'，谓植高杨于其上也。"古代"杨柳"常常连用，此处为押韵，故作"柳"。

（63）华轩绣毂（gǔ），指华美的车子，有屏帐的车叫轩。毂，车的通称。

（64）甲第，皇帝所赐的头等住宅。

（65）含元殿，《长安志》卷六载："丹凤门内中正殿曰'含元殿'，武太后改曰'大明殿'，即龙首山之东麓也。阶基高平地四十余尺，南去丹凤门四十余步，中无间隔，左右宽平，东西广五百步。龙朔二年（662）造蓬莱宫含元殿。"

（66）花萼楼，《长安志》卷九载："南内兴庆宫……其西榜曰'花萼相辉楼'。"

（67）内库，皇家府库。

（68）天街，帝都的街道。

（69）陌，田间小路。

（70）"城外风烟"句，长安城外景物萧瑟，如同边塞一样荒凉。

（71）游奕，游弋，即巡逻。

（72）坡下，即下句的"霸陵"。霸陵境内有霸桥，历来为送别之所。

（73）霸陵，在今陕西西安东北。

（74）骊山，在今陕西临潼。

（75）棘子林，《老子·第三十章》："师之所处，荆棘生焉。"又《汉书·严助传》颜师古注："师旅行，必杀伤士众，侵暴田野，故荒残而生荆棘也。"

（76）墙匡，即墙垣之类。韦庄《长安旧里》有"满目墙匡春草深"句，墙匡，一作"墙垣"，可参证。这句说，由于房屋焚毁，过客只能露宿于墙角之下。

（77）三峰路，指华山一带。《华岳志》卷一载："华山上有三峰。"唐昭宗至华州，作《菩萨蛮》有"飘飘且在三峰下"之句，可参照。

（78）金天神，华岳神于先天元年八月二日被唐玄宗册封为金天王，故云（见《大唐诏令集·典礼类·岳渎山川门》）。

（79）枿（niè），树木斩而复生叫枿。这两句形容华岳庙残破冷落的情景。《华岳志》卷七引《贾氏谈录》："元年庚子，金天王元宗御制碑自鸣，声闻数里……明年，黄巢乱，庙为贼所焚，堕其门观。"

（80）"一从"二句，作者以自然界刮风的景象来比喻黄巢攻占长安后所造成的影响。一从，自从。中国，即国中，指京城长安。

（81）神水，明李时珍《本草纲目》："立春清明雨水名神水。"

（82）闲日，平日。歆（xīn），指祭祀神灵先享其气味。莫飨（xiǎng），奉献给神灵的祭品。以上四句是说，面对黄巢起义军的进兵，一切鬼神都无能为力。

（83）愧恧（nǔ），惭愧。恧，西汉扬雄《方言》第六："恧，惭也……山之东西，自惭曰恧。"

（84）寰中，这里指庙里。

（85）牺牲，祭祀用的猪羊一类的祭品。

（86）"旋教"二句，金天神只能派小鬼到村里去魇人，以谋得些羹饭香火度过时日。孙光宪《北梦琐言》卷十一："唐咸通乱离后，坊巷讹言关三郎鬼兵入城，家家恐悚，罹其患者，令人寒热战栗，亦无大苦。"魔鬼，一作"魔鬼"。

（87）责，埋怨，责备。东诸侯，地处东南的藩镇，这里是指高骈。时高骈为东面都统，僖宗多次促高骈出兵讨黄巢，高骈始终观望，不肯出兵（见《资治通鉴·唐纪》七十）。

（88）杨震关，当是杨仆关之误。据《汉书·武帝本纪》载："（元鼎）三年冬徙函谷关于新安。"应劭注："时楼船将军杨仆数有大功，耻为关外民。上书乞徙东关……于是徙关于新安，去弘农三百里。"据上文看，当以杨仆关为是。

（89）荆山，在今河南灵宝阌乡镇南，相传为黄帝铸鼎之处。

（90）地府，即阴间、冥中，与人世相对而言，是道教的用语。这两句写秦妇到达唐军管辖地区之后的感觉。

（91）陕州，治所在今河南三门峡市陕州区，唐为陕虢观察使治所，武德元年（618）改为陕州，广德元年（763）改为大都督府，是攻守的战略要地。

（92）蒲津，古黄河渡口名，一名蒲坂津，以东蒲坂而得名。蒲坂即今山西永济西蒲州，汉唐以来为战略要地。戢（jí），约束士卒，不动干戈。

（93）晏然，平安的样子。戈声，一作"大声"。

（94）新安，县名，即今河南新安。乞浆，讨茶水喝。

（95）乡曲，邻里。

（96）底事，何事。

（97）却坐，退坐。支颐，用手支着下巴。

（98）东畿（jī）县，即新安。《元和郡县志》卷六新安县条下注："畿东至（河南）府七十里。"

（99）甸，郊外。《周礼·天官·大宰》："三曰邦甸之赋。"贾公彦疏："郊外曰甸，百里之外，二百里之内。"

（100）廛（chán），古代一家所居之地，为二亩半。

（101）输，缴纳。三千万，一作"三十万"。

（102）褐絁（shī），粗绸。

（103）黍，植物名，一年生草本植物，煮熟后有黏性。

（104）洛下，洛阳。

（105）村坞（wù），村庄，筑土为障叫坞。

（106）秋水，形容剑光冷峻明澈。青蛇，古宝剑名，亦泛指剑。唐白居易《汉高皇帝亲斩白蛇赋》："彼戮鲸鲵与截犀兕，未若我提青蛇而斩白蛇。"

（107）旗上，一作"旗下"。白虎，星名。古人认为白虎是凶神，这里以旗上白虎暗示官军凶残似虎。

（108）罄（qìng），尽。

（109）垂年，垂老之年。垂，将近。

（110）竟日，终日。阑干，纵横交错之状。

（111）枭（xiāo），猫头鹰，古人认为是不祥之鸟。

（112）汴路，汴河交通线，这里指徐州一带。

（113）彭门自相杀，彭门指徐州，指徐州牙将时溥杀害武宁军节度使支群的事。

（114）金陵，指丹徒（今江苏镇江），是镇海节度使治所，唐人称为金陵。

（115）四鄙，四郊。

（116）赤子，婴儿。

（117）金汤，金城汤池的略语。金喻城坚，汤喻沸热不可近。

（118）镜，指水波的清澈。砥（dǐ），磨刀石。

（119）阙下人，京城人。

（120）相公，旧时对宰相的称呼，此指周宝。当时周宝以镇海节度使同平章事。

【赏析】

唐僖宗广明元年（880），韦庄在京都长安（今陕西西安）应试，适逢黄巢义军攻陷长安，目睹了这次轰轰烈烈的农民大起义。中和三年（883）三月，韦庄由洛阳游江南，写了《秦妇吟》投献镇海节度使周宝。此诗长达 1666 字，为现存唐诗中最长的一首。诗中通过一位从长安逃难出来的女子即"秦妇"的叙说，正面描写黄巢起义军攻占长安、称帝建国、与唐军复争夺长安及最后城中被围绝粮的情形，从一个侧面反映了由于黄巢农民起义的冲击，致使唐王朝日益分崩离析的历史过程。

全诗可分为四个段落，第一自然段为第一段，写中和三年（883）三月诗人在洛阳城外得遇从长安逃出的秦妇，叙说黄巢起义中的亲身经历，是此诗的开端。

第二至五自然段为第二部分，写黄巢起义军攻占长安，称帝建国，与唐军争夺长安的经过及造成的严重灾难。这部分又分两个层次，第二自然段是用特写手法，写广明元年（880）十二月黄巢起义军攻占长安的情形："紫气渐随帝座移，妖光暗射台星坼。"唐僖宗仓皇出奔，宰辅大臣四散逃窜。唐王朝摇摇欲坠，一场浩劫开始了："扶羸携幼竟相呼，上屋缘墙不知次。南邻走入北邻藏，东临走向西邻避。"但这也无济于事，结果仍然是"家家流血如泉沸，处处冤声声动地"。你看，有"倾城倾国"之貌的东邻女被"拥上戎车"，见到丈夫也不敢看一眼；如同仙子一般的西邻女不肯被辱而死于刀下；新定亲的南邻女也在庭中被杀，其姐妹投井而亡；北邻少妇被逼上吊而亡，并被焚尸灭迹。战乱之中受害最深的莫过于青年女子，她们不仅遭受一般人遭受的灾难困苦，更受着禽兽般的身心凌辱，所以，写出青年女子的灾难，便可见一斑，乃是以偏概全的手法。第三至第五自然段为第二层，综写三年来黄巢起义与唐军对长安的反复争夺。黄巢起义军攻占长安后，黄巢便即皇帝位，国号大齐，年号金统，建立了一套中央机构。御史台、秘书省等中央一级的高官都是一些毫无作为之辈，"朝闻奏对入朝堂，暮见喧呼来酒市"。三年争战之中，唐军也有胜利，如中和二年（882）二月，泾原大将唐弘夫大败义军将领于兴平，斩俘万计。这就是赤水之战。赤水距长安一百三十里。诗中写的"赤水去城一百里"是举其成数。唐军也使义军遭到重创，但不久"又道官军悉败绩"。起义军与唐军长期争夺不下，给一向繁荣的国都长安带来了严重的破坏：物价飞涨，"一斗黄金一斗粟"，起义军无粮可食，"尚让营中食木皮，黄巢机上刲人肉"。就是说义军将士不仅吃树皮草根，而且到了人吃人的地步。唐军也好不了多少，"东南断绝无粮道，沟壑渐平人渐少。六军门外倚僵尸，七架营中填饿殍"。大街生禾黍，宫殿跑狐兔。整个长安城，"昔时繁盛皆埋没，举目凄凉无故物。内库烧为锦绣灰，天街踏尽公卿骨"。这些描写，一方面在客观上反映了黄巢农民起义军翻天覆地的声威及唐王朝统治者的仓皇失措与腐败无能，一方面又夹杂着对唐军"剿贼"无力的谴责。

第六至第八自然段为第三部分，写战乱给长安城外带来的严重破坏，是上段意思的深化。诗人先写长安近郊的残破：昔日熙来攘往送客的霸陵"人烟绝"，繁华的骊山"金翠灭"，旅游胜地华山脚下"百万人家无一户"，就连华岳神庙也残破冷落不堪。接着诗又写杨仆关（今河南新安）外，"陕州主帅忠且贞，不动干戈唯守城。蒲津主帅能戢兵，千里晏然无戈声"。对陕州、蒲津将士守土有方给予热情赞扬。于此之中，透露出诗人的希望。最后诗人又抓住一位老翁进行特写。这位新安县老翁，本来"岁种桑田二百廛，年输户税三千万"。可是战乱以来，"千间仓兮万丝箱，黄巢过后犹残半。自从洛下屯师旅……罄室倾囊如卷土"。如今老翁只能是"朝饥山上寻蓬子，夜宿霜中卧荻花"！诗人还特别申明，这老翁一家只是一个典型，绝不是绝无仅有，因为"山中更有千万家"。这一大段，进一步写出战乱给长安近郊乃至全国带来的严重灾难，而且诗人还十分有胆略地写出唐军之害甚于黄巢义军，这就深化了诗的主题。

末段为第四部分，写"秦妇"劝诗人由洛阳南游江南，依附开明的镇海军节度使周宝，结束全篇，首尾圆合。

在这首诗中诗人站在地主阶级的立场，对农民起义抱着仇视态度，诬称起义军为"贼"，诅咒、嘲笑和丑化起义军将士是错误的；但诗人对人民疾苦表示同情，对唐王朝朝政的腐败昏庸表示不满，对官军的暴行和藩镇的割据有所揭露，都有一定的进步意义。

这首诗艺术性也颇高。它选择典型的情节和场面，运用铺叙而有层次的手法，来反映重大历史事件的复杂矛盾，布局谨严，脉络分明，标志着中国诗歌叙事艺术的发展水平。此诗流传开去，韦庄因此诗而被称为"秦妇吟秀才"。由于某种忌讳，韦庄晚年严禁子孙提及此诗，也未收入《浣花集》，以致长诗长久失传，直至 20 世纪初才在敦煌石窟发现。

我国诗史上第一部诗歌总集《诗经》，传为孔子编辑，历代注家很多，意见也颇不一致。毛泽东对此曾有评说：司马迁对《诗经》评价很高，说是三百篇皆古圣贤发愤之所为作也。大部分是风诗，是老百姓的民歌。老百姓也是圣贤。"发愤之所为作"，心里没有气，他写诗？"不稼不穑，胡取禾三百廛兮？不狩不猎，胡瞻尔庭有悬特兮？彼君子兮，不素餐兮！""尸位素餐"就是从这里来的。这是怨天，反对统治者的诗。孔夫子也相当民主，男女恋爱的诗他也收。朱熹注为淫奔之诗。其实有的是，有的不是，是借男女写君臣。五代十国时蜀国的韦庄，有一首少年之作，叫《秦妇吟》，是怀念君王的。理解毛泽东这段评论，需要注意两点：第一，从创作动机和评诗标准来看，孔子评诗三百，说"一言以蔽之，思无邪"，认为这些诗作"怨而不怒"，温柔敦厚，既有美刺之效，又合圣教礼义。这大概是孔子编辑并推崇《诗经》的初衷和标准。但它并不是《诗经》作者，特别是国风的作者创作的出发点。从诗人的创作动机来看，汉代著名史学家司马迁认为《诗经》的作者的创作是意有所郁结，不得通其道，故述往事、思来者，作诗明志，抒愤言情，以通其道。毛泽东明显赞同司马迁的说法，用"心里没有气，他写诗？"来发挥司马迁的"发愤著书"说。这就把"诗言志"的含义引向怨天泄愤，把"思无邪"的怨而不怒引向"反对统治者"。第二，从表现方法上来看，《诗经》中确有不少男女恋爱之作，毛泽东试图不以文害辞、以辞害义，力求从大量比兴形象中切入其实质内容：借男女写君臣。至于《诗经》中的男女之作是不是有这方面的特殊意义，在文学批评史上是有争议的。但像南宋学者朱熹那样视为淫奔之诗，则明显是基于存天理、灭人欲的道学家立场，很难说是客观评价。毛泽东对朱熹的说法，是既赞同又不赞同，因为《诗经》中确有不少写"男女恋爱的诗"，这些诗朱熹注为"淫奔之诗"是不错的。但即使是这类写"男女恋爱的诗"中也不尽然，有的表面写男女恋爱，实质是比喻君臣关系的，所以，毛泽东说"有的不是，是借男女写君臣"。《诗经》中哪些诗是属于这种情况，文学批评史上有不少争议，我们姑且不去论，毛泽东举出的一个例证就是韦庄的《秦妇吟》，认为它是"怀念君王的"，这是不错的。因为这从韦庄站在封建地主阶级的立场上，对农民起义的仇视态度、对周宝等一些守土有方的赞颂，对唐僖宗的逃亡的惋惜及对其复位的期望都可以看出来，他是怀念唐王朝的。（毕桂发）